통변의 새 경지를 연

한밝 新四柱學

바꿔보면 보인다

김용길 저

易은 바꾼다, 바뀐다는 뜻이다.
그러므로 보이지 않을 때엔
바꿔놓고 보면 잘 보이게 되니
바로 역지사지(易地思之)라는 말과 같다.

易은 바꾼다, 바뀐다는 뜻이다.
그러므로 보이지 않을 때엔
바꿔놓고 보면 잘 보이게 되니
바로 易地思之라는 말과 같다.

머릿말

인간들의 지혜와 이에 따른 문명은 세월이 흘러감에 따라 점점 진보 발전되어 왔다. 즉 5,000여 년 전의 인간들보다 2,500여 년 전의 사람들이, 2,500여 년 전 사람들보다 지금의 인간들이 더욱 현명하며 많은 지식과 정보를 습득하고 있다.

태어난 연월일시로 한 개인의 운명을 추리하는 '사주 추명학' 역시 그렇다. 당나라 때엔 생년을 기점으로 전개시킨 '당사주(唐四柱)'가 개발되어 오랫동안 사용되어 왔다. 그러다가 원(元)나라 때에 일간(日干)을 위주로 하는 '자평식 사주법'이 대두 되었다. 처음엔 배척 당했으나 당사주보다 더 구체적이고 정연한 논리 체계까지 갖추었기 때문에 점점 많은 사람들로부터 호응을 얻었다.

즉 두루뭉술한 '당사주'에서 '자평식 사주'로 개혁 발전된 것이다. 이후 여러 학자들의 연구에 의해 ≪적천수≫ ≪연해자평≫ ≪난강망≫ 등의 유명한 저술이 있게 되었다.

이것들은 오늘까지 '사주 추명학'을 연구하는 사람들의 필독서로 자리 잡고 있으며 모든 사주풀이를 오로지 위 저술들의 이론에만 의존하고 있다. 하지만 오랜 세월동안 많은 명조들을 다뤄본 연구가라면 기존의 이론으론 풀리지 않는 많은 명조들을 경험해 봤을 것이다. 이것은 근본적으로 수백여 년 전에 연구되고 이뤄진 기존의 이론체계에 문제가 있음을 말하고 있다.

'한밝 신사주학'은 기존의 이론을 모두 버리라는 것이 아니다. 잘못된 것은 교정하고 시대에 맞는 새로운 논리로 대체하자는 것이며 기존의 서책에서만 찾을 것이 아니라 우리 인생살이 자체에서 추명의 논리와 이치를 찾자는 것이다.

즉 명리(命理)는 운명의 이치이므로 우리들이 살고 있는 세상살이 (삶; 운명) 그 자체에서 이치를 찾아야 한다.

그런데 수백여 년 전과 지금의 세상은 비교할 수 없을 정도로 엄청난 차이가 있다. 그러므로 수백여 년 전의 인간 삶 속에서 찾아낸 명리 이론으로는 복잡 다양한 지금의 세상살이를 해석할 수 없는 것이다.

'한밝 신사주학' 이론은 평등과 민주주의를 절대 가치로 신봉 수용하고 있는 지금의 세상 질서를 기본으로 한다.

따라서 상하적인 질서(불평등)를 기반으로 하는 왕조(旺朝) 시대에 이뤄진 기존의 명리 이론에 대한 혁명이다. 이러므로 '한밝식 사주풀이'는 제일 큰 비중을 차지하고 있는 월지(月支)도 버릴 수 있고 주체인 일간(日干)도 그 역할을 못할 땐 버리고 대행자(代行者)를 찾아쓴다.

즉 일간 대행격 (日干 代行格)으로 이름붙인 새로운 격을 개발한 것이다. 이 격은 이때까지의 이론으론 풀기 어려웠던 종격, 가종격, 합화격(合化格) 등의 소위 외격 사주들을 처리하는 법이다. 물론 오랜세월 동안 비교, 통계 검증을 거친 것들이다.

완결편이기도 한 이 책에 있는 내용은 상하권에 있는 내용들과 마찬가지로 이때껏 그 어느 누구도 연구 개발 발표하지 못한 새로운 이론체계다. 그러므로 세계최초, 최고의 명리 이론이다.

2015년 3월

한밝 김 용 길

차   례

기초정리

지금의 '자평식 명리학'은 지금으로부터 1,000여 년 전에 그 이론적 체계를 지니기 시작했다. 그 당시는 사농공상(士農工商)의 사회구조 속에 관(官)이 민(民)을 이끌며 지배하던 때였고 생활환경 또한 열악했으며 의료수준 역시 형편없었다. 그래서 60살도 못 넘기고 죽는 사람이 허다했고 평균수명이 40여세에 불과했다.

이럼에 따라 사주의 각 간지 하나를 15년 식으로 하여 60년에 맞추었고(15*4=60), 정관(正官)을 귀(貴)로 해석하게 된 것이다.

그러나 인간의 지혜와 능력은 나날이 진보 발전하여 지금의 세상은 놀랍도록 다양하며 빠른 사회가 되고 있다. 의료수준 역시 향상되었고 생활수준 역시 좋아져 우리들이 수명 역시 약 76세 정도로 그때와 비하면 2배 정도 늘어났다.

그리고 다양하고 민주적인 사회구조 속에 생업 또한 헤아릴 수 없을 정도로 많다.

역(易)은 항상 변하는 것이고 역자(易者)의 안목 또한 그 변화를 살펴 그에 따라야 함이 당연할 것이다. 즉 시대에 따라 환경에 따라 '사주 명리학'의 관점도 변해야 할 것이다. 따라서 몇 가지 기초적인 문제를 짚어 가겠다.

1. 四柱의 각 간지를 20년 식으로 추산해야 한다. 지금의 평균 수명인 80여세에 맞춘 것으로 년간 10년, 년지 10년, 월간 10년, 월지 10년, 일지 10년, 시간 10년, 시지 10년으로 하는 것이다. 그 활용법은 다음과 같다.

예1)

				여	45 35 25 15 5					대운
丁	乙	壬	壬		丁	戊	己	庚	辛	
亥	未	寅	辰		酉	戌	亥	子	丑	

乙木 일간이 寅月에 태어나 시간의 丁火가 회신이고 壬水가 기신이다. 따라서 년주 壬辰, 월간 壬이 지배하는 25세까지가 불우한 세월이다. 좀 더 자세히 보면 년간 壬이 지배하는 10여 세까지는 아주 불길한데 壬이 辰에 앉아 음기가 더욱 가중되기 때문이다.

따라서 내(乙木)가 태어난 얼마 후 모친 죽고 서모 손에 자랐다.

월간 壬水가 지배하는 시점인 20세부터의 운세는 불미스러우나 그래도 따사로운 태양을 맞이하려는 희망이 보이는 때이고 이동과 변화가 발생되는 시기이다.

이것은 월간 壬이 월지 寅에 앉아 旺한 수(水)의 기운이 寅木으로 흐르기 때문이다. 대운 역시 25세 부터는 己土가 되어 수기(水氣)를 억제하려하고 乙木의 뿌리가 된다. 그러므로 26세 이후에 안정된 생활에 들어가고 돈과 재물도 조금 생긴다.

예2)

				남	44 34 24 14 4					대운
丁	庚	丁	戊		壬	辛	庚	己	戊	
丑	戌	巳	子		戌	酉	申	未	午	

庚金 일간이 巳月에 태어나 火氣가 태다함이 병이다. 년지 子水가 조후하는 희신이며 시지 丑土 역시 희신이다. 木 재성이 없어 년간 戊土 편인을 부친성으로 하니 子中癸水는 모친이고 시지丑中癸水는 후모(後母)이다. 년간 戊土가 조후 역할하는 子水의 기운을 극한다. 그러므로 10세까지의 운이 불길하다. 그런데다 초년에 戊午 대운을 만나 년지 子水를 충거시킨다.

그러므로 10~20세까지는 뜨거운 불길 속에서 발을 동동 굴리며 살아야 되는 운세다. 년지에 희신이 있어 10~20세까지가 좋아야 되지만 대운의 영향을 받아 모친 사망하고 불우하게 지내게 된 것이다.

예3)

					19	9	
庚	壬	辛	乙	남	己	庚	대운
戌	寅	巳	酉		卯	戌	

사주 전체에서 보면 년간에 있는 乙木이 제일 약하며 酉 절지에 앉아 월간 辛金의 충극을 받고 있다.

乙은 조모(祖母)며 모친의 부친이며 壬水 일간의 행동력이며 총명이다. 따라서 10여세 전에 조모 사망하게 되었고 비록 총명했으나 그 총명이 발휘되기 어렵게 되었다.

그리고 모친은 자신이 부친을 일찍 여읜 분이다. 년지 酉가 지배하는 10~20세까지는 학업 운이고 월간 辛이 지배하는 25세까지는 역시 학문(印綬)을 닦아가는 운이다. 그러나 19세부터 시작되는 己卯 대운에 인수국의 중심자리인 년지 酉가 沖을 받으므로 학업을 중단하게 된다.

2. 각종 합(合)에 대한 이해

인간 삶은 만남에서부터 시작된다. 즉 배우자를 만나 아이를 낳고 한 가정을 꾸미며 힘을 합치는 사람(조력자)을 만나 일이 잘되기도 하고 틀어지기도 한다. 그리고 길거리에서 도둑을 만나 재물을 뺏기고 목숨까지 잃기도 한다.

사주추명학은 인간 삶의 이모저모를 살피는 것이다. 그러므로 일간이 어떤 오행을 만나 합을 이루며 또 어떤 오행이 어떤 오행과 합을 맺어 어떤 역할을 하며 어떻게 작용하는가 하는 것을 잘 살펴야 한다. 즉 사주의 합을 통해 누구를 만나 어떤 문제가 발생되느냐 하는 것을 알 수 있다는 말이다.

그러므로 각종 합에 대한 충분한 이해 없이는 정확한 추명을 못할 정도로 합은 아주 중요한 추명의 요소이다. 그런데 명학(命學)의 초보자 뿐 아니라 오랜 기간 명학을 연구한 사람들까지도 합에 대한 정확한 이해가 없이 건성으로 넘어가고 있는 실정이다.

따라서 이 장에서는 합에 대한 기초적인 문제부터 짚어보고 아주 복잡한 간합(干合) 문제와 기타 활용법은 뒷장으로 미루겠다.

A) 合은 합하는 상대에게로 정을 주는 것이다.

예1)

```
丁 辛 己 壬    여
酉 酉 酉 辰
```

辛金 일간이 태왕하다. 이런 경우엔 설하는 것이 좋은데 더욱이 辛은 壬水를 좋아한다. 그런데다가 일지 酉는 년지 辰과 辰酉로 合을 맺고 있다. 따라서 辛金 일주의 정은 년간 壬水에게로 향

하고 있다. 즉 辛金 일주가 지향하는 것은 년지 壬水인데 그 사이에 장애물인 己土가 있으므로 순조롭지 않는 행로이다.

그래서 이 여성은 己土(편인)를 달갑게 여기지 않으며 아들자식에 대한 애정이 아주 지극하며 청결함(辛+壬)을 좋아한다.

예2)

　　甲 己 癸 乙　　남

　　子 未 未 亥

己土 일간이 未月 염천에 태어났고 未에 앉아 조토(燥土)되어 있으나 년 시지 亥子에 뿌리 둔 癸水가 월간에 있으므로 윤택한 전토(田土)가 되었다.

그런데 己土 일간은 시간 甲木과 합을 맺고 있다. 이리되면 권력(官) 지향적이 되며 나와 합정한 甲木 관성은 윤택한 전토를 만나 크게 자랄 수 있다. 더욱이 甲子는 만물의 시원이라 새로운 왕조(王朝)를 연 개국조(開國祖)가 될 수 있었다.

예3)

　　　　　　　　　　47 37 27 17 7

　　庚 乙 壬 丁　　여　　丁 丙 乙 甲 癸　　대운

　　辰 卯 寅 酉　　　　　未 午 巳 辰 卯

乙木 일간이 초봄인 寅月에 태어나 寅卯辰 木局을 이루고 있다.

시간 庚金 정관이 년지 酉와 시지 辰에 힘을 얻어 乙 일간과 합을 맺고 있다. 따라서 乙木의 가는 길은 권력 쪽이고 힘 있는 관위(官位)도 얻을 수 있다.

그러나 寅卯辰 木局을 얻은 寅月 乙木은 生木이므로 억제하는 金을 싫어한다. 즉 寅月의 旺木은 火로 설기함을 더 좋아한다는 말이다. 이러므로 이 여성은 결혼도 했고(乙庚合) 관직에도 오를 수 있지만 오래가지 않아 이혼과 퇴직 문제가 발생되는 것이다.

따라서 이 여성은 乙巳 대운에 결혼도 했고 판사직에도 올랐지만 丙午 상관 대운에 이혼과 판사직 사퇴가 따랐으며 변호사로 자유로운 생활을 하게 된 것이다.

丁 대운에 법무부 장관직에 있다가 곧바로 퇴직한 강금실의 명조다.

예4)

己	甲	己	乙	남		46	36	26	16	6	
						甲	乙	丙	丁	戊	대운
巳	甲	卯	未			戌	亥	子	丑	寅	

甲木 일간이 卯月에 태어나 卯未 木局 있고 乙木 투출되어 신왕하다. 힘차게 뻗어 나고픈 生木이다. 따라서 木氣를 설해주는 火가 좋고 뿌리 내릴 수 있는 土가 필요하다. 그런데 己 甲 己의 구조가 되어 있다.

시주 己巳는 甲申일주와 천간지합 했으니 이것이 나의 본처(本妻)다. 월간 己土는 비겁(比劫)인 卯위에 앉아 있고 년간에 乙木 겁재가 있으므로 타인의 처다. 그리고 타인이 경작하며 뿌리 내리려하는 땅이다.

따라서 이 사람(甲)은 본처 외에 유부녀(月干 己)와 합정하게 되고 남이 하고 있는 사업에 관여하게 된다. 그리고 두 가지 중에서 어느 것을 취할까 두리번거리는 생활 태도를 나타내게 된다.

예5)

```
己 丁 丙 壬    남    庚 己 戊 丁   대운
酉 未 午 午          戌 酉 申 未
```

丁未 일주 午月生에 년지 午 있어 일주 태왕하다. 태왕자는 설함이 좋은데 시간 己土 식신이 있어 설되며 己土는 시지 酉 재성을 생하여 좋은 팔자 같아 보인다. 더욱이 월주 丙午에서 丁未로 丁未에서 己酉로 동일순(旬)에 있으면서 己土로 설기해사므로 아무리 봐도 호명(好命)같다.

그러나 이 명조의 주인공은 戊申 대운부터 정신이상이 되어 결혼도 못했으며 50여세 까지도 자식 역시 없다. 왜일까?

이는 丁未일주가 년주 壬午 기신과 천간지합을 맺어 己土에게로 설(泄)하지 않기 때문이다. 즉 기신(忌神)과의 합을 탐해 생(生)해줌을 잊은 것이니 이를 탐합망생(貪合妄生)이라 하는 것이다.

B) 합에는 당겨 주는 힘이 있다.

이것을 필자는 합인(合引)이라 말하는데 다음과 같은 경우다.

예1)

```
                    36 26 16  6
乙 乙 丁 戊    남    辛 庚 己 戊   대운
酉 巳 巳 子          酉 申 未 午
```

乙木이 巳月 여름에 태어나 巳酉 반금국 있고 천간에 丁 戊가 투출되어 지극히 신약하다. 이리되면 초보자들은 년지의 子水가 천을귀인 되어 水生木하므로 그것을 용신으로 삼게 된다.

그러나 년지 子水는 조열한 사주를 식혀주는 조후용신은 되지만 水生木은 안된다. 그것은 子中 壬癸水가 천간에 투출치 못했기 때문이며 사목(死木)이 되었기 때문이다.

사목(死木)은 土를 극할 수 없으며 金을 만남을 좋아한다. 그러므로 庚申운에 선장이 되었으나 辛酉운에 파목(破木)되어 쓸모없어지므로 백수로 지내게 되었다.

배타는 선장이 된 것은 子水가 조후용신이기 때문이다. 그런데 子水는 월지에 巳를 만나고 년간에 戊土를 만나 고립무원이다. 하지만 월지 巳 일자 巳가 시지 酉와 巳酉로 합을 맺어 子水 가까이로 당겨오므로 水가 증발되어 없어지지는 않는다. 그러나 子水 모친은 戊午 대운에 충을 받아 사망했다.

예2)

乙 丁 丁 戊   여   癸 甲 乙 丙   대운

酉 丑 巳 申   丑 寅 卯 辰

년지 申中 壬水가 夫다. 멀리 떨어져 있으나 월지 巳가 巳申合하여 일주 가까이로 끌어 온다. 申中에 숨어 있는 壬水夫고 년간에 戊土있어 剋水하며 월주 丁巳와 먼저 합하고 있다.

따라서 夫는 전처(月 丁巳)와 살다가 나와 암암리로 합정(合情)한 사이다. 본처에게 아들(戊) 하나 두고 나에게로 와서 딸(己) 하나 두었다. 夫는 검찰청 근무한다(사법고시 합격).

너(月干 丁)는 욕 잘하고 사납게 제멋대로 하나 나는 예쁜 말 곱게하고 내 말대로 하겠다는 구조되었다. 따라서 남들이 어떻게 하던 나는 내 갈 길로 가겠다는 생활태도를 보인다. 딸은 예쁘고 머리 좋아 공부 잘하겠다. 재주 있는 여성이다. 식신 생재로 간다.

년월주와
일주의 관계

一. 년월주와 일주의 관계

　일주 (日柱)를 중심으로 보면 년월주는 시간상으론 과거이며 이미 주어진 환경이다.

　그러므로 내가 태어나고 자랄 수 있는 환경인 월주가 일간 및 일주에게 유정하며 도움이 된다면 좋은 운명을 이룰 수 있는 조건을 갖췄다 할 수 있다.

　이와 반대로 되면 부모덕 없게 되며 성장과정이 순탄치 못 할 것은 당연하다.

　인간은 환경의 동물이며 성장기에 어떤 교육을 받고 어떤 영향을 받느냐에 따라 전개되는 운명이 나쁘기도 하고 좋기도 한다.

　이러므로 월주에서 격(格)을 정하는 지금의 명리학이 이뤄지게 된 것이다.

　그렇지만 인간 삶에서 보면 좋은 환경 속에 있더라도 그것을 활용할 줄 모르는 인간이 있고, 나쁜 환경 속에 있더라도 좋은 방향으로 개척해 나가는 인간이 있다.

　이처럼 사주팔자의 길흉과 선악은 사주의 주체이고 주체자인 일주에 의해 결정되어지기도 한다.

　그러므로 년월주와 일주와의 관계와 대운을 세밀히 살펴보면 어떤 환경 속에서 어떻게 진행 해 왔는가 하는 것을 쉽게 알 수 있다.

예1)

```
壬 乙 壬 壬    남      戊 丁 丙 乙 甲 癸  大
午 酉 子 子            午 巳 辰 卯 寅 丑
```

乙木 일간이 한겨울인 子월에 태어났고 년월주에 壬子의 水가 태왕하다. 乙木의 입장에선 뿌리내릴 따뜻한 흙과 추위를 막아줄 丙火가 절대적으로 필요하다.

그런데 내가 태어난 월주엔 그것들과 반대되는 壬子水가 강하게 자리잡고 있다.

이렇게 되면 乙木은 부목(浮木)이 되어 추위에 오들오들 떨 수밖에 없다. 태어나고 성장할 수 있는 환경이 좋지 못한 것이다.

이러므로 빈곤한 가정에서 태어나 7살에 부친을 사별했고 홀어미 밑에서 어렵게 자라게 되었다.

따라서 고향과 생가(生家)를 떠나야만 되니 갈 곳은 따뜻한 남쪽이고 조토(燥土)가 있는 지명(地名)이다.

이 명조의 주인공은 甲寅 역마 대운에 형님의 손에 이끌려 남쪽 부산(釜山)으로 와 정착하게 되었다. 시지 午火가 조후 용신이고 壬子가 최대기신인데, 戊午 대운에 왕신 충발되어 많은 재산을 상실했고 형옥수까지 지게 되었다.

임자(壬子)는 문서(부실)인데 이것으로 인해 관송이 야기 되었다.

예2)

```
丙 丁 乙 乙            庚 辛 壬 癸 甲  大
午 亥 酉 卯            辰 巳 午 未 申
```

丁火 일간이 시지에 록을 얻었고 년지 卯에 득록한 년월간의 乙木이 있으므로 신왕하다. 따라서 酉재성과 일지 亥관성이 희용신이다.

酉亥의 희용신은 丁火 일간의 天乙귀인까지 겸하고 있다.

따라서 부모의 덕이 있고 좋은 환경 속에서 성장할 수 있었다. 酉月乙木이 丙火를 만나면 바짝 마른 덤불이 되는데 이것이 丁火를 생하므로 고초인등격(枯草引登格)이라 한다.

그러나 丁火가 강열한 丙火를 보면 빛이 삭용되기 어려우므로 일등은 어렵고 야행성이 있게 된다.

예3)

```
乙 甲 辛 辛   남        乙 丙 丁 戊 己 庚   大

亥 寅 丑 丑            未 申 酉 戌 亥 子
```

甲寅 거목이 丑月생으로 辛金정관이 년월에 투출되어 정관격이라 칭하는 사주다.

丑月은 겨울이고 辛金이 들어있는 자갈밭이라 생목인 甲木이 뿌리 박으려면 많은 어려움이 따른다. 그러나 일지 寅 중에 丙火 식신을 감추고 있으며 丑월 다음에는 생목이 힘을 얻는 봄이 오므로 희망찬 밝은 꿈을 지닌 채 어려움을 이겨 나갈 수 있다.

생목은 金을 제일 기하고 火를 좋아하고 土를 좋아한다. 그러므로 辛金이 득록하는 酉 대운이 가장 힘든 시기였다. 丁 대운은 좋은 때고 丙 대운 역시 좋다. 甲寅日일 亥시를 만났고 寅중 丙火가 최대 희신이므로 교육자인데 대학교수다.

월간 辛金은 겁재를 막아 주는 역할을 하지만 생목인 甲을 갊는 역할도 겸하고 있다.

그러므로 직장생활(봉급자)로 가게 되나 그에 따른 고통이 辛金이 뿌리 얻는 운에 오게 된 것이다.

이 사주는 일주 자체가 힘이 있고 丙火를 감추고 있으므로 어려운 환경을 뚫고 나가게 된다.

예4)

| 丙 | 己 | 己 | 丁 | 남 |
| 子 | 未 | 酉 | 丑 | |

57	47	37	27	17	7	
癸	甲	乙	丙	丁	戊	大
卯	辰	巳	午	未	申	

己土 일간이 丁丑, 己, 丙火 있고 일지 未에 통근하므로 신왕한 명조다.

己土의 역할은 木을 받아들여 키울 수 있어야 제일 자기소임을 다했다 할 수 있다. 그러나 가을인 酉月인데다 己土가 조토되어 木을 키우기 어렵게 되어 있고 木이라곤 일지 未中 乙木뿐이다.

이렇게 되면 己土는 어쩔 수 없이 酉金으로 설기할 수밖에 없으니 월지 식신격이다.

월지 酉金 하나로는 설기됨이 시원치 않는데 년지 丑이 酉丑 금국을 이루므로 배설구가 넓어져 좋다.

이렇게 일주의 갈길이 酉金(월지)이 되니 부모의 재정적 지원이 심대하게 되고 좋은 환경 속에 성장하게 된다. 하지만 酉金식신이 제일 겁내는 丁火편인이 년간에 도사리고 있다.

이런 경우는 태어난 환경은 좋으나 건강이 좋지 못하게 되는데 년간은 10세까지 이므로 그때까진 허약하게 지냈다.

그리고 기신인 丁火는 일지 未 중에서 표출되었으므로 순수한 식신의 성품이 조삼모사한 잔머리 굴리는 성품으로 변하게 되었다.

또 丁火는 부모가 밀어주는 돈줄을 극하므로 부모재산을 탕진하게 되었는데 未 대운 때였다.

즉 이 사주는 태어난 환경은 좋으나 일지에 기신이 있으므로 올바른 삶을 살지 못한 경우다.

예2)의 사주와 비교해 보면 확실한 차이가 있다.

즉 예2)의 사주는 어려운 환경 속에서도 밝고 떳떳한 길(丙)을 지향하나 이 사주는 좋은 환경을 스스로의 선택으로 나쁘게 만들고 있다.

예5)

庚 壬 辛 乙　남

戊 寅 巳 酉

69	59	49	39	29	19	9	
甲	乙	丙	丁	戊	己	庚	大
戌	亥	子	丑	寅	卯	辰	

壬 일간이 초여름인 巳月에 태어나 인수에 의지하는 격이다.

월지 巳는 신약한 壬 일간에게 도움 되지 않으나 년간 辛金이 壬水를 생하고 있으며 월지 巳에서 투출한 庚金이 일간을 생하고 있다. 그리고 巳는 酉와 합하여 금국을 이루고 있다.

즉 월주가 좋고 나쁜 두 가지 역할을 하고 있다. 이럴땐 좋고 나쁜 것이 동시에 작용하고 있는 성장기의 환경이다. 그런데다 일월지 사이에 寅巳형이 있어 유정치 못하고 壬 일간을 도울 것 같은 월간 辛金은 년주 乙酉로 정을 주므로 무정하다.

즉 모친성인 辛이 년주 乙酉와 巳酉로 합을 함에 따라 乙木재성(辛의 財星)으로 정을 주고 있다.

이리되면 모친은 돈벌이하는데 열중하여 壬水자식을 돌보지 않는다. 따라서 壬寅 일주의 선택은 시주 庚戌로 가게 되는데 일지 寅이 시지 戌과 寅戌로 반방합하기 때문이다. 따라서 성장기의 환경은 좋으나 그 혜택을 보긴 어렵다.

예6)
```
壬 癸 乙 戊  남          31  21  11  1
子 巳 卯 午                己 戊 丁 丙   大
                         未 午 巳 辰
```

癸 일간이 卯월생으로 식신격이고 水木상관격이기도 하다.

癸 일간은 시주에 壬水겁재와 子水록을 얻었으나 신약함을 못면한다. 이렇게 되면 관성을 제일 꺼리고 시지 子水를 충함을 싫어한다. 그런데 년주에 戊午 재관이 있어 나의 조력자인 壬子水를 충극하고 있다. 그리고 乙卯 식신이 또 일주의 힘을 빼고 있으므로 년월주 모두 좋지 못한 환경을 이루고 있다.

그러나 乙卯木은 기신이라고만 할 수 없으니 癸 일간의 최대기신인 戊土를 제극하기 때문이다.

그러므로 자신이 태어난 환경(乙卯)은 그렇게 나쁘진 않다.

즉 기신인 戊午가 일간 癸를 합하여 입절시키려 하고 있는데 乙卯木이 그것을 구해주고 있다는 말이다.

정관성이 기신이 되고 식신상관으로 그것을 제극하려 하고 있는 이런 구조는 관을 싫어하고 관(戊)에 반항하게 되는 성품을 지니게 된다.

그런데 기신인 戊土는 일지 巳에서 표출되어 戊癸합을 짓고 있다.

이것은 스스로의 선택이 나쁜 쪽으로 끌려가고 있음을 나타낸다.

따라서 戊癸합이 발동되는 운이 오면 관에 반항하다가 명줄 끊어짐을 나타내고 있다.

이 사람은 巳 대운에 건국대에 입학했다. 그러다가 戊午 대운을 만나 원명에 있던 戊癸합이 이뤄지므로 22세 己卯년에 데모대의 선봉이 되어 단식 농성 후 밥먹다 졸도했다. 곧바로 입원했다가 식물인간이 되어 깨어나지 못하게 되었다.

己卯년(22세)에 응한 것은 癸의 절은 午火인데 午 중 己土 나타나는 세운이기 때문이다.

즉 己土가 癸水의 절 발동신이 되어 己癸로 충극했기 때문이다.

水木 상관격에 卯가 天乙귀인이므로 총명 영리하다.

건국대 학생 회장하다가 그렇게 되었다.

예7)

				여			47	37	27	17	7	
丁	辛	丙	丁			辛	庚	己	戊	丁		大
酉	未	午	酉			亥	戌	酉	申	未		

辛金일주가 염천인 午月에 태어나 관살혼잡이다. 년지 酉가 辛일간의 록이 되어 旺火를 견디어 낼 수 있으므로 20세까지는 별문제 없는 때다.

그러나 丙午 월주가 주관하는 20~30세, 30~40세 사이에 큰 고통을 당하게 된다.

丙火정관이 辛일간과 도 화합하므로 남자와 합정 결혼 후부터 건강을 상하게 된다. 월주 丙午는 생가이기도 하므로 생가부모의 덕은 없고 오히려 내가 돈 벌어 부모를 도와야 했다. 己土 대운은 일지 未와 월지 午의 투출신이 되므로 연애 결혼했다.

그러나 己酉 대운은 일주 辛未와 2급 소용돌이 되는데다가 관성이 기신이므로 결혼 후부터 곧바로 불화 갈등이 있게 되었고 정신신경이 쇠약해졌다.

이 사주에서 보면 정신을 뜻하는 己土인수가 午未합을 함으로 인해 못쓰게 되었다. 즉 午未합하여 己土는 벌겋게 달아있는 흙덩이되어 辛金을 생해주지 못한다.

그러므로 남자만나 결혼한 이후부터 정신쇠약해지고 이상이 오게 되는 것이다.

酉 대운은 辛일간의 록이 되어 그런대로 버틸 수 있었으나 庚戌 대운되어 午戌화국까지 이룬 불길이 辛金을 제극하므로 정신병원에 입원하게 되었다.

丙丁의 火가 午未合火를 깔고 앉아 일주에 붙어 있으므로 남자와 결혼한 후 남자 때문에 몸 망치게 된다. 하지만 일지 未土가 제구실 못하고 오히려 丁火편관을 투출시켰고 午未로 합까지 지어가므로 스스로 자처한 운명이며 그렇게 될 수밖에 없는 팔자다.

辛亥 대운에 호전될 것 같으나 원명에 병은 중하고 약은 없으니 완전히 치료되긴 어려울 것이다.

남자 만나면 전기 잘 통해 쉽게 색정에 빠져 몸을 망친다.

예8)

丁 戊 戊 戊 여

巳 辰 午 子

32 22 12 2

甲 乙 丙 丁   大

寅 卯 辰 巳

戊土 일간이 엽천인 午月에 태어나 년월간에 戊戊있고 丁巳의 火까지 있으므로 온천지가 조열하다. 다행히 년지 子水가 있어 조열함을 풀어준다.

따라서 년지가 주관하는 10~20세까지는 쪼들리진 않으나 월간 戊가 주관하는 20세부터의 운은 재정에 쪼들리고 심한 갈등속에 지내게 된다.

그리고 월주는 태어난 생가인데 년지 子水를 충하고 있다. 그러므로 부모는 파산하게 되고 그런 환경 속에서 성장을 하게 된다. 운의 시기를 볼 때는 사주원국과 대운을 참작해야 한다.

즉 子水 재성이 있는 년지는 10~20세 사이를 주관하므로 이 시기는 재정적으로 여유있고 먹거리도 풍족하다 할 수 있다.

그러나 대운을 보면 辰 대운(17세~21세)이 년지 子水를 입고 시키며 子辰으로 세력을 얻은 子水가 강력한 힘을 지닌 월진 午火와 상충한다. 그리고 일지 辰 재고를 辰辰자형하므로 형출되고 충출된 재성은 년월의 무토 비견이 합거시킨다.

그러므로 17세 되던 때에 부친이 파산하게 되었고 이에 따라 심한 재정적 갈등을 안게 되었다. 그러다가 乙 대운 24세에 결혼했다.

戊辰일주는 재고를 지니고 있으므로 남들은 돈을 두고 쟁탈전을 벌려 깨지든 말든 아랑곳하지 않고 자신의 안위와 재물만을 지키는 성품이다.

따라서 천하에 둘도 없는 구두쇠인데 辰중 癸水가 없어지면 茂土 일간은 쓸모없이 되어 버리기 때문이다.

거꾸로 말하면 戊일간은 창고인 辰을 끼고 있어야만 제구실을 할 수 있어서이다.

여기서의 戊土 일간은 木을 받아들여 키울 수 있는 역할뿐인데 재성이 없으면 木이 살 수 없으므로 제구실하기 위해 구두쇠 소릴 듣게 된 것이다.

예9)

				남		46	36	26	16	6	
丁	庚	丁	庚			壬	辛	庚	己	戊	大
亥	申	亥	寅			辰	卯	寅	丑	子	

庚申 일주가 亥月(겨울)에 태어나 조후가 필요하다. 따라서 년지寅중 丙火가 최대 희신이고 월간 丁火는 미흡하지만 도움을 줄 수 있는 존재이다.

그러므로 년지 寅이 지배하는 10세부터 20세 사이가 좋다 할 수 있다. 하지만 대운으로 볼 때는 11살부터 시작되는 子는 寅중 丙火를 극한다. 그러므로 子 대운말 15세에 가정이 몰락하였다. 월간 丁火는 20세부터 30세 까지를 관항하나 대운으로 보면 丑 대운이고 庚 대운 되어 불미하므로 좋지 않은 세월이었다.

그러나 丁火는 庚金의 정관성이 되어 일거리가 된다. 그러므 로 이때부터 쇠를 다루는 철공계통에 종사했다.

물론 대운이 좋지 못하여 발전은 없었으나 먹고 살만했다.

이 사주에서의 일주 庚申은 申중 庚金을 년간에 투출시켜 년 지의 寅木 희신을 극하고 있다. 이는 본인이 태어난 4~9년 때에 부친을 상하게 하며 멀리 역마에 있는 재성을 깨는 역할을 한다.

그러므로 타향 타국에서 번 돈을 하루아침에 까먹게 되었는데 庚申은 년주 쪽으로 진행하므로 반대를 위한 반대를 잘하며 묵은 일을 가지고 왈가왈부하는 성품이다.

예10)

				여		31	21	11	1	
丁	辛	己	壬			乙	丙	丁	戊	大
酉	酉	酉	辰			巳	午	未	申	

辛酉일주가 월시지에 록을 얻었고 辰酉합까지 있으므로 종혁 격이다. 태왕한 것은 설함을 좋아하니 년주 壬辰이 희신이다. 따 라서 초년 20세까지의 선천운이 좋다. 그러나 11세부터 시작되는 丁未 대운은 년간 壬水를 합하면서 기신인 시간 丁火의 뿌리가 되어 불미스럽다. 따라서 부모의 귀여움을 받고 자랐으나 자신의 총명을 발휘하지 못했다.

辛酉일주가 년주 壬辰과 합을 지어가므로 과거의 묵은 일은 닭처럼 파헤치며 조잘거리는 성품이 있다.

예11)

				여		50	40	30	20	10	
壬	癸	戊	丁			癸	壬	辛	庚	己	大
戌	丑	申	酉			丑	子	亥	戌	酉	

백호 백호　홍염

癸 일간 申月생인데 지지에 申酉戌로 금국을 이루었다.

특히 년월주에 申酉로 정편인이 깔려 있고 년간에 丁火편재가 있으므로 부친 하나에 모친은 두 분이 되는 환경 속에서 태어났다.

인성은 많고 재성은 적으니 풍족치 못한 초년기였다.

일간 癸水는 월간 戊와 합하여 사지(死地)인 申에 들어가니 친정 때문에 죽을 고생하게 된다. 또 戊土정관은 유부남인데 申중 壬水겁재있고 이것이 시간에 발동되어서이다. 따라서 유부남과 연애 합정하여 죽을 고생하게 되던지 망하는 일이 발생된다.

戊土는 癸水 일간이 유일하게 의지할 수 있는 것이라 평생직장생활이다. 직장이 병지(病地)인 申에 앉아 있으므로 병원의 간호사였다. 투출신되는 庚 인수운에 간호사 공부했고 관성운인 戊 대운에 직장 잡았다.

쇳덩이 깔린 지지인데다 일지 丑 역시 자갈밭이므로 자식 낳지 못했다. 일간이 월주기신과 합정하여 평생 외롭고 어렵게 살게 된다.

예12)

				남		38	28	18	8	
丁	癸	庚	丙			甲	癸	壬	辛	大
巳	亥	子	戌			辰	卯	寅	丑	

癸 일간 子月생으로 신왕하다. 년주 丙戌이 희신이다.

丙火는 子月의 조후 역할이고 戊土는 조토되어 왕한 수를 막아준다. 따라서 초년운이 좋을 것이다. 그러나 초년 대운 辛丑은

丙火를 丙辛합하고 대운지 丑은 亥子丑으로 水局을 지으면서 년지 戌을 형하고 있다.

이러므로 8살에 부친 죽고 곧이어 2년 뒤에 모친마저 사별한 후 아우와 함께 고아원에 가게 되었다.

좋은 환경을 받았으나 행운(幸運)이 나빠 고생하게 된 것이다.

즉 아무리 선천적 환경이 좋아도 후천적으로 오는 대운이 나쁘면 좋은 것이 나타나지 못한다는 말이다.

이 명조는 부모를 극하며 자식까지 두기 어려운데 그 까닭은 다음과 같다.

년간 丙火 부친은 년지 戌에 입고하면서 백호살을 맞고 있으며 그 뿌리인 시지 巳가 일지 亥에 의해 충파되어 있다. 즉 일지 亥水는 丙火의 절지가 되면서 巳亥충하여 丙火의 록지를 파했다.

따라서 이렇게 약해져 있는 丙火는 조그마한 충격에도 쉽게 상하게 되는데 대운간 辛이 년지 戌의 투출신이 되어 합거시키므로 사라지게 된 것이다. 그리고 월간 庚金 모친성은 월지 子에 사(死)가 되고 일간 계수(癸水)는 庚(모친)의 사 발동신이 된다.

그런데다 庚의 장생지인 巳일지가 충하고 있다. 즉 일주 癸亥는 모친의 생기마저 깨고 있다.

자식은 년지 戌중 戊土와 시지 巳 중 戊土인데 역시 巳亥충 되었고 대운마저 목으로 흐르니 생자했으나 유산되었고 끝내 자식을 두지 못한 것이다.

월지 子水가 수옥살되어 있고 戌亥 巳로 천라지망 있으므로 감옥에도 가게 되었다. 다행히 시주 丁巳가 天乙귀인 재성이 되어 두 번째 만난 여자는 착하고 내게 도움 주는 사람이었다.

시주에 희신이 있으므로 노년에는 별 어려움 없이 지내게 되었다.

그러나 水火가 상극하고 있으므로 巳戌귀문살이 발동되어 또라이 기질이 있다.

예13)

		41	31	21	11	1
壬 戊 丁 己　여		壬	辛	庚	己	戊　大
戌 申 卯 酉		申	未	午	巳	辰

　戊土 일간의 뿌리는 시지 戌에 있다. 따라서 종하거나 하여 격이 바뀌지 않는다. 신약하므로 비견, 겁재와 인수를 좋아한다. 그런데 이미 주어진 년월주의 환경은 卯木이 년지 酉의 충을 받아 깨어져 있나.

　충받게 되면 卯중 甲乙이 투출되는데 이중에 甲木은 년간에 己土가 합해 간다. 그리고 乙木은 戊土의 관성역할을 못하고 사라진다.

　더욱이 戊는 申金 위에 앉아 있으므로 木이 뿌리내리고 살기 어려운 상태로 되어 있다.

　따라서 남자운이 없어 평생홀로 살아갈 운명이다. 이럴땐 시주에 甲乙木이 있으면 늦게나마 남자가 들어온다.

　20세까지를 주관하는 년주에 己酉가 있으므로 좋은 환경은 아니다. 그러나 대운이 戊辰, 己巳로 흘러 일간을 도와주므로 형제 및 모친의 도움을 받고 별다른 어려움 없이 지낼 수 있다.

　월주는 생가의 환경 상태를 뜻하기도 하는데 卯월의 木은 자라나오는 나무요 丁火는 꽃이다. 이것을 년지 酉와 일지 申이 자르고 다듬어 묶고 있으니 생가는 꽃집경영이다.

　일간 戊는 丁火인수를 좋아하는데 戌시의 丁火이므로 어둠과 묻혀있는 실상을 밝혀내는 공부이다.

　그리고 일주가 가는 길은 일지 식신 문창성인 申에서 투출된 시간의 壬水다. 즉 문창성인 식신으로 돈을 만든다. 따라서 언론 출판계통으로 진출하며 교육직으로 나아가려 한다.

　대운 午까지 공부만 했다. 未 대운에 박사학위 받았다. 壬 대운에 丁壬合木이 발동되면 직장을 얻게 될 것이다.

　여형제만 4명인데 큰 언니만 결혼했고 모두가 독신으로 지내고 있다.

　월지 卯木관성이 공망 맞는데다 酉의 충을 맞아 깨어져 있기 때문이다.

동정

一. 동정 (動靜)

동(動)이란 말은 글자 그대로 움직인다, 발동되었다는 뜻이다.

정(靜)은 동과 반대로 나타나지 않았다, 내보이지 않는다, 조용히 있다는 뜻이다.

사주원국에서는 천간이 동이고 지지는 정이다.

그러나 동중정(動中靜)이 있고 정동동(靜中動)이 있다.

사주천간이 대세운에서 힘을 얻거나 충극당하거나 합을 당하면 동중동이 된다. 그리고 지지가 대세운에서 형충, 회합을 만날 때는 정중동이 된다.

사주원명의 천간 지지의 관계로 보면 지지에 있는 것이 천간에 투출되어 있을 땐 그 지지가 발동된 것이다.

예1)

```
己 己 戊 壬    여
巳 卯 申 寅
      역마  공망  급각
```

이 사주의 년월지 寅申이 충되고 있다. 申중 壬水가 년간에 있고 寅중 戊土가 월간에 투출되어 있다.

이런 경우엔 寅申충의 작용이 발동된 것이다. 육친적으로 보면 년간 壬水는 정재성이므로 부친인데 병지가 되는 寅에 앉아 있고 병신(病神)인 寅중의 戊土가 월간에 투출되어 壬水를 극하고 있다.

따라서 부친은 병약한 분이고 교통사고 및 노상사고로 인해 다리를 절뚝거리게 되었다(寅 급각살).

또 월지 申은 자식인데 공망되어 있는 중에 寅申충 巳申형까지 받고 있다. 그리고 년간 壬水는 부친이기도 하지만 자식의 식신이 되므로 자식의 표현 행동력이 된다.

그런데 이 壬水가 寅, 巳중의 戊土에 의해 심하게 극되고 있다. 그러므로 교통사고로 다리 불구가 된 자식이 있게 된다.

예2)

　辛 丁 癸 癸　　여

　亥 丑 亥 卯
　　백호, 급각

일지 丑은 급각살이고 丁丑은 백호살이다.
丑중 辛, 癸가 천간에 투출되어 급각살과 백호살이 발동되었다.

예3)

						46	36	26	16	6	
辛	丙	丙	庚	여		辛	壬	癸	甲	乙	大
卯	申	戌	寅			巳	午	未	申	酉	
	역마		홍염,학당								

庚金 편재부친이 절지인 寅木에 앉아 있고 寅중 丙火가 월일간에 투출되어 있다. 즉 부친의 절신인 寅木이 발동되었다.

따라서 부친이 타향에서 절명한다. 乙 대운에 乙庚합하여 庚이 발동되어 丙庚충이 성립되니 이때에 부친이 사망했다. 寅戌화국의 극까지 받아 총탄에 맞았다. 년지 寅은 학업이고 홍염(연애)인데 이것이 발동되어 나타나는 甲 대운부터 연애했다.

일지 申은 편재고 역마인데 申중 壬水가 투출되어 발동되는 壬 대운에 여기저기 다니며 돈벌이 했다.

辛 대운의 辛은 월지 戌에서 투출된 것으로 보므로 가택(戌운 가택)이동과 돈벌이 문제 발생이다.

일간과 시간의 辛이 합하고 있는데 辛 대운에 丙辛合이 발동된 것이다.

예4)
```
庚 辛 癸 戊    여
寅 酉 亥 寅
```

원명에 戊癸합이 있다. 癸亥년에 戊癸합이 발동이다. 戊土는 인수이며 년지 寅은 재성이므로 매매문제 발동된다.

일주의 동향

一. 일주(日柱)의 동향

일주는 사주의 주체로서 명조의 본인을 나타낸다는 것에 대해선 초보자들도 알고 있다.

그러나 일주는 사주의 주재자로서 일주의 동향에 따라 좋은 운명이 될 수도 있고 그렇지 않기도 한다는 것에 대해선 사주를 전문적으로 취급하는 사람들조차 잘 모르고 있다.

즉 년월주는 이미 주어진 시간적 공간적 환경이며 일주는 그 속에서 주어지는 영향을 받으며 존재하고 있다.

하지만 주위 환경 속에서 어떤 쪽으로 가야 하는가 하는 것은 전적으로 일주의 선택에 달렸다.

예컨대 나그네길 한쪽에는 독사가 숨어 있는 아름답다 못해 요염하기까지 한 꽃밭이 있다.

그리고 또 한쪽에는 가시덤불이 가로 막고 있는 풍요로운 벌판이 있다. 이 두 가지 중에 어떤 쪽으로 갈까 하는 것은 전적으로 그 나그네의 선택에 달려있다.

따라서 우리는 그 나그네의 선택을 보고 그 즉시 운명의 결말을 알 수 있다. 마찬가지로 사주팔자 중의 일주가 선택하여 가는 것을 보고 선악과 길흉을 즉시 알 수 있는 것이다.

그렇다면 일주가 선택하여 가는 움직임이 무엇인가를 먼저 알아야 될 것이다.

첫째, 일주는 합을 향하여 움직이다.

둘째, 일지의 지장간이 어디에 투출되어 있느냐 하는 것을 살펴야 한다. 즉 표출신을 찾는다.

여기에다 일지가 기신이냐 희신이냐를 판단해야 한다.

셋째, 일주는 자신에게 유리한 쪽으로 간다.

그런데 주체가 되는 일간이 극히 신약하여 사주상황을 주재할 수 있는 능력이 없을 수도 있다. 즉 합화격과 종격 및 가종격이 될 때를 말함이다.

이럴 땐 이빨이 없으면 잇몸으로 밥을 먹어야 되는 것처럼 일지에서 투출된 것으로 일간을 대행한다.

이런 대행격과 사주 상황에 따른 변화는 뒷장에서 설명하기로 한다.

1. 일주(日柱)의 향배(向背)

'인생은 나그네길 어디서 왔다가 어디로 가느냐'

한때 널리 유행했던 유행가 한 구절이다. 이 가사가 말하는 것처럼 한 인간이 어떤 길을 택하느냐 하는 것은 그 인간의 운명을 결정짓는 요인이 된다.

즉 좋고 편한 길을 택한다면 그 인생은 좋을 것이고 험악하고 나쁜 길을 택한다면 당연히 좋지 못한 삶을 살게 됨은 자명한 이치다. 따라서 한 인간의 운명행로를 나타내는 사주팔자에 있어서도 주체가 어느 쪽으로 향하고 있으며 어느 것을 등지고 있느냐 하는 것을 먼저 알아야 할 것이다.

다시 말하면 사주팔자의 주체인 일주의 향배를 살핀다면 사주 주인공의 운명을 쉽게 파악할 수 있다는 것이다. 그런데 일주를 살핌에 있어 일간(日刊)과 일지(日支)를 별개의 둘(二)로 하여 해석하는 사람이 많다.

이는 땅(地)없는 하늘(天)은 존재할 수 없고 빛없는 어둠은 성립될 수 없는 역의 기초조차 모르는 탓이다.

따라서 일간과 일지는 하나이면서 둘이요 둘이면서 하나인 내외표리 관계이다.

그러나 하나의 몸일지라도 위치적으론 상하가 있고 안팎이 있는 것처럼 다음과 같이 정리할 수 있다.

2. 향배(向背)의 조건

1) 간합(合)으로 간다.

예A)

丁 癸 戊 壬　여

巳 亥 申 午

홍염

癸 일간이 월간 戊土와 합을 맺어 사지(死地)인 申에 들어간다. 癸 일간이 신왕하므로 재관을 좋아한다. 즉 관성이 희신하고 용신이다.

따라서 준법정신이 강하며 올바르고 좋은 쪽으로 운명이 전개된다. 그러나 무(戊)정관은 이미 여자(壬)가 있는 사람인데 그와 연애(홍염)하게 되고 죽어도 좋다는 생각(申 인수)으로 떨어지지 않으려 하게 된다.

월간 戊土는 시지 巳에서 투출된 것으로서 戊가 癸를 찾아와 합을 이룬다.

그러므로 여행 및 타향 타국에서 귀인이 나타나 나를 잡아준다.

癸(구름)가 戊(山)에 걸려있고(戊癸) 아침 시간에 아름다운 빛인 丁火가 비춰지니 무지갯빛이 아롱거린다. 따라서 뛰어난 자태를 지녔다. 올해 7살 되는 아이인데 중국에 여행 중 광고모델로 캐스팅 되었다.

예B)

					38	28	18	8	
己	戊	癸	己	남	己	庚	辛	壬	대
未	申	酉	酉		巳	午	未	申	

戊土 일간이 금왕절인 酉月에 태어났고 년일지에 酉申의 金이 가득하다. 년간 己土는 酉에 앉아 설기되므로 일간을 돕지 못한다. 시주의 己未土가 戊일간을 도우고 있다. 그러나 일주 戊申과 시주 己未는 1급 소용돌이를 이루고 있으며 戊일간의 정은 癸와의 합을 탐해 사지인 酉로 들어가고 있다.

일지 申 역시 월지 酉로 진행하고 있다. 따라서 불미스런 운명이 되며 일찍 장님이 되었고 己土 대운에 신부전증 환자가 되었다.

예C)

					37	27	17	7	
丙	辛	甲	丙	남	戊	丁	丙	乙	大
申	卯	午	午		戌	酉	申	未	

辛 일간의 뿌리는 시지 申 밖에 없고 丙丙午午의 火가 태왕한
데다 일지 卯木과 월간의 甲木마저 旺火를 더욱 북돋아 주고 있
다. 따라서 木火가 기신인데 火가 제일 기신이다. 그런데 辛 일간
이 丙, 辛, 丙의 합을 하니 스스로 불구덩이 속으로 몸을 던져 넣
는 형국이라 아주 흉한 팔자다.

丁 대운에 폐병들이 들어 戊戌 대운 38세 癸巳년에 사망했다.

예D)
　　　甲 己 癸 乙　　남

　　　子 未 未 亥

己未 일주가 未月염천에 태어나 월간 癸水가 있고 그 뿌리 또
한 亥子가 있으니 아주 좋다.

이렇게 되면 넓은 평야인 己土는 나무를 받아들여 키울 수 있
는데 시주의 甲子와 甲己합을 이룬다.

따라서 큰 권세가 내 몸에 이르니 일국을 연 개국조가 되었다.
흔히 년간 乙木과 시간의 甲木이 있으므로 관살혼잡이니 탁한 명
조라 말하는 사람도 있다.

그러나 오뉴월 삼복더위에 비(癸)맞아 촉촉해진 대지는 온갖
나무를 모두 받아 들여 키울 수 있다. 그러므로 포용력이 좋으며
이것저것 모두를 할 수 있는 능력있는 팔자다.

초년을 뜻하는 년간에 乙木 편관이 있으므로 젊은 나이에 무
장으로 큰 공을 세웠다. 이성계의 명조이다.

2) 지합(支合)으로 간다.

예1)

壬 己 壬 辛　여

申 酉 辰 巳

戊 丁 丙 乙 甲 癸　大

戌 酉 申 未 午 巳

일지 酉가 월지 辰으로 합한다. 일지 酉는 자궁이고 아랫도리 인데 월지 辰중에는 戊土와 더불어 乙木편관이 있다. 따라서 유 부남과 통정하여 나의 남자로 삼았다.

辰(홍염살)중 乙木이 투출되는 乙 대운에 연애로 만났다. 辰은 홍염살을 띤 재고이고 辰酉 합이 있으므로 유흥음식업을 하다가 상봉했다. 남자는 戊辰생이다. 월시간에 壬이 겹쳐 있으므로 여 러 업에 손대게 되니 다방, 술집, 여관, 백화점 등으로 발전했다.

예2)

壬 己 己 辛　남

申 巳 亥 卯

46 36 26 16 6

甲 乙 丙 丁 戊　大

午 未 申 酉 戌

己土 일간이 亥月생되어 신약하다. 따라서 조후가 되고 일간의 뿌리가 되는 일지 巳火가 희신이다.

그리고 시주의 壬申이 기신이다. 그런데 일지 巳가 시지 申과 합하고 있다. 즉 나쁜 것으로 정을 주고 있다는 말이다.

따라서 운명이 나쁘게 전개되는데 돈(壬)을 탐해서이다. 물론 가까이해서는 안 되는 여자도 탐한다.

예3)

戊庚癸壬 남

寅戌卯寅
　　도화

　　　　　　38　28　18　　8
丁丙乙甲 대

未午巳辰

　　재다 신약되어 시간의 戊土 편인을 친해야 되는 팔자다.

　　그런데 일지 戌이 월지 卯 도화 재성과 합을 맺었다. 즉 앞에
있는 인성(戊)을 등지고(背)뒤에 있는 기신인 卯 재성과 정을 맺
어간다.

　　따라서 어릴땐 공부보다 여자 엉덩이만 쫓아다니게 되고 결혼
한 후에는 모친 버리고 여자편만 들게 된다.

　　이런 유형의 사주를 『탐재괴인』이라 한다.

　　여자와 도박(도화 財)에 빠져 丁 대운에 부부 이별했다.

예4)

丙壬甲甲 여

午戌戌甲

　　　　　　46　36　26　16　　6
己庚辛壬癸 大

巳午未申酉

　　壬水 일간이 신약하나 戌月은 金이 당령한 때에 水가 진기(進氣)
되므로 년지 申에 장생하여 왕한 火土의 세력에 따르지 않는다.

　　즉 멀리 있는 년지 申편인에 의지해야 한다. 그런데 일지 戌이
시지 午와 午戌로 화국을 이룬다.

　　따라서 탐재괴인의 명조가 되었다. 午 대운에 돈을 탐하다가
구속수감된 명조이다.

예5)   45 35 25 15 5

　辛 丁 壬 丁　　여　　　丁 戊 己 庚 辛　大

　丑 丑 子 亥　　　　　　未 申 酉 戌 亥

　丁火 일간이 水왕절인 子月에 태어나 천간 지지 그 어디에도
뿌리없다. 년간 丁火있으나 전혀 도움이 되지 않는다.

　일간과 일지가 丁壬, 子丑으로 합하여 왕신이고 중심핵이 되는
壬水에 따른다. 그런데 亥子丑 방국을 깔고 앉은 壬水는 원래 년
간 丁火가 합하고 있었던 것이다. 이를 일주가 천간지합 함은 남
의 것을 뺏어 내 것으로 만들어 우뚝 서게 됨을 말한다.

　이 사주는 종관격으로 壬水가 주체가 되어 전권을 휘두르게
되는데 亥子丑 방국이 지지에 있으므로 여러 또래 위에 군림할
수 있게 된다.

　어려서 신 내림을 받아 사이비 교주로 혹세무민했던 명조다.
丁火가 壬水로 변해 또래 중에 우뚝 서게 되면 년간과 일간의 丁
火는 여자가 되고 등불이 되니 좌우에 여자를 두고 쌍 촛불을 켜
놓고 행술했다.

2. 일지(日支)의 동향을 살핀다.

예1)   31 21 11 1

　丙 庚 庚 戊　　여　　　丙 丁 戊 己　大

　戌 戌 申 申　　　　　　辰 巳 午 未

　庚戌 괴강일이 申月에 태어난데다 년지 申까지 있으므로 일주

가 태강하다. 이렇게 되면 힘 있는 丁火가 투출되던지 丙火 편관이 힘이 있어야만 좋은 팔자가 된다.

이 사주는 시간에 丙火 편관이 있으므로 흔히 시상일위귀격(時上一位貴格)으로 보기 쉽다.

그러나 丙火가 힘이 없으므로 왕자희설(旺子喜泄)해야 하니 申 중 壬水가 필요하다. 그리되면 土가 기신이 되니 물길을 막기 때문이다.

그런데 일지 戌중 戊土가 년간에 투출되어 있다. 따라서 아주 불길한 명조다.

남편 궁이고 아랫도리인 일지가 기신인데다가 여기서 戊土가 투출되어 발동하므로 남편 및 자식복 없음을 금방 알 수 있다.

조금만 더 생각하면 壬水 식신은 활동력, 표현력 돈줄인데 이것이 흐르지 못하므로 똑똑치 못하며 재복마저 없음을 쉽게 알 수 있다. 그리고 인성은 정신세계를 말한다는 것을 결부시키면 올바르지 못한 정신을 지닌 사람으로 생산 활동 못하고 불우하게 지냄을 쉽게 추리 할 수 있다.

丁巳 대운에 일지 戌과 巳戌 귀문살을 이루며 壬水는 巳에 절이므로 24세 辛未년에 정신이상이 되었다.

예2)

| 庚 | 庚 | 庚 | 戊 | 여 | | 丙 | 丁 | 戊 | 己 | 大 |
| 辰 | 戌 | 申 | 申 | | | 辰 | 巳 | 午 | 未 | |

이 사주 역시 일주 극왕하므로 설기함을 좋아한다. 시지에 辰 있으므로 예A)의 명조보다는 수(水)가 잘 흐를 수 있다.

그러나 역시 일지 戌중 戊土가 년간에 투출 발동되어 불미스
런 팔자가 되었다.

丁 대운 정관 운되어 결혼했다. 庚午년 23세에 출산하기 위해
병원에 입원했다. 제왕절개하여 출산하였으나 도사리고 있던 암
이 전이되어 입원 치료했다.

壬申, 癸酉년이 좋아 치료 효과를 보았다. 그러나 丙辰년 33세
에 재발했다. 이 실례처럼 일지가 기신이고 그것이 투출 발동되
면 건강 및 인생행로가 흉하게 된다.

예3)

```
癸 癸 癸 癸   남        戊 己 庚 辛 壬   大
丑 酉 亥 卯              午 未 申 酉 戌
```


癸水 일간이 태왕하므로 亥卯木에 설기할 수 밖에 없다. 즉 가
상관격이다. 卯식신은 활동력이고 언어며 표현력인데 일지 酉가
卯酉로 충파하니 벙어리다.

卯식신은 년간 비견 아래에 있으니 형제, 친구는 똑똑하며 남
에게 도움 받고 살아야 할 명조이다.

비견 겁재 태왕하며 일찍 부친과 이별인데 16세 戊午년에 부
친이 사망했다. 일지 酉중 庚이 투출신되는 庚 대운에 결혼했다.
庚戌생 여자인데 역시 불구자다.

예4)

```
戊 乙 癸 壬   남        丁 丙 乙 甲   大
寅 丑 丑 子              巳 辰 卯 寅
```

봄이 코앞에 있는 丑월생의 乙木이다. 무엇보다도 火가 필요하다. 시지 寅중 丙火있으나 투출하지 못했다. 壬癸가 기신이고 戊土가 희신이다. 그런데 일지 丑중 癸水가 월간에 투출되어 있다.

즉 일지 丑은 자갈밭 되어 있고 丑중 癸水 기신이 월간으로 나타나 있다. 丙火는 인체에 있어서 안목(眼目)인데 이것이 癸水때문에 극을 받게 되니 을묘(乙卯) 대운에 장님이 되었다.

戊土용신이 木에 극이 되어서이다. 년지 子가 乙木의 편인이고 활인성이므로 안마사로 생활하고 있다.

巳 대운에 戊土가 득록하므로 결혼운 있게 되고 삶이 좋아질 것이다.

예5)

| 壬 庚 甲 庚   여 | 庚 辛 壬 癸   大 |
| 午 申 申 午 | 辰 巳 午 未 |

신강하다. 일지 申중 庚金은 년간에 투출되어 甲木편재를 치고 있다. 그리고 申중 壬水는 시간에 투출되어 있다.

따라서 태어난 9년째에 부친(甲)이 노상에서 칼(庚) 맞고 죽었다. 즉 태어난지 9살 경에 부친을 죽게 하는 팔자다.

이 사주 역시 시간의 壬水로 설(泄)하여 가는데 일지 申에서 壬水투출이므로 총명 영리하며 깨끗한 성품을 지녔다.

이 사주의 병은 午火이다. 초보자들은 신왕하므로 午火로 庚金을 제극해야 한다로 감정할 수 있는 사주다.

그러나 午火는 실시(失時)했고 木의 접속도 없는데다 천간에 그 기운이 투출되지 못했다.

그러므로 시간의 壬水를 용신으로 하는데 쓸모없는 午火가 壬水를 끓는 물로 만들고 있다.

따라서 남자복 없으며 오히려 해를 끼치는 남자 인연이다. 년지에 午火관성이 있어 일찍 결혼인데 未 대운 丁亥년(18세)에 동거 생활했다. 그러다가 壬 대운되니 壬水가 午火를 아래로 극하므로 남자와 이별이니 20세 己丑년에 이별했다. 그러다가 午 대운되어 기신이 맹위를 떨치니 戊戌년 29세에 폐결핵으로 사망했다. 午戌화국을 이루었고 戊土가 명줄인 壬水 식신을 충극했기 때문이다.

예6)

```
辛 庚 癸 己   남        辛 壬   大
巳 辰 酉 未             未 申
```

庚 일간이 태왕하다. 辰중 癸水가 월간에 투출되어 庚은 癸水로 설기하여 진행한다. 그런데 己未기신이 년주에 도사리고 앉아 己癸로 충극하며 년지 未는 癸의 묘(墓)가 되어 있다.

병은 강한데 이를 제거해줄 약이 없으니 병들면 곧바로 죽는다.

년간은 10살까지이므로 10세전에 사망할 팔자이다. 5살 癸亥년에 죽었는데 癸년되어 己癸충이 발동되고 세운지 亥가 시지 巳를 충하여 투출된 戊土가 癸水를 합거 시켜서이다.

예7)

```
丙 庚 丙 庚   남        辛 庚 己 戊 丁   大
子 寅 戌 寅             卯 寅 丑 子 亥
```

庚 일간 戌월생되어 뿌리 있으나 년일지 寅이 寅戌로 화국을 이루고 월시간에 丙火편관이 기세를 얻어 庚을 극하므로 재관이 기신이 되었다.

그런데 일지 寅이 기신되어 丙火를 투출시켰으므로 대흉하다.

따라서 재관운인 丙寅년(37세)에 신장결석으로 수술했고 寅 대운 庚午년(41세)에 寅午戌로 화국을 이루어 庚金일간을 극하므로 창자수술이 있었다.

辛卯 대운의 대운간 辛은 월시간의 丙火가 쟁합 발호되므로 흉한데 49세 戊寅년 만나 뇌혈관이 경색되었다.

이처럼 일지가 기신되어 발동되면 반드시 몸이 상하게 되니 일지는 일간의 몸에 속하기 때문이다.

예8)

| 壬 | 庚 | 丁 | 庚 | 남 | 癸 | 壬 | 辛 | 寅 | 己 | 戊 | 大 |
| 午 | 午 | 亥 | 辰 | | 巳 | 辰 | 卯 | 寅 | 丑 | 子 | |

庚 일간 亥月생으로 金水 상관격이다. 따라서 조후시켜주는 火 가 좋으나 일시지 午火에서 丙火대신에 丁火가 투출되었다.

이렇게 되면 신약한 일간은 강왕한 丁火에 심하게 제극되어 그릇이 되기는 커녕 녹아서 그 형체가 이지러지게 된다.

따라서 丁火가 병이 되고 시간의 壬水가 약이 된다. 壬水 식신 은 월지에서 투출되었으며 년지 辰에 통근하며 힘이 있다.

따라서 표현력과 예술적 능력은 천부적인 감각을 지니고 있다.

丁火관성이 병이 되므로 자식의 고통과 관의 고통이 따른다.

초년 己丑 대운은 壬水가 극되어 흐린 물되므로 이루 말할 수 없는 어려움이 있었다.

辛 대운 되어 겁재가 나의 용신인 壬水를 생해주므로 남의 덕 있게 되고 능력 발휘되는데 丁火가 辛을 봄으로 빛이 나기 시작했다. 이때(35살)부터 가수 하춘화의 도움 입어 연예계에 두각을 나타냈다. 그러다가 庚申년(41세)에 일간 庚은 뿌리 얻게 되고 壬水 역시 힘을 얻게 되자 스타 자리에 올랐다.

壬 대운까지 잘 나갔다. 辰 대운되어 壬水가 입고하고 대운간 壬이 丁火를 합거시키니 자식(丁)이 교통사고로 사망했다. 辛未년 52세 때였다.

壬辰 대운은 일주 庚午와 2급 소용돌이 이루며 辛未년은 시주 (자식궁)과 1급 소용돌이 이루니 대세운에서 소용돌이 겹치면 반드시 실패, 이별, 불화의 갈등이 있게 된다. 그러나 이듬해 壬申 년 53세는 좋은 운이 되어 국회의원에 당선되었다.

癸 대운은 겨울에 내리는 검은 비가 되므로 불미스러웠다. 巳 대운되어 壬水용신이 절지에 임하고 巳亥충으로 壬水식신의 본 거지가 깨져 사망인데 壬午년 63세로 저 세상 사람이 되었다.

이주일씨의 명조이다.

이 사주 역시 일지 午가 시지 午를 만나 기신이 되었고 그것이 월간에 발동되어 있으니 병이 된다.

시간의 壬水식신이 약이 되니 병중에 약 있으면 귀하게 크게 된다는 고서의 논리와 맞아 떨어진다.

예9)

				남	32	22	12	2	
丁	庚	庚	丙		甲	癸	壬	辛	大
丑	午	子	申		辰	卯	寅	丑	

庚 일간 子月생으로 일지 午火가 조후시켜 주는 희신이다. 이

午중 丙, 丁, 火가 년시간에 투출되어 있다.

따라서 밝고 명랑한 성품으로 남을 위할 수 있는 사람이다. 그러나 木이 없어 申子로 합하여 子午 충함을 막아줄 수 없으니 이것이 문제다.

그런데다 희신이 천간에 발로되어 상하기 쉽게 되어 있다. 따라서 子중 癸水가 나타나는 癸 대운 24세에 심장병으로 죽게 되었다.

子午충이 있으면 뇌출혈 중풍, 심장병 있게 되고 다리를 크게 다치게 된다.

즉 일지 희신이 발동되었으나 천간에 나타나있는 것은 쉽게 깨진다는 말이다. 己未년에 응한 것은 시지 丑을 충하여 일간의 유일한 뿌리를 깨었기 때문이다. 년지 申은 申子로 水局되므로 믿을 수 없다.

예10)
```
丁 辛 丙 丁    여        辛 庚 己 戊 丁    大
酉 未 午 酉              亥 戌 酉 申 未
```

辛金일간의 뿌리는 년지와 시지 酉에 있다. 그러나 丙午, 丁丁로 관살이 첩신되어 있다. 그런데다 일지 未중 丁火가 편관되어 년, 시간에 투출되어 있다. 따라서 남자로 인해 몸 망칠 팔자다.

辛金일간에 火관살이 첩신되어 있으면 남자의 손길만 닿아도 스르르 자빠진다. 즉 金은 쇠붙이요 火는 전기가 되어 전기가 잘 통하게 된다.

그리고 이처럼 관살 혼잡되어 있으면 습한 土가 중간에서 통관시켜야 좋으며 壬, 癸水가 火를 제극해줘야 한다. 그런데 이 사주에는 관살을 통관시켜 줄 인수가 없다. 일지 未중 己土있으나 월지午와 午未합하여 불에 구워진 흙이 되어 있으므로 쓸모없다. 인수는 정신세계이며 사물을 받아들이는 요소인데 이것이 작용 못하면 정신적인 문제가 발생한다. 더욱이 이 사주의 午未합처럼 인성이 관성으로 변하게 되면 정신(인수)이 귀신으로 되니 신내림, 귀신들림이 있게 된다.

배우자 궁인 일지 未중 己土가 투출신되는 己土 대운에 결혼했다.

그러나 己酉 대운과 일주 辛未사이에 2급 소용돌이 이뤄져 부부간에 갈등 심했다. 그러다가 득병하여 이혼했다. 庚戌 대운에 정신병자 되었다.

辛亥 대운의 亥 운이 水가 되어 火를 극하니 호전 될 것 같으나 원명에 병은 중하나 약이 없으므로 완치 불가하다.

'남자 때문에 몸 망쳤다'고 떠들고 다녔다.

예11)

戊 辛 甲 庚　여
戌 亥 申 午

57 47 37 27 17 7
戊 己 庚 辛 壬 癸　大
寅 卯 辰 巳 午 未

辛일간이 申月생이고 戊戌, 庚이 있으므로 신왕하다. 이 사주의 문제점은 일지 亥중에서 투출된 월간 甲木이 년간 庚에 의해 충극받고 있음이다.

일지 亥水상관은 자궁이며 여기서 나온 甲木은 나의 돈이며 생명줄이고 육신(肉身)이다.

따라서 甲木이 申역마에 앉아 있고 절신인 庚이 발동되어 충극하고 있음은 길거리(申 역마)에서 도둑놈(庚 겁재)에게 내 돈과 육신(肉身)을 겁탈 당하게 됨을 나타내고 있다.

년지 午火가 庚金겁재를 제압해주는 희신이다.

따라서 남편 덕은 있으나 午火에서 보면 辛일간 외에 庚, 申의 편재성 있으므로 남편은 나 외의 여성과 합정하게 된다.

午 대운에 결혼되는데 24년 癸巳년에 했다. 巳 대운에 미약한 午火가 힘을 얻어 남편은 면장이 되었다.

그러나 庚 대운되어 년간 庚과 월간 甲木의 충극이 벌어지게 되니 외출했다가 길거리 으슥한 곳에서 떠돌이 도둑놈한테 겁탈 당했다. 그 충격으로 정신이상 되었는데 대운지 辰이 일지 亥와 辰亥 귀문살을 이루고 亥水식신(활동력, 총명)이 辰에 입고되어 서이다. 그러다가 가출하여 떠돌다 여러 남자(도둑놈, 떠돌이)에게 농락당했다.

己卯 대운되어 亥卯로 목국되니 정신을 되찾아 귀가했으나 남편은 딴 여자와 동거 중이었다.

卯 대운까지 장사했다. 庚 대운 39세 戊申년에 당했다.

3. 일간은 일지의 동향과 합을 따른다.

예1)

丁	辛	丙	甲	남
酉	卯	子	辰	

49 39 29 19 9

辛	庚	己	戊	丁	大
巳	辰	卯	寅	丑	

辛금일간이 한겨울인 子月에 태어났다. 년지 辰土는 월지 子와 子辰되어 土의 역할이 부족이고 일간과 멀다. 시지 酉가 일간의 록이 되어 있으나 일지와 卯酉충 되고 있다. 이런 사주 상황이면 누구든지 시지의 酉를 용신으로 잡는다. 그러고는 일간을 돕는

운은 좋고 조후시켜주는 火운도 좋다고 말한다.

그러나 辛일간은 월간 丙火와 합을 탐했고 일지 卯중 甲木이 년간에 있으므로 시지 록을 버리고 재관을 따른다. 따라서 木火운은 길하고 土金운은 불미스럽게 된다.

초년 丁丑 대운은 년주 甲辰과 3급 소용돌이 이루며 대운지 丑은 子丑합하여 물길을 막으며 酉丑금국이 되어 종격의 파가 되므로 크게 흉하다.

庚申년(17세)되어 일지 투출신인 甲木을 충하는데다 甲辰년주와 4급 소용돌이를 이룬다. 대세운에 소용돌이 겹쳐보는데다 甲木을 충극하니 작업하다가 손가락을 절단하게 되었다.

18세 辛酉년엔 酉(시지)금이 발동되어 卯酉충 하므로 크게 불길한 때다. 따라서 교통사고를 겹쳐서 당했고 결국 다리 불구가 되었다. 이 사주 역시 귀록격으로 보고 '시지 酉가 용신이다.'하게 되면 어째서 丑 대운 庚申, 辛酉년에 대흉했겠는가?

寅卯 대운까지 그런대로 살았으나 庚 대운에 종명했다.

예2)

						44	34	24	14	4	
癸	癸	己	乙	여		甲	癸	壬	辛	庚	大
丑	未	卯	未			申	未	午	巳	辰	

癸 일간 卯月생 되어 뿌리라고는 시간 癸水와 시지 丑이 있다. 그러나 癸未일주의 정은 시주 癸丑과 충이고 월주 己卯와 卯未로 합하여 간다.

그런데 일지 未에서 년간 乙木과 월간 己木이 투출되어 어느 것을 따라야 할지 망설인다. 하지만 乙木은 지지에 卯未목국을 얻었으므로 년간 乙木으로 종하여 간다. 이렇게 목체국이 되면

未중 丁火가 자식성이고 월간 己土 일지 己土 시지 丑중 己土가 卯중 甲과 명암합하므로 남편성이 된다.

또 己土는 乙木이 뿌리내리고 자랄 수 있는 재성이므로 부친이기도 하다. 이렇게 되면 일시간의 癸水는 모친성이 되므로 모친 두 분이고 卯木 목국있으므로 이복형제까지 있다.

己土재성이 나의 합신이 되므로 남편은 부친을 많이 닮았다. 년지 未土 월간에 己土 재성있으므로 부잣집에서 태어났다. 그러나 辛巳 대운은 辛은 시지 丑(기신)의 투출신 되었으며 생목인 乙은 辛을 제일 기피하므로 가세 몰락했고 질병에 시달렸다.

壬 대운 己未년(25세)에 결혼했으나 아기를 낳지 못했다. 癸水 일간을 주체로 하면 卯未 목국이 있으므로 많은 자식 있을 것이다. 하지만 이 명조는 乙木이 주체가 되므로 년일지 未중 丁火가 자식이다. 그런데 丑未충으로 자식궁이 파괴되었고 癸癸의 편인성있으며 시주는 백호살까지 맞았다. 그러므로 午火 대운에 잉태는 되었으나 번번이 유산되고 말았다. 未 대운에 원명의 丑未충이 발동되어 부부 별거했고 40세 甲戌년엔 자궁척출 수술을 했다.

예3)

```
丙 辛 丙 甲   남        己 戊 丁   大
申 卯 寅 寅            巳 辰 卯
```

辛金일간이 월시간의 丙火와 丙辛丙의 구조로 합하고 있다. 년월에 재관이 태왕한데다 월간 丙火와 辛丙합을 하므로 재관에 종하고 싶다.

그러나 시간의 丙火가 申金을 달고와 丙辛으로 합하자 한다. 이쪽으로 갈까 저쪽으로 갈까 저울질 하던 辛일간은 시간 丙

과 합하여 간다.

시지 申이 일간의 뿌리가 되어서이다.

이런 구조는 태어난 곳을 버리고 타향(申 역마)으로 입양되어 가는데 서쪽으로 입양됨이 많다.

예4)

戊 丙 丙 己　여

戌 寅 寅 亥

丙火 일간이 강하다. 년지 亥水관성이 있으나 공망인데다가 월주 비견궁과 선합(先合)했다. 따라서 쓸모없는 관성이므로 버리고 시간 戊土식신으로 정을 준다. 즉 식신(戊)이 왕한 丙火 일간의 힘을 설기시키므로 식신으로 간다는 말이다.

인수격인데다 식신으로 길을 잡아 가니 교육자가 천직이다. 남자는 초년에 들어왔으나 공부하러 간다고 멀리 떠나 타녀와 합했다. 평생 독신으로 지냈으며 유명한 여대의 총장을 역임한 명조다.

예5)

戊 甲 戊 庚　남

辰 子 子 申

申子辰 水局있으므로 甲 일간은 부목(浮木)이 되었다. 부목은 土를 만나 뿌리내려 정착하려 하므로 土재성에 대한 집착이 아주 강하다.

시주에 戊辰 재성이 있고 년주에 庚申관성이 있으나 재성을 찾아간다. 태왕한 水를 막으려면 무한정으로 土가 필요하므로 다섯 번 (戊:5) 결혼했던 사람의 명조다.

인수국 있고 시주 재성으로 물을 막아야 하므로 대학을 설립하게 되었다.

그러나 자식과는 원수 사이가 되어 자식 때문에 충격 받고 뇌혈관 터져 사망했다. 관성이 기신이어서이다.

예6)

丁	己	辛	丙	여
卯	丑	卯	申	

丙	丁	戊	己	庚	大
戌	亥	子	丑	寅	

己土 일간의 뿌리는 일지 丑뿐이다. 시간의 丁火가 편인되어 己土를 생하니 신약한 己土 일간으로서는 반갑기 그지없다.

월지 卯중 甲木정관이 남편이고 시지 卯중에도 甲木이 있다. 월지 卯木이 아이 낳고 살았던 첫 남자다.

시간 卯木은 丁火를 생하여 己土 일간을 도우므로 월지 卯木보다 시지 卯木에게 정을 준다.

즉 본 남편을 등지고 나를 따뜻하게 감싸주는 丁火가 있는 시지 卯木(두번째 남자)에게로 간다. 따라서 이런 명조는 남편 두고 외부와 통정하다가 본 남편과는 이혼하고 정부(情夫)와 결합하게 된다.

년지 申은 남자 자식인데 水가 없어 금의 기운이 움직이지 못하므로 우둔하고 쓸모없는 존재다.

申金 아들자식에서 보면 卯, 卯의 재성이 2개이므로 재혼하게 된다. 딸(辛)은 나무(卯)위에 앉아 있는 거울이 되어 있고 丙火(조명)까지 받아 빛을 내니 연예인의 길을 간다(딸이 가수다).

딸의 첫 남자는 丙火이고 시간 丁火는 두 번째 남자니 딸 역시 재혼하게 된다.

첫 남자인 월지 卯木은 辛金의 극을 받고 있으며 년지 申金이 있으니 고개숙인 남자가 되며 능력이 없다.

일지 丑중 辛金식신은 본인의 표출신되니 남자(월지 卯木)를 눌리고 살며 유흥업으로 생활하게 된다. 노래방, 가라오께, 나이트클럽 등이다.

子 대운부터 돈벌이 전선에 뛰어 들었다. 申子로 년지 申과 재국(申子)이루므로 돈을 벌었으나 큰 축재는 없다.

丁 대운에 애인 생겼고 亥 대운에 노래방 주점 등을 경영했다.

예7)

丙 戊 己 乙　여

辰 辰 卯 未

41	31	21	11	1	
甲	乙	丙	丁	戊	大
戌	亥	子	丑	寅	

戊辰 일주가 卯月생이고 卯未 목국중에서 乙木 투출되었다.

따라서 土의 역할인 木을 받아들여 키울 수 있으므로 이 사주의 중심핵은 乙木이다.

즉 卯月의 木은 힘차게 자라나오는 생명력을 지니고 있는데 卯未, 卯辰으로 많은 木에서 보면 戊土 일간은 뿌리내리고 살아갈 땅이 된다.

이렇게 되면 자라 나오는 싱싱한 초목의 환영을 받게 되니 쓸모있는 사람이다. 힘차게 자라나오는 卯月의 나무에겐 따뜻하게 비춰주는 丙火가 이 사주에서 굉장히 중요한 역할을 한다. 따라서 시간의 丙火는 乙木에겐 가는 길이 되고 戊土 일간에겐 명예가 된다. 그러므로 이 사람은 아주 명예심이 강하다. 그런데다 丙火는 아침의 태양이 되어 있고 辰은 戊일간이 홍염살이 되므로 그 아름다운 빛이 더욱 빛난다.

덧붙인다면 큰산(戊) 아래에 넓은 벌판(己)이 있고 초목까지 무성하여 그 푸르름이 생동하는데 아침 태양까지 비춰고 있으니 한 폭의 그림 같다.

또 황룡(戊辰)이 생동하는 기운(乙)을 토해 냈는데 그것이 己土(벌판)위에 뿌리박고 있으므로 신통조화라 할 수 있나.

따라서 반드시 특이한 재능이 있게 되는데 辰이 홍염이고 여기서 乙木이 투출이므로 대중을 매혹시키는 능력도 있게 된다.

그러나 卯未 목국중에서 그 원신이 甲목으로 투출되었으면 큰 인물이 되었을 것인데 아쉽다. 丙 대운은 명예와 이름이 널리 빛나게 되니 가수로 날렸다.

子 대운은 子辰으로 재국을 이루고 子水가 일시지 재고(財庫)에 들어오므로 많은 돈이 쏟아져 들어왔다. 己土는 누나고 乙木은 매부다.

卯未 목국 중에서 乙木만이 홀로 투출이므로 그 매부가 특출한데 일본 주먹세계의 왕초였다.

그러나 월간에 己土 겁재가 있음은 부모형제가 돈 내놔라며 손을 벌리게 되는데 부모 빚 갚아준다고 수억 썼다. 戊일간의 정은 丙火에게로 가므로 일본에서 활약했다. 乙 대운은 丙火를 생하므로 무난하나 丙 대운 만큼 뜨진 못한다.

亥 대운은 亥卯未로 木局 이루게 되는데 이리되면 亥水는 죽게 되니 부친과 사별하게 되었다.

그리고 본인에겐 辰亥 귀문살 작용되니 극심한 우울증 및 정서불안이 있고 애인 및 돈으로 인해 고통 받는다. 亥水 재성이 관국을 짓게 되어서이다.

예8)

					55	45	35	25	15	5	
庚	戊	戊	己	남	壬	癸	甲	乙	丙	丁	大
申	子	辰	卯		戊	亥	子	丑	寅	卯	

戊土 일간이 辰月생되어 힘을 얻었으나 신자진 水局 있고 卯辰으로 반방합 있으므로 신약하고 재관이 강왕하다.

따라서 대부분의 역인들은 '일주 戊土를 도와주는 火土운이 와야 좋아지며 水木 운은 불길하다'로 말하게 된다.

그러나 사주풀이의 제일 기초방법인 이런 억부법만으로 감정하게 되면 망신당하기 일쑤다.

수학(數學)에 있어서 더하고 빼는 산수(算數)는 제일 초보인것처럼 사주 해석에 있어서 억부법은 아주 초보다. 이것을 모든 사주에 적용시키는 것은 고등수학을 산수로 해석하려는 것과 같다.

첫째, 이 사주는 申子辰 水局이 있다하나 水의 원신이 투출되지 못했고 토왕절인 辰월이다.

그러므로 거대한 지하수가 되어 있다.

둘째, 일간 戊土는 신약하므로 강한 세력을 지닌 월주 戊辰에게로 정을 주어 그 힘을 빌리고 있다.

셋째, 卯辰이 반 방합 목국이라 하나 목의 기운이 투출치 못했고 子辰 水局으로 인해 물러지려는 辰 중 戊土를 목근(木根)으로 싸안아 흐트러지지 않게 해주면서 강왕한 수의 기운을 설기 시키고 있다.

그러므로 이 사주는 그렇게 신약하지도 않다. 이런 유형의 사주뿐 아니라 대부분의 사주를 풀 때는 주재자인 일간의 역할 작용적인 면을 먼저 살펴야 함을 말해둔바 있다.

따라서 여기서의 戊土 일간의 역할은 두 가지다.

첫째는 申子辰으로 강하게 흐르는 지하수를 막아 주며 둘째로는 卯辰으로 水의 기운을 설하게 해주는 역할이다.

큰 재물을 막아두었다가 필요할 때 풀어주는 역할을 수행한다는 말이다.

그러나 戊子 일주는 戊辰 월주 보다 힘이 약하고 戊辰 월주에 붙거나 합세해야만 자신이 역할을 잘 수행 할 수 있다. 그러므로 일인자는 못되고 큰놈 밑에서 큰놈을 보좌하는 일을 하게 된다.

丙寅 대운은 역마에 인수를 태웠으므로 타향 타국에 유학하게 되었고 乙木 정관운에 행정고시에 합격했다. 丑 대운은 戊 일간의 天乙 귀인이 되며 일지 子와 子丑 합하므로 귀인의 도움 있었고 결혼했다. 甲子 대운에 관위가 높아지니 진급을 거듭하여 己未년 41세에 재무부 국고 국장직에 올랐다.

庚申년 42세엔 청와대에서 사정업무를 봤다.

癸 대운은 월간 戊와 더불어 戊戊癸의 구조가 되니 쟁탈전 벌어지게 되어 좋지 못하다.

亥 대운은 水의 기운은 강왕해지는데다가 亥卯로 木局을 이루며 戊土 일간은 절지에 임하는 때다.

그러므로 매사가 불리하게 직행되며 甲, 乙이 투출되는 세운을 만나게 되면 건강마저 나빠진다.

壬戌 대운 戌 대운에 나의 의지처인 辰을 충한다. 이리되면 제방 터진 물줄기는 흘러가므로 재산 상실하게 되고 만사가 흉하게 된다.

예9)

戊 丁 丙 戊	남	60 50 40 30 20 10
申 丑 辰 辰		壬 辛 庚 己 戊 丁　大
		戌 酉 申 未 午 巳

丁火 일간이 지지 그 어디에도 뿌리 없다. 월간 丙火있으나 도움되지 못하고 丁火의 빛만 뺏게 된다. 따라서 丁火 일간이 등불의 역할을 하려면 그늘진 곳, 어두운 곳으로 가야 한다.

종아격이 되는데 土의 원신이 년시간에 2개다. 이 중에서 어느것을 따라야 할까?

시간 戊土로 가는데 일간과 가깝기 때문이고 시지에 申金이있어서이다.

따라서 시간의 戊土가 주체가 되고 주재자가 된다. 여기서의戊土 역할은 첫째, 辰월이므로 초목을 받아들여 키울 수 있다.

둘째, 申金으로 설기하여 재성을 생하려 한다. 사주팔자는 한개인이 태어나고 처해있는 공간적 시간적 환경이다. 그러므로 공간적인 환경을 보면 큰 산(戊, 戊) 연이어 뻗어 내린 산골에서 태어났다. 초년운은 년주 월주를 보고 대운을 참작하므로 40세까지(월지 辰의 영역)는 산골에서 약초재배를 하며 지냈다. 辰중 乙木이 辰辰 자형 받았으므로 약초다. 40대 이후부터는 일간 丁의시간 영역이다.

戊土에서 보면 일간 丁火는 인수가 된다. 그러므로 40이후엔어둠을 밝히는 공부를 하게 된다. 대운으로 庚申 대운이다.

戊土에서 庚申 대운은 식신운이고 문창성이 되는 때다. 따라서여기저기 다니며 역학 공부했다.

辛(酉) 대운에 계룡산에서 수도했다. 닭이 용(辰)을 만나서이다.

하산 후 역술 생계했으니 戊일간에 辛은 상관이 되어서이고酉는 언어이기 때문이다.

戊土에서 보면 년지 辰중 癸水가 처가 되고 辰은 홍염살이므로 일찍 연애로 여자 만나게 된다.

그리고 월지 辰은 두 번째로 연애해서 만나는 여자다. 그러나 辰은 재성의 고(庫) 발동신이므로 상처하게 된다.

초년 巳 대운 18세에 시지 申과 巳申合水되니 己巳생 여자 만났으나 곧바로 헤어졌다. 22세에 壬申생 여자와 재혼했고 壬戌 대운에 상처했다. 자식은 딸만 두 명 두었는데 辰 중 乙木이 관성이어서이다. 戌 대운에 상처하게 된 것은 재고를 충했기 때문이다.

미약한 오행이 입고되어 있을 땐 그 고(庫)를 충하는 운을 만나면 10중 9사 하는데 충출되면 쉽게 상하기 때문이다.

예10)

丁	癸	辛	丙	여
巳	巳	卯	子	

52	42	32	22	12	2	
乙	丙	丁	戊	己	庚	大
酉	戌	亥	子	丑	寅	

癸 일간 卯月생으로 년지에 子水가 있고 월간에 辛金있다. 그러나 子水는 멀리 년지에 있는데다가 월지 卯가 子卯 형하므로 나와 유정치 못하므로 나의 뿌리가 되지 못한다.

월간 辛金 역시 지지에 통근 못한데다가 丙申 합을 탐하여 癸 일간을 생해주지 않는다.

따라서 강왕한 재성에 따를 수밖에 없으니 년지 子水와 辛金이 있으므로 가종격이다.

종재를 하게 되면 년간 丙火와 시간 丁火중에 어떤 것을 따를까함이 문제다.

년간 丙火는 일지 巳의 표출신되어 제일 먼저 정이 가나 丙辛

합 되었고 기신인 子水 위에 앉아 나를 등지므로 따를 수 없다.

남아 있는 것은 시간의 丁火인데 天乙귀인이 되는 巳에 앉아 있으며 강왕하다. 그러므로 시간 丁火에 따르는 종재격이다.

그러나 년지 子水가 있고 丙辛合水가 있어 가종격이 되므로 癸水 일간의 본성은 변하지 않는다.

즉 종신인 丁火를 주체로 하지 않는다.

육친 관계를 보면 일지 巳중 戊土가 남편이고 시지 巳中 戊土도 남편이다. 그러나 巳는 본성이 火재성이다. 이처럼 土관성이 뚜렷하지 않을 때는 돈을 보고 결혼하는 경우가 많다.

년간 丙火는 일지 巳의 표출신이므로 남편의 나타난 모습이기도 하다. 그런데 내 남편이었던 丙火는 년지 子水 비견 위에 앉아 있고 辛과 합하고 있다.

즉 丙火가 쓸모없이 되어 버렸다. 그렇게 내 남편 역할 못하게 됨은 딴 여자를 찾아가 남의 서방이 되어서이다.

己丑 대운 20세에 결혼했다. 丑土관성이 일지와 巳丑합되고 기신인 년지 子水를 子丑합해서이다.

조혼(早婚)하게 된 것은 년간에 丙火(夫之 표출신)가 있기 때문이다.

22세부터의 戊정관 대운은 남편이 남편 역할을 잘했다. 그러나 子 대운은 종재격의 기신인데다 년월지 子卯형을 발동시키고 巳중 戊土가 子중 癸水와 암합한다.

그러므로 남편이 딴 여자와 합정했고 가정이 소란스러워졌다. 그러다가 결국 乙巳년 30세에 이혼했다. 자식궁인 辛卯는 년주 丙子와 丙辛합하므로 자식은 남편(丙)이 데리고 갔다.

그러나 년지 子水 비견은 남편의 후처요 卯木은 자식인데 子卯형이 되므로 남편의 후처와 자식사이엔 불화있게 된다. 그리고 辛卯(자식궁)는 일주 癸巳를 향해 辛卯壬辰 癸巳로 진행하므로 남에게 갔던 자식이 나에게로 찾아오게 되어 있다.

그 시기는 丙辛합이 깨어지는 때다.

따라서 丁 대운에 辛과 丁이 충이 되어 합이 깨지나 丁火가 亥에 앉아 약하므로 丙辛 合을 완전히 깨진 못한다. 이런 까닭으로 丁 대운에 자식들과 소통은 있었지만 내게 오지 못했다.

그러나 丙 대운에 丙辛丙의 쟁합이 되어 합이 깨지므로 자식들이 찾아오게 되었다.

본인은 丁 대운부터 사업을 했다. 돈벌이 잘되는 때다. 종새격에 재운 만나서이다.

丙 대운 역시 돈 되었고 丙辛합이 이뤄져 돈 있다는 빛이 사방에 났다.

戊 대운은 재성이 입고되어 큰 발전 없으며 돈을 묻어 두려하며 소극적이 된다. 즉 재성이 입고되면 밖으로 유통시키던 재물을 거둬들여 넣어두게 된다. 그러므로 여관, 호텔, 부동산 등에 투자하여 안정적인 삶을 꾸려가게 된다.

그런데 재성은 돈이기도 하지만 일간의 육신(肉身)이기도 하므로 건강에 문제 생기는데 辰년 戊, 辛년에 건강문제 나타난다.

乙 대운은 자식이 두각 나타내며 재정적으로도 이익이 생기는 좋은 때다.

년지 子水는 가종격의 기신인데 비견(형제)이다. 종재를 하기 위해선 子水를 버려야 하며 또 子水는 쓸모없는 존재다.

그러므로 이 여성의 형제 중에는 쓸모없이 된 형제가 있게 된다.

그리고 친구 형제라도 돈 안된다 싶으면 매정하게 버리게 되는 삶의 방식을 택하게 된다.

예11)

						46	36	26	16	6	
庚	癸	己	庚	여		甲	乙	丙	丁	戊	大
申	酉	卯	午			戌	亥	子	丑	寅	

癸 일간이 卯月생이나 庚申시를 만나 생조를 받으니 마르지 않는 물이 되었다.

이 사주 역시 어설픈 억부법으로 보면 안되고 癸水의 역할작용적면과 병약의 논리를 적용시켜야 된다.

먼저 癸水의 역할을 보면 자라 나오는 봄의 나무에게 물을 주어 키운 다음에 己土 위에 뿌리박을 큰 나무로 만듦에 있다.

그런데 일지에 있는 酉金이 卯木을 충하여 그 뿌리를 상하게 함이 병이고 년 시간에 庚이 나타나 병이 발동되어 있다. 이렇게 일지가 기신이 되고 그것이 발동되어 나타나면 반드시 몸이 상하던지 나쁜 운명이 된다.

게다가 병이 되는 金이 강왕하므로 아무리 봐도 좋은 운명 아닌 것 같다. 그러나 년지 午火가 병을 다스리는 약이 되어 있으니 바로 병중한데 약을 만나면 귀하게 된다는 고서(古書)의 논리가 적용된다.

따라서 午火를 돕는 운이 오면 크게 발전된다. 년지 午중 丙火가 일지 酉중 辛金과 암합하며 午중에는 己土 관성이 있으므로 남편궁이고 여기서 나온 월간 己土가 남편이다.

癸 일간에게 유리한 것은 년지 午火이므로 이 여성은 오로지 재산증식에 심신을 기울이며 그것으로 약한 己土 남편을 도우려 하게 된다. 즉 癸水 일간의 정은 년지 午火에게로 간다.

남편인 己土는 자라 나오는 생목을 받아들여 키울 수 있으므로 관계(官界)로 진출하는데 년간의 庚金이 방해하고 있다. 따라서 庚金이 제거되는 때에 남편은 관록을 얻게 되고 본인은 남편의 출세를 도우려 하게 된다.

己土 남편에서 보면 庚, 庚으로 상관이 두 개이므로 조모 두 분이며 장모 두 분 있게 되고 달변이며 총명하다.

그리고 일간 癸水가 있음으로 해서 卯木이 물먹고 자랄 수 있으니 이 여자 만나고 나서부터 관운이 좋게 된다. 따라서 서로가 득이 되니 남편 입장에선 좋은 마누라고 부인 입장에선 쓸모있는 좋은 역할하는 남자다.

그리고 己土남편은 자식과 관(官: 卯)을 기우기 위해선 제 몸을 희생할 줄 아는 사람이다.

이것은 己土는 卯木의 재성되어 극 당하기 때문이다. 년지에 있는 午 도화가 발동되어 나타나는 丁 대운에 乙丑생 남자와 결혼했다. 乙丑생은 병이되는 년간 庚金을 합하여 입고시키므로 좋은 궁합이다. 丑 대운은 반길 반흉인데 왕한 金이 입고되었고 己土관성이 丑에 득근해서 좋은 운이다.

丙 대운은 년지 午의 투출신되어 봄의 태양이 대지(己) 위에 비치는 격이고 庚金병을 충극한다.

그러하므로 부군이 법관으로 임명되었고 재산증식이 크게 있었다.

子 대운은 년지 午火를 충하니 재산실패와 부친의 유고 그리고 시모의 우환이 따르며 남편 역시 곤욕을 치르게 되었다. 乙 대운은 庚을 합거시켜 발전되었고 자식의 경사도 따랐다. 亥 대운은 亥卯로 합을 맺어 午火를 극하지 않고 도와주므로 자식이 현달 했으며 전화위복으로 재산 증식되었다.

亥卯木이 午火를 도와서이다. 甲 대운은 己土남편의 관성이므로 큰벼슬(甲은 巨木)이 따를 것 같으나 庚이 방해하여 뜻을 이루지 못했다. 남편이 큰 직책을 얻을 기회가 왔으나 구설이 심해 좌절되었다.

戌 대운되어 년지 午火와 午戌로 화국을 이루게 되니 己土는 뿌리를 얻고 庚金은 제거되므로 드디어 壬戌년(53세)에 부군이 법무부 장관직에 발탁되었다. 아들 둘 딸 하나 두었는데 사주에 庚申있고 일지에 酉金있으므로 몇 번이나 유산 낙태가 있었다.

만일 유산 낙태가 없었다면 반드시 자식을 잃게 된다.

4. 만남(合)은 모든 일의 시작이다.

우리 인간들의 삶은 어떤 환경 어떤 사람을 만나느냐에 따라 길흉득실(吉凶得失)이 정해진다. 즉 사주 명리학에 있어서의 각종 합은 우리 인간 삶에 있어서의 만남과 같다는 말이다.

따라서 육합, 간합, 방합, 삼합, 암합 등에 대한 폭넓은 이해없이는 정확한 사주풀이가 불가능하다. 그러므로 이 장에선 이때까지 설명되지 않았던 각종 합과 그 변화를 다시 한 번 살피기로 하겠다.

누가 묻기를 '선생께선 사주풀이에서 제일 중요하다고 생각되는 것이 무엇입니까?' 한다면 필자는 서슴없이 '그것은 합(合)이요.'하고 말할 수 있다.

육합

一. 六合(육합)

　　근합(近合) ; 子丑, 午未의 경우를 말하며 가까이 있는 것끼리
의 합이다. 그러므로 가까운 곳에 있는 것과 합했다로 해석한다.

　　원합(遠合) ; 卯戌, 辰酉의 경우 멀리 있는 것끼리 인연이 되
었다로 해석한다.

六合의 변화

① 子丑 합하면 土가 된다고 말하고 있다. 그러나 子月生이 년 지나 일지에 丑을 만났다면 土가 되지 않고 뻘흙(丑)에 흐려진 물로 해석해야 한다. 丑月生이 년지나 일지에 子를 만났다면 축 축해진 흙으로 해석한다. 따라서 子丑합이 되면 水도 없어지지 않고 土의 성분도 그대로 존재한다. 丑中 辛金은 쓸모없이 되어 버린다.

② 寅亥 합하면 木이라 한다. 하지만 寅中 丙火는 亥中 壬水에 의해 극파된다. 그리고 寅中 戊土는 寅中 丙火가 있음으로해서 장생할 수 있는데 丙火가 깨어지게 되면 존립이 위태로워진다. 이러므로 寅亥를 合破라 한다.

③ 卯戌 합하면 火가 된다 했다. 이렇게 되면 습목인 卯는 사목 (死木)이 되어 천간에 있는 乙木의 뿌리 역할을 상실하게 된다. 戌中 辛金은 火에 극 받아 쓸모없이 되어 버린다.

예)

				남	47	37	27	17	7	
丁	乙	戊	丙		癸	壬	辛	庚	己	大
丑	卯	戌	申		卯	寅	丑	子	亥	

乙木 일간이 일지 卯에 득록했으나 卯戌 합으로 인해 그 뿌리

를 상실했다. 그러나 卯戌 합에 균열이 오게 되면 卯木이 본성을 지니게 된다. 이런 유형의 사주를 가종격이라 한다. 亥 대운에 亥 卯로 삼합되어 卯木이 乙木의 뿌리역할 하므로 어렵고 힘든 세월 보냈다. 종격(從格)은 세력에 따르는 것인데 이에 역하므로 파란 이 생기는 것이다.

子 대운 역시 子卯 형으로 卯戌 合을 깨므로 불미스런 때였다. 辛丑 대운부터 연예계에 혜성처럼 나타난 장국영의 명조다(홍콩 의 연예인).

④ 辰酉 합하면 金이 된다라고 말하고 있지만 그 자세한 정황 은 이렇다. 辰中 戊土는 합을 통해 사지(酉)를 만나므로 土의 기 운을 잃게 된다. 그리고 辰中 乙木은 원래 생목(生木)으로 존재하 고 있지만 辰酉 합함에 따라 생기를 잃게 되고 酉金의 부속물로 화한다. 오로지 金만이 강왕해지며 辰中 癸水 역시 힘을 얻는다.

⑤ 巳申 合水라 한다. 그러나 巳申은 형이므로 형합이라 하는 데 巳中 丙火, 戊土는 申中 庚金과 壬水를 극하고 申中 壬水는 巳 中 丙火를 극하는 치열한 전투를 벌이기 때문이다. 이런 전투 속 에 결국은 申中 壬水만이 살아남는다. 壬水가 재성이 된다면 합 하고 치고 박고하는 치열함 속에 득재(得財)하게 된다.

예)

				여	31	21	11	1	
壬	壬	丁	癸		辛	庚	己	戊	대운
寅	申	巳	丑		酉	申	未	午	

월주 丁巳는 재성이기도 하지만 남편궁이기도 하다.(巳中 戊

土 편관) 비록 丁壬으로 천간은 유정하게 합을 이루었지만 지지 끼리는 巳申으로 형합되어 있다.

따라서 돈 벌러 나가면 심한 구설과 쟁투가 따르며 부부간에도 심한 불화 속에 지내게 된다. 辛酉 대운 초에 부부 이별한 명조다.

⑥ 午未 합하면 火가 된다. 未中 乙木은 타버리므로 쓸모없이 되며 未中 己土는 조토가 되므로 나무(木)를 키울 수 없고 金을 생할 수도 없게 된다.

삼합 방합, 명암합과 암합

一. 三合

寅午戌, 巳酉丑, 亥卯未, 申子辰을 말함이다. 전연 다른 오행끼리의 연합이므로 여러 뭇것과의 합이라 하기도 한다. 寅午戌을 두고 말하면 寅木, 午火, 戌土가 오로지 火를 만들기 위해 연합한 것이다. 따라서 아주 상한 세력을 형성하며 寅木의 희생이 따른다. 즉 寅木은 午火를 생한 후에 죽게 되어서다. 여타의 삼합도 이와 같다.

* 준삼합

寅戌, 午戌, 寅午 등으로 삼합 중에 하나가 빠져있는 경우를 말한다.

巳丑, 巳酉, 酉丑 등도 마찬가지다. 그러나 그 힘에는 차이가 있다.

즉 삼합의 중심인 子午卯酉가 들어있는 것이 더 큰 힘을 발휘한다. 그리고 지지에 삼합이 있을 때 그 원신(元神)이 천간에 투출됨을 수기(秀氣)라 한다. 수기(秀氣)라는 말은 글자 그대로 빼어난 기운을 뜻하는데 이것이 재성이면 재운이 크고 인성이면 이름을 크게 날리게 된다.

예1)

庚 壬 辛 乙 　남

戌 寅 巳 酉

예2)

庚 壬 癸 辛 　남

戌 寅 巳 丑

예1)의 명조는 巳酉의 금국이 있고 예2)의 명조엔 巳丑의 반국이 있다. 그리고 巳酉丑 금국의 원신인 辛, 庚金이 천간에 투출되어 있다. 예1)의 명조는 삼합의 중심점인 酉가 있으므로 예2)의 명조보다 더 강력한 힘을 지니고 있다. 따라서 예1)의 명조는 학자로서 이름을 떨칠 수 있으나 예2)의 명조는 학문적 능력도 부족하고 이름 또한 떨칠 수 없게 된다.

예3)

```
庚 丁 己 乙    남
子 亥 卯 亥
```

亥卯로 목국이 있고 천간에 乙木이 나타나 수기(秀氣)되어 있다. 따라서 서방 금운(金運)에 크게 이름을 떨쳤다. 이 사주의 용신을 乙木이라고 대부분의 역인들은 말한다. 하지만 이 사주의 용신은 시간의 庚金이다. 亥卯亥로 목국을 이루었고 乙木으로 수기까지 있으나 이것이 사주의 병이고 庚金이 약이 된다. 병(病)은 강왕하고 약은 약한데 약신을 도우는 金운에 성공했고 서방(西方) 세계인 미국의 큰 도움을 받게 된 것이다. 즉 수기(秀氣)가 병이 되어도 약이 있으면 그 병이 되는 木으로 인해 크게 성공할 수 있는 것이다. 이승만 전대통령의 명조다.

一. 방합(方合)

亥子丑, 申酉戌, 寅卯辰, 巳午未가 있을 때를 말한다. 같은 기운, 같은 곳(方)에 있는 것끼리의 합이다. 그러므로 끼리끼리 모였다로 말한다. 사회적으론 동호인 모임, 형제모임, 친구 모임 등을 일컫는다. 연합하면 세력이 강해짐은 삼합이나 방합이나 다를 것 없다. 하지만 방합보다 삼합이 더 큰 그릇이다. 포용력과 융통성 그리고 사회참여에 있어서도 차이가 있다. 방합이 한동네라면 삼합은 전국구이다. 국수적 민족주의가 방합이라면 삼합은 세계적 다원주의다.

* 준방합

세 개중에 하나가 빠진 亥子 子丑 亥丑, 申酉 酉戌 申戌, 亥卯 卯辰 寅辰, 巳午 巳未 午未를 말한다. 그러나 亥子, 申酉, 寅卯, 巳午는 준방합이라 하기보다 亥가 子를 만나 水의 힘이 강해졌고 申酉, 寅卯 등도 그렇다로 해석하면 된다. 그리고 子丑은 육합이므로 굳이 준방합으로 볼 필요가 없다. 亥丑은 子水를 불러들여 방합을 하고자 하는 상태로 보면 된다. 申戌, 寅辰, 巳未 등도 그렇다. 그러나 卯月에 辰년이라면 卯辰으로 년지 辰은 대목지토(帶木之土)가 되어 木의 세력이 강해지는 것으로 보면 된다.

一. 명암합(明暗合)과 암합

예1)
    庚 壬 癸 辛   남
    戌 寅 巳 丑

　일간 壬水는 시지 戌中 丁火와 명암합이다. 따라서 戌이 처궁
이다. 월지 巳火는 년지 丑中 辛金과 암합(丙辛)하고 있으며 년간
辛金과 명암합이다. 또 월간 癸水(누나)는 월지 巳中 戊土와 명암
합이다. 따라서 巳中 戊土는 매형인데 년지 丑中 癸水와 암합하
고 있다. 따라서 매형이 바람피우게 된다.
　명합(明合)은 드러나게 합하는 것이고 명암합은 드러나기도
하고 암암리에 합하기도 하는 것을 말한다. 암합은 보이지 않게
암암리에 합하는 것이므로 귀신도 모르는 합이다.

예2)
    壬 乙 壬 壬   남
    午 酉 子 子

　시지 午中 丁火 식신은 장모고 午中 己土는 처다. 午中 丁火는
년월시간의 壬水와 명암합하고 있다. 따라서 장모되는 분이 3번
결혼했다.

一. 合에 의한 육친(六親)의 변화

합(三合, 方合, 六合)의 목적은 생산에 있다. 그러므로 합을 하면 변하게 된다. 다만 변한다고 하지만 그 본래의 성격이 완전히 없어지는 것은 아니고 사주상황에 따라 얼마간의 힘을 지니고 있다. 그러다가 운(運)에서 사주원국의 합을 깨게 되면 그 본성이 되살아난다.

예)

丁 乙 戊 丙	남		48 38 28 18 8
丑 卯 戌 申		癸 壬 辛 庚 己	大
		卯 寅 丑 子 亥	

乙木 일간의 뿌리는 일지 卯木이다. 그러나 卯는 월지 戌과 卯戌 합하여 火氣를 이루며 이 火는 火生土하여 土로 변한다. 따라서 종재격이 되었다. 그러나 卯中의 甲乙木의 본성이 모두 없어진 것은 아니므로 卯戌合을 방해하거나 깨는 운이 오면 卯木이 본성을 되찾는다. 이러므로 이런 유형의 사주를 가종(假從)이라 하는 것이다. 亥 대운은 일지 卯와 亥卯로 木局을 이루므로 卯木이 본성을 잃지 않으려 한다. 따라서 이리갈까 저리갈까 하는 혼란이 따르며 종격에 반하므로 어려운 세월이 된다.

子 대운은 卯를 형하여(子卯) 卯戌 합을 방해한다. 따라서 불미스런 운이었다. 辛丑 대운부터 연예계에 혜성처럼 등장하여 크게 이름나기 시작했다. 壬 대운은 시간의 丁火와 丁壬 합하여 乙木 일간을 생해 주지 않으므로 무방하다.

이 사주처럼 丙丁의 식신 상관이 혼잡되어 있을땐 하나를 없

애주면 아주 좋다. 寅 대운은 乙木이 뿌리 얻어 불미스러우나 년
지 申과 寅申 충하므로 혼란은 있으나 무난하다. 그러나 癸卯 대
운 되어 종신(從神)이면서 명(命)이 되는 월간 戊土를 戊癸 합하
고 대운지가 卯木되어 아주 불길하다. 癸未년에 일지 卯와 卯未
합하고 戌未 형하여 卯戌 합을 깨게 되자 투신자살하고 말았다.

A. 비견 겁재

비견 ; 주체성, 독립성, 경쟁자, 형제, 친구 및 동료(他人)

겁재 ; 주체성, 투쟁성, 과격성, 탐욕(도둑), 이복형제, 이부(異
父) 형제, 의형제

사주에 비견겁재가 많으면 의처증, 의부증 있으며 재성을 보면
사이좋던 친구 형제 관계가 하루아침에 경쟁자로 변한다(처세가
원만치 못하게 된다). 다만 신약하며 비견겁재에 의지할 경우는
또래 및 형제와 친하려 하고 단결하는 힘이 강해진다. 대체로 비
겁이 태왕한 사주는 부친의 인연 박하고 자수성가 하게 되며 돈
이 있으면 뜯어가는 사람이 있게 된다. 또 경쟁자가 많이 생긴다.
따라서 질투와 샘이 많으며 의심이 많게 된다.

一. 비견겁재가 식상으로 변하면…

1. 자손같이 어린 아우가 있다.
2. 형제중에 기술자 있고 말 잘하는 사람 있다.
3, 형제가 육영사업이나 교육가 직업 지닌다.

　신왕힐 땐 좋으나 신약할 때 나쁜 작용이 생긴다. 신약하거나 나쁘게 작용될 땐 형제 때문에 골 아프고 손해 본다. 형제에게 관재수 많다. 누이동생(누나)의 남편궁이 나쁘다. 좋은 역할이면 형제 때문에 숨통이 트인다. 형제덕 있다.

예1)
　　乙甲戊戊　남

　　亥寅午午

　일지 寅木 비견이 寅午로 합하여 상관국이 되었다. 따라서 형제가 나에게 나쁜 작용 많이 한다. 내게 손해 보인다. 말 잘하고 위법적이고 탈법적인 행동하는 형제 있고 기술 계통에 종사하는 형제도 있다.

예2)
　　甲癸辛辛　남

　　寅亥丑酉

일지 亥中 壬水가 형제다. 寅亥 합으로 水生水을 하여 강왕한 일간의 힘을 빼주는데 일조를 하고 있다. 막혔다 하면 형제 친구 가 들어 시원하게 뚫어준다.

예3)

| 丙 己 己 丁 | 남 | 甲 乙 丙 丁 戊 | 대운 |
| 子 未 酉 丑 | | 辰 巳 午 未 申 | |

己土 일간 酉月생이다. 신왕이다. 따라서 월지 酉金으로 설기 해야 한다. 년지 丑과 월간 己土가 酉丑으로 국을 이루고 己土 生 酉金하고 있다. 따라서 항상 형제 친구와 어울리기 좋아하며 그 덕을 보려 한다. 酉가 식신 문창성 되어 형제중에 교육자 있으며 말 잘하고 기술 지닌 형제가 있다. 또 비견은 많으나 木이 없어 여형제가 재혼했다. 그리고 관재를 당한 형제와 자식처럼 어린 형제도 있다.

二. 비견겁재가 재성(財星)으로 변할 때

* 재성이 길신이 될 땐,

1. 형제가 도움 준다. 형제 친구로 인해 돈 번다.
2. 친구 형제의 재물이 내 차지된다.
3. 친구 형제로 인해 여자 생긴다.(남자일 경우)
   (친구 형제는 내 밥이다. 또 친구 형제 부려먹고 임금 안 준다.)

* 재성이 기신이 되면,

1. 친구 형제가 내 돈(마누라) 뺏어간다.
2. 친구 형제 때문에 공부 안하고 문서 날아간다.

예1)

　　己 丁 丙 丁　　남

　　酉 巳 午 巳

일지 년지의 巳火가 비견인데 巳酉로 재국을 만들었다. 따라서 친구 형제로 인해 재정적 이익 얻는다. 여기선 巳는 득을 주지만 午火는 내 재물을 노리는 역할이다.

예2)

　　壬 戊 甲 戊　　　재다신약 사주다.

　　子 戌 子 辰

년주 戊辰이 旺한 水 재성에 대항하는 힘이 될 것 같으나 辰子로 합되어 배신한다. 이럴 땐 친구 형제가 합자해서 사업하다든지 도와주겠다며 접근하며 나를 망하게 만든다.

예3)

　　庚 戊 戊 己　　　남

　　申 子 辰 卯

월주 戊辰이 子辰 水局을 이루었다. 즉 비견이 제국으로 변했다. 이런 상태에서 戊 일간은 월주 戊辰(강한 놈)에게 의지한다. 비견이 나의 힘이 되어주므로 강한 놈에게 붙어야 산다. 월주 戊辰이 재국의 실질적인 주인이고 나(戊土 일간)는 월주 戊土에 붙어서 돕는 역할이다.

즉 엄청 많은 세력으로 흐르는 재물을 관리하는 주재자는 월주 戊辰이고 나는 그를 보좌하는 역할이다. 戊戊는 이렇게 사이좋게 지내나 癸水가 나오면 그 관계는 파정난다. 쟁합하기 때문이다. 재정 경제부의 국장을 역임했던 명조다.

三. 비견 겁재가 관살로 변할 때

* 좋은 경우

1. 형제 친구로 인해 취직되고 승진된다.
2. 친구 형제로 인해 명망 얻는다.
3. 친구 형제로 인해 남자 생긴다. 친구 애인이 내 애인되기도 한다.(여자 경우) 동성연애하기도 한다.(여자일 경우)

* 나쁜 경우

1. 친구 형제 때문에 일거리 많고 골아프다.
2. 친구 형제 때문에 관재구설 휘말리고 두들겨 맞는다.
3. 친구 형제가 갑자기 나를 잡아먹으려 한다.

예1)

　　甲 戊 丙 戊　　남

　　寅 辰 辰 寅

　　일지 辰土가 시지 寅과 더불어 寅卯辰을 이루려 한다. 또 월지
辰土 비견이 년지 寅과 더불어 寅辰으로 卯를 협공하여 관국을
이루려 한다. 따라서 친구 형제로 인해 관직으로 출세할 수 있다.
이럴 땐 언제나 친구 형제가 힘이 되어 온다.

예2)

　　壬 己 癸 乙　　남

　　申 亥 未 卯

　　己土 일간이 신약하다. 월지 未에 뿌리 있을 뿐이다. 그런데 未
는 년지 卯와 卯未亥로 木局 이루었다. 따라서 믿었던 친구 형제
가 멀리 있는 살(殺)을 불러들여 나를 망하게 만든다.

四. 비견겁이 인수로 변한다.

　　십간 중에서 土일주 밖에 없다.

　　* 인수가 필요한 땐,
　　1. 형제 친구가 공부시켜 주고 옷과 집사주며 부모 역할한다.
　　2. 친구 형제 때문에 공부한다.

* 인수가 나쁜 작용할 때는,

1. 친구 형제가 먹기 싫은 술 먹으라 하고 입기 싫은 옷 입어라 하며 사사건건 간섭한다.

예) 戊 戊 乙 戊 　 남 　 　 戊 戊 癸 壬 　 여
　 　 午 戌 卯 寅 　 　 　 　 午 戌 卯 寅

B. 식신 상관

식신 ; 신품(新品) 음식, 명줄, 낙천적이고 식성 좋아 먹기 좋아한다. 아랫사람, 신규적 발상, 새로운 것에 호기심 많다. 온건하다.

상관 ; 헌것, 고물(古物), 반항적 기질과 자유분방함, 예술과 언어 능력 발달, 합리성을 주장하며 따지기 좋아한다. 아랫사람(자식, 제자, 종업원, 부하)

식신과 상관은 모두 일간의 표현력이고 행동상이며 활동력이다.

식신상관이 용신이면 힘있는 사람(권력자, 부자)들을 감시 감독하는 직업에 인연있다. 法계통이면 경찰 및 검사다. 인품은 무거우며 인정과 지혜가 많다. 특히 상상력 추리력이 뛰어나며 멀리 앞을 내다보는 안목이 있다. 강자에겐 강하고 약자에겐 약하다. 따라서 이런 사람에겐 힘으로 맞서려 하지 말고 달래야 한다.

一. 식신 상관이 인수로 변하면…

식상은 조모(組母)와 장모인데 이것이 인수로 변했으므로 조모 장모가 공부시켜 주던지 나를 살게 해준다.

단 일주가 인성을 필요로 할 때다. 또 식상은 아랫사람(제자, 종업원)이니 이들로 인해 공부하게 되고 문서 잡아 힘 생긴다. 남자일 경우엔 조모 및 장모가 교육자다. 노력의 대가가 찾아오고 아랫사람이 어른이 된다. 아랫사람이 집, 옷 사주고 공부시켜 준다. 처음엔 별로이나 보면 볼수록 예쁘게 보인다.

예1)   庚 丙 戊 己   남
　　　 寅 辰 辰 卯

丙일간이 신약한데 戊辰 식신이 卯辰 寅辰으로 인수국을 이루어 생신한다. 따라서 아랫사람 덕있다.

二. 식신 상관이 비견겁재로 변하면…

＊ 비견겁재가 기신이면
① 자식 및 아랫사람이 도둑이 되어 내 재물 뺏어간다.
② 장모가 친구처럼 보인다. 나이가 비슷한 친구 같은 장모다. 즉 마누라와 나이 차가 아주 많다.
③ 아랫사람이 나와 맞담배질한다.
④ 자식이 손버릇 나빠 도벽 있다.

⑤ 아랫사람에게 돈 주면 받기 어렵다.

⑥ 나쁜 짓 하고서는 동료를 물고 늘어진다.

⑦ 일확천금을 꿈꾸지만 도로아미타불이다(망한다).

⑧ 여자일 경우는 자식 때문에 부부불화 이별 온다.

三. 식신 상관이 재성으로 변했을 때.

* 재성이 기신일 경우

① 자기 꾀에 자기가 빠지고 남 좋은 일만 하며 과욕으로 망한다.

② 종업원 및 아랫사람이 노는 것 못 봐주고 철저하게 일 시킨다.

③ 이권에 개입하여 탈법적 행동한다.

④ 남자면, 여자 밝히다가 망한다.

⑤ 처갓집 때문에 손해 본다.

* 재성이 희신일 경우

① 장모가 살림 살아주고 돈 되도록 도와준다.

② 꾀한 데로 머리 굴리는 데로 돈 돌아온다.

③ 아랫사람의 덕이 있다.

④ 지출되어도 그것이 배가 되어 들어온다.

⑤ 손님이 꼬리를 물고 들어온다.

四. 식신 상관이 관성으로 변할 때.

* 기신이 되면.

① 아랫사람이 나를 치고 들어온다.

② 내꺼주고 뺨 맞는다.(도와주고 골 때리는 일 당한다.)

③ 아랫사람(제자, 종업원)이 내 남편 및 애인 노릇하려 한다. (여자)

④ 아이같고 자식같은 애인(남자) 둔다. (여자)

⑤ 장모가 나를 간섭하고 길들이려 한다.

⑥ 자식이 남편처럼 군림하여 한다. (여자)

⑦ 키운 개에게 발등 물린다. 말 잘못하면 관재 생긴다.

⑧ 자식 때문에 골병든다. (여자)

⑨ 좋은 일(남 도와주고)하고 망신당한다.

五. 식신 상관이 식상으로 변할 때.

이런 경우는 식신 상관이 방합을 이루던지 삼합을 이룰 때다.

예)　　甲 己 ○ ○　　　丁 戊 己 壬　　여

　　　　戊 酉 申 ○　　　巳 申 酉 辰

① 처가 식구 특히 장모가 극성이다.

② 자식이 모여들어 극성이다(남의 자식까지 와서 나를 힘들게 한다).

③ 아랫사람이 집단적으로 움직여 힘들게 한다.

C. 정재 편재(물질세계)

재성은 내가 다스리고 관리해야 하는 것이다. 그러므로 육신 (肉身)이 되고 음식(밥)이 되며 재물이 된다. 따라서 나의 능력에 따라 다음과 같은 작용이 생긴다.

* 재다신약(財多身弱) ; 재물을 활용 못한다. 즉 돈을 쓸데 쓰지 못하고 엉뚱한 곳에 쓴다. 이럴 때 관성이 강하면 마누라를 두려워하게 되니 공처가가 된다.

* 신왕재왕(身旺財旺) ; 유용하게 재물을 쓴다. 좋은 마누라고 나의 힘이 되어주는 내조력 강한 마누라 얻게 된다.

* 신왕재왕한 여자면 돈 벌어 남편 출세 시키려 한다.

* 재다신약한 여명이면 돈 벌어 남편 도와주나 오는 것은 고통 뿐이다. 내 돈 주고 뺨 맞는다.

一. 재성이 변해 인수가 되면

① 부친은 '네 엄마 때문에 못살겠다'하게 되고 결국 모친한테 조종당하고 지고 살게 된다.

② 부친이 돈벌이 하다가 죽을 고비 당한다.

③ 돈과 물질보다 정신적인 것을 추구한다(청고한 성품).

④ 공부하는데 돈 쓰는 것을 아깝지 않게 여긴다.

위 4가지 경우는 편재가 인수로 변할 때이다.

* 정재성(처성)이 인수로 변하면…
　① 마누라가 엄마처럼 일일이 챙겨주고 잔소리 한다. 그러나 마누라가 모친처럼 든든하게 보인다.
　② 마누라가 보모(保母)나 교육자 직업 지닌다.

　※ 정편재가 인수로 변하는 운이 오면 돈 나가고 인수(문서, 옷, 집, 책, 교육)가 들어오며 현금은 지출이고 문서는 손에 들어온다.

예1)　　庚 壬 辛 乙　남
　　　　戌 寅 巳 酉

　월지 巳火 편재가 巳酉로 합하여 인수가 되었다. 따라서 부친은 기질 강한 모친 때문에 못살겠다 한다. 부친은 능력 상실되고 헛체면(인수)만 세우려 했다. 부친이 돈벌이 중에 죽을뻔 했다. 본인의 입장에선 돈(巳火)보다 정신세계, 명예 학문이 우선이라 생각한다. 마누라가 너무 자상하여 엄마처럼 행동한다.

二. 재성이 비견겁재로 변할 때.

　　己 乙 ○ ○　　四柱일때
　　卯 亥 未 卯

未土 재성이 亥卯未로 비견겁재로 변했다.

己乙〇〇 일 경우

卯未卯未

또 乙未일 甲辰일생이 卯년으로 만났을 때도 적용된다.

* 남자일 경우

① 마누라가 돈 까먹고 돈을 두고 싸운다.

② 마누라가 남과 합세하여 나를 골병들게 한다.

③ 마누라가 경쟁자 되었으니 배신 방해하게 된다.

④ 마누라가 맞먹으려 한다. 자기야 자기야 하다가 상철아하고 부르게 된다.

⑤ 마누라가 형제 친구 때문에 고통당하고 몸 약해 병치레 잘 한다.

⑥ 마누라가 도망가고 돈 나가면 안 들어온다.

⑦ 친구가 찾아와 마누라 꼬셔간다.

⑧ 뭉 돈이 푼돈 되며 돈 겁난 줄 모르고 마누라 두들겨 팬다.

⑨ 내 것인데도 남이 제 것이라 하게 되는 일이 발생한다.

⑩ 의처증 있게 되고 마누라가 딴 주머니 찬다. 그러나 신약 (身弱)할 때는 좋은 역할하게 된다.

예) 己乙壬戊 남

　　卯未戌戌

財多신약인데 일지 未土 재성이 卯와 卯未 합하여 일간을 강하게 해준다. 그러므로 세 번째 만날 여자(未中己土)는 내 형제처럼 나를 돕고 힘이 되어 준다. 이럴 땐 처(未)의 희생이 따른다.

三. 재성이 식신 상관으로 변할 때.

* 남자일 경우
① 마누라가 아이같다. 어린 여자 이거나 어린 행동한다.
② 마누라가 고아원이나 육영사업한다.
③ 처로 인해 관재구설 생긴다. 말 많은 마누라다.
④ 내 돈 쓰고 구설 듣는다.

* 여자일 경우
① 돈 나가고 남편 뺏긴다.
② 돈 때문에 남편과 싸운다. 돈 때문에 구설시비 생긴다.

四. 재성(財星)이 재성으로 변할 때.

사주 원국에서는 재성이 재성으로 변할 수 없고 운(運)에서 오는 재성과 사주원국의 재성이 합력할 때를 말한다.

예)　戊 戊 壬 壬　　남

　　　午 寅 子 午

위 사주에서 亥, 子년을 만나는 경우가 된다.

* 재성이 희신이 될 때는
① 직장은 월급이 오르고 사업가는 재산이 증대된다.
② 처가(妻家)에 이사 및 업체 변동있다.
③ 고분고분하던 마누라가 강해져 나를 이기려고 한다.
④ 마누라 하는 업이 변동되고 처가 식구와 왕래 많아지며 친구 형제들과 어울리기 좋아한다.

* 재성이 기신이 될 때는
① 돈 여자로 인해 망신수 있게 되고 퇴직이나 받을 돈 못받게 된다.
② 돈놀이 하면 망한다. 돈벌이 처의 변동 따르는데 확장하면 실패한다.

五. 재성이 관살로 변할 대.

* 신약하거나 관살이 기신이 되면.
① 돈 벌어 놓으면 관청에서 뜯어간다(세금 등).
② 돈 벌어 주고 얻어맞는다(여자일 경우).
③ 돈 벌어 자식 주나 그 자식이 나를 친다.
④ 돈 및 여자 때문에 망신한다.

* 관살이 희신이 될 때.

① 사업 성공하고 난 후엔 관계로 진출하고 싶어진다.

② 처나 처가가 도와 취직 및 승진시켜준다.

③ 혼인하면 곧바로 마누라가 임신한다.

④ 돈 벌어 자식출세 시키는데 혈안이 된다.

⑤ 돈벌이 나가서 애인 만난다(남녀 모두).

⑥ 돈 때문에 남자 생긴다(여자).

⑦ 고양이 같은 마누라가 자식 낳고 난 후 호랑이로 변했다.

⑧ 결혼한 후부터 남자는 건강에 이상이 온다.

⑨ 재(財)는 몸이고 음식인데 재다신약 사주는 음식으로 인해 병나게 되고 음식 얻어먹고 몸 버린다.

D. 관살(官殺)

질서, 법, 직업, 관청, 권력을 뜻하며 나의 행동에 대한 제동 역할이다. 따라서 관살이 너무 많으면 용맹이 없어 겁 많고 건강마저 좋지 않게 된다.

여명 팔자에 천간에 관살이 있으면 남편자랑 많고 남편을 내세워 일처리 많이 하려 한다. 남녀 공히 관살이 많아 극을 당하면 일복 많고 남에게 멸시 많이 당하며 일가친척과도 인연없다. 사랑받지 못한 출생이라 정에 굶주려 있으며 단순한 성격이다.

가난하고 천하게 살면 그런대로 목숨 부지한다. 이런 경우엔 큰 돈 들어오면 죽고 편안해지면 득병하여 골로 간다. 남녀 모두 잡놈 잡년 소리 듣는다. 직업 변화 많고 주어진 일을 감당하지 못한다. 가정적으론 처자식에게 무시당하고 사업하면 망한다. 모친과 마누라 사이는 좋지 않고 애인 사귀면 곧바로 재앙이 닥친다.

여자는 남자 만나면 몸 아프다. 신왕하여 관살이 필요할 땐 위와
같지 않다.

一. 관성이 인수로 변하면.

관살은 나를 치는 것인데 인수로 변화되면 적을 내편으로 만
들 수 있는 능력이 있다. 따라서 이런 사람은 막후교섭 협상을 잘
하게 되며 호랑이 굴에서도 살 수 있는 사람이다.

* 인성이 희신이 되면.
① 관비(官費)로 유학 가던지 공부하게 된다. 국공립학교와 인
연있다.
※ 인수없는 팔자는 지방대학 분교(分校)와 인연있다.
② 유니폼을 좋아하고 원리원칙을 따진다.
③ 관청이나 고관선배의 도움을 입게 된다. 관청에서 후원해
주는 일하면 좋고 국가 표창 많이 받는다.
④ 관사(官舍) 기거 있게 되고 직장에서 집 마련해 준다.
⑤ 저당 및 설정된 집과 인연 많다.
⑥ 남편이 교육 및 학문과 인연 많다.
⑦ 남편을 윗사람(부모)처럼 떠받들고 선생처럼 모신다.

* 인성이 기신이 되면.
① 자식(官)이 무직이거나 사고뭉치다.
② 직장운이 형편없다.

③ 관재 송사를 많이 당한다.
④ 능력없고 사고뭉치 남편이 이것저것 간섭 많이 한다.
⑤ 남편의 직장운이 신통치 않다.

二. 관성이 비견겁재로 변하면…

* 여자일 경우.
① 남편이 작첩하고 친구가 내 남자 뺏어간다.
② 남자로 인해 돈 날리게 되고 남자가 내 돈 뜯어가려 한다.
③ 남편이 제 또래같이 생각되어 반말한다.
④ 남녀 공히 관청에서 내 돈벌이를 막는다. 또 관청사람이 돈
뜯어 가려 한다.
⑤ 남편이 뚜렷한 직업없고 욕심 많은 남편이다.

예)　　己 辛 辛 癸　　여
　　　　亥 巳 酉 未

　일지 巳中 丙火 남편인데 월주 辛酉와 巳酉 合하여 비견으로
변했다. 남편이 배신하여 작첩했으며 욕심많은 남편이었다. 일지
에 숨어 있는 남편되어 그 남편의 행동은 엉큼하기 짝이 없었다.
그리고 능구렁이 같은 남자였다.

* 남자일 경우.

① 자식이 골 때리며 불효자다. 자식이 돈 까먹는 일을 아주 많이 한다.

② 취직 부탁하면 사기당하고 배신당한다.

특히 동료, 친구 등에게 부탁하면 그렇다.

③ 친구 동료로 인해 직장 날라간다. 사기당한다.

④ 자식(官)이 맞담배질 하려 하며 자식과 재물을 두고 다투게 된다.

三. 관성이 식신상관으로 변할 때.

* 여자일 경우.

① 남편을 자식처럼 취급하며 자식 낳고 난 후 불화 이별 따른다.

② 남편이 자식처럼 재롱부리고 철없는 짓 많이 한다.

③ 남자와 합방했다 하면 잉태가 쉽게 된다. 식상과 관성이 합신(合身)하는 구조이므로 처녀가 애배던지 혼외정사로 임신하게 된다.

④ 연하남자, 아이같은 남자와 인연있다.

* 남자일 경우.

① 준법정신 약하고 위법행위 많이 한다.

② 운(運)에서 사주원국과 연결되어 그렇게 되면 퇴직이고 좌천된다.

③ 관청이 벌려 놓은 그물에 잘 걸려든다.

④ 자식이 쓸모없이 되고 그로 인해 지출 많이 된다.

예) 乙 癸 辛 丁   여   예) 癸   己

卯 未 亥 巳   未 일이 卯 년 만났을 때

四. 관성이 재성으로 변할 때.

예)   庚 癸 甲 甲   의 경우다.

申 酉 戌 午

* 남자일 경우

① 자식(官)이 돈이 된다. 즉 자식이 돈 벌어 주고 여자 생기게 해준다. 자식에게 돈벌이 시킨다.

② 관성은 직장이고 재성은 사업이니 직장생활 하다가 사업으로 진출이다. 관청 끼고 사업하면 좋다. 관이 돈이 되어서다. 관청 상대의 융자가 쉽게 된다.

③ 월지 戌은 화개성이니 종교를 이용해 돈벌이 한다.

④ 戌 관성이 午 재성되니 직장에서 여자 만난다.

E. 인수(정편인)

인수는 정신과 영혼의 세계로 물질세계인 재성과는 상반된 위치에 있다. 따라서 인수가 좋은 역할하면 지식 습득력 뛰어나고 맑고 깨끗한 성품으로 호학(好學)하며 재리(財利)를 따지지 않는다.

인수가 너무 많으면 건강이 좋지 못하고 음식을 가리고 말을 더듬는 경우가 많다. (무식해도 아는 척 많이 한다.) 모친에 이복형제 있던지 모친 외에 또 모친 있게 된다. 또 편모슬하에 자라게 되고 부친과는 일찍부터 인연없다. 모친과 마누라 사이는 불합(不合)이고 여자일 경우엔 남편궁이 안 좋다. 그리고 항상 기질이 센 모친의 간섭을 받아 자유로이 행동 못한다. 남편을 무시하고 고집 강하며 제 잘난 척 많이 한다.

一. 인수가 비견 겁재로 변할 때.

* 기신일 때.

① 모친이 비견 겁재되어 재성을 극하므로 모친 때문에 돈 나간다. 문서 및 보증서든지 증권하면 깨진다.

② 모친이 형제와 결속하여 내 재산을 털어가는 격이다.

③ 남자일 때는 모친이 형제와 작당하여 마누라 조질 궁리한다. 인수가 비견겁으로 변하면 비견 겁재가 태왕해지므로 나쁜 쪽으로 전개된다. 그러므로 동업 불가하고 문서(권리)가 죽게 되니 보증서면 쫄딱 망하게 된다.

예1) 丙 壬 庚 戊 의 경우다   예2) 己 庚 辛 戊 의 경우
　　　午 辰 申 子　　　　　　　　　卯 辰 酉 寅

예3) 壬申 일주가 庚辰년을 만났을 때도 해당된다.
　　　丙寅 일주가 甲午년을 만났을 때도 해당된다.
　　　庚辰 일주가 辛酉년을 만났을 때도 해당된다.

二. 인수가 식신 상관으로 변할 때.

예1)

戊 己 丙 己

辰 巳 子 酉 의 경우 일지 巳火 인수가 년지 酉와 巳酉로 합하여 식상이 되었다. 그러나 巳酉 사이에 월지 子가 있으므로 완전한 三合을 하기는 어렵다.

예2)

戊 己 辛 戊

辰 巳 酉 午 의 경우는 일지 巳火 인수가 巳酉로 삼합될 수 있다.

　① 인수는 교육이고 배우는 것이며 식신 상관은 활동하는 것이다. 그러므로 글을 배워 말로 써먹을 수 있다. 즉 배운 즉시 활용할 수 있다는 말이다.
　② 모친(인수)이 아이(식상)로 변했으니 모친이 아이 같다. 따라서 내가 보살펴 줘야 하고 나이 많은 부친에 나이 젊은 모친일수도 있다.
　③ 두뇌회전 빠르고 하나를 받으면 두 개를 주는 형이다.
　④ 여자라면 친정 갔다 오거나 이사 한 후에 잉태됨이 많다.

三. 인수가 관살로 변할 때.

① 모친이 엄하며 매로 다스리려 한다.
② 외가 집에서 양육되기도 한다.
③ 저당 잡힌 집을 매입한다.

* 일간이 약한데 관살이 많을 경우.
① 남에게 얹혀 사니 오갈데 없어서이다.
② 도와준다는 말에 따라가면 호랑이 굴이 된다.
③ 문서로 인해 관재구설 생긴다. 도와준다 해놓고 협박한다.
※ 인수성이 삼합 및 방합으로 관성이 되는 경우는 십간 중에서 庚, 申 일주 뿐이다.

예1)   예2)   예3)

庚   庚   丙 辛

戌 午   午 戌   申 卯 戌 午

日 月   日 月   時 日 月 年

四. 인수가 재성으로 변할 때.

인수가 재성으로 변할 수 있는 사주는 庚, 辛일간 뿐이다. 예컨대 辛未 일주가 卯를 만나 卯未 木 財局을 이루며 庚辰 일주가 卯 寅을 만나 寅卯辰 방합 재국을 이루는 경우다.

예1) 乙 庚 ○ ○   예2) 丙 辛 ○ ○

　　　酉 寅 卯 辰   　　　申 卯 未 申

* 인수가 재국으로 변해서 좋게 되면.
① 매입에 따른 이득이 생긴다.
② 모친이 재정적으로 큰 도움을 준다.
③ 모친과 마누라가 사이좋다.
④ 여자일 때는 시집가면 시댁은 일어나나 친정은 망한다.
⑤ 문서나 증권이 큰돈이 된다.
⑥ 문서 나가고 돈 들어온다. 이 경우는 대운 세운에서 인수가 재국을 이룰 때다.
⑦ 학업중에 연애하고 모친이 마누라 할 일까지 한다.
⑧ 인색하다.

간합에 따른 여러 변화

一. 간합(干合)에 따른 여러 변화

이때까지 세상에 나온 중국 일본 한국의 명리서엔 '간합(干合) 하면 간합한 그것들의 속성과 역할이 상실된다. 이를 합거(合去) 및 기반이라 한다.' '원합과 근합(近合)이 있는데 원합은 취하지 않는다.'라는 언급뿐이다.

그러나 간합에는 丙丙辛 辛辛丙 丙辛丙 등의 쟁합과 투합이 있고 천간은 합하지만 지지끼리는 형(刑), 원진, 파(破)되는 경우도 있다. 그리고 한쪽은 강하나 한쪽은 약한 상태로 합을 이루기도 한다. 예를 들면 다음과 같은 경우다.

예1)

己 甲

丑 午 이럴 경우도 己土가 甲己 합하여 그 오행적 육친적 속성을 상실할까?

예2)

癸 戊

亥 戌 의 경우엔 戊는 戌에 앉아 힘이 있고 癸 역시 亥에 앉아 강하다. 이럴 땐 戊와 癸 모두가 그 오행적 속성과 역할을 상실하는가?

그리고 사주원국에 간합이 있어 묶이면 평생동안 간합된 오행들은 그 역할과 속성을 상실한 상태로 지내는가 등으로 많은 의문이 있을 수밖에 없다. 즉 간합에 대한 깊고 세밀한 연구가 아직까지도 이뤄지지 않고 있다는 말이다.

필자는 한밝 신사주학(頂上으로 가는 길 편)에서 이런 문제를 제기했으며 그에 따른 처리법을 밝힌 바 있다(干合 新考 : 간합신고). 여기선 간합신고에서 누락된 부분을 다루기도 한다.

1. 천간과 그에 따른 지지(地支)는 한 몸이다. 그러므로 천간이 합하면 지지(地支) 역시 따라서 움직인다.

예1)

    丙 壬 癸 戊   여

    午 戌 亥 辰

위 사주는 년간 戊土 편관이 월간 癸水와 합하고 있다. 이럴 땐 월지 亥水 역시 천간의 戊癸 합을 따라 년지 辰에 입고 된다. 그러므로 10-20살 사이에 형제 사별하게 되었다. 그리고 년간 戊는 癸와 합하여 절(戊는 亥에)에 들어간다. 이런 경우일 때 戊는 합입절(合入絶)한다고 말하며 남편(戊)이 딴 여자에게 빠져듦을 나타낸다.

예2)

己 辛 癸 戊　　여

丑 酉 亥 寅

년간 戊土 인수는 년지 寅中 甲木 부친의 첫 여자고 시간 己土 편인이 부친의 후처다. 己土 편인이 酉丑으로 일지와 합하므로 본인은 부친의 후처 소생이다.

戊土 인수는 癸亥와 합하여 입절(入絶)하고 있는데 년지 寅木 역시 寅亥 합을 지어 寅中 丙火가 상하게 되었다. 戊土가 寅에 장생 할 수 있음은 寅中 丙火가 있기 때문인데 丙火가 꺼지면 戊土는 寅亥 合木에 극을 받게 된다. 따라서 부친의 첫 여자는 간병(肝病) 으로 사망했다. 년지 寅中 丙火 정관이 남편이고 년간 戊土 인수는 남편(丙)의 식신이고 표출신이다. 戊癸 합하여 戊는 癸에 입절되고 寅亥 합하여 丙火 꺼지게 되므로 남편이 객사하게 되었다.

예3)

　　　　　　　　　　　　 38 28 18 8
庚 丁 戊 癸　　여　　　壬 辛 庚 己　　대운

戌 卯 午 丑　　　　　　戌 酉 申 未

년간 癸水 편관이 남편인데 백호살(癸丑)되어 있고 월주 戊土 와 戊癸 합하여 입절(癸는 午에 絶)한다. 이리되면 丑午(탕화, 귀 문)가 발동된다. 그리고 戊土는 자식인데 이것이 癸(夫)를 합하 여 입절시키므로 아이 낳고 5년 또는 10년째에 남편이 약먹고 자 살한다.

탕화살은 음독이고 귀문살은 미친다(또라이). 의처증 등의 정 신불안을 뜻한다. 이것이 戊癸 합으로 발동했다. 申 대운에 癸水

가 사지(死地 ; 癸는 申에 死) 만나 죽었다. 丁火 일간은 시주 庚戌로 卯戌 합을 이루므로 오직 돈벌이 하는 일에만 몰두하고 있으며 남편은 뒷전이다. 아들자식(戊) 역시 결혼하게 되면 그 처(癸)가 약먹고 죽던지 불에 죽게 되니 이치는 마찬가지다.

예4)

				여						대운
戊	乙	丙	辛		辛	庚	己	戊	丁	
寅	酉	申	卯		丑	子	亥	戌	酉	

49 39 29 19 9

乙木 일간은 년지 卯와 시지 寅에 뿌리있는 생목(生木)이다. 따라서 金 관성을 기(忌)하며 천간으로 火가 좋고 지지로는 水가 좋다.

천간으로 오는 土운도 좋으나 지지로 오는 土는 불미스러운데 기신인 金을 생하기 때문이다. 따라서 월간 丙火는 乙木의 꽃이 되고 예술적 재능과 표현력이 되므로 아주 좋다. 그런데 이것이 년간 辛金과 합을 맺고 있다. 이리되면 丙火와 辛金 모두가 오행적 속성과 역할을 상실한다는 것이 이때까지의 이론이다.

그렇다면 이 여성은 예술적 표현 능력이 없어야 될 것이다. 그러나 이 여성은 탁월한 예술적 능력을 지녔으며 그것으로 이름을 크게 떨쳤으니 이때까지의 간합에 대한 이론이 잘못 되었음이 분명하다. 따라서 이 사주에 있어서의 丙辛 합은 다음과 같이 해석되어야 한다. 丙火는 병지(病地)인 申에 앉아 힘이 없고 辛金 역시 절지인 卯에 앉아 힘이 없다. 그러므로 어느 한쪽도 없어 지지 않고 丙辛 합으로만 존재하고 있다.

즉 乙木의 예술적 재능이고 꽃이 되는 丙火는 辛金(은막, 거울)을 만나 그 광명이 반영(反映)되고 있는 상태다. 그리고 丙辛

으로 천간이 합함에 따라 년월지 卯와 申 역시 암합작용이 쉽게 이뤄지며 귀문살 역시 발동하게 된다. 따라서 예술적 활동으로 번쩍 번쩍 빛이 나다가 극심한 정신적 질환(우울증, 정서불안 등)을 앓게 된다.

년간 辛金은 일지 酉의 표출신이므로 첫 남자인데 비견인 卯 위에 앉았으므로 유부남이다. 일지끼리 卯酉 충되므로 그 인연은 길지 않다. 이 여성은 19세부터의 戊 대운에 가요계에 이름 날리기 시작했다. 戊 대운 되어 申酉戌로 관국이 이뤄지고 卯戌로 년지를 합하여 乙木 일간의 뿌리 역할을 못하게 하며 乙木이 묘(墓)를 만나니 아주 위험한 일을 겪게 된다. 己未년 28세에 박정희 대통령 저격현장에서 생명의 위험을 넘긴 '그때 그사람'을 불렀던 가수다.

2. 간합하면 쉽게 입사(入死) 입절(入絶) 입묘고(入墓庫)한다.

입사(入死)는 12운으로 사지(死地)에 들어간다는 말이다. 입절(入絶) 입묘고(入墓庫) 역시 그렇다. 이런 입사 입묘 입절은 천간이 대운 지지 및 세운지지를 만나도 성립된다. 그러나 여기선 사주원국에 있는 천간이 합을 하여 합하는 상태가 타고 앉아 있는 지지가 사묘절(死墓絶) 등일 때를 말한다. 예컨대 다음과 같은 경우다.

예1)

壬 戊 壬 丁　남

戌 寅 子 亥

년간 丁火 인수가 월간 壬과 합을 하여 절(丁은 子에 絶)을 만난다. 그리고 시간 壬과 합하여 시지 戌에 입고(入庫)한다. 따라서 모친(丁)과 사별하게 되는데 태어난 5년째 되던 해에 그렇게 되었다. 년간 丁火 인수가 아주 약할 때와 사주 원국에 사묘절(死墓絶) 등을 겹쳐 만날 땐 확실하다.

예2)

						55	45	35	25	15	5	
丁	辛	壬	丁	여		戊	丁	丙	乙	甲	癸	대운
酉	巳	子	丑			午	巳	辰	卯	寅	丑	

년간 丁火 편관은 묘(墓)가 되는 丑에 앉아 있고 월간 壬과 합하여 絶이 되는 子에 들어간다. 따라서 첫 남자(년간 丁)는 아이(壬子) 낳고 살다가 丙 대운에 타향객사했다. 일지 巳中 丙火와 시간 丁火는 그 이후에 만나는 남자다.

예3)

				24	14	4	
壬	戊	癸	癸	남	庚	辛	壬	대운
子	戌	亥	亥		申	酉	戌	

戊戌 일주가 년월주 癸亥와 戊癸 합하여 입절하고 있다. 재성인 水가 태왕하여 戊戌 일주가 위태로운데 기신인 癸와 합하여 입절하므로 돈 여자 및 물 때문에 종명하게 된다. 庚申 대운 되어 일주 戊戌과 2급 소용돌이를 이루는 중 대운지 申 申子로 합수국(合水局)하므로 겨우 버티고 있는 제방(戊戌)이 심한 수압에 견디지 못하고 파괴되게 된다. 辛卯년 만나 물 먹으러 가다가 흑인(黑人)에

게 피살되었다. 약한 오행이 합하여 입절하면 대흉하기 때문이다.

예4)

壬 丙 壬 丁　남
辰 申 寅 卯

戊 己 庚 辛　대운
戌 亥 子 丑

이 사주의 최내 기신은 일지 申이고 월시간의 壬水이다. 寅卯辰 인수 방국있고 丁壬 合水 있으므로 모친 외에 모친있고 모친에게 배다른 형제있다. 일지가 기신이고 여기서 壬水 기신인 편관이 나왔으므로 크게 불미스런 팔자다. 寅申으로 金水이 상쟁하므로 모친과 마누라는 부딪치며 서로가 지지 않으려 한다.

월간 壬水는 일지 申金 재성의 식신이므로 처의 표출신이다. 시간 壬水 역시 처의 표출신되어 재혼격이다. 그런데 壬水는 년주 丁卯와 丁壬 합하여 입사(入死)한다. 따라서 결혼 후(壬水 발동) 여형제가 사망했다. 죽은 여형제(丁)가 마누라(壬) 잡아갔다고 말할 수 있다. 子 대운에 申子辰 水 관국을 이루었고 申金은 사지에 들어서이다. 일지 申(기신)에서 壬壬이 투출되어 丙火를 충극하므로 장님이었다. 깨어진 월지 寅(편인)에 의지하므로 점복(占, 卜)으로 생활했다.

예5)

丙 戊 己 辛　남
辰 戌 亥 亥

甲 乙 丙 丁 戊　대운
午 未 申 酉 戌

년지 亥中 壬水 편재는 애인이고 시지 辰中 癸水 정재가 일간

戊와 명암합으로 본처다. 이 사주에서 戊土 일간의 역할은 亥亥로 파도치며 일렁거리는 많은 물을 막아서 호수를 만들려 한다. 그러므로 여자와 재물에 욕심 많아 세상의 여자와 돈이 모두 내 것처럼 보인다. 그런데다 시지 辰이 재고(財庫)이므로 여자를 꼼짝 못하게 굴복시키려 하게 되고 많은 여자가 들어온다. 특히 辰 재고는 홍염살이므로 끼많고 그 끼에 반한 여자들과의 연분이 많게 된다. 또 홍염살되는 재고(財庫)이므로 끼로서 여성 위에 군림하려 하니 천하의 바람잡이다.

년간 辛과 시지 丙이 丙辛 합함에 따라 년지 亥水 편재가 시지 辰에 귀문살을 띤 채 입고한다. 즉 년지 亥水 편재(애인)가 천간의 합을 따라 이 남자의 본처가 있는 안방(辰)에 들어간다. 시지 辰中乙木이 투출 발동되는 乙 대운에 애인을 본처가 있는 집으로 끌어들여 세 사람이 동거하게 되었다.

3. 일간이 양쪽(월시간)에서 합을 만나면 유리한 쪽으로 간다.

예1)

```
丁 壬 丁 庚    남
未 子 亥 寅
```

신왕한 壬水가 월시간에 丁火를 만나고 있다. 壬水 일간은 어느쪽으로 가야할지 잠시 망설이며 저울질하게 된다. 그러다가 시지 未에 통근한 시간의 丁火와 합을 맺어가게 된다. 즉 월간 丁火

는 첫여자이고 시간 丁火는 두 번째 여자인데 그 사이에서 이리 갈까 저리갈까 저울질 하던 壬水는 결국 본처(첫 여자) 등지고 나중에 나타난 여자와 합정해 간다.

그러나 일시간에 子未 원진이 작용되어 심한 불화 속으로 빠지게 된다. 丁火 입장에서 보면 壬水 일간과 합하여 절이 되는 일지 子를 만나게 되므로 만나는 여자마다 못살겠다 하게 된다.

예2)

					21 11 1		
丙	辛	丙	壬	여	癸 甲 乙		대운
申	酉	午	戌		卯 辰 巳		

辛酉 일주가 월주 丙午와 합했고 시주 丙申과도 합했다. 이렇게 되면 유부남 애인(丙申)두게 되고 신(神) 모시게 되는데 남신(男神)이다. 월주 丙午는 년지 戌과 午戌 화국되어 강한 관성이다. 이것이 丙辛 합하여 지지끼리도 암합하므로 버릴 수 없다. 시간의 丙火는 나의 뿌리가 되는 申을 달고 와 나를 강하게 해주므로 역시 버릴 수 없다.

즉 몸은 하나인데 내게 붙어있는 관성은 두 개 되므로 남편과 애인이 동시에 있게 되던지 신(神)을 모시게 된다. 乙巳 대운에 년지戌과 巳戌 귀문관살 이루므로 신 내렸다. 辰 대운에 일지와 辰酉 합하여 남자와 동거했는데 박수무당이었다.

예3)

					22 12 2		
丙	辛	丙	甲	남	乙 戊 丁		대운
申	卯	寅	子		巳 辰 卯		

辛金 일간이 寅月에 태어났고 일지에 卯 있으며 년주에 甲子 있으므로 재성이 태왕하다. 일간 辛金은 월간 丙火와 선합(先合)하여 태왕한 木의 세력에 따르게 된다. 그런데 丙申時 만나 시간 丙火가 나의 뿌리가 될 수 있는 申을 가져다주므로 辛일간은 월간의 丙火를 등지고 시간의 丙火에게로 간다. 즉 이리갈까? 저리 갈까하다가 유리한 쪽으로 가게 된다. 월주는 태어난 곳이고 부모자리인데 이것을 버리고 역마지살(申)을 찾아 입양(入養)가게 되었다.

4. 일간이 비견과 쟁합할 경우.

예1)

```
癸 丙 辛 丙   남      56 46 36 26 16  6
巳 申 丑 戌          丁 丙 乙 甲 癸 壬  대운
                    未 午 巳 辰 卯 寅
```

丙火 일간이 申에 앉아 있는데 월간 辛金보다 약하다. 재성은 강하고 일간은 약하므로 비견과 인수의 도움을 필요로 하게 된다. 그런데다 월간 辛金을 두 丙火가 쟁합하고 있다. 이리되면 친구 형제 등과 동업 및 합자 많이 하게 되며 형제 친구에게 의지 많이 하려 하게 된다. 그러나 재성은 언제나 힘이 강한 쪽으로 간다.

즉 여자와 돈은 강한 힘으로 끌어당기는 쪽으로 향하게 되어 있음이 자연의 이치다. 쟁합하고 있는 년주 丙戌과 丙申 일주를 비교하면 년주 丙戌의 丙火 비견이 더욱 힘이 강하다. 그러므로 午 대운에 년주 丙戌과 午戌로 합을 지어 년간 丙火가 더욱 강해짐에 따라 큰 돈 날리게 되었다. 친구 믿고 동업하다가 그렇게 되었다.

5. 일간의 천간 합신이 두 개일 때.

예)

						42	32	22	12	2	
丁	庚	乙	乙	남		庚	辛	壬	癸	甲	대운
丑	午	酉	巳			辰	巳	午	未	申	

庚 일간이 년월간에 두 개의 乙木을 보고 있다. 월간 乙木이 본처고 년간 乙木은 대문 밖에 있는 여자로 두 번째 여자다. 신왕하여 火가 필요하므로 庚 일간은 巳火 위에 앉아 있는 년간 乙木에게로 눈길을 주게 된다. 그러나 巳火는 巳酉로 비견국을 이루어 배신하게 된다.

따라서 내게 힘이 되어 주리라 생각한 乙木은 자식(巳)하나 낳은 후부터 나를 배신하게 된다. 년지 巳火는 乙木과 庚 일간의 자식성이기도 하지만 년간 乙木의 상관(행동)이므로 아기 생긴 다음에 여자(년간 乙)가 배신하게 되는 것이다.

년월간 乙木에서 보면 巳酉 금국의 관성 위에 앉아 있다. 그러므로 첫 여자·두 번째 여자는 많은 남자와 인연걸게 된다. 庚金 입장에서는 乙木을 키울 수 없고 丁火를 생하는데만 이용할 뿐이다.

6. 간합(干合)하여 변한 오행의 육친(六親)

일간 이외의 천간끼리 합하여 화(化)한 오행의 육친을 취한다. 즉 丙辛 합하면 수(水)가 되는데 이를 취한다는 것이다. 그러나 이런 합화(合化)된 오행은 참다운 것이 아니므로 다음과 같이 취급한다.

예1)

　　○ 壬 辛 丙　　남

　　○ 寅 丑 申

　　위의 경우 丙辛 합되어 水가 되지만 진짜 水가 아니다. 그러므로 壬水 일간에서 보면 형제 아닌 형제, 형제 같잖은 형제성이 된다. 즉 이복형제, 의형제, 이부(異父)형제가 있다는 말이다.

예2)

　　丁 辛 己 壬　　여

　　酉 酉 酉 辰

　　년간 壬과 시간 丁이 丁壬 合木이 되나 진짜 木이 아니다. 그러므로 부친 같잖은 부친 있게 되고 시어머니 같지 않은 시어미 있게 된다. 즉 부친이 부친 역할 못하던지 아니면 모친의 딴 남자를 말함이다. 그리고 시어미 아닌 시어미이므로 시어미가 시어미 노릇 못하는 경우며 시아버지에게 딴 여자가 있는 경우다. 시아버지는 3명의 여자와 동거했으며 부친 노릇 제대로 못한 부친을 두었다.

예3)

　　戊 庚 癸 己　　여

　　寅 寅 酉 未

　　庚 일간이 남편성은 火가 된다. 월간 癸와 시간 戊가 戊癸 합하여 火氣를 이루려 한다. 따라서 남편 같잖은 남편있게 되는데 평

생 남편이 남편으로서의 역할을 못했다.

예4)
　　丙甲癸戊　　남
　　寅寅亥寅

甲木 일간이 戊癸 合火를 보고 있다. 火는 甲 일간이 조모(祖母)고 장모이므로 장모나 조모 두 분이다.

예5)
　　甲己己己　　남
　　戌未巳巳

시간 甲木이 년월간 己와 甲己 合土되니 배다른 형제 있었다. 己土 일간은 甲과 합하면 甲己 合土로 다시 土가 되므로 己土 일간이 甲과 합하는 사주는 이복형제 있게 된다.

한밝
신사주학의
삼대 비법
활용

一. 한밝 신사주학의 삼대 비법 활용

사주풀이를 잘한다는 것은 통변을 잘한다는 것과 같다. 사주를 배운 대부분의 사람들은 초보자 뿐 아니라 오랫동안 공부를 한 사람들까지도 족집게처럼 집어낼 수 있는 그런 통변술을 갈구한다.

이럼에 따라 소위 대가(大家)라 자칭하는 사람들이 자기 나름의 통변술 비법이란 책들을 내놓았다. 그러나 그 내용을 살펴보면 전혀 학술적 체계를 갖추지 못한 것들이 많다. 따라서 배워봤자 써먹을 수 없음이 당연하다. 이러한데도 역리를 잘 알지 못하는 초보자들은 그들이 현란한 말솜씨와 족집게 같다며 선전하는 그 소리에 현혹되어 아까운 시간과 돈을 날리고 있다. 참으로 안타까운 일이 아닐 수 없다.

학술이란 것은 1+3=4가 되는 것처럼 누구나가 따라 배우면 그렇게 할 수 있어야만 올바르고 정확한 학술이라 할 수 있을 것이다. 필자는 '한밝신사주학' 상하권을 통해 통변술의 삼대비법(합신, 표출신, 투출신)을 공개한 바 있다.

이때까지의 사주 풀이법이 평면적이라면 이 법은 입체적이다. 그러므로 숨겨져 있는 사상(事象)을 쉽게 파악할 수 있어 깜짝깜짝 놀라게 할 통변을 할 수 있다.

하지만 아직도 그 진수를 터득하지 못한 분들을 위해 보강 차원에서 다시 한 번 그 활용법을 설명키로 한다.

1. 합신(合神)

사주 팔자 중에 어느 것이 처가 되고 남편이 되며 부모 자식이 되느냐 하는 것은 확실하게 알아야만 그 육친에 대한 성정과 길흉 및 좋고 나쁨을 정확하게 말 할 수 있다. 따라서 합신론(合神論)은 육친 관계를 규명하는 잣대가 된다. 예컨대 다음과 같다.

예1)

					57	47	37	27	17	7	
辛	丙	丙	庚	여	京	辛	壬	癸	甲	乙	大
卯	申	戌	寅		辰	巳	午	未	申	酉	

도화 역마 백호 홍염

이 사주의 남편성을 찾아라 하면 합신의 이론을 모르는 사람들 모두는 일지 申중에 있는 壬水 편관을 찍는다. 여자에겐 관성이 남편이므로 당연한 것 같다.

그러면 그 남편은 어떤 사람이고 나와의 관계는 어떠하냐고 묻게 되면 이렇게 밖에 말할 수 없다.

"申 역마에 壬水 남편이 있으므로 매우 바쁜 사람이겠소."

그러나 이 정도 가지고는 안되는데 남편성을 잘못 짚었기에 생겨난 형편없는 통변인 것이다.

이 사주의 남편성은 일간 丙火와 간합하는 시간의 辛金이다. 따라서 그 통변은 다음과 같다.

辛金은 본래 월지 戌중에 있던 것이 시간에 나타났으며 먼저 월간의 丙火 비견과 간합했다.

그러므로 유부남이었던 사람이 내 남편이 된 것이다.

그리고 남편(辛)은 도화살(卯)에 앉아 卯申 귀문을 이루고 있는데다가 寅戌 화국에서 투출된 丙火와 합을 맺고 있다. 따라서 그 남편은 색광(色狂)이랄 정도로 많은 사람과 합정하는 사람이다.

이것은 辛(남편)입장에서 본 통변이다.

즉 남편성인 辛金 하나에 丙·丙이 있고 寅戌 화국까지 있으므로 위와 같은 통변이 될 수 있는 것이다.

(도화살이 귀문살을 이루고 간합하게 되면 색광이다.)

예2)

					51	41	31	21	11	1	
丁	辛	己	壬	여	癸	甲	乙	丙	丁	戊	大
酉	酉	酉	辰		卯	辰	巳	午	未	申	
도화		도화									

이 여명은 남편성을 말하라하면 초보자 대부분은 시간의 丁火 편관을 찍는다. 그렇다면 "그 남편은 어떤 사람이오?"라고 묻게 되면 "뿌리없는 약한 丁火인데다 도화살 위에 앉아 있다. 그러므로 남편은 바람쟁이고 별 능력이 없는 사람이며 오래 살지 못 할 것이오. 아마도 癸 대운에 丁癸충 되어 이때에 죽지 않았으면 이별했을 것이오."라고 할 수 밖에 없다.

그러나 이 여성의 남편은 매우 능력있는 사람이며 癸 때문에 죽기는커녕 매우 잘 나가고 있다.

이처럼 틀릴 수밖에 없는 것은 남편성을 잘못 짚었기에 빚어진 것이다.

시간의 丁火는 그 뿌리가 사주팔자 그 어디에도 없으므로 반짝거리는 빛(光明)에 불과하다. 그러므로 태왕한 辛金의 남편성이 될 수 없는 것이다.

이럴 땐 한밝 신사주학 상하권에서 언급한 것처럼 합신(合神)을 찾으면 해결된다.

년지 辰이 일지 酉와 辰酉 합하므로 남편성이다.

辰(남편)은 나보다 먼저 월지 酉와 먼저 합한 후에 일지 酉와 합을 맺었다. 그러므로 남편은 한 여성(월지酉)을 거친 후에 나와 인연을 맺었다.

그렇게 나와 합한 남편(辰)은 시지 酉와 또 辰酉를 합한다. 그러므로 나와 결혼한 이후에 남편에겐 또 다른 여성이 생기게 된다.

그리고 인수성이 남편이 되었으므로 나이 많은 남자던지 부모같이 자상한 남자이며 나는 남편을 어른(인수)처럼 떠받든다.

예3)

				여	44	34	24	14	4	大
丁	戊	丙	丙		辛	壬	癸	甲	乙	
巳	午	申	申		卯	辰	巳	午	未	

이 여명 팔자엔 관성인 木이 없다. 그리고 일간 戊와 합하는 것도 없고 지지로도 육합이 없다.

이럴땐 일지 午중 丁火와 암합하는 월지 申중 壬水가 남편이다.

巳午, 丙丙丁으로 火旺함이 병이고 壬水 약신이라 남편 덕이 있을 것 같다. 그러나 식신(申)이 왕한 편인 丙을 보므로 식신 파격이다. 申중 壬水(남편)는 申 역마에 들어앉아 있고 년지에 또 똑같은 丙申을 보아 척을 지면서 爭財(쟁재)하고 있다.

즉 壬水에서 보면 천지에 깔려있는 돈(丙, 丁)을 독차지하려 하는데 년지에 있는 申중 壬水가 있으므로 두 사람(壬, 壬)이 서로 먹으려고 하고 있다. 따라서 남편은 여기저기 다니면서 돈 따 먹으려 하는 노름꾼이다.

癸 대운에 일간 戊와 간합하므로 결혼했다. 壬辰 대운까지는 남편(壬)이 그 역할을 잘 하여 어려움 없이 지냈다. 그러나 辛 대

운이 되자 丙火 편인이 발호하여 식신을 극파하게 되는데다가 戊 일간의 상관운되어 부부간에 문제가 생겼다. 남편이 노름에 미쳐 불화가 심하다가 결국 별거하게 되었다.

재성이 남편성이 되므로 이 여성은 남편을 돈 벌어주는 기계 정도로 여긴다. 그래서 돈만 가져다주면 서슴없이 맞아들이게 된다. 그리고 돈 없는 남자는 상대도 안 해준다.

이 사주에 년지 申이 없고 午火가 있었다면 이 여성의 남편은 큰 부자다. 그것은 壬水(남편)에서 보면 종재하는 격이 되어서이다.

예4)

				여		48	38	28	18	8	
甲	甲	癸	乙			戊	丁	丙	乙	甲	大
戌	午	未	未			子	亥	戌	酉	申	

甲木 일간의 관성되는 金은 시지 戌중에 암장되어 있다. 그러나 午戌로 합이 되어 불덩어리가 되므로 戌중 辛金은 쓸 수 없다.

따라서 년지 未중 己土와 월지 未중 己土가 甲己로 일간과 명암합하고 午未로 육합하므로 남편성이다.

년지 未중 己土는 년간에 乙木 겁재가 앉아 있으므로 유부남이다. 월지 未중 己土가 일주 가까이 있으면서 午未 합을 지어 유정하므로 첫 남자다.

이 사주를 대부분의 사람들은 다음과 같이 풀게 된다.

'지지에 火土뿐이고 甲木 일간이 약하므로 일간 甲을 돕는 水木운이 좋고 金운과 火운 그리고 土운은 불길하다.'

초보자들이 도입하는 억부법에 따른 설명이다.

그러나 월지 정재격에 신약이니 어떻다 하는 그런 논리는 너무나도 허점이 많아 많은 오류를 낳게 한다.

이것은 십간(十干)의 역할 작용을 생각하지 않고 격국용신론에만 매달린 탓이다.

사주를 볼 땐 먼저 십간의 역할을 봐야 하는데 이 사주에서의 甲木 일간은 사목(死木)이다.

甲이 午에 앉아 午戌 화국을 지었고 午未 합하여 火가 되므로 未중 乙木이 못쓰게 되어서이다.

월간 癸水가 있다 하나 뿌리 없고 조토(燥土)에 앉아 적수오건(한방울 물이 증발되어 말라버림)이다.

사목(死木)은 金을 만나 그릇으로 다듬어져야 하고 火를 생하는 역할을 한다. 그리고 土를 만나면 땅에 기둥(甲)을 박는 것이므로 쓰임이 있게 되나 水는 필요가 없다. 죽은 나무 및 목재(木材)에게 물을 줘 봐야 나무만 썩게 할 뿐이다.

이런 십간(十干)의 역할과 작용에 대해선 뒷장에서 설명하겠다.

이 여성의 학업이 신통치 않고 배우고 익히는 것을 좋아하지 않는 것도 위와 같은 이치에서다.

甲申, 乙酉 대운은 金운이라 하나 천간에 甲乙 木이 개두되어 평탄했다. 酉 대운에 결혼했고 丙 대운에 자식이 생겼으며 戌 대운까지 평길했다.

그러나 丁 대운은 일지 午(홍염살)의 투출신이 되어 바람기가 발동되어 놀아났다. 이때에 유부남의 정부(情婦)가 되었다. 亥 대운은 甲木이 장생지를 만났으며 亥未로 木局을 이루려고 한다.

이리되면 사목(死木)이었던 甲木이 생목(生木)으로의 변신을 꾀하게 된다. 따라서 이때까지의 삶을 바꾸고 새 삶을 살고 싶어진다. 戊子 대운에 이혼하고 돈벌이 전선으로 뛰어든 여성이다.

예5)

甲 丁 甲 壬　　남　　　　　庚 己 戊 丁 丙 乙　　大

辰 未 辰 辰　　　　　　　　　　　　戌 酉 申 未 午 巳

丁火 일간의 재성이 되는 金이 없다. 이렇게 되면 처와 부친은 어느 것이 될까? 이럴 땐 뚜렷이 나타나 있는 甲木 인수성과 합하는 것을 부친으로 삼는다. 일지 未중 己土가 甲木과 명암합하므로 부친성이 된다. 己土 하나에 월시간의 甲木 두 개 되어 부친은 두 번 결혼했다. 월간 甲木이 부친의 첫 여자이며 생모고 시간 甲木은 후모다.

월주 甲辰이 년지 辰과 辰辰 자형되어 생모는 비명횡사 했다. 처는 일간 丁과 합하는 년간 壬水 정관이다.

壬水(처)에겐 甲木이 식신이므로 처는 총명 영리하고 말씨가 곱다.

그러나 壬水에서 보면 土가 관성이므로 처는 많은 남자(土)와 합정하게 된다.

申 대운이 壬水의 홍염지이므로 이때부터 처가 외정을 갖기 시작했다. 그러다가 戌 대운이 되어 처궁인 년주를 沖하여 이혼하게 되었다.

이 사주는 火土 상관격에 甲木인주를 용신으로 한다고 말하게 된다. 단순한 억부법에 따르면 그렇다.

그러나 춘삼월 甲木으로 생목인데 이것이 어찌 丁火를 생할 수 있을까? 천간에 庚金(도끼)이라도 있으면 모를까.

따라서 이 사주의 핵심은 甲木(生木)이므로 이에 따른 희기를 살펴야 정확한 해석이 이뤄진다.

일간 丁火는 甲木이 가는 길이다. 월시간의 甲木이 丁火를 가운데 놓고 있으므로 공동의 일 및 동업사가 많게 되며 생산업에 종사하게 된다. 즉 丁火는 甲木의 꽃이고 활동력이며 돈줄이다. 따라서 甲午, 丁未 대운은 甲木이 꽃피우는데 따라서 학업성적이 뛰어났고 未 대운에 결혼 상대자를 만났다. 戊 대운은 甲木의 편재운이고 처궁(년지 辰)에서 투출된 것이므로 결혼했다.

재정적으로도 좋았다. 申 대운은 생목이 金을 만나므로 발전이 없었고 직장 생활했다. 그러다가 己 대운은 甲己 합하므로 사업했는데 동업이었다. 월시간의 甲木이 己土와 동시에 합해서이다.

酉 대운 역시 금운되어 실패 좌절이 따랐으며 庚 대운에 관재 구설과 신액까지 당했다.

丁火 일간을 주체로 하지 않고 甲木을 주체로 하여 대운을 살피는 이런 방법은 모든 역술인들이 황당하게 여길 것이다.

그러나 사주풀이의 핵심은 일간 뿐 아니라 전체적인 상황을 살핌에 있다. 그리고 때에 따라서는 일간과 월지격까지도 버려야 한다.

일간을 버리고 종신을 따르는 예는 한밝 신사주학 하권에서 충분히 밝힌 바 있다. 주로 음간이 종할 때였는데 뒤이어 전개되는 일간 대행(日干代行)및 일간 대행격에서는 양일간(陽日干)이라도 버려야 되는 이치를 설명하겠다.

예6)

				남	33	23	13	3	大
戊	丙	癸	壬		丁	丙	乙	甲	
子	辰	卯	子		未	午	巳	辰	

丙火 일간에 처성이 되는 金이 없다. 따라서 일지 辰 중 戊土와 명암합하는 월간 癸水를 처로 삼는다.

癸水(黑雲)가 丙火를 가리니 처에게 꼼짝 못하고 눌려 산다.

丙火는 癸水 처의 재성이니 처는 내가 벌어주는 돈을 작살낸다. 즉 처는 돈 잘 쓰는 사람이다.

癸水 처가 생하는 월지 卯가 자식이 되는데 水多하므로 학업에 싫증내고 총명하지 못하다.

지지의 卯木이 火가 없어 기운을 유통시키지 못해서이다.

예7)

						28	18	8	
癸	戊	甲	辛	남		辛	壬	癸	大
丑	寅	午	酉			卯	辰	巳	

戊土 일간 午월생이고 시간 癸水와 戊癸 合化火되어 合化火格되었다. 따라서 년주 辛酉가 부친성이 되므로 월간 甲木과 일지 寅中 甲木이 모친성이다. 따라서 부친은 2번 결혼했다. 戊癸合火되었으므로 火를 주체로 하는 것이다.

28세부터의 辛은 戊癸合火의 재성되므로 결혼 운이다.

예8)

						42	32	22	12	2	
乙	丁	庚	辛	여		乙	甲	癸	壬	辛	大
巳	未	寅	巳			未	午	巳	辰	卯	

丁火 일간 왕강하나 관성인 水가 없다. 합신을 찾아야 하니 월간 庚이 일지 未中 乙木과 乙庚을 합하므로 남편이다.

庚이 절지인 寅에 앉아 약하기 그지없는데 일지에서 표출된 乙과 乙庚合 하여 시지 巳에 장생되게 하니 약한 남편을 살리는 팔자다. 또 庚은 丁火의 정재성이므로 돈 만드는 재주가 비상하다. 결혼 적령기에다 관성운인 癸 대운에 결혼했다. 巳 대운은 庚

金(재, 夫)가 장생하므로 돈과 남편운이 좋았다.

그러나 甲午 대운은 시주 乙巳와 1급 소용돌이 되며 대운간 甲
은 庚(夫, 財)의 절(寅)이 발동되는데 丙辰년(36살)만나 丙庚으로
충극하니 남편이 사망했다. 시주는 자식궁인데 甲午 대운은 자식
궁과 1급 소용돌이가 이루어 자식과 이별이 있게 된다.

년지 巳중 戊土가 자식인데 辛酉년(41세) 만나 또 한 번 자식
궁 乙巳와 4급 소용돌이를 이루며 戊는 酉에 死되어 자식이 사망
했다. 巳酉로 세운과 합하면 巳중 戊丙은 죽게 된다.

巳巳가 겹쳐있으므로 酉丑을 끌어오니 닭과 쇠고기 장사를 하
게 되었다.

예9)

				42	32	22	12	2	
癸	癸	丁	庚 여	壬	癸	甲	乙	丙	大
亥	卯	亥	子	午	未	申	酉	戌	

癸 일간 亥월생으로 水 太多하여 일지 卯木(문창성)으로 설하
여야 하므로 교직에 인연이 있다. 그러나 癸의 관성이 되는 土가
보이지 않는다. 어떤 이는 '亥 중 戊土있어 관성이다.'로 말한다.

이때까지 나온 역서에는 분명히 亥중에 戊土가 있다고 한다.
그러나 戊는 亥가 절궁(絶宮)이다.

絶은 기운이 끊어짐을 말하는데 어떻게 戊土가 존립할 수 있
는지 이치에 맞지 않다. 기궁(奇宮)의 이치는 어떤 껀덕지라도 있
어야 하는데 말이다.

子 중에 壬癸水가 있음은 당연하고 丑 중에 癸水가 있음은 丑
은 겨울이므로 자연히 존재 할 수 있다. 그리고 辛金이 있음은 巳
酉丑으로 금국을 이루기 때문이다.

寅 중 甲木 있음은 본기이므로 당연하고 丙火가 있을 수 있는
이치는 寅午戌로 화국을 성함에 있고 戊土는 寅에 장생이므로 있
을 수 있다. 만약 寅 중에 丙火가 없다면 戊土는 寅 중 甲木의 극
을 받게 되므로 존립할 수 없는 것이다.

따라서 다음과 같은 경우엔 戊土의 존립이 위태로워진다.

예10) 癸 戊   의 경우이다. 戊는 寅에 장생한다 하나 亥寅
      亥 寅   합하게 되면 그 합으로 인해 寅 중 丙火의 생을
받지 못한 戊土 역시 木의 극을 받아 상하게 되는 것이다. 그러므
로 寅亥 합을 합파(合破)라 부르는 것이다.

卯는 木이므로 甲, 乙木이 기궁할 수 있다. 辰은 본기가 土(戊)
이고 봄(三月)이므로 乙木이 존립할 수 있으며 申子辰으로 합하
므로 癸水가 있는 것이다.

巳는 火이기 때문에 丙火가 본기고 巳酉丑으로 합국하므로 庚
金이 살 수 있으며 火旺하면 土가 생기므로 戊土가 기궁할 수 있
다. 午는 丙丁火가 있고 火旺하므로 己土가 있다. 未는 본기인 己
土가 있고 여름이므로 丁火가 있으며 亥卯未 목국되므로 乙木이
존재할 수 있다.

申은 庚이 본기요 申子辰하므로 壬水가 장생할 수 있으며 초
가을(申月)은 아직도 여름의 火 기운이 남아 있으므로 戊土가 존
립할 수 있다. 그러나 戊는 申에 병(病:12운)이 되므로 크게 힘을
쓰지는 못한다.

酉戌 역시 위와 같은 이치로 보면 되나 亥는 水이므로 壬水가
본기되며 亥卯未로 목국하므로 甲木이 장생할 수 있으며 또 水가
있으면 木이 생겨날 수 있으므로 해서 甲木은 살 수 있다.

그러나 戊土는 아무런 존재 이유가 없다. 이러한데서 고서에

쓰여 있다고 하여 아무런 의심없이 받아들인다면 참으로 맹목적이라 아니 할 수 없다. 따라서 위 사주엔 관성인 土가 없다. 그러므로 일지 卯 중 乙木과 명암합하는 년간 庚金이 남편성이 된다.

申 대운에 庚金 득록하므로 결혼이 이뤄졌다.

그러나 庚金이 지지 그 어디에도 뿌리 없어 허약하여 능력 없는 남편이다. 庚에서 보면 월간 丁火가 관성(직장)인데 나(癸)와 결혼한 이후에 직장을 그만 두게 되니 庚에서 癸는 상관이기 때문이다. 癸 대운에 남편이 직장을 그만두고 백수로 지내다가 乙亥년(36세)에 乙庚 합하여 남편이 사업을 시작했다.

예11)

				여	45	35	25	15	5	
丁	乙	壬	壬		丁	戊	己	庚	辛	大
亥	未	寅	辰		酉	戌	亥	子	丑	

乙木 일간 신왕하다. 관성인 金이 없다. 따라서 합신을 찾아야 하는데 일지 未 중 己土와 암합하는 월지 寅이 있고 일지 未 중 丁火와 명암합하는 년월의 壬水가 있다. 이 두 개 중에서 어떤 것을 써야 할까? 이럴 땐 월지 寅을 취해야 하는데 壬水는 기신이고 寅중 丙火가 희신이기 때문이다.

이 사주는 초봄의 乙木이고 생목(生木)이므로 火와 土를 좋아하고 금수(金水)를 기한다.

戊土가 부친이고 이와 합하는 癸水가 모친인데 癸는 년지 辰에 입고되며 일지 未에 묘(墓)가 되어 내(乙)가 태어난 3년 정도 되던 때에 모친 사별했다.

년월의 壬水는 후모되고 기신이므로 계모 덕 없었다. 또 寅이 남편성이므로 壬癸水는 남편의 모친성이다. 따라서 남편 역시 초년에 모친과 사별하고 후모 손에 자라다가 타향(寅 역마)으로 나가있다가 군인으로 들어갔다. 역마성(寅)이므로 군에서도 차타고 바삐 활동했고 제대 후에는 운전업하게 되었다.

丁火 식신은 딸자식인데 丁壬壬으로 쟁합되어 2번 결혼하게 될 것이다. 乙木이 가는 길은 시간의 丁火 식신이므로 언행이 예쁘다. 丁火 식신은 일지 未에서 투출이고 寅未 귀문살되어 역술로 생계한다. 식신(丁)이 발동되는 丁 대운에 역학을 공부했다.

예12)

| 辛 | 庚 | 戊 | 戊 | 여 |

| 巳 | 子 | 午 | 辰 |

23 13 3

乙 丙 丁　大

卯 辰 巳

庚 일간의 부친성인 甲木 편재가 안 보인다. 이럴 땐 모친성을 찾아 그 합신을 취한다. 월지 午 중 己土가 甲己 합하므로 모친이다. 甲木 없으므로 午 중 丙火와 명암합하는 시간의 辛金이 부친성이다. 그런데 辛은 사지인 巳에 앉아 있고 사신(死神) 발동이다. 사신인 戊가 년간에 있고 년지 辰이 辛(부친)의 묘신이므로 10살과 20살 사이에 부친이 사망하게 된다.

그런데다 巳 중 丙火 발동되는 丙 대운을 만났으니 속절없이 부친 사별하게 된다.

15살 壬午년 되어 子午 충하여 午 중 丙丁火 투출되어 辛(부친)을 극합하고 子水 깨져 火를 제극하지 못하므로 부친이 사망하게 되었다.

즉 일지 子水가 辛金 부친의 장생지 인데다가 巳午火를 제극하는 역할을 하는데 子午 충이 발동되어 子水 제거하니 생지는 깨어지고 극신(剋神)만 발호했기 때문이다.

예13)

　　甲 壬 己 庚　남　　　　　¹⁵　⁵
　　　　　　　　　　　　　　　辛 庚　　大
　　辰 申 卯 辰　　　　　　　巳 辰
　　　백호

　이 사주에도 부친성인 丙火가 보이지 않는다. 그러므로 먼저
모친성을 찾아 그 합신을 부친으로 삼는다. 일지 申에서 투출된
년간 庚金이 모친이고 월지에 卯 중 乙木이 부친이다.

　그런데 卯 중에서 투출된 甲木이 시간에 앉아 있고 백호살이
되어 있다. 즉 卯에서 표출된 甲이 부친성이다.

　이것이 일지 申에 절(絶)되고 절신 발동(庚)이므로 내가 태어
난 4년 만에 부친이 흉사(甲辰 백호)한다.

　3살 壬午년에 만나 甲木은 午에 사지가 되고 부친궁인 甲辰과
세운이 2급 소용돌이 되어 부친이 비명횡사했다. 위 戊辰생 여자
의 남동생이다.

예14)

　　壬 乙 丁 辛　여　　⁴⁹ ³⁹ ²⁹ ¹⁹　⁹
　　　　　　　　　　　壬 辛 庚 己 戊　　大
　　午 丑 酉 巳　　　　寅 丑 子 亥 戌
　　　도화

　乙木 일간의 관성은 巳酉丑 金局 중에서 투출된 년간 辛金이
다. 그러므로 이 세상 모든 역인(易人)들은 辛金을 남편으로 삼는
다. 그러나 이 사주의 남편성은 월간 丁火이다. ≪한밝신사주학
≫ 하권을 읽은 분들은 금방 이해할 것이다.

　그러나 그렇지 못한 사람들은 '무슨 뚱딴지같은 소릴하나' 할
것이다. 乙木이 酉月에 났고 巳酉丑 금국에 辛이 투출이므로 종

살격이다. 따라서 년간 辛金이 일간 대행한다. 월간 丁火가 병이 되므로 남편 덕 없는데 丁火에서 보면 巳酉丑으로 재성이 아주 많다. 그러므로 도화 관성 丁火는 많은 여자와 놀아나 辛金을 못 살게 만든다. 辛이 주체되면 일간 乙木은 재성이 되는데 丑 화개 성 위에 앉아 있고 辛이 丁을 보면 눈썰미가 뛰어나고 영적 감각 이 특출하다. 그리고 전체적 물상적 관법에 따르면 酉월 난초(乙) 가 도화꽃(丁)을 피웠다.

따라서 미인이다. 壬 대운 壬戌년에 丁壬 합되어 호수에 이린 달빛의 상으로 丁火가 빛을 발하니 영기가 발동되어 무당이 되 었다.

丑 대운에 丑午 귀문살 발동되고 왕신 입고되니 무병(巫病)이 왔다.

十干의 역할작용으로 본 사주풀이

一. 十干의 역할작용으로 본 사주풀이

1. 甲 乙 木

'甲은 大木이라 송백(松栢)이고 乙木은 지초(芝草)라 넝쿨같은 식물이다.'

이때까지 전해지고 있는 명리서에 기재되어 있는 말이다. 그러나 위 설명은 살아있는 식물 즉 生木에 대한 것으로 사물의 한 면만을 보고 내린 해석이다.

木이란 것은 생명을 지니고 있는 것(生木)도 있지만 생명력을 상실한 목재(木材)류의 사목(死木)도 있다. 이러므로 生木이냐 死木이냐에 따라 그 작용 역할과 희기(喜忌)도 달라져야 한다.

예컨대 여름철 더운 때의 生木이라면 화기를 제(制)해 주고 생신(生身)해 주는 水氣가 필요할 것이다. 그러나 생명력을 상실한 사목(死木)이라면 달라진다. 즉 목재(木材)에 물을 공급해 준다 해도 그 목재는 더 이상 자라나고 커질 수가 없는 것이다.

또 자라나는 연약한 生木은 金의 억제를 만나면 그 生長에 지장을 받게 될 것이므로 金을 싫어한다. 하지만 사목(死木)은 金을 만나야 그 역할을 할 수 있고 다듬어져 그릇이 될 수가 있지만 土를 극하지는 못한다. 그러므로 甲乙을 볼 때는 먼저 생목인가 사목인가를 분별해 내야만 정확한 해석이 이루어질 수 있다.

1) 生木의 희기(喜忌)

이에 대해선 《적천수》 《궁통보감》 등의 역서에 밝혀져 있다. 그러므로 생략한다.

2) 死木

생목, 사목(死木)에 대한 구별은 대강 다음과 같다. 첫째 사주 지지에 아무런 뿌리가 없고(無根) 인수가 되는 水의 조력마저 없다면 사목이다. 둘째, 사주 지지에 약간의 뿌리가 있더라도 형충을 받아 상했던지 합(合)을 만나 배임(背任)하게 되면 사목이 된다. 셋째, 사주 지지에 무근하나 천간에 인수인 水가 하나 둘 있더라도 그 인수의 뿌리가 없거나 합거(合去)되면 사목이 된다. 그런데 사주 지지에 일점의 뿌리가 있고 합으로 묶여 그 뿌리 역할을 상실했을 때 대운 및 세운에서 그 합을 풀게 되면 뿌리 역할을 할 수 있게 된다. 이런 경우는 가종격에 많이 나타난다.

다음과 같은 명조일 때다.

예1)

```
丁 乙 戊 丙   남      癸 壬 辛 庚 己   대운
丑 卯 戌 申           卯 寅 丑 子 亥
```

乙木이 戌月에 태어나 일지 卯에만 득록했을 뿐 그 외엔 뿌리가 없다. 혹자는 시지 丑中 癸水에 도움을 받을 수 있다고 말한다. 그러나 乙卯 일주는 월주 戊戌과 卯戌로 합을 맺어 그 정이 戊戌에게로만 향하고 있다. 이러므로 시지 丑土를 돌아보지 않게 되고 卯戌合火되어 그 뿌리 역할을 포기하게 된다. 이리되면 강왕한 戊戌土에 따르는 종재격이 되는데 일지 卯가 있으므로 가종

력이 된다.

따라서 亥 대운은 亥卯로 합하면서 亥水 生 卯木하여 종하지 않으려 하므로 분란 고통이 따르게 된다.

子 대운은 子卯 형하여 卯戌合을 풀게 되므로 역시 불우한 세월 속에 지냈다.

辛丑 대운 되어 년간 丙火 상관이 辛(거울)을 만나 그 빛이 널리 반영되므로 이때부터 연극 영화계에 두각을 나타냈다.

壬 대운은 丁壬으로 식신(丁)을 묶어 주므로 한 방향으로만 매진할 수 있었고 그로 인해 丙火 상관의 빛이 더욱 찬란했다.

식신 상관은 표현력, 행동력인데 식상(食傷) 두 개가 천간에 있으면 이리 갈까 저리 갈까 하는 생각이 들고 우왕좌왕하는 생활태도가 나타나게 된다. 이럴 때 그 어느 것 하나라도 제거해주면 한 방향으로 집중하게 되는 것이다.

寅 대운은 木이 되어 좋지 않으나 년지 申과 충하여 그 木氣가 약화되므로 큰 화는 없다.

癸 대운 되어 나의 종신(從神)인 戊土를 기반시키는 중 癸未년을 만나 卯未木局을 이루고 월지 戌을 형하므로 투신자살하고 말았다. 중국의 유명한 영화배우였던 장국영의 명조다.

예2)

　　辛乙壬庚　여　　　戊己庚辛　대운

　　巳酉午戌　　　　　寅卯辰巳

乙木이 午月 염천에 태어나 사주 지지 그 어디에도 통근 못했다. 월간에 壬水 인수가 있어 乙木을 생한다하나 지지에 조금의 뿌리도 없다. 혹자는 '일지 酉에 뿌리 둔 년 시간의 庚, 辛金이 壬

水를 생하므로 인수로 용신할 수 있다.'고 말할 수 있다.

그러나 壬水는 午戌로 강왕해진 불(火) 위에 앉아 증발되어 버려 쓸 수 없다. 그러므로 이 여성은 학문적 진취는 있을 수 없고 호학(好學)하지 않으며 모친(壬)과도 정이 없고 큰 도움 못 받았다.

사목(死木)은 金을 좋아한다. 그런데다가 일지 酉에 뿌리 둔 관살(官殺)이 년, 시간에 도사리고 있다. 바로 관살 혼잡의 명조로 종격이 된다.

그런데 이 사주는 午戌火局과 巳酉金局이 서로 강한 세력으로 대치하고 있어 어느 쪽을 따라야 할지가 문제다. 월지를 우선시하는 역인(易人)들은 당연히 午戌火局에 종해야 한다고 말할 것이다. 그러나 필자는 巳酉金局에 종하는 종관살격으로 보는데 두 가지 이유에서이다.

첫째는 巳酉金局은 그 원신(元神)인 庚, 辛金을 천간에 투출시켰다. 둘째는 일지 酉가 金局의 중심 세력이기 때문이고 사목(死木)은 金을 만나야 그 효용을 나타내기 때문이다.

그런데 년간 庚金 정관성과 시간 辛金 편관 중에 어떤 것을 쫓아가야 하느냐가 문제이다. 년간 庚은 멀리 있고 시간 辛金은 가까이에 붙어 있으므로 당연히 가까운 쪽에 정을 주게 되지만 합(合)이 우선이므로 년간 庚金을 따라야 한다.

이런 구조는 남편(庚)과 결혼은 하지만 그 관계는 소원해지며 (멀리 있으므로) 많은 애인을 가까이 하게 되는 생활 태도로 나타나게 된다. 그러나 乙辛 沖으로 乙庚 합이 깨어지므로 외정(外情) 맺다가 결국엔 이혼으로 가게 된다.

辛巳 대운은 金이 되어 평길했고 庚 대운에 남자교제 하다가 辰 대운에 일지 酉와 辰酉 합하므로 결혼했다. 己土 대운까지 평길했으나 卯 대운에 들자 많은 남자와 합정하다가 밤낮으로 부부 불화 심했고 이혼 직전까지 갔다.

이것은 卯가 도화살인데다가 巳酉金局의 중심인 일지 酉를 충했고 종관살하는 乙木(死木)이 卯에 뿌리를 얻었기 때문이다. 이혼으로 결말되지 않은 것은 卯 대운이 년지 戌과 卯戌合을 지어 木의 힘이 약해졌기 때문이다. 戌 대운은 평길하나 寅 대운 되어 寅午戌 火局이 되면 부부이별하게 되고 큰 고통을 당할 것으로 추리된다.

예3)

丙 甲 甲 庚　여

寅 午 申 子

39　29　19　9

庚 辛 壬 癸　　대운

辰 巳 午 未

甲木 申月生이다. 시지 寅에 득록했고 申子 水가 있으므로 생목(生木)으로 간주하기 쉽다. 그러나 시지 寅木은 일지 午와 寅午 合되어 시간에 丙火를 투출시켰다. 그리고 甲 일간은 사지(死地)인 일지 午에 앉아 午中己土와 자좌 명암합하고 있다.

따라서 일간 甲木은 사목이다. 혹자는 '申子로 되어 있는 水가 있어 生甲木하므로 生木이며 신약하므로 水 인수로 용신해야 한다.'고 말하기도 한다. 그러나 水氣가 천간에 투출치 못했기에 申子 水는 그저 흘러가는 물에 불과하다.

그리고 甲木 일주는 寅午로 합하여 申子 水의 生身을 거부하고 있다. 따라서 종아로 가는데 申子 水가 대치하면서 子午沖해 오므로 크게 불미스럽다. 이런 구조가 되면 子水가 발동될 때 대액(大厄)이 닥치게 된다.

년간에 기신인 庚金이 있으므로 10세 전에 흉한 일 겪게 되는데 癸卯년(4살)에 낭떠러지에서 떨어져 기사회생했지만 한쪽 귀의 고막이 상했다. 9세부터 시작되는 癸 대운엔 병마에 시달렸으나 대운지가 土 되어 잘 넘어갔다. 19세 부터의 壬 대운 역시 년 지 월지의 申子에서 투출된 것이므로 큰 화가 따르는데 19세 때에 쥐약을 먹고 자살을 결행했으나 목숨을 건졌다. 만일 甲 일간을 生木으로 보고 인수로서 용신한다고 하면 壬, 癸 대운은 공부도 잘했을 것이고 좋은 세월이었을 것이다.

그러나 이 여성은 초등학교만 겨우 졸업했고 공장에 다니면서 어렵게 지냈다. 午 대운에 결혼했으며 조금 평안한 세월 보냈다. 辛巳 대운 역시 불우한 세월이었고 庚辰 대운 역시 어렵고 고통스럽게 지내고 있다. 특히 辰 대운에 申子辰 水局이 되어 재산상실에 부부불화 있었고 癸未년(44세)엔 부친이 사망했다. 己土 대운이 되어야 지금보다 좋아질 것이다.

이 사주처럼 불에 타버린 사목이 되면 午火 중에 있는 己土 합신이 남편이 되고 월간 甲木이 자식이 된다. 월간 甲木은 절지인 申에 앉아 있고 庚金의 극까지 당했다. 이런 탓으로 임신한 후 낙태되어 자식이 없다.

예4)

癸 甲 己 己 남

酉 申 巳 酉

41 31 21 11 1
甲 乙 丙 丁 戊   대운
子 丑 寅 卯 辰

甲木 巳月生으로 지지 어디에도 뿌리 없다. 그러나 시간의 癸水가 申酉金에 생을 얻어 甲木을 도운다. 따라서 生木이다.

예5)

					29	19	9	
辛	甲	戊	癸	남	乙	丙	丁	대운
未	午	午	亥		卯	辰	巳	

甲木 일간이 염천인 午月에 태어났고 일지에 午를 만나고 시지에 고지(庫地)인 未를 만났다. 다만 년지 亥에 장생하여 死木됨을 면했다. 亥에 뿌리 둔 癸水 인수가 월간 戊에게 기반 당했다. 그러므로 癸水의 작용이 상실됐다. 로 말하는 사람이 많다.

즉 癸水가 甲木을 생하지 않는다로 말하기도 한다는 말이다. 그러나 癸水는 제왕지인 亥에 앉아 戊土에게 합거 당하지 않는다. 이럴 땐 학업과 학문(癸)에 장애는 반드시 있지만 영원히 그런것은 아니고 대세운에 따라 달라진다. 이런 간합에 대한 문제는 ≪한밝 신사주학≫ 간합신고편(김용길저)에 있으니 참고하기 바란다. 癸水 모친이고 戊土 부친인데 서로간에 戊癸合 하지만 戊 부친은 亥에 절이 되고 癸 역시 戊土 아래에 있는 午에 절(絶)이 된다. 이리되면 외견상으로 부모가 화합하고 있는 것같이 보이지만 내부적으론 궁합이 맞지 않다.

그런데다 戊土 부친의 절이 되는 亥水 중에서 甲木인 본인이 태어났다. 즉 본인인 甲木은 癸水 모친이 상관성인데 이것이 甲戊로 충극하여 戊癸合을 깨고 있다. 이런 구조는 내가 태어난 3년 혹은 8년 되는 때에 모친이 부친을 배신(背信)하고 자유롭게 놀아남을 말하는 것이다. 8살 되던 때에 모친이 바깥 남자와 정을 맺었고 대학입시에 3번 떨어진 명조다.

※ 甲乙 木의 응용문제

이때까지 甲乙木이 生木이냐 死木이냐를 따지고 그에 따른 활용법을 몇 가지 예를 들어 설명했다. 그러나 위 몇 가지 예만으론 충분치 않다는 사람들을 위해 生木, 死木에 따른 활용예문을 좀 더 싣기로 한다. 독자 여러분은 아래에 있는 「응용예」를 볼 때 그 설명부터 읽지 말고 먼저 스스로 풀어보기 바란다. 즉 이때까지의 설명을 기반으로 하여 아래의 문제들을 풀어 본 다음에 그 해설을 보라는 말이다.

예1)

壬 乙 丙 癸　여

午 巳 辰 未

46　36　26　16　6

辛 庚 己 戊 丁　　대운

酉 申 未 午 巳

乙木이 辰月(春)에 태어났고 년지 未에 뿌리 있으며 년간 癸水 있으므로 생목이다. 生木은 火를 좋아하나 巳午未로 火旺하므로 너무 일찍 만개한 꽃이 되어 결실을 못 맺는다. 火土의 세력 강하여 水木 운이 와야 좋다.

金官 없어 일지 巳中 戊土와 암합하는 辰中 癸水를 夫로 삼는데 년간에 투출되어 있다. 辰中에는 나와 같은 乙木이 있으므로 夫는 여자 있었던 남자다. 庚 대운에 乙庚 합하나 丙火 상관과 상쟁하므로 부부불화 있었고 申 대운에 소용돌이(시주와) 발동되어 不好하다. 丙寅년 만나 상관 발동되니 이혼할까 한다.

시간 壬水는 癸 夫의 누나, 壬水生 乙木, 乙生木 丙火되어 상관生財니 시누이는 입으로 먹고 사는데 무당 및 역술가다.

예2)

```
丁 甲 癸 甲    남        戊 丁 丙 乙 甲    대운
卯 申 酉 申            寅 丑 子 亥 戌
```

中秋 甲木인데 金旺하여 癸水에 의지하고 시지 卯에 뿌리 있다. 生木 되어 뿌리박을 土가 있어야 好命인데 년일지 申 중에 일점 戊土 있으나 미약하기 짝이 없다. 生木은 金을 忌하니 兄早死했다. 月干 癸水가 生身하는 희신되어 海洋생활(水生)하게 되었다. 癸 印이 처성인데 도화지에 앉아 년주 甲(비견)에게도 정을 주므로 처가 외정 가진다. 丑 대운 丙寅 년에 일지와 충하니 처가 이혼하자 한다.

```
                         35 25 15 5
戊 丁 壬 壬    여 上人의 처    戊 己 庚 辛    대운
申 酉 寅 辰            戌 亥 子 丑
```

월주 壬寅 夫, 역마되어 夫선원, 년주 壬辰 外夫, 辰酉合 되니 궁합 잘 맞는다.

예3)

```
                 43 33 23 13 3
乙 乙 丁 壬    남    壬 辛 庚 己 戊    대운
酉 酉 未 午        子 亥 戌 酉 申
```

乙木 未月生 극신약이다. 제일 강한 丁火에 종한다. 丁火가 主體되니 壬水는 官, 乙木은 母, 酉는 처, 재(財)로 변한다. 丁火 主體가 壬水 官과 합이니 직장인인데 공무원이다. 壬水가 적수오건

되어 자식 두기 어렵다.

金財가 와야 生 壬水하니 酉酉 재성을 요한다. 己丑生 요한다. 未自庫沖開하고 (丑未沖으로) 酉丑合하므로.

壬子 대운에 壬壬丁의 구조되어 이것 할까 저것 할까 하는데 물(水産) 계통업이다.

예4)

丙甲壬甲　　남　　　　22　12　2
　　　　　　　　　　　乙甲癸　　대운
寅午申子　　　　　　　亥戌酉

生木(甲)되어 丙火 好, 水 忌神, 申中戊土 父, 子中癸水 母, 壬水後母, 申子 寅午 혼국되어 식상을 破, 父 운전업, 母 早死(我生 3年後), 貧命.

예5)

甲辛丁己　　남　　　37　27　17　7
　　　　　　　　　　癸甲乙丙　　대운
午酉丑丑　　　　　　酉戌亥子

시간 甲木 처 午死에 앉고 丁, 己 사신 투출 발동되어 부친 및 처이별 之命이다. 甲己合 하여 甲木은 살기 위해 멀리 간다.

身旺 用官, 丁火 도화 官, 光熱 작용이나 甲木이 죽어야 丁火 득록이라 처가 희생해야 이 사람 빛난다.

예6)

　　丙辛己甲　남　　　　47　37　27　17　7
　　　　　　　　　　　　甲癸壬辛庚　대운
　　申未巳午　　　　　　戌酉申未午

　　년간 甲木 정재는 부친이고 처이다. 甲은 사지인 午에 앉아 己
土와 합했는데 사주 전체에 일점의 水氣 없어 사목(死木)이 되었
다. 이렇게 되면 부친 일찍 사별하게 되며 상처하게 된다.

예7)

　　丙甲庚辛　여　　　　49　39　29　19　9
　　　　　　　　　　　　乙甲癸壬辛　대운
　　子申子卯　　　　　　巳辰卯寅丑

　　子月 甲木이나 丙火있어 生木이다. 庚, 辛 관살을 忌하니 남편
덕 없다. 辛 첫 남자이고 庚 二夫되어 壬寅 대운에 초부이별하고
壬 대운에 剋夫했다. 辰 대운에 절집에서 공양주 노릇하다가 乙
巳 대운에 운전직업 가진 아이 둘 달린 남자와 결혼했다. 巳 대운
은 生木에 희신운이라 살만한 세월이다.

예8)

　　己癸甲乙　남
　　未亥申巳

　　년월 甲乙 木이 申(絶)에 앉아 있으나 일지 亥에 장생하고 己
土에 뿌리내리니 죽어가는 사람(甲) 살리는 의사다. 시지 未가 活
人星되어 큰나무(甲)는 살리고 쓰잘데 없는 乙木은 죽인다.

예9)

                           41 31 21 11 1

丙 己 壬 甲   여   丁 戊 己 庚 辛   대운

寅 亥 申 午   卯 辰 巳 午 未

년간 甲木 夫, 午死地에 坐 했고 己土 丙火가 사신 발동이다. 甲木 生火하여 己土 도우니 남자는 죽도록 내게 봉사한다. 土金 상관격이고 甲(生木)은 金을 忌하는데 月干 壬水가 金生水 水生木하여 申金의 剋害를 통관시킨다. 그러므로 壬水 없어지면 甲은 申의 극을 받는다. 따라서 戊 대운은 剋 壬水하여 甲木이 상관의 극해 받게 되고 甲木에겐 戊土(편재)가 나타나 새로이 뿌리박으려 한다. (己土를 버리고) 이리되어 초부 甲木 이별했다.

시지 寅木 後夫다. 寅亥 合하여 암암리로 合情한다. 寅木 生 丙火, 丙火 生 己土하니 오는 남자마다 나를 돕는다. 壬水 희신되어 물장사(식당, 술장사) 인연 있다.

예10)

                           32 22 12 2

乙 戊 丙 甲   여   정정옥   壬 癸 甲 乙   대운

卯 戌 寅 午   戌 亥 子 丑

다리에 火傷 흉터 크게 있다. 官殺 혼잡이다. 甲木 夫는 死에 앉고 丙火 투출되어 死木이니 죽지 않으면 이별이다. 亥子水 극에 死木변 生木되어 剋身이니 癸 운에 丙火 극되어 官殺의 극 받는다. 남자들의 밥이다. 조토되어 甲乙을 키우지 못한다.

예11)

己甲丁庚　남　　　　19　9
　　　　　　　　　　己戊　대운
巳午亥戌　　　　　丑子

　　甲木 일간 亥月生이나 천간 지지에 극설함이 많아 아주 신약하다.
　　亥月 甲木이라 火를 좋아하고 土를 좋아한다. 그렇지만 일주
심약하여 왕한 재성에 임하기 어려워 亥水 인수의 힘을 얻어야만
한다. 그런데 甲水 일간은 시간 己土 정재와 합을 맺어 인수의 생
신(生身)해줌을 등진다. 이것이 바로 탐재괴인인데 이리되면 공
부하기보다 여자 꽁무니 쫓는 것을 즐겨하게 되고 생각(亥)하기
보다 행동이 앞서게 되는 생활 태도가 나타나게 된다. 이런 구조
인데다 己丑 대운을 만나 甲己 슴으로 탐재괴인이 이뤄지고 대운
지 丑이 일지 午와 丑午 귀문살 이루며 월지 亥(정신)을 극하므
로 정신병자가 되었다.
　　21살 庚午년이 이었다. 생목(生木)은 庚金을 싫어하는데다 심
약한 甲木 일간이 庚의 극을 받아 상하게 되어서다.

예12)

　　　　　　　　　　37 27 17 7
庚甲乙戊　여　　　辛壬癸甲　대운
午午卯申　　　　　亥子丑寅

　　甲木 卯生이고 乙木 겁재 투출되어 生木이다. 生木은 金을 忌
한다. 그렇지만 겁재(乙)가 나의 재성(戊)을 차지하려 하니 庚金
으로 合去시켜야 하니 金(庚)이 용신이다. 만일 庚金이 상처 받게
되면 戊土 편재(몸, 육신)가 다친다.
　　子 대운 되어 庚金이 사지(死地)에 들고 庚의 뿌리인 申이 申

子로 水局되었다. 이리되면 庚이 乙 劫財를 제거하는 능력 상실
되니 병명(病名)도 알 수 없는 희귀한 병에 걸려 불구가 되었다.
오른쪽 다리가 휘어졌다. 子水가 午를 충하여 충출된 丁火에 庚
金이 剋된 것도 원인이다.

2. 丙 丁 火

丙火를 일러 태양 및 전깃불에 비유하고 丁火는 등불, 용광로, 장작불 등에 비유한다. 그러나 丙火 일지라도 지지에 강력한 뿌리가 있으면 金을 녹이는 불(火)이 될 수 있다. 그리고 丁火 역시 빛(光)의 역할을 할 수 있는데 지지에 무근하여 열(熱)의 작용을 못할 때이다. 따라서 丙, 丁火의 역할 작용은 열(熱)적인 것과 광적(光的)인 것으로 나눌 수 있으나 세분하면 다음과 같다.

◎ 丙火
① 음습하고 추울 때는 조후 역할이다.
② 열화(熱火)가 되었을 땐 剋金한다.
③ 壬水를 만나 빛이 나고 辛을 만나 그 빛을 널리 반영시킨다.
④ 木의 성장을 돕는다. 旺木을 泄기 시킨다.

◎ 丁火
① 음습하고 어두울 땐 빛의 역할을 한다. 등댓불, 북두칠성, 달빛 등 丁壬이 되면 깜빡이는 등대불, 네온사인이다.
② 뿌리가 강할 땐 庚金을 제련한다.
③ 旺木의 기운을 泄하는 역할한다.

※ 丙은 君火이므로 많은 것은 좋지 않다. 하늘에 태양이 2개 있는 격이며 한나라에 두 개의 정권이 있는 격이다. 이리되면 평생 구설시비가 많이 발생되며 시끄럽기 짝이 없으며 여러 가지 일에 종사하게 된다. 그리고 丙, 丁火는 비천록마격을 구성하는 격도 있으니 이럴 땐 달리 봐야 한다.

예1)

　　　　　　　　　　　　　56 46 36 26 16 6
　　癸 丙 辛 丙　　남　　丁 丙 乙 甲 癸 壬　　대운

　　巳 申 丑 戌　　　　　　未 午 巳 辰 卯 寅

　재다신약으로 보면 안된다. 辛金 財를 두고 다투는 격이다. 따라서 丙午 대운 丁丑년에 동업하다가 25억 날렸다. 丙辛丙의 구조는 동업자 많이 들어온다.

예2)

　　　　　　　　　　　　　34 24 14 4
　　辛 辛 丁 甲　　여　　癸 甲 乙 丙　　대운

　　卯 丑 丑 子　　　　　　酉 戌 亥 子

　月干 丁火는 완강한 辛金을 녹이는 역할 못하고 빛(光)의 역할이다. 甲戌 대운 辛卯년에 夫가 북한으로 납치되어 가다 죽었다.
　丁火에 두 개의 거울(辛)있어 빛을 반영시키는데 이리되면 눈썰미 안목이 뛰어나다. 丑요 巳격의 破다. (子 있고 丁火 있어서)
　음습한 겨울 새벽에 등불되어 교육자다.

예3)

　　　　　　　　　　　　　34 24 14 4
　　辛 辛 丁 甲　　여　　癸 甲 乙 丙　　대운

　　卯 丑 丑 子　　　　　　酉 戌 亥 子

　丁火 夫가 丑에 입묘, 子에 絶이고 백호살이다. 따라서 辛金 日干은 丁火 夫의 묘 발동신이다. 결혼 후 4~9년에 夫 凶死, 凶厄있다. 丁丑은 甲子와 子丑으로 合하고 甲木이 生 丁火하니 나를 등지고 北方으로 간다. 가서 죽는다. 辛卯년에 夫가 北으로 납치

(북한군에게)되었다.

辛의 역할? 冬土에 甲木을 키우려 한다. 辛은 丁火 만나 빛(光)난다. 눈썰미, 안목있다. 나의 官 丁은 甲木의 가는 길이고 冬木에게 빛을 주고 희망을 주는 역할이다. 읍습하여 火운 만나야 하나 金水 운 되어 외롭게 지내게 되었다.

※ 辛丑日 丑月되어 丑요 巳격이 되나 子水 만나 破 不成이니 正格으로 해석해야 한다.

예4)

```
癸 癸 辛 丙   남       丁 丙 乙 甲 癸 壬    대운
亥 丑 丑 寅           未 午 巳 辰 卯 寅
```

丙火 喜神이나 辛金이 合했다. 그러나 丙火는 寅에 앉아 강하므로 合去되진 않고 오히려 빛이 더욱 반영된다. 그리고 辛은 일지에서 나왔으므로 나의 표출신인데 丙火의 빛을 반영시키는 역할이다. 그러므로 대변인 및 홍보, 선전, 외교 등에 종사하게 된다.

巳午未 火運에 외교관으로 재직 丑요 巳격 되어 戊土를 끌어오니 官운이 있다. 또 丑中 己土 편관인데 辛은 丑에서 나왔으니 관의 표출신이다. 辛이 관의 표출신되어 丙火(光)를 반영시키니 권력(己土편관)의 대변자 역할 축요사격으로 보지 않고 正格으로 봐도 巳午未 火運은 吉하다.

예5)

乙 丁 甲 庚　　남　　　庚 己 戊 丁 丙 乙　　대운
巳 巳 申 申　　　　　　寅 丑 子 亥 戌 酉

丁火 일간이 財보다 약하다. 벽갑인정되어 丁火 生하면 丁火는
庚을 成器한다. 丁巳 일주와 庚申 財가 同旬에 합을 이루니 재가
내게 붙는 것 되어 大吉하다. 丙丁 운 不吉, 亥 운 不吉, 戊 운 吉.
子 운 不吉하나 旺金이 泄氣되어 막혔던 것이 통한다. 亥 운은 巳
亥沖 하여 합을 풀어 丁火가 뿌리 찾는다. 종재격은 아니다.

예6)
　　　　　　　　　　44　34　24　14　4
庚 丙 壬 壬　　여　　　丁 戊 乙 庚 辛　　대운
寅 戌 寅 寅　　　　　　酉 戌 亥 子 丑

壬寅 壬寅되어 일지와 寅戌 합이니 재혼격이다. 시간 庚金 살
리려면 일지 戌(식신)으로 生財해야 하니 식품 및 음식사업에 인
연있다. 壬水 편관 뿌리없어 뜬구름 같은 남자로 내돈(庚)만 축내
려 한다. 子 대운에 壬水 官의 뿌리되어 남자 생기고 己土 상관운
에 生女(丁卯生) 庚金 財星 뿌리없어 빈명이다. 亥 대운에 夫는
지하철 근무.
戊戌 식신운되어 剋 壬水한다. 따라서 부부 不和고 밖에 나가
돈벌이했다. 戊는 일지 戌에서 出.
丁 대운에 壬壬丁의 쟁합되어 이혼(丙戌년)했다. 丁酉 대운은
일주와 1급 소용돌이 인데다 원명의 소용돌이 발동되고 복음년되
는 丙戌년에 응했다. 丁亥년 식당개업이나 돈 안될 것(실패한다)이
다. 丙 일간이 할 일은 식신 生財 뿐이다. 己丑년부터 재운 있다.

예7)

　　戊 丙 丁 己　　여　　　　35　25　15　5
　　辰 辰 丑 丑　　　　　　辛 庚 己 戊　　대운
　　　　　　　　　　　　　　巳 辰 卯 寅

　丙火 日干 丑月生 丑丑辰辰으로 土多하고 무근하니 종하지 않을 수 없다. 일지 辰中 戊土 투출이라 시간 戊에 종한다. 따라서 戊가 일간 대행이다. 이리되면 丙丁 火가 모친성이니 丁火 친모고 丙火가 後母다. 丁火는 丑에 入墓고 백호살이며 丑中 己土 발동되어 아이(동생) 낳고 사망이다.

　辛卯년(3살)에 모친 사망, 辛은 묘신, 백호살의 발동이다. 辰은 官庫되고 戊는 발동신되어 夫死命이다. 丑中 癸水 合神, 辰中 癸水 合神이고 己土 정관있으니 돈벌이 중에 남자 만난다. 辛金 자식 역시 凶死한다.

　寅 대운에 가출. 寅이 역마고 종아에 역하기 때문이다. 寅은 戊의 장생지다. 己 대운부터 돈벌이 하면서 남자 만난다. 戊에서 辰은 홍염인데 이 속에 돈과 남자 있다. 홍염에 종하므로 色情家 인연있어 몸 파는 娼이 되었다.

예8)

　　乙 丁 辛 辛　　남　　　　58　48　38　28　18　8
　　巳 酉 丑 酉　　　　　　乙 丙 丁 戊 己 庚　　대운
　　　　　　　　　　　　　　未 申 酉 戌 亥 子

　丁火 일간 극신약이다. 시지 巳에 뿌리 있고 시간 乙木 있으나 巳는 巳酉丑 金局 되어 丁火의 뿌리 역할 상실했다. 이러므로 乙木이 丁火를 생한다 하나 역부족이라 왕한 金에 종할 수 밖에 없다. 이리되면 巳中 丙火가 기신이라 하지만 열화(熱火)가 아니므

로 辛金에 해를 입히지 못한다. 오히려 丙火는 辛金을 빛나게 하
니 희신이다. 乙木이 丁火를 생한다 하지만 등잔불에 기름 역할
이므로 크게 문제 되지 않는다. 이렇게 진종(眞從) 재격되어 큰
부자 팔자다. 음간 진종은 종신이 일간 노릇한다. 그러므로 乙木
편인은 재성이 되어 부친성이고 처성이다. 그리고 丙丁火가 자식
이 된다.

년월에 乙木의 살신(殺神)인 辛酉辛이 있어 부친 일찍 사별하
게 되는데 庚 대운에 그렇게 되었다. 그러나 申酉戌 서방 금운을
만나 큰 재산을 모았다.

이 사주에서 제일 흉한 것은 월지 丑이다. 丁火 일간의 묘(墓)
가 되고 旺神인 金의 입고(入庫)처이기 때문이다. 乙未 대운에 金
局을 丑未 충으로 깨므로 흉한데다 그만 丑中 癸水 투출 발동되
는 癸亥년(59세) 만나 급사하고 말았다. 즉 癸亥년은 흉신인 丑이
발동되는 운이고 세운지 亥는 시지 巳를 沖하여 또 한번 금국을
깨었기 때문이다.

예9) 신왕신약으로 억부법으로 보면 안된다.

					49	39	29	19	9	
癸	丁	戊	壬	여	癸	甲	乙	丙	丁	대운
卯	酉	申	午		卯	辰	巳	午	未	

신약하다. 년지 午에 득록하니 종할 수도 없다. 그래서 억부법
에 따르면 '丙午, 丁未, 乙 대운에 丁火 일주를 도우므로 좋은 세
월이다.'로 말하게 된다. 그러나 한밝 신사주 이론으로 보면 시지
卯는 旺金에 충거되었고 년지 午는 멀리 있는데다가 일주와 친밀

치 못하다. 따라서 종재격(가종)이다.

이리되면 년지 午 형제는 버려지고 쓸모없이 된다. 그리고 종하는 데에 방해되기에 기신이다. 따라서 쓸모없이 버려진 신세된 형제 있게 되고 壬水 夫에겐 숨겨 놓은 여자 있게 된다.

午 대운에 년지 午火 발동되어 夫가 作妾하여 나를 등졌다. 生子別夫였다. 乙巳生 자식있다. 월시로 卯申 귀문 있어 형제가 정신이상자다. 청춘 생과부 되어 식당업으로 먹고 산다.

예10)

						39	29	19	9	
庚	丁	甲	丙	남		戊	丁	丙	乙	대운
子	未	午	申			戌	酉	申	未	
		도화								

丁火 午月生인데 丙火 甲木 투출되어 身旺하다. 이리되면 金水를 좋아하는데 시간에 庚金이 있어 好命같다. 그러나 丁未 일주가 월주 甲午와 午未合을 맺고 시주 庚子와는 子未 원진이다. 이는 丁火가 丙火 형제 甲木 부모와는 친밀하나 나의 재성인 庚과는 원수처럼 된다는 말이다.

그런데다 庚金 처는 도화지에 앉아 멀리 년지에 있는 申을 그리워하게 된다. 즉 庚은 도화지이면서 死地인 子에 앉아 심약해져 丁火의 극을 견딜 수 없으므로 동순(同旬)에 있으면서 나(庚子)에게로 진행하여 오는 丙申에게 정을 준다.

그쪽으로 가면 庚이 득록하므로 더욱 가고 싶어진다. 申 대운은 庚 처가 득록하여 무난했으나 丁 대운 되어 庚을 더욱 심하게 극하자 멀리 달아나고 말았다. 庚金이 더욱 극 받는 丁卯년이었다(31살). 그러나 丁未 일주로서는 庚金이 필요하다. 유일한 용신이기 때문이다. 그래서 도망간 마누라 찾아 방방곡곡을 헤매는 신세되었다.

예11)   32 22 12 2
   丁 戊 己 辛　여　　　癸 壬 辛 庚　대운

   巳 辰 亥 丑　　　　　卯 寅 丑 子

戊土 亥月生이나 신강하다. 겨울에 丁巳 있어 亥中 甲木을 키
울 수 있는 흙이 되었다. 그러나 甲木이 장생하고 있는 月支 亥는
空亡 되어 더욱 안타깝다. 乙木 정관은 辛金 있어 못 키우고 甲木
을 키운다. 월지 亥中 甲木은 己土 겁재의 남자고 타향 길거리의
남자다. 내 남자는 시지 巳中 戊土인데 戊辰日과 丁巳시가 1급
소용돌이 되어 이별의 갈등 내포하고 있다.

   남자가 火生土로 잘해준다. 그리도 나는 엄마처럼 너무 자상하
게 대하는 남자가 싫다. 壬 대운은 결혼. 寅 대운에 역마되고 寅
亥合으로 역마와 합하니 강한 남자(甲) 진짜 남자 찾아 가출하고
말았다.

예12)   32 22 12 2
   丙 丁 乙 辛　여　　　己 戊 丁 丙　대운

   午 卯 未 丑　　　　　亥 戌 酉 申

   丁火 일간이 염천인 未月에 태어났고 卯未 木局과 丙火 午火
있어 극신왕이다. 이리되면 년주 辛丑이 희용신이다. 그런데 乙
未 월주가 辛丑을 천지충하고 일주와 卯未로 합하므로 무정한 팔
자다. 강왕한 丁火는 庚金을 만나야 할 일도 있고 재주 있게 되는
데 그만 부서진 辛金을 만났으니 평생 남이 쓰다가 버린 것이나
주어야 되는 팔자다.

   辛은 丙의 거울이니 남이 쓰던 물건이고 사람이다. 壬水 官 없

고 년지 丑中 癸水가 유일한 남자다. 따라서 辛金은 夫의 표출신인데 이것이 시주의 丙과 合하고 있으니 夫는 나(丁火)를 싫어하고 타녀와 合해 간다.

戊戌 대운 상관 운이고 戌丑未로 三刑하니 夫別하게 되는데 丙寅년(26세)에 丙辛合이 이뤄져 夫는 他女와 作合하고 본인은 가출하고 말았다.

예13)

						37	27	17	7	

己 己 丙 丁　여　　　庚 己 戊 丁　대운

巳 未 午 酉　　　　　戌 酉 申 未

己土 午月生으로 巳午未 方火局 되고 丙丁火 투출되어 쓸모없는 전토되었다(火旺土燥). 년지 酉로 설기 해보고자 하나 조토(燥土) 불생금(不生金)인데다 丙 丁 午火가 剋 酉金하니 火가 病이고 이를 다스릴 약이 없다.

인수는 정신인데 이것이 병이 되므로 정신병자다. 己土 대운에 정신 병원에 입원했다. 庚戌 대운에 庚金이 丙丁火에 극되므로 종명한다. 沈 貞 子의 이름으로 봐도 子酉 귀문이고 破되며 子午 沖 되어 不吉하다.

예14)

						35	25	15	5	

乙 丁 己 乙　남　　　乙 丙 丁 戊　대운

巳 酉 丑 酉　　　　　酉 戌 亥 子

丁火 일주 극신약이고 巳酉丑 金局 있어 종재격이다. 庚, 辛이

불투되어 大格 아니다. 일지 酉金이 주체며 일간 대행이다. 월간 己土 모친이고 년간 乙木 부친이다. 乙木이 酉 절에 앉아 허약한 乙木이다. 시간 乙木은 모친의 후부이고 나의 친부다.

따라서 모친 재가하여 나를 낳았다. 년지 酉金은 이부형제. 또 년간 乙木은 初妻이고 시간 乙木은 두 번째 처다. 시지 巳와 일간 丁火는 후처 소생의 자식이다.(一男一女 두었다)

丙 대운에 시지 巳(일간 대행인 酉의 합신)가 발동하므로 즉 합신 나타나는 운되어 결혼했다. 乙 대운은 처가 절지(酉)에 앉아 위험하다. 그리고 종재격에 편인운 되어 불길하다. 따라서 庚申 년(36살) 만나 乙庚合 하므로 처 사별했다. 그리고 乙 대운은 처 성 발동되는 운되어 재혼하게 되었다.

예15)

	己	丁	己	乙	남		乙	丙	丁	戊	대운
	酉	丑	丑	未			酉	戌	亥	子	

丁火 일주 丑月생으로 土多하고 극신약하여 종아격이다. 그런 데 년주 乙未가 월주 己丑을 충하여 종아격이 부서졌다. 따라서 丁丑 일주가 유정하게 합을 짓고 있는 시주 己酉의 金에 종하게 되었다. 즉 종아격에서 종재격으로 변화되었다. 따라서 종신인 酉金이 일간 대행하는 주체이다.

이렇게 되면 년간 乙木은 부친성이고 월시간의 己土는 모친성 이다. 년간에 앉은 乙木은 년지 未에 입고되며 丑未 충을 맞아 그 뿌리가 뽑혀 초년에 부친 흉사(乙未 백호)했다. 월간 己土는 부친 의 첫 여자 및 이모. 시간 己土가 나의 모친이다. 일간 丁火는 자식인데 나와 같은 음간이라 아들자식이다.

겨울 어두운 밤의 촛불(丁)같은 아들이므로 아들 낳고 가정이 밝아지나 丁丑 백호살 맞아 그 아들 흉사하게 된다. 酉가 丑에 입고되므로 철공소 계통으로 밥 먹는다. 酉丑은 철공소, 공장이다.

예16)

丙 丁 癸 己	남
午 酉 酉 亥	
도화 天乙 天乙 馬	

49	39	29	19	9	
戊	己	庚	辛	壬	대운
辰	巳	午	未	申	

귀록격에 見 癸 官하여 凶하다.

財多하여 시지 午 록에 의지한다. 癸 편관 기신이고 월일지 酉酉되어 재혼격이다. 癸 편관 도화되어 극신하니 색정문제로 고통 당하는 명이다.

戊辰 대운과 시주 록궁과 2급 소용돌이 되고 戊癸合 하여 癸水 발동인데 癸年 만나 도화 편관 발동했다. 癸未년은 년주와 4급 소용 돌이 되어 대세운에 회오리바람 분다. 午未 도화 합하고 癸剋丁이니 도화 문제로 官事 왔다. 辛亥生 同居女가 혼인빙자로 고소했다.

예17)

| 辛 丁 戊 丙 | 남 |
| 亥 丑 戌 申 | |

41	31	21	
癸	壬	辛	대운
卯	寅	丑	

丁火 일간 戊月生으로 火土 상관격이다. 丁火가 戌에 통근했고 년간 丙火 있어 도우나 旺한 土金의 기세에 종할 수밖에 없다. 즉 월지 戌은 일지 丑과 刑 되어 戌中 丁火가 상처 입었고 년간 丙火

는 월간 戊土를 생하므로 오히려 土만 강하게 만드므로 旺한 세력에 종할 수밖에 없는 것이다. 따라서 가종격이다. 이리되면 종신(從神)을 일간 대행으로 하지 않는다.

따라서 일지 丑中에서 투출된 시간의 辛金이 나의 처다. 그런데 辛金 편재는 역마(亥)에 앉아 멀리 있는 년간의 丙火와 원합하고 있다. 이런 원합에 대해서 이때까지의 역서엔 이렇게 되어 있다.

'원합은 취용하지 않는다.' 그러나 이는 격국 용신을 잡는데 있어서 그 역할 작용을 말한 것에 불과하다.

우리 인체에 있는 기관은 무엇 하나 버릴 수 없는 중요한 것이다. 심지어 필요 없다고 잘라내 버리는 맹장까지도 그 역할 작용이 있는 것처럼 사주에 있는 간지(干支) 하나 하나는 모두가 작용 역할을 하고 있다. 다만 그 작용이 나쁘냐 좋으냐 하는 것일 따름이다. 따라서 이런 원합 역시 당연히 그 작용을 지니고 있다.

나의 처성인 辛金이 丁火 보다 丙火를 좋아하는데 년간에 丙火가 있음은 나의 처(辛)가 멀리 있는 丙火 겁재와 정을 맺음을 나타내고 있다. 그리고 辛金이 丙火와 합정하는 때는 辛金을 극제하고 있는 丁火 일간이 그 능력을 잃을 때다.

따라서 丁火를 합거시키는 壬 대운은 辛金 처가 홀가분하게 북쪽에 있는 丙火를 찾아가게 된다. 그리고 壬水는 辛金에서 보면 상관이 되고 역마 지살(亥)이 발동되는 운이다. 이러므로 壬 대운에 들어서자마자 그 처(辛)가 야밤(亥時)에 도망치게 되었다.

물론 멀리 북쪽에 있는 태양(丙)을 만나 빛나게 살아보고자 하는 의도에서였다. 그러나 丙火는 申에 앉아 있으며 월지 戊中 辛金과 명암합하고 있으므로 유부남이고 나이 많은 남자다. 戊月은 가을의 마지막이고 戊戌 월 丙火는 서산에 지는 태양이므로 노남

(老男)인 것이다.

乙丑년 31살 때였는데 세운지 丑이 와서 월일간의 丑戌刑이 발동되어 일지에 있는 辛金의 뿌리를 뽑았기 때문이다. 원래 丑 中에는 辛金이 있는데 이것이 투출되어 있을 때는 丑을 형충함이 좋지 않다. 이리되면 그 뿌리가 뽑히기 때문이다.

寅 대운은 기신인 丙火가 장생하는데다가 종재격의 뿌리인 년 지 申金을 충하므로 재물이 흩어진다. 癸 대운은 기신인 년간 丙 火를 극하므로 일간은 좋다. 그리고 대운간 癸는 배우자 궁인 일 지 丑에서 투출된 것으로 보므로 또 다른 배우자 만나게 된다.

3. 戊 己 土

土에는 습토가 있고 조토가 있다. 그리고 나무를 키울 수 있는 土가 있고 물을 막아 주는데 쓸 수 있는 土가 있으며 불(火)을 담아 보존하는 역할을 하는 土도 있다. 그리고 金을 생하는 작용을 하기도 한다. 그러므로 사주를 볼 땐 土가 무슨 역할 작용을 하느냐 하는 점을 먼저 살펴야 한다.

예1)

　　己 戊 己 己　　여
　　未 申 巳 酉

戊土 巳月生으로 천간엔 겁재가 많고 지지에도 巳未의 뿌리가 있다. 태왕한 자는 설(泄)함을 좋아하므로 金을 생하는 역할을 하는 土다. 일지 申에 먼저 설(泄)하나 배출구가 좁다. 다행히 년지 酉金이 巳酉로 합인(습引) 하여와 巳申 合을 이룬다.

즉 戊土의 역할은 자식 낳고 키우는 역할인데 겁재의 자식까지 내게로 와(습引) 설기 시원하게 해주니 형제의 자식까지 맡아서 키우는 운명이 되었다. 일지 申中 壬水 편재가 조후 용신이다. 이 壬水 한 방울로 많은 비견 겁재들은 윤택하게 해줘야 하니 실제 생활에서는 어떤 문제가 생길까 쉽게 추리할 수 있을 것이다.

예2)

　　戊 己 甲 乙　　여
　　辰 丑 申 卯

이 사주를 보고 대뜸 한마디 했다. '별 볼 것도 없는 사내라도 내 서방으로 삼아 巨木으로 크게 되도록 키우려 했는데 토끼처럼 눈 동그란 시누이가 들어 사사건건 개입하여 그와 나를 갈라 놓네.' 己土 申月生으로 습토되어 나무를 키울 수 있는 흙이다.

나무를 키울 바에야 가까이에서 합하고 들어오는 大木인 甲木을 키우고 싶다. 甲木이 절지인 申에 앉아 있어 별 볼 것 없는 大木이다. 그런데 년주 乙卯 겁재가 甲己 합을 방해하고 있다.

예3)

乙	戊	乙	己	여
卯	午	亥	丑	

	54	44	34	24	14	4	
	辛	庚	己	戊	丁	丙	대운
	巳	辰	卯	寅	丑	子	

戊土 亥月生이나 일지에 조후되는 午火 있어 나무를 키울 수 있는 土가 되었다. 월간 乙木과 시간에 乙木 관성이 있어 재혼격이라 말하지 마라. 월간 乙木은 년간 己土 겁재의 남편이고 시주 乙卯가 나의 남편이다. 년간 己土 형제도 내덕으로 추위에 음습한 흙이 따뜻함을 얻어 나무(乙)를 키울 수 있는 역할을 할 수 있다. 즉 일지 午火가 조후 역할하여 년월주에도 좋은 영향을 주기 때문이다.

시주 乙卯(夫)의 입장에서 보면 亥月 추위에 피지도 못하고 웅크리고 있다가 이 여성을 만나 생기 얻은 木이 되어 잘 자랄 수 있게 된다. 乙木이 일지 午에 장생이고 한목(寒木)엔 따뜻함을 가져다주는 火가 필요해서이다.

이 여성은 戊 대운에 결혼했다. 寅 대운부터 남편의 사업이 발전했고 卯 대운까지 크게 좋아 수백 명의 종업원을 거느리게 되었다.

그러나 庚 대운에 들어오자 사업이 기울기 시작하여 辰 대운 말에 망하고 말았다.

庚辰 대운의 庚은 乙木을 합거시켜 생장을 멈추게 했고(生木 剋金) 일주 戊午와 2급 소용돌이를 이루었기 때문이다. 辛 대운 은 가냘픈 乙木이 칼을 만나는 운인데 그 뿌리인 卯木을 충하는 乙酉 년을 만나 부부간에 건강 이상이 생겨 대수술 끝에 존명했 다.

이 사주 역시 신왕 신약만을 따지는 억부법으로 보면 庚 대운 은 강한 세력 지닌 木을 극제하므로 좋고 辰 대운 역시 土가 되어 일주의 뿌리 되므로 좋았을 것이다. 라는 오류를 범하게 된다.

예4)

						38	28	18	8	
乙	己	戊	辛	남		甲	乙	丙	丁	대운
丑	亥	戌	丑			午	未	申	酉	

己土 일간 戌月 生으로 년지 丑 시지 丑 있고 戊土가 월간에 있어 신왕이다. 九月 己土이나 乙木을 키우는 논밭이 되었다. 그 런데 乙木은 사주 지지 그 어디에도 뿌리가 없고 겨우 일지 亥만 이 도우고 있다. 따라서 직장 생활이 천직이나 그 직위와 역할이 크지 못한다. 예3의 명조와 비교해 보면 그 우열이 들어난다.

예5)

						43	33	
庚	己	庚	丙	남		乙	甲	대운
午	巳	子	申			巳	辰	

己土 일간이 한 겨울인 子月에 태어났다. 일시지에 뿌리 둔 丙火가 년간에 떠 있다. 하지만 일간과 멀리 떨어져 있어 유정치 못하다. 그렇지만 조후 역할은 할 수 있다. 따뜻함을 얻어 겨울나무라도 키울 수 있는 土가 되었지만 월시간에 庚金이 투출되었고 木 또한 보이지 않는다. 따라서 나무를 키울 수 있는 역할을 하지 못한다.

다음으론 庚을 생하는 土의 역할로 보면 가뜩이나 신약한데다 土生金 해봤자 기신인 水만 생해줄 뿐이다. 이젠 물을 막을 수 있는 土의 역할을 보면 이 역시 어렵다.

따라서 그 어느 분야에도 쓸모 있는 명조가 아니다. 일지 시지에 있는 巳午 火에 도움을 받아야 할 처지이므로 어려서는 부모에게 의지하려 하고 늙어서는 처자식에게 도움을 받아야 할 운명이다.

일지 巳中에서 월시간의 庚 상관이 투출되어 일주의 표출신 역할한다. 그러므로 입만 열면 헛된 소리요 활동한다 해봤자 실패와 손실이 따른다.

申子 財局 있고 시지 午 도화가 년간 丙火로 발동되어 처 외에 애인두게 된다. 子中 壬水가 처인데 일지 巳와도 戊癸로 암합하고 시지 午中 丁火와도 丁壬 암합하여 처 역시 숨겨 놓은 애정상대가 있다(午中 己土).

예6)

戊	己	庚	戊	여
辰	巳	申	午	

29 19 9

丁	戊	己	대운
巳	午	未	

己巳 일주 申月生이나 신왕으로 변했다. 월간 庚金이 도사리고 있고 木氣 투출 못해 나무를 키울 수 있는 흙이 아니다. 신왕하여

설(泄)로 가므로 庚金을 생하는 역할이다. 그러나 시지 辰 홍염살 속에 乙木이 있고 일간과 가까이에서 유정하므로 乙木이나마 키워 볼까 하는 욕망이 생긴다.

이 사주의 남편성은 월주 庚申이고 辰中 乙木은 戊土 겁재의 남자다. 이것은 약한 편관성을 버리고 합신(巳申)을 취한 것이다. 상관성이 부성(夫星)이 되어 내 남자는 아이같은 연하남이고 역마성이므로 운전업에 종사한다. 辰 홍염살이 년시간 戊로 발동되었고 辰巳로 암합(乙梗, 戊癸)하는데다가 나무를 키울 수 있는 전토(己)로의 욕망이 있으므로 바람기 심한 명조다.

상관은 재성을 봐야 활동함에 따른 결실이 있게 된다. 그러나 이 사주엔 재성이 암장되어 있을 뿐 흐르지 못하고 있다. 따라서 아이 낳는 일은 잘하나 돈벌이는 못한다.

예7)

乙 己 辛 辛	여	43 33 23 13 3
亥 未 卯 丑		丙 乙 甲 癸 壬 대운
		申 未 午 巳 辰

卯月의 己土 일간이므로 나무(木)가 자랄 수 있는 전토(田土)이다. 월일 시지가 亥卯未 삼합 목국을 이루었고 그 원신(元神)인 乙木이 시간에 나타나 있으므로 많은 남자 거쳐야 될 명조다. 이리되면 오는 남자마다 나를 자기가 타고 앉아 먹어야 될 밥으로 생각한다. 월지 卯中 甲木은 첫 남자로 일지 未와 卯未로 지지 합하며 己土 일간과도 명암합한다. 이런 삼합은 월지 卯를 충하는 酉 운이나 일지 未를 충하는 丑 운을 만나면 깨어진다. 그런데 未를 沖하는 丑이 년지에 있고 丑中 辛金이 년월간에 투출되어 있

다. 이렇게 되면 딸(辛) 둘 낳고 남편과 이별하게 된다.

23세부터의 甲 대운은 월시지 亥卯 중의 甲木이 나타난 때이고 이것이 일간 己土와 合을 맺으므로 결혼 운이다. 그러나 甲子년(24살) 만나 세운간 甲은 대운 그리고 시간의 乙木과 어울려 관살 혼잡되며 세운지 子는 일주의 도화살 된다. 따라서 결혼하자마자 타남과 통정하게 되었다. 그러다가 乙丑년(25세) 되어 일지 未를 충하자 남편 등지고(背任) 가출했고 丙寅년(26세) 되어 년월의 辛金이 세운간 丙이 쟁합하므로 이혼하게 되었다.

이는 丙火가 두 개의 辛金과 쟁합하게 되면 辛金이 발호하게 되고 이리 되면 시간의 乙木이 辛金에 극충되어 사라지기 때문이다. 시간 乙木 있는데 乙丑년이 오므로 얼얼(乙乙)하게 얻어맞고 상관(庚)할 생각이 별처럼 번쩍거려 背夫 가출하게 된 것이다.

예8)

				남		42	32	22	12	2	
壬	戊	癸	壬			戊	丁	丙	乙	甲	대운
戌	子	丑	午			午	巳	辰	卯	寅	

일주 不弱하고 재성이 천간 지합하니 재복있다. 水多하여 戌에 뿌리박은 戊土는 制水한다. 따라서 능력있고 할 일 있는 사람이다. 火不透하고 財合하여 체면, 명예보다 돈을 먼저 밝힌다. 木官 없어 戊癸合火 하여 生하는 土를 자식으로 삼는다. 壬戌로 자식궁에 백호살이고 월지 癸丑 역시 백호살이다. 戌丑刑 되어 戌(심장)이 상하니 둘째 딸이 심장 판막증 있어 수술했다. 丁 대운 때였다. 일지 子가 수옥살인데 수옥을 만드는 午火 인수가 空亡이라 공수표, 헛된 문서 계약으로 구속된다.

丁 대운은 공수표, 부실 문서 계약사 발동되어 丁壬壬으로 편재난동이다. 즉 부실 문서로 돈 먹으려 한다. 그러다가 己未년(38살)에 癸丑 월주 충하여 난리났다. 丑未沖 되면 子午沖 발동이니 구속령 떨어졌고 庚申년에 잡혔다.

예9)

						29	19	9	
戊	丙	丁	壬	여		甲	乙	丙	대운
子	寅	未	子			辰	巳	午	

丙火가 염천인 未月에 태어났고 일지 寅에 장생하므로 신약 아니다. 壬子 편관을 얻어야 丙火의 빛이 나고 쓸모 있어진다. 년주에 壬子있으나 未中 丁火에 합되어 壬水의 정이 내게 오지 않는다.

일시지 子寅 사이에 丑 재고를 끼우고 있으나 일시주간에 2급 소용돌이 발생되니 부부이별 갈등 있게 된다. 壬水 못 얻은 丙火의 갈 길은 戊土뿐이나 갈등과 불화의 길이다.

午 대운에 년시지 子를 沖하고 寅午, 午未合 하여 칼(午)이 내게 이르니 심장수술 2번 받았다. 甲辰 대운되면 일주와 2급, 시주와 4급으로 소용돌이 구성되면 甲剋 戊土 식신되어 종명할 것인데 甲申, 乙酉년이 될 것이다.

예10)

					42	32	22	12	2	
甲	己	乙	甲	여	庚	辛	壬	癸	甲	대운
子	丑	亥	午		午	未	申	酉	戌	

己土 일간 亥月生에 子丑 있어 財多 身弱이다. 丙火가 떠야 좋은데 천간에 官殺만 무성하다. 추위에 언 나무가 내게 뿌리내리려 하니 오는 남자 모두가 내덕 보려 한다. 재혼격으로 마지막(세번째) 만나는 남자와 해로한다.

壬申 대운은 년주와 2급 소용돌이 되어 凶한데 生木(甲乙)은 金을 忌하니 申 대운에 夫別되었다. 甲子년 30세. 년일 丑午 귀문 되어 모친이 神 모신다. 本人도 神氣 있다. 官殺 多하여 神病 및 형제 사별인데 오빠(午中己) 죽은 혼신이 와 있다. 時支 子가 수옥되었고 관설의 심한 극을 받았으니 복부 수술하게 되었다. 남동생이 스님이다.

예11)

				여	42	32	22	12	2	
己	己	丁	辛		壬	辛	庚	己	戊	대운
巳	酉	酉	丑		寅	丑	子	亥	戌	

己土 酉月生으로 시주 己己있어 己土 도울 것 같다. 하지만 시지 巳는 巳酉丑 金局 되고 일지에서 辛金 투출되어 金旺局이므로 종아격을 구성한다. 이렇게 되면 시지 巳中 丙火 夫. 년지 丑中 癸水 딸. 丑에서 己土 투출되어 己巳生 딸 두었다.

夫는 殺身成仁하는 사람인데 巳는 酉가 일거리고(金을 만드는 역할) 내 몸(丙)이 죽고 金이 만들어지기 때문이다. 夫와 나(辛)는 멀리 떨어져 있게 된다. 년과 시에 있어서이다. 또 金은 義로움이니 의로움을 만들고 본인은 죽는 형상이다. 庚 대운(巳에서 出) 결혼했다. 子 대운은 吉(泄氣 되어) 丁酉生 夫, 辛 대운부터 夫타향에서 근무했다. 인수가 夫되어 모친같은 남편이다. 丁火 등불이고 辛은 반영체(反榮體)되니 늦게까지 공부한다.

예12)

癸 戊 戊 乙　여　　　　49　39　29　19　9
　　　　　　　　　　癸 壬 辛 庚 己　대운

丑 戌 寅 未　　　　　　未 午 巳 辰 卯

戊戌 일주가 초봄인 寅月에 태어났지만 년일지에 丑戌未 있고 월간에 戊土 있어 아주 신왕하다. 戊戌 일주는 조토이기에 木을 키울 수 있는 역할을 못한다. 하지만 시주에 癸丑 재성을 만나 윤습해지므로 자라나는 어린 나무를 키울 수 있다.

그러나 월간 戊土가 나의 財(癸)를 쟁합하는 것이 문제이다. 이리되면 당연히 乙木으로 戊土를 제압해야 하는데 乙木의 힘이 약한 것이 병이 된다. 따라서 水木 운을 만나 약한 乙木이 힘을 얻어야 좋아진다.

년간 乙木은 兄夫고 남의 남자, 월지 寅이 나의 남자다. 立春 지난지 얼마 안 된 때이므로 寅木은 아주 약하다. 따라서 아이처럼 보살펴 줘야할 남자다. 그런데다가 寅未로 귀문살되고 寅木이 未에 입고되니 夫가 정서불안증 있고 또라이 기질 지니고 있다.

癸水 父고 寅中丙火 모친이다. 戊土는 모친과 夫의 표출신이고 이것이 시간의 癸를 쟁합하니 돈 벌면 夫와 모친이 뜯어간다. 丙火 모친이 寅에 장생하므로 모친 역시 어린애 같고 神佛모셨다.

예13)

戊 己 戊 乙　남　　　　癸 甲 乙 丙 丁　대운

辰 未 寅 亥　　　　　　酉 戌 亥 子 丑

己土 寅月생이다. 신왕하고 윤습한 전토(田土)이므로 木을 키

울 수 있는 흙이다. 년간 乙木 편관 있으나 사지(死地)인 亥에 앉아 약하다. 그러나 월지 寅과 寅亥合 하여 木氣가 강해져 쓸만하게 되었다.

하지만 甲木 투출된 것만 못하다. 월주 戊寅이 乙木과 寅亥合하여 木氣를 강하게 해주므로 높은 사람(戊)이 내게 직책을 주어 칼을 휘두르도록 해준다.

乙亥 甲 대운까지 좋았고 戊 대운부터 침체기 되었다. 癸 대운에 乙木을 生해주어 좋을 것 같지만 戊癸되어(탐합망생) 동업으로 사업했으나 실패로 끝났다. 그 후 金 대운에 발전없이 백수로 지냈고 처로 하여금 꽃집을 경영하도록 하여 생계를 이어갔다. 生木은 金을 만나면 좋지 않기 때문이다.

예14)

```
丁 己 癸 壬   여      戊 己 庚 辛 壬   대운
卯 巳 丑 午          申 酉 戌 亥 子
```


己土 일주 丑月生으로 년일지에 巳午火 있고 시간에 丁火 투출되어 난롯불 켜놓고 추위 이기니 木을 키울 수 있는 전토같다.

그러나 己巳일주는 월주 癸丑과 巳丑으로 합하여 정을 준다.

이리되면 겨울나무가 癸水(눈보라)를 뒤집어쓰는 격되어 자랄 수 없다. 즉 이 여자는 돈벌이에만 매달리게 되고 남자는 나를 따뜻하게 해주는 불을 지펴주는 장작정도로 여기게 된다.

그러나 卯木 입장에서 보면 나는 그래도 내일이면(立春 되면) 고개 내밀 수 있는 生木인데 너의 엉덩이나 덥혀줄 火木 역할은 못하겠다고 말하게 된다. 그래서 이 여자가 돈벌이에 미쳐 있는

꼴을 못 본다. 그런데다가 木이 자랄 수 없는 金 대운이 오므로 부부 이별은 당연하다. 따라서 酉 대운에 卯酉沖 되어 이별했다.

년시지에 도화살되고 丁壬 합(가짜 남자) 있어 애인 두게 된다. 여관업, 포목점했다.

예15)

					34 24 14 4	
丙	戊	戊	乙	여	壬 辛 庚 己	대운
辰	辰	子	酉		辰 卯 寅 丑	

戊辰 습토인데 子月에 태어나 년시지에 酉辰 있어 음습한 흙이 되었다. 이리되면 년간 乙木 정관이 꽃피우고 살 수 없다.

그런데다 乙木은 절지(絶地)이면서 도화살 되는 酉에 앉아 있으면서 빨간 태양(丙)이 있는 시주 丙辰과 辰酉로 도화 합하고 있다. 즉 乙酉에서 보면 戊戊辰으로 여자 많고 그 중에서 丙辰에게 정이 간다.

그리고 이 사주에서 제일 필요한 희신은 시간의 丙火다. 따라서 丙火가 상하면 그야말로 천지가 캄캄해져 추위에 오돌오돌 떨어야됨은 당연하다. 壬 대운에 丙火 상하여 어두운 세월되는데 辛酉년 만나 乙木 훼하고 丙辛합되어 가출하고 말았다.

남편의 바람기 때문이었다. 이런 구조에서는 신왕 신약을 따지지 말고 조후를 우선으로 해야 한다.

예16)
```
丁 戊 戊 辛   남        42 32 22 12  2
                  癸 甲 乙 丙 丁   대운
巳 子 戌 卯            巳 午 未 申 酉
```

戊土 戌月 生에 丁巳 얻고 月干 戊土 있어 신왕이다. 년지 卯木 관성이나 辛에 억압받고 卯戌 합하여 사목(死木)되었으니 나무가 뿌리 내리지 못하는 土다. 이젠 일지 子水로 눈을 돌릴 수밖에 없다. 그런데 子는 발수해 주는 金을 못 만난 데다가 시지 巳中 戊土 월지 戌中 戊土의 극을 받고 있다.

즉 도화 재성인 子水를 두고 여러 명이 에워싸고 앉아 있는 모습이다. 따라서 직장운 없고 돈이나 여자 하나 두고 여러 명이 서로 쟁탈전 벌리는 험악한 생활뿐이다. 바짝 마른 사주이므로 돈 여자에 갈증 많아 닥치는대로 받아들이나 이별뿐이다.

申 대운까지 무난했다. 乙 대운에 직장생활 잠시하다가 접었고 未 대운부터 되는 것이 없다. 노름에 미쳐 보았고 여자 꼬시는 제비생활 해봤으며 빵장사도 해봤다. 쓸모없는 자식 두게 된다.

예17)
```
辛 戊 壬 乙   남        丁 戊 己 庚 辛   대운
酉 辰 午 亥            丑 寅 卯 辰 巳
```

戊土 午月生으로 일지에 辰 습토되었고 月干에 壬水 있어 나무를 키울 수 있는 흙이 되었다. 그러나 戊辰 일주가 시주 辛酉와 辰酉로 합을 맺어 정을 주므로 나무가 자랄 수 없는 戊土 되었다.

이리되면 평생 직장 다운 직장은 가지지 못하고 자식에 애로있게 되는데 이 사람의 경우엔 남자 자식이 없다.

일지 辰中에서 투출된 년간 乙木이 남자 자식이고 년지 亥中 甲木은 딸자식이다. 乙木은 일지 辰에서 나왔고 甲木은 처궁인 亥中에 있기 때문이다. 딸(甲)은 엄마(亥)와 같이 식당업하게 된다. 첫 자식 乙木(아들)은 낳았으나 잃게 되는데 사지인 亥에 앉아 있고 자식궁에 辛酉 상관이 있기 때문이다. 右手不具다.

예18)
```
甲 戊 戊 乙    남      甲 乙 丙 丁   대운
寅 申 寅 巳            戊 亥 子 丑
```

戊土가 초봄인 寅月에 태어났고 년지 巳에 득록이고 시지 寅에도 장생하므로 신약하지 않다. 따라서 나무를 키울 수 있는 戊土다. 그러나 여린 寅木은 일지 申에 충파되었고 이에따라 년간 乙木도 뿌리 잃었다. 따라서 雙山無木之象이다. 일지 申이 기신인데 망신살되고 월지 겁살과 충하므로 시비구설사 많이 발생되고 시비하기 좋아한다.

水財없어 년간 乙木이 처성이다. 그러나 처궁 기신인데다 乙巳가 戊申과 巳申合해 오는데 戊寅의 장애물 있어 깨어진다. 乙 대운에 결혼했으나 그 즉시 시비구설 발동되어 깨지고 말았다. 아직까지 독신이다. 나무가 자랄 수 없는 戊土라 자식도 없다. 시상 편관되고 역마 중중되어 강호술객이다.

예19)

```
壬 戊 戊 庚    남    甲 癸 壬 辛 庚 己    대운
戌 申 寅 戌          申 未 午 巳 辰 卯
```

戊土 寅月生으로 신왕하다. 월지 寅木 여린 나무 있어 木을 키울 수 있는 흙 같으나 寅申沖 되어 寅木이 상처 입었고 천간에 庚金 있어 나무 키울 수 있는 토의 역할은 아된다.

일지 申中 壬水가 시간에 투출되어 돈 만드는 재주 있는데 년간 庚金이 일주 戊申과 同旬에 있으며 2급 상순관계되어 유정하다. 따라서 식신생재로 간다. 그리고 이렇게 만들어진 호수(壬)같은 재를 戊土가 조절하므로 이재(理財)에 뛰어나다. 다만 寅官이 충파되어 관직으론 못가며 자식 잃는 八字다.

壬午 대운에 寅午戌 火局을 이루니 이때에 정부(寅)의 협조(寅午戌)얻어 대성공했다. 寅午戌 火局되면 寅申沖이 해소되어 申은 오로지 壬水만 生하는데 전념할 수 있다. 三星의 창업주다.

4. 庚 辛 金

庚金의 역할은 木을 다스리는 것과 壬水을 生하는 일이다. 그리고 丁火를 만나 그릇으로 되어져야 한다. 물론 旺한 土氣를 설기시키는 역할도 있다.

辛金의 역할은 필요없는 乙木을 제거해주며 壬水를 생하는 역할을 한다. 또 丙火를 만나 그 빛을 사방으로 반영시키는 역할도 좋아 한다. 庚金의 경우처럼 강왕한 土氣를 설하는 역할도 있지만 丁火를 만남은 싫어한다. 다만 丁火가 빛(光)의 역할을 할 때는 당연히 필요하다.

예1)

乙 庚 甲 癸   남

酉 申 子 未

47 37 27 17 7
己 庚 辛 壬 癸   대운
未 申 酉 戌 亥

庚申 일주가 子月에 태어나 金水 상관격이다. 신왕하나 이를 제극하여 다듬어 줄 丁火는 없고 조후 시켜주는 丙火 역시 없다. 상관상재로 가니 기술계통으로 살아가는데 일지 申이 역마고 희신되는 년지 未土 역시 역마성이다. 그런데다가 乙庚合(기계 및 쇠붙이가 움직인다) 있으니 중장비 기사다.

정편재 혼잡에다 도화살 발동되어 바람기 심하며 재혼하게 되는 데 庚 대운 甲子년에 첫 여자(甲) 이별했고 乙丑년에 乙庚合이 이뤄져 재혼했다. 첫 자식 잃을 명조고 하격 팔자다. 己未 대운부터 돈 된다.

예2)

					61	51	41	31	21	11	1	
戊	庚	癸	己	여	庚	己	戊	丁	丙	乙	甲	대운
寅	寅	酉	未		辰	卯	寅	丑	子	亥	戌	

庚 일간이 酉月에 태어났고 년주 己未 시간 戊土가 있어 신왕하다. 강한 庚金은 丁火를 만나야 그릇이 되어 쓰일 수 있는데 丁火는 투출되지 못하고 년지 未 공망처에 숨어 있다. 癸水로 설기해 보고자 하나 戊己土가 제극하고 있어서 갈 길이 없다.

이젠 일시지에 있는 寅木 재성을 꺼내어 키워보고자 하나 조목(燥木)인데다 월지 酉 양인이 원진살 되어 극하니 이것도 어렵다.

따라서 답답한 팔자로 아이 낳는 일 밖에 할 일이 없다.

甲편재 대운에 甲己合 하여 입고되니 부친 사별했다. 戊 대운은 戊己土가 뿌리 얻어 강해져 癸水를 충극한다. 따라서 재가한 모친을 따라 큰 고생으로 컸다. 戊己土 인수가 기신이므로 소학교도 제대로 마치지 못했다. 乙 대운부터 공장에 다니며 돈벌이했다. 乙이 재운 되어서이다.

亥 대운에 일지와 寅亥合 되어 18세 되던 때에 결혼했다. 丙 대운은 일시지 寅木財의 투출신되어 돈벌이(장사)했다. 子 대운에 癸水 상관 득록하여 재산도 제법 모았다.

丁 대운은 남편이 활동하다가 부상을 당했다. 상관(癸) 견관(見官)되어서이다. 丑 대운까지 평길했다. 戊 대운은 戊癸合 하여 庚金의 갈 길이 없어진다. 이 대운 말에 대손재 있었고 수술까지 하게 되었다. 寅 대운에 신발공장에 다니면서 생계했다. 己 대운 역시 좋지 않은 세월이었다.

예3)

己 辛 辛 庚　여　　　乙 丙 丁 戊 己 庚　대운

亥 亥 巳 辰　　　　　亥 子 丑 寅 卯 辰

辛金 巳月 生으로 월지 巳中 丙火를 얻어야 빛을 반영하는 거울 역할할 수 있다. 그러나 巳 위에 비견이 앉아 있고 일지 亥가 巳를 충하여 나와는 인연없다. 이리되면 巳中 丙火 정관은 월간 辛 비견의 夫고 나의 夫는 시간의 己土다(亥中 甲木과 시간 己土 명암합).

己土는 진흙같이 되어 매끈한 辛金만을 더럽히고 남의 남자인 丙火가 내 남자같이 느껴져 남의 남자만 보면 껄떡거린다. 己卯 대운에 亥卯 合을 일지와 맺어 결혼 운인데 도화되는 丁酉년 18세에 했다. 戊寅 대운에 일지와 3급 소용돌이 이뤄 부부사이에 갈등 많았고 丁 대운에 外夫 생겼으나 상처만 입고 말았다.

丙 대운되어 辛辛丙의 쟁합 이뤄져 드디어 꿈에 그리던 남자(정부)만났다. 己土 夫의 직업은 일시지 亥水인데 亥中에는 甲木이 장생하고 있으며 이것이 충(巳亥)을 받아 튀어 나온다. 亥水는 바다고 강인데 이 속에 있는 甲木은 물고기다. 甲己 합하므로 夫는 물고기 장사한다. 辛의 할 일은 亥水를 생하는 것뿐이니 아이 낳는 일과 남편의 직업을 돕는 일이다.

예4)

丁 辛 戊 丙　남　　　癸 壬 辛 庚 己　대운

酉 酉 戌 戌　　　　　卯 寅 丑 子 亥

辛酉 일주가 戊戌月에 태어나 아주 태왕하다. 이리되면 '신왕

하므로 戌에 뿌리 둔 丙火 정관으로 용신해야 한다.' '丙火 정관이지만 멀리 있으니 시간에 가까이 있는 丁火 편관이 용신이다.' '아니다. 丙 丁火는 土를 생하고 土는 일주를 생하므로 土에 따르는 종강격이다.' 등으로 갑론을박한다.

모두가 제 나름의 이치는 지니고 있어 어느 것을 따라야 할지 막막해진다. 그러나 이 사주에서 辛金의 역할을 보면 旺한 土의 기운을 설하는 역할이고 丙丁 火를 만나 빛을 반영시키는 거울로서의 역할이 있다. 따라서 제법 쓸모 있는 명조다.

늦가을 초저녁의 어둠을 밝히는 불이고 辛일주는 이것들을 반영하는 역할이니 창고 관리직 제품 검사 및 감독의 직이 된다. 또 공장창고(戌戌)에 쌓아 둔 것이 辛을 만나 움직이므로 제품 출하 등의 일이 따른다.

子 대운에 辛酉 金이 설기(泄氣)되어 움직이므로 戌申년(23세)에 子의 방향인 서울 쪽으로 가서 염색공장에 취직했다. 辛丑 대운에 辛丙 辛의 쟁합이 이뤄져 직책(丙)을 놓고 쟁탈전 있게 된다. 丙火는 뺏기게 되나 丁火는 남는다.

丑 대운에 丑戌 형으로 공장 생활 청산할 마음 생긴다. 壬寅 대운에 정관이 상관 만나므로 퇴직했으나 財(寅)가 들어와 丙火가 장생하니 창업하게 되었다. 이 사주를 단순한 신왕 용관격으로 보면 子辛 壬 대운은 크게 불리할 것이나 辛 일간의 역할 작용적인 면에서 보면 전혀 다른 해석이 되는 것이다.

예5)

						39	29	19	9	
戊	庚	丙	甲	남		庚	己	戊	丁	대운
寅	子	子	午			戌	卯	寅	丑	

이 사주는 신약 金水 상관격이다. 이를 두고 월간 丙火는 조후 용신이고 년간 甲木은 丙火를 도우니 처와 부친(甲)의 덕이 있고 내게 좋은 역할을 할 것이다. 또 丙은 자식성이라 자식 역시 나와 甲木에게 좋은 역할한다로 말할 것이다.

그리고 戊寅 대운은 약한 일간을 생해주며 子水 기신을 제거 하며 甲은 득록하고 丙火는 장생을 얻으니 아주 좋은 운이었다로 말할 수 있다. 그러나 먼저 庚金 일간의 역할 작용적인 면과 한밝 신사주학의 이론대로 풀면 다음과 같다.

년지 午 시지 寅에 뿌리 둔 월간 丙火가 비록 희신이라 하지만 태약한 庚金 일간으로서는 도저히 감당 할 수 없다. 그래서 丙火 를 얻어 성기(成器)되지도 못한다. 또 庚金이 水를 生한다고 하지 만 태약한 일간인데다 水가 기신이므로 이런 역할도 못한다. 마 지막으로 시지 寅에 뿌리 있는 년간 甲木을 다스려 보려 하나 일 간 태약한데다가 멀리 떨어져 있어 이것도 안된다.

이렇게 되면 재관(財, 官)에 임하지 못하는 운명이 된다. 이런 저런 역할을 못하는 庚金 일간으로는 시간의 戊土 밖에 믿을 것 이 없다. 따라서 남에게 의지 의존하려는 생각뿐이다. 그리고 그 행동력(식신상관)이 기신이 되므로 좋지 않은 생활태도를 나타 내게 된다. 즉 죽을 짓만 골라서 하게 된다.

이런 구조인데다 믿고 의지 할 수 있는 시주 戊寅과 庚子 일주 는 2급 소용돌이를 형성하고 있다. 원 사주에 이런 소용돌이가 있으면 그것이 발동되는 운이 오면 반드시 이별 실패 불화 등이 오고 매사에 갈등을 야기 시키게 된다.

따라서 戊寅 대운 10년간은 소용돌이가 발동되어 대흉하다. 어 떤 문제로 흉함이 닥치느냐 하는 것은 사주 원국의 구조를 먼저 살펴야 된다. 그리고 사주원국의 무엇이 투출신 되어 발동하느냐 하는 것을 봐야 한다.

이 사주의 년간 甲木은 사지(死地인 午에 앉아 있고 午中 丙火가 甲木의 사신(死神) 발동이 되어 있다. 그런데다가 子午沖이 되어 甲木이 뿌리 내릴 수 있는 己土가 쓸모없이 되어 있고 이에 따라 甲木은 부목(浮木)이 되어 있다.

앞으로 설명할 12운 및 신살의 입체적 활용법에 의하면 丁丑 대운은 부친 사별이고 戊 대운은 첫 여자(甲)는 아이 하나 둘 낳은 후에 사망함을 추리할 수 있다.

戊 대운은 시지 寅(처궁)에서 투출된 것으로 본다. 즉 戊는 시지 寅에서 투출되어 나왔고 이리되면 처, 재(妻, 財)에 대한 문제가 야기된다는 것이다. 따라서 20살 되는 癸丑년에 일지와 子丑 합되어 결혼했다. 그러나 년운 천간 癸 상관은 일지 子 월지 子에서 투출된 것으로 나의 좋지 못한 행동이 나타난다.

이런 癸水는 먼저 甲木을 생하고 丙火를 극한다. 겨울의 甲木은 癸水를 싫어하는데다가 甲木의 희망인 丙火까지 극하여 처를 힘들게 하게 된다. 즉 결혼과 동시에 처를 힘들게 한다는 말이다. 그러다가 년지 午 시지 寅이 발동되는 丙辰년(23세)을 만났다. 그런데 丙辰년은 년주 甲午와 2급 소용돌이 일주 庚子와 4급 소용돌이 시주 戊寅과 2급 소용돌이를 이룬다.

戊寅 대운 역시 소용돌이가 발동되어 있는데 이것저것과 극심한 소용돌이를 이루는 丙辰년을 만났으니 반드시 흉한 일이 발생될 것은 뻔한 일이다. 그런데다가 년운 천간 丙은 甲木 처의 사(死) 발동신이고 년지 辰은 子子辰으로 旺水를 요동시켜 子午 충을 만들었다. 이리되어 그 처가 투신자살을 하고 말았다. 26세 되던 己未년에는 재혼한 처가 농약을 먹고 자살했는데 그 이유는 여기서 언급치 않겠다.

예6)

```
辛 辛 乙 己    남      庚 辛 壬 癸 甲    대운
卯 酉 亥 丑           午 未 申 酉 戌
```

辛金 일간 亥月生으로 金水 상관격이다. 卯酉沖으로 卯木이 상한다. 卯中 甲木은 부친이고 처다. 월간 乙木은 부친과 처의 표출신이다. 乙이 사지(死地)인 亥에 앉아 있고 절(絶)이 되는 酉中 辛金의 극까지 받고 있다. 따라서 태어난 얼마 후에 부친 사별할 명조이고 辛 대운에 乙木 극하여 처와 사별할 것임을 쉽게 알 수 있다. 辛金의 역할작용을 보면 겨울철에 제일 필요한 丙火가 없으니 번쩍 번쩍 빛나긴 애당초부터 틀렸다. 이젠 乙木 재성을 다스려야 하는데 그 재성은 추위에 꽁꽁 얼어 있는데다가 卯酉沖으로 만신창이가 되어 있다. 이것을 살리기 위해서는 월지 亥中 壬水로 그 상극됨을 통관시킬 수밖에 없다. 즉 辛金의 작용역할은 亥中 壬水 상관이다.

예7)

```
                          55  45  35  25  15   5
壬 庚 丁 庚    남      癸 壬 辛 庚 己 戊    대운
午 午 亥 辰           巳 辰 卯 寅 丑 子
```

庚金 일간이 亥月에 태어나 월지 상관격이다. 일간은 년지 辰에 생을 받고 년간 庚金이 도우나 신약이다. 금수상관(金水傷官)은 조후해 주는 丙, 丁화를 필요로 한다. 하지만 午에 강한 뿌리를 두고 일간을 극하므로 오히려 火가 사주의 병이 된다. 따라서 월지 亥中에서 투출된 시간 壬水로 丁火(병)을 제거해야 한다.

庚金은 丁火를 만나야 그릇이 되나 火의 기운이 너무 강하면 강한 불에 庚金이 녹아 이지러지므로 이 사람의 용모는 뒤죽박죽으로 못생겼다. 뿐만아니라 관성(丁)이 병이 되므로 자식 때문에 고통 받게 되고 관청이나 직장생활에 고통 받게 된다.

다행히 월지 亥에 뿌리 둔 시간의 壬水 식신이 용신되어 병을 제거해주므로 예술적 활동으로 두각을 나타낼 수 있다. 그런데 이 사주는 월과 시가 서로간에 록을 교환하고 있다. 즉 월간 丁火는 시간 壬水 아래에 있는 午에 록을 얻고 壬水 식신은 丁火가 앉아 있는 월지 亥水 득록하고 있다. 이런 것을 교록(交錄)이라 하는데 이리되면 큰 명성을 얻게 된다.

寅 대운은 월지 亥를 합하고 일시지 午와 寅午 반합 화국하여 丁火 병신(病神)을 왕하게 하므로 큰 고생을 했다. 辛 대운 되어 시간 壬水를 생하므로 자신의 예술적 활동이 빛을 보기 시작했다. 壬 대운이 최전성기였으나 월시간의 丁壬 합이 이뤄지므로 이때에 자식(丁)이 사고를 당해 황천길 가게 된 것으로 보인다.

辰 대운 역시 壬水의 뿌리되므로 좋았다. 癸 대운은 월간 丁火를 충극하여 완전히 제거하므로 국회의원에 당선되었다. 그러나 관성이 기신이므로 비록 벼슬을 얻었으나 고통을 많이 당한 세월이었다.

巳 대운은 월지 亥를 충하여 시간 壬水의 뿌리를 뽑게 되고 丁火는 巳를 얻어 극왕해지므로 크게 흉하다. 즉 壬水 용신은 사라지고 병이 되는 丁火만 왕해져 일간 庚金을 치고 들어오므로 아주 불길한 운이다. 이런 운에 癸未년 만나 대운 세운과 원명이 巳午未로 화국을 이루는데다가 미약한 癸水가 왕신인 丁火를 건드려 폐암으로 사망하게 되었다.

丁火 剋 庚金이면 대장 및 폐 기관지가 상한다. 癸巳 대운은 壬水 용신이 있는 시주 壬午와 1급 소용돌이를 이루므로 흉함이 가조되었던 것이다. 유명한 코미디언이었던 이주일 씨의 명조다.

예8)

```
庚 庚 戊 丁    여      癸 壬 辛 庚 己    대운
辰 辰 申 酉            丑 子 亥 戌 酉
```

庚金 일주 申월생으로 土金多旺 하여 종강격이다. 년간 丁火 정관이 종강격에 병이 될듯하나 월간 戊土가 통관시키고 丁火를 조절하므로 무방하다. 더욱이 지지에 丁火의 뿌리가 없으므로 丁 火는 열(熱)을 내뿜는 火가 아니고 밤하늘을 빛나게 해주는 달, 별등의 빛이다. 丁火 관성이 년지 酉 도화에 앉아 있고 일지와 辰 酉로 도화 합한다. 그러므로 남편은 이미 여자 있었던 남자며 나 는 그의 후처다.

丁火 관성의 입장에서 보면 종재격이다. 즉 丁火를 일주로 하 면 여기저기에 많은 돈과 여자가 있으며 그에 따름이 되므로 夫 에겐 많은 여자 있었고 부잣집 자식이다. 그리고 旺者는 설(泄)함 을 좋아하므로 이 사주는 水 운이 와야 좋아지고 막혔던 것이 풀 린다.

따라서 申辰 水局에 설할 수 있어 예술적 재능 특출하나 천간 에 壬, 癸水가 불투되어 뜨진 못한다. 그러므로 밤무대의 무명가 수 생활하게 되었다. 亥, 壬 대운에 활동했고 년간 丁火와 丁壬合 되어 유부남 만나 동거하게 되었다.

예9)

```
                          43  33  23  13  3
庚 庚 己 丙    남      甲 癸 壬 辛 庚    대운
辰 子 亥 申            辰 卯 寅 丑 子
```

庚 일간 亥월생으로 지지엔 申子辰 水局 있어 신약이다. 년지 申이 일간의 뿌리 될 것 같으나 申子辰 되어 믿을 수 없다. 부득이 시간 庚金과 월간 己土에 의지할 수밖에 없다. 水多함이 병이므로 미약한 辰中 戊土에 조금의 뿌리를 두고 년간 丙火의 生을 받고 있는 월간 己土가 용신이다. 그러나 용신이 너무 미약하여 좋지 못하다.

庚金은 旺한 木을 다스리고 水를 생하여야 하며 丁火를 만나 성기(成器)되어야 그 역할을 할 수 있다. 그런데 제거해야 할 木은 없고 丁火를 만나지도 못했으며 병이 되고 기신이 되는 旺한 水만을 생하고 있다. 그러므로 쓸모없는 庚 일간이다.

이리되면 水多함에 따른 폐해가 있게 되며 형제(시간 庚)와 모친(己)에게만 의지하여 살아가는 불미한 팔자가 된다. 그런데다 대운 또한 좋지 못해 불구의 몸으로 평생을 모친과 아우에게 의지하여 지냈다.

시지 辰中 乙木이 처성인데 乙木 또한 旺水에 젖어 있고 급각살에 들어앉아 있다. 따라서 나와 합정하는 여자 또한 불구자이다. 그리고 시간 庚이 辰 위에 앉아 있으므로 유부녀이던지 과거 있는 여자다.

43세부터의 甲 대운은 월간 己土를 합거시키므로 아주 불길하다. 따라서 이때부터 생기가 없어졌다. 辰 대운은 월간 己土의 뿌리가 될 것 같으나 물에 젖은 흙이라 己土의 뿌리 역할 안된다. 그리고 辰 대운은 旺水가 입고(入庫)하며 시지 辰과 辰辰 자형한다. 따라서 크게 흉하다. 이리되면 辰中 癸, 戊, 乙이 투출되는 세운에 응하게 되는데 그만 乙酉년을 만나 일간 庚은 乙庚 합되고 土를 세운지 酉에 사(死)가 되어 죽고 말았다. 세운지 酉에 庚 일간이 양인을 얻어 신왕해지므로 괜찮을 것 같으나 이 사주는 土가 용신이므로 불길한 것이다.

5. 壬 癸

예1)

					35	25	15	5	
庚	癸	庚	己	남	丙	丁	戊	己	대운
申	酉	午	亥		寅	卯	辰	巳	

癸 일주가 한여름인 午月에 태어났으나 일시지 酉에서 투출된 庚金이 월시간에 있고 년지 亥水에 뿌리 있으므로 신왕이다. 월지 午中 丙火가 일지 酉中辛金과 암합하므로 처궁이다. 그런데 午火 처궁은 도화살이며 여기서 년간 己土가 투출되어 처의 표출신 되어 있다. 午火는 旺金을 제압해 주어야 한다. 그러나 午火는 己土를 년간에 투출시켜 오히려 庚金을 생해주고 있다.

즉 처가 그 역할을 하지 않고 엉뚱하게 변하고 있다. 그런데다가 처의 표출신인 己土는 년 亥水 역마에 앉아 亥中甲木과 명암합하고 있다. 이럴땐 午中 丙, 丁이 투출되는 운에서는 처가 처의 역할을 할 수 있다. 그러나 己土에서 보면 년지 亥中 甲木은 남편성이다.

따라서 寅 대운에 년지 亥와 寅亥 合되어 亥中甲木이 왕해질 때 그 처가 타남자와 합정한 후 멀리 달아나고 말았다. 이런 사주 역시 억부법으로만 보면 신왕에 재운과 관운 만나므로 좋았다로 판단하게 된다.

예2)

					43	33	23	13	3	
甲	壬	辛	癸	여	丙	乙	甲	癸	壬	대운
辰	辰	酉	未		寅	丑	子	亥	戌	

土가 3개 되어 土生金 金生水 한다 하여 용인격으로 보기 쉽

다. 그러나 辰辰에 뿌리 있고 癸水 투출하여 신왕하다. 따라서 시간 甲木이 壬水의 가는 길이다. 水生木은 되었으나 火가 투출치 못해 큰부자 안된다.

甲木 식신이 밥그릇이라 식품업으로 甲子, 乙 대운까지 발전했고 다소의 축재도 있었다. 그러나 乙丑 대운은 壬辰 일주와 3급 소용돌이 이루며 대운지 丑이 년지 未(財官)을 충파하여 월지 酉와 酉丑 금국을 이루므로 불미스럽다. 이런 대운에 庚申 辛酉년(39세) 만나 손재 크게 당하게 되었다. 庚申 辛酉년은 壬水 일간의 가는 길인 甲木 식신을 충극하므로 돈줄이 끊기고 막히게 되는 것이다.

丙寅 대운은 甲木 식신이 꽃을 피우게 되므로 발전있는 좋은 세월이 된다. 甲木이 희신되어 甲戌生 夫만났다. 일간이 고(庫) 있으면 충형으로 파고(破庫)해야 하므로 戌生이 인연된 것이다.

예3)

	甲	壬	乙	乙	남		52	42	32	22	12	2	
	辰	寅	酉	丑			己	庚	辛	壬	癸	甲	대운
							卯	辰	巳	午	未	甲	

壬水 일간이 酉月 仲秋에 태어나 酉丑金局 있으나 金이 투출치 못했으므로 일간 대행격이 구성된다. 甲木이 體가 되니 중추 거목이고 旺木이라 金을 봐야 材木이 된다. 따라서 木財業으로 大富소리 듣게 되며 巨木으로 행세한다. 하지만 金이 투출되어야 쓸모있는 큰 그릇이 될 수 있으나 없으므로 大器는 아니다.

辛巳 庚辰 대운에 발전 있었다. 년월간 乙乙木은 내게 붙어 사는 妾, 本妻는 丑中 己土 金은 자식되어 四子다. 午生 처 만났고 申生 後妻고 未生 妾이 있다. 己土 운 되어 甲己合 되는데 己未년 만나 甲己合 하여 입고되므로 死亡했다(55세). 교통사고로 횡사

했다. 己는 丑(달구지)의 투출신이어서다. 이 사주를 억부법으로
보면 傷官格이고 己土 운은 見官 운이다.

예4)

庚 壬 癸 丙	여	戊 己 庚 辛 壬	대운
子 子 巳 寅		子 丑 寅 卯 辰	

46 36 26 16 6

壬子日이고 시지 子 羊刃있고 庚, 癸 투출되어 아주 신왕하다.
壬水의 역할은 년지 寅木에 설기하여 꺼져가고 빛을 잃은 丙火를
살리는 일이다. 그러나 寅木이 일주와 멀리 떨어져 있고 월지 巳
가 가로막고 寅巳형하고 있으므로 쉽게 水生木이 안된다. 이리되
면 글자 그대로 일을 함에 있어 막히게 된다.

년간 丙火 편재(父)가 월지 巳에 득록 했다하나 巳中에서 시간의
庚金이 투출되어 丙火의 록 역할을 하지 않으려 한다. 그리고 寅에
丙火가 장생하나 공망을 맞은데다 寅巳刑까지 당하여 장생지가
파괴되었다. 따라서 내가 태어난 10여년 안에 부친에게 절명수가
따른다. 대운 壬에 丙火가 충극되어 부친 사별했다.

辛卯 대운은 도화운되어 결혼인데 월지 巳中 戊土가 남편성이
고 시간의 庚金이 남편의 표출신이다. 庚은 사지인 子에 앉았고
壬癸는 夫(庚)의 사(死) 발동신되어 남편 사별하게 되는데 丑 대
운에 夫死했다. 丑은 庚의 고지(庫地)이기 때문이다. 년지 寅中
甲木은 딸자식이고 년간 丙은 딸자식의 표출신이다. 부친(丙)이
旺水에 극당해 골로 가는 것처럼 딸자식 역시 당하게 되니 戊子
대운에 첫딸이 물에 빠져 죽었다.

예5)

```
                       42 32 22 12 2
丁 壬 己 癸   남    甲 乙 丙 丁 戊    대운
未 申 未 未        寅 卯 辰 巳 午
```

壬水 일간 未月생으로 일지 申에 뿌리 있으나 년시에 未 있고 丁火 己土 투출되어 극신약이다. 壬水의 역할은 바짝 마른 땅을 촉촉하게 적셔줘야 한다. 하지만 壬水는 丁과의 합을 탐해 그 역할을 잊게 되니 오직 지향하는 바는 재물이고 여자다.

丁火 재성은 3개의 未中에서 투출되어 일간과 합을 맺으므로 3번 결혼하게 되고 여러 가지 직업 갖게 된다. 그런데 이 사주는 신약한 壬水 일간이 태왕한 재관에 임할 수 없어 丁과 합하여 변신을 하게 된다. 즉 丁壬合 되어 木으로 변신되어 행동하게 된다. 이리되면 월간 己土(넓은 땅)는 재성이 되고 년간 癸水는 인성(印星)이 된다.

넓은 땅을 丁壬木으로 소토하려 하니 욕심이 대단하다. 戊午 대운은 형제 및 모친 사별이고 丁巳 대운은 역마운이라 타향으로 나갔다. 丙 대운 불미하고 辰 대운은 조후되고 丁壬木의 재성지 되므로 수협(水協)에 근무했다.

乙卯 대운은 未卯 未卯 未卯로 목국을 이루어 己土를 극하므로 처 이별에 손재수가 있게 되는데 37세 己未년에 처 이별하고 壬戌년에 큰 손재가 있었다. 그리고 집장사 및 토지에 투자했으나 고통만 있고 이득은 없었다.

이렇게 된 까닭은 己未 未 未의 왕토(旺土)가 卯未로 목국되어 극을 받기 때문이다. 또 여러 가지 일에 손대게 된 것도 未 未 未 와 卯가 합을 지어 土가 木으로 변해져서이다.

예6)

　　　　　　　　　　32　22　12　　2

```
丙 壬 己 戊   여     乙 丙 丁 戊   대운
午 申 未 辰         卯 辰 巳 午
```

이 사주와 위 사주는 火土가 많은 점이 같으나 壬水와 합하는
丁이 없어 壬水 자신의 역할을 수행할 수 있으므로 乙卯 대운이
발전운 된다. 즉 己土는 壬水 만나 윤습해 졌으므로 木을 키울 수
있게 되므로 필요 없는 것 같은 己土가 제 역할을 할 수 있다.

예7)

```
癸 壬 戊 丁   남     壬 癸 甲 乙 丙 丁   대운
卯 寅 申 酉         寅 卯 辰 巳 午 未
```

壬水 일간 申월생이고 년지에 酉金 있고 시간에 癸水 있어 일
간이 약하지 않다. 년주 丁酉 재성이 동순(同旬)이면서 5급 상순
되어 찾아와 합을 맺으니 재성이 나를 따른다. 월간 戊土 편관 일
지 寅에서 투출되어 시간 癸水를 합하여 입사(入死)시킨다. 즉 월
지 申은 일간의 장생지이나 癸水 劫財의 사지이다.

　癸水는 내 것을 노리는 경쟁자이고 방해꾼이며 도둑이다. 이것
을 내 밑(寅)에서 투출된 戊土 편관(권력, 칼)으로 제거시킴은 올
바르지 못한 놈을 잡아 죽이는 생사여탈권이 있음을 나타낸다.
그리고 월주 戊申과 일주 壬寅은 서로간에 장생지를 교환하고 있
다. 이것은 나(壬)는 권력을 잡아야 살 수 있고 권력(戊)은 나에
게서 장생(살 수 있다)함을 나타낸다. 즉 권위와 권력을 만드는
역할을 하고 있다. 윤보선 전 대통령의 명조다.

예8)

					38	28	18	8	
壬	癸	丙	庚	남	庚	己	戊	丁	대운
子	未	戌	寅		寅	丑	子	亥	

癸水 戌月生으로 신약이다. 시주 壬子를 얻어 강한 丙火 배성에 임할 수 있다. 그런데 丙戌 재성은 나와는 戌未刑이고 년주 庚寅과 同旬이며 寅戌 합을 짓는다.

이것은 처의 정이 나에게 오지 않는 것이고 또 丙火 처에서 보면 癸(黑雲) 夫가 내 빛을 가려 어둡게 만들며 이에 따라 夫를 등지고 돈 벌 궁리만 하고 있는 상이다.

이런 형국인데다 寅未 귀문되니 의처증 발생되어 壬水 劫財를 불러들여 丙火를 친다. 즉 의처증 심해 처에게 폭력까지 휘두른다.

북쪽(庚寅쪽)으로 달아나려는 丙火를 뒤쫓아 가며 치고 박는 형태다. 癸未는 丙戌로 진행하여 가기 때문이고 丙戌은 庚寅으로 진행하기 때문이다. 욕할 때 개 같은 년이라 하는데 戌이기 때문이다. 癸 일주가 壬水 겁재에 의지하지만 내 처와 돈을 노리지나 않을까 하는 의심이 심한데 이는 壬子는 강하고 자신인 癸未는 약한 탓이다.

즉 힘 있고 나보다 잘난 壬水가 내 돈과 처(丙)를 뺏어가지 않을까 하는 의심을 하게 된다. 이는 겁재를 제해 주는 官이 힘을 못쓸 때에 발동된다.

예9)

					37	27	17	7	
辛	壬	戊	丁	남	甲	乙	丙	丁	대운
亥	申	申	酉		辰	巳	午	未	

종강격으로 金에 따른다. 시지 亥水 역마가 旺金의 기운을 빼주는 설기구다. 나의 역할은 亥水 역마에 뿌리 두고 旺金의 기운을 설기시키니 꽉 막힌 것을 유통시키는 업으로 운수업이다.

년간 丁火 처가 도화지에 앉아 밤에 빛이 나는 등불이다. 丁壬으로 도화 합했으나 산(戊)이 가로막고 있어 제대로 합이 안된다. 酉 도화가 시간 辛으로 발동되어 일시와 申亥 상해(相害)하니 바람피우다 싸운다. 金을 따르므로 丁火는 病이 되는데 丁火가 뿌리 얻는 운에 병이 발동된다.

午 도화운에 부모의 반대에도 불구하고 연애했다. 乙巳 대운에 일주 壬申과 3급 소용돌이 되고 乙木 生 丁火하고 대운지 巳는 丁火의 뿌리 되니 처가 내 체면 구기게 만든다. 丙寅년(31살)에 일지 충하고 寅亥 合하니 처가 달아났다(家出).

예10)

| 甲 壬 戊 乙 | 남 |
| 辰 子 寅 未 | |

45　35　25　15　　5

| 癸 甲 乙 丙 丁 | 대운 |
| 酉 戌 亥 子 丑 | |

신왕신약으로 억부법으로 보면 안된다. 寅中 丙火 父, 月干 戊土 父表, 生木 旺剋 戊土하니 父 早死인데 丙申年 2세에 死別이다. 火運 吉하고 水木 忌하는데 대운 못만나 평생을 실속없이 지내게 된다. 金 인수 없어 일지 子中癸水 母, 일지에 있고 비견 겁재되며 子辰 合이니 母와 나는 一體 되어 母가 평생 독신으로 나와 함께 했다. 早年 兄弟死別(乙木이 백호 발동신).

亥 대운 30세에 결혼, 癸 대운 甲申년 이혼했다. 多剋傷된 戊土가 羊刃에 假殺되어 뻥치기 좋아하고 바지사장, 유령회사 대표역임. 丙火 희용이고 辰子 있어 申을 불러오니 丙申生 처 만났다.

예11)
<pre>
                         31
丙 癸 丁 戊   남   辛   대운
辰 卯 巳 申   酉
</pre>

癸水 巳月生되어 신약하다. 년지 申 있고 시지에 辰 습토되어 뿌리되므로 종하지 않을 것 같다. 그러나 시지 辰은 공망되었고 년지 申金 하나로서는 강왕한 火土의 세력에 맞설 수 없다. 따라서 가종격이다. 이리되면 종신인 재성에 따라야 하는데 가종되어 한번씩 따르지 않으려한다. 종재격되면 처에 따르고 굴복해야 하는데 뿌리 생길 때 처와 쟁투 벌어진다.

酉 대운 丁亥년(40세)에 巳酉, 辰酉合 되며 일지 卯를 沖하니 부부싸움 끝에 처에게 칼 맞아 두개골 손상되었다. 세운지 亥가 癸水의 제왕지되므로 처에게 굴복치 않으려 하게 되고 巳亥 沖으로 왕신인 처 재(財)를 충동시켜 왕신 격노하게 된 것이다.

예12)
<pre>
                       59 49 39 29 19 9
癸 壬 癸 乙   남   丁 戊 己 庚 辛 壬   대운
卯 子 未 亥   丑 寅 卯 辰 巳 午
</pre>

壬水 일간이 염천인 未月에 태어났으나 水太多하다. 일지 子 羊刃에서 월시간 癸水 겁재 투출되어 곧바로 父와 妻를 극하는 팔자임을 알 수 있다. 未 중에는 丁火와 己土 있는데 내가 태어난 未土 작은 땅에 여름비 억수같이 쏟아지고 있다. 이리되면 당연히 亥卯未에 뿌리 둔 년간 乙木으로 旺水의 기운을 빼줘야 한다. 그러나 水生木 木生火로 통기되지 않으므로 결실 맺지 못한다.

壬이 乙木 만나고 乙木은 亥卯未의 秀氣되어 인물 좋고 총명

하며 말 잘한다. 년간에 乙木 있어 초년운 좋다. 乙木의 작용은 癸水 겁재(도둑)의 힘을 빼내어 未중의 丁火와 己土를 구함에 있다. 未는 내가 태어난 땅인데 도둑놈 같은 겁재(癸)가 쳐들어와 차지하고 있다. 따라서 나의 재관(財官)을 뺏기는 운명이다.

壬午 대운까지 만 사람의 추앙을 받다가 辛 대운에 乙木을 극하니 이때부터 중국 공산당이 쳐들어와 내 땅 내 것을 빼앗기 시작했다. 庚辰 대운 역시 불미하여(乙庚合去) 망명생활 들어갔고 乙卯 대운부터 나라 되찾는 운동하기 시작했다.

사주 명리학의 일대 혁명

사주
명리학의
일대 혁명

一. 사주 명리학의 일대 혁명

1. 격(格)을 깨고 일간(日干)도 때에 따라 버려라

이 세상에 있는 모든 학문과 기술은 세월이 변해감에 따라 발전되는 것이 상리(常理)이다.

생년일시를 따져 한 인간의 길흉화복을 예측하고자 하는 사주학은 당나라 때부터 본격적으로 연구되기 시작했다. 그때는 생년을 위주로 하였는데 지금도 명맥을 이어가고 있는 당(唐) 사주가 바로 그것이었다.

그러나 이 사주 풀이법은 두루뭉실하여 맞는 것 같기도 하지만 정확한 것이 아니다.

예컨대 '당신은 부모 복이 없고 남편 복도 없는데다가 인덕까지 없네' 하는 식이다.

즉 남편 복이 없다면, 남편과 사별 및 생이별했을 때도 백수로 지내면서 손찌검을 해도 '그렇구나' 하면서 받아들이게 되는 구체성이 없다는 말이다.

그래서 대두된 것이 팔자(八字)중의 일간(日干)을 위주로 그에 따른 길흉화복을 찾아내려 한 자평식(子平式) 사주였다.

이것은 당사주 밖에 모르고 있던 그 당시로서는 매우 충격적인 일대 혁명이었다.

당연히 많은 사주 연구자들의 비평과 외면을 받았다.

자신이 알고 있는 지식체계를 지켜가려는 보수성 때문이었다. 이런 보수성(保守性)은 유명하다고 알려져 있는 사람들이 더 많이 가지고 있다.

정보화 사회가 된 지금의 세상에도 이런 사람들이 아주 많다. 자신이 지니고 있는 것을 버리고 새로운 것에 따르게 되면 이때까지 행세하고 있는 것이 모두 쓸모없는 것이 되고 그에 따라 자신의 위치와 권위가 위협 받기 때문이다. 그러나 차츰차츰 많은 사람들이 동조 동참했다.

당사주의 이론체계보다 자평식 사주론이 더욱 정명했기 때문이다. 서공승이란 사람이 창안한 이 자평식 팔자론은 많은 사람들에 의해 연구 되어져 지금의 격국용신론(格局用神論)까지 되어졌다.

하지만 이 일간 위주(爲主)의 사주풀이법 역시 완전한 이론이 아니다. 이는 오랜 세월 동안 많은 명조(命造)를 다뤄 본 사람이라면 긍정할 수 있는 부분이다.

이때까지 명리 이론을 모두 도입해도 풀리지 않는 많은 사주(四柱)들을 경험해 봤기 때문일 것이다.

예컨대 아래와 같은 명조들이다.

예1)　　　　　　　　　　44 34 24 14　4

　　庚 壬 乙 戊　　여　　　庚 辛 壬 癸 甲　　大

　　戌 戌 丑 寅　　　　　　甲 酉 戌 亥 子
　　　　　백호살

위 사주를 이때까지의 명리 이론에 따라 풀어보면 다음과 같다. 壬水 일간이 丑월에 태어났고 일시지와 년간에 戌戌의 土가 많아 신약하다. 즉 관살의 극을 심하게 받고 있다.

따라서 시간의 庚金 편인으로 많은 土의 기운을 누설시키고 약한 壬水 일간을 생하게 해야 한다. 그리고 乙木과 寅木은 왕강한 土를 제극 해 주므로 좋은 역할을 하며 조후 시켜주는 丙火가 좋다. 이리되면 남편성이 되는 土는 기신이고 자식성이 되는 乙寅木은 희신이다. 그러므로 남편은 내게 좋은 역할 못하나 자식은 힘이 되며 착할 것이다.

대운이 흐름으로 보면 甲子 癸亥는 약한 壬水 일간을 도우므로 좋으나 겨울철의 수가 되어 화 재성을 극한다. 그러므로 재정적으로 쪼들리게 되나 무난했을 것이다.

辛酉 대운은 인수 운이 되어 약한 임수 일간을 도와서 좋을 것이나 월간의 乙木 상관을 충극하므로 자식이 상하게 되고 경 대운에 乙木 합하여 乙木 자식이 합거되므로 자식이 사망하거나 크게 흉액을 당할 것이다. 하지만 용신(庚) 운이므로 좋은 점도 있을 것이다.

그러나 이 여성의 실제 삶은 辛酉 대운에 교통순경이었던 남편이 교통사고로 인해 한쪽 다리를 자르는 불행이 있었다.

그리고 庚 대운에 남편이 심장마비로 세상을 떠났다. 자식(乙 상관)이 다치거나 죽어야 할 것인데 남편이 그렇게 되었으니 참으로 알 수 없는 일이 아닐 수 없다.

이 명조의 주인공은 필자의 이웃에 사시는 분으로 지금까지도 왕래가 있는데 위의 해석을 해 주었더니 고개를 절레절레 흔드는 것이었다.

그래서 자식이 가야될 것을 남편이 대신 갔군요 하는 궁색한 말 돌리기를 했으나 오랫동안 왜? 라는 의문을 지닌 채 내 머릿속에서 맴돌고 있었던 사주다.

예2)

```
甲 壬 戊 戊    남        45 35 25 15  5
辰 戌 午 申             癸 壬 辛 庚 己  大
                      亥 戌 酉 申 未
```

이 사주 역시 이때까지의 명리론으로 풀어보면 다음과 같이 말할 수 있다.

'戊土 편관이 태왕하므로 시간의 甲木 식신으로 제살해야 한다.'

'년지 申에 壬水가 장생하고 시지 辰에 통근 했으므로 金水 운이 좋고 火土 운은 불길하다.'

식신제살격으로 보면 己未 대운은 甲己 합하여 용신기반이라 불길하고 庚申, 辛酉 대운 역시 甲木이 극당해 좋지 못한 세월이다.

그러나 이 명조의 주인공은 庚申, 辛酉, 壬 대운까지 무난하게 살아왔다. 물론 대학도 졸업했고 재정적 어려움도 없었다.

따라서 신약한 壬水 일간을 도와야 되는 억부법에 의한 해석이 맞는 것 같다. 즉 년지 申과 시지 辰이 희신이 되고 용신이 되는 것 같다. 하지만 이 사람의 육친 관계가 어떻소? 하게 되면 재성과 관성이 기신이 되므로 처와 자식 덕이 없을 것이오. 하는 대답이 나올 수밖에 없다.

사주팔자는 육친과의 인연관계가 맞아야만 정확하게 풀었는지 아닌지를 가름 할 수 있다. 따라서 육친 관계가 정확치 못하면 그 풀이 역시 정확하다고 할 수 없는 것이다.

이 사주를 한밝 신사주학의 새로운 이론으로 풀면 다음과 같다.

일찍 생모를 이별하여 부친 한분에 모친 두 분이고 배다른 형제가 있다. 형제들은 똑똑하고 뛰어났으며 본인은 지식 습득력이 뛰어나 배우기를 좋아하나 보수적이고 의처증이 있게 된다. 고모 한분이 일찍 비명횡사 했으며 처와는 연애결혼이고 일남일녀가 있게 된다.

남자 자식은 크게 두각을 나타낼 것이고 딸자식은 사별 할 수 있다. 부인은 정직 총명하나 자식과 자신이 하고픈 일을 내세워 강하게 접근하려고 하는 남편을 피하려 한다. 피해서 가고자 하는 방향은 북서쪽이다.

전라도 전주에 사는 분인데 그의 부인에게 풀어준 내용 중의 일부다. 역학공부를 4년간 하고 있는 분인데 아무리 자신이 풀어 봐도 그런 육친 관계를 알 수 없었는데 어떻게 풀었는지 깜짝 놀라며 매우 궁금해 했다.

이 사주 외에 예1)의 사주 역시 새로운 「일간 대행격」으로 풀면 쉽게 해결된다.

예3)

					47	37	27	17	7	
己	甲	戊	甲	여	癸	甲	乙	丙	丁	大
巳	辰	辰	辰		丑	子	丑	寅	卯	

필자에게 십간(十干)의 역할 작용론을 배우고 있는 강군이 찾아왔다. 원고 정리를 하고 있는 2007년 10월 30일이었다. 위 명조를 적은 종이 한 장을 내밀며 말했다.

제자 : 선생님, 이 여자분의 사주는 어떻게 풀어야 합니까?

필자 : 자네는 어떻게 봤는가?

제자 : 甲木 일간이 춘삼월(辰月) 목왕절에 태어났고 년월지 辰에 통근했으며 년간에 甲木까지 있으므로 甲己합화토격은 아니 되고 재다신약에 비겁부신(比怯扶身)으로 보고 있습니다.

필자 : 그렇다면 이 여자의 남편은 어떤 것이고 그 외 육친 관

계 중에 특별한 것은 어떠한가?

제자 : 金 관성이 없으므로 시간의 己土로 봐야 하는 것 아닙니까?

선생님께서 일간과 합하는 것을 배우자로 보라 하셨으니 말입니다.'그리고 甲辰, 戊辰의 백호살 있으니 형제와 부친 또는 모친이 비명횡사 할 수 있는 팔자로 해석 할 수 있습니다.

필자 : 틀렸다. 이 사주에선 시간의 己土가 일간 대행한다. 그러므로 년일간의 甲木이 남편이다. 년간 甲木은 월간에 戊土 겁재를 넘어 己土에게로 합해오니 첫 남자는 유부남 및 상처남이고 두 번째 남자 역시 과거 있는 사람이다. 그리고 월주 戊辰이 己土의 겁재되므로 남 형제(오빠)인데 甲辰 백호살의 극을 받아 비명횡사했다. 그리고 재성(癸)이 辰에 입고되고 백호살 및 고신(庫神) 발동했으므로 부친 역시 비명횡사 했다. 모친은 시지 巳火인데 말년을 뜻하는 시지에 앉아 있으므로 장수할 것이다. 이때까지의 풀이가 네가 알고 있는 사실과 일치 되느냐?

제자 : 그렇습니다. 정확합니다. 그런데 남자관계와 재산 정도는 어떠합니까?

필자 : 자네가 이미 알고 있으면서도 묻는 것을 보니 마치 나를 시험해 보는 것 같구나. 그렇던지 아니던지 말해 보겠다. 이 여자의 남편은 김씨일 것 같은데 맞느냐?

제자 : (눈을 동그랗게 뜨며) '예, 맞습니다.'

필자 : 남편의 띠가 범띠(寅生) 아니면 이 여자는 범띠 남자를 애인으로 삼는다. 그리고 己土에서 辰은 재고(財庫)이며 홍염살이니 돈은 제법 있겠구나. 아마도 땅이나 부동산에 묻어 두었을 것이다. 하지만 돈 창고(辰)가 열리지 않고 있으므로 아주 구두쇠일 것이야. 그리고 넓적한 얼굴에 바람기가 많으며 제법 쓸 만하다 싶으면 잘 도와주는 그럼 면도 있겠다.

제자 : 선생님께서 말씀하신 그대로 인 것 같습니다. 체용(體

用)만 정확하게 알면 쉽게 풀리는군요.

필자 : 그렇다. 이 사주는 이때까지의 방식인 甲木 일간을 주체(主體)로 해서는 안 되고 己土를 주체로 하게 되면 누구나가 어렵지 않게 정확한 풀이를 할 수 있다. 그런데 이런 새 이론은 이때까지의 종격 처리법과는 판이하고 십간의 역할 작용적인 면을 도입해야 한다. 그렇기 때문에 이 이론을 전수하기에 앞서 십간(十干)의 역할 작용법을 가르치고 있는 것이다.

십간론이 끝나면 자세하게 가르쳐 줄 것이니 조급해 하지 말고 기다려라. 그리고 자네는 십간론 중의 己土에 대해선 이미 배웠으니 이 사주에서의 己土가 할 수 있는 역할을 말해 보거라.

제자 : 춘삼월(辰)의 촉촉한 흙인데다 시지에 巳火까지 있으므로 甲木을 아주 잘 키울 수 있습니다.

필자 : 그렇다면 실생활엔 어떻게 나타날까 하는 점을 말해 보거라.

제자 : 넓은 땅 되어 나무를 키울 수 있으니 많은 남자(木)를 잘 받아 들이겠군요. 그리고 흉금도 넓겠으나 피라미 같은 남자(乙)는 상대조차 안해 주겠군요.

필자 : 제법이다. 그렇게 통변하면 된다. 거목(巨木)인 甲木을 키울 때는 己土에겐 乙木은 귀찮은 존재이므로 그렇게 해석 했구나. 그러면 자식을 찾아봐라.

제자 : 시지 巳중 庚이 자식이 됩니다.

필자 : 맞다. 그것뿐이냐?

제자: …… 아~ 巳 중에는 丙火 모친성이 있으니 모친과 자식은 같이 있군요. 그래서 모친이 이 여자의 자식을 돌보게 된 것이군요.

필자 : 그러면 그 모친은 어떤 성격을 지녔으며 지내온 과거상의 중요한 점은 어떤지 말해봐라.

제자 : ……?

필자 : 이 사람아! 저번에 배운 표출신(表出神)의 이론은 어디에 두고 망설이는가. 무엇이 巳火의 표출신인가 찾아보면 될 것 아니냐. (주먹으로 자기 머리를 툭툭 몇 번 친 강군은 입을 열었다)

제자 : 월간 戊土가 巳火 인수의 표출신이 되니 모친은 자존심이 세고 용모도 단정할 것이고 또 두 남자(甲, 甲)를 만났군요. 한 번 만나게 되면 그러한지 물어봐야겠습니다. 선생님! 이젠 뭔가 알 것 같습니다. 참으로 감사합니다.

위 문답에서처럼 사주해석에 있어 제일 중요한 것은 체(體)와 용(用)을 분별하여 취하는 것이다.

즉 중심이 되는 체(體)를 알면 쉽게 풀어지는데 이때까지는 일간(日刊)을 체라고 못 박아 놓았다.

따라서 일간과 월지(月支)는 결코 버릴 수 없는 중심점이 되었고 이것을 지금까지 수많은 사람이 그대로 답습하고 있다.

이러므로 쉽게 풀 수 있는 명조라도 풀지 못해 쩔쩔 맬 수밖에 없었던 것이다.

일간
대행격이란

一. 일간 대행(代行)격이란

일간을 위주로 하여 월지 장간에서 격을 정하고 여기에 억부, 통관 조후 병약에 따른 용신을 정하고 이것으로 한 인간의 운명을 파악하려는 것이 자평식 명리학이다.

이런 명리학이 대두된 후 많은 사람들의 연구에 의해 자평진전, 적천수, 연해자평, 궁통보감 등의 저술이 있게 되었다.

지금까지의 명리 연구자들은 위 서책 등을 금과옥조로 여기고 그 이론에 따라 사주풀이를 해 왔다.

그러나 오랜 세월 동안 수많은 명조들을 다뤄본 사람들이라면 위와 같은 방법으로도 풀리지 않는 많은 명조들을 경험했을 것이다.

필자 역시 그랬다. 그래서 아무리 책을 들여다봐도 풀리지 않는 것을 두고 심한 회의와 좌절 속에 빠져 이 학문 자체를 불신하기까지 했다.

그러다가 문득 한 생각이 머릿속에서 번쩍했다.

명리(命理)라는 것은 한 인간의 생활 형태와 모습을 찾아내는 이치이다.

그러므로 추명(推命)의 이치를 책속에서만 구할 것이 아니라 얽히고설킨 인간의 삶속에서 구해야 될 것이 아닌가였다. 얼마 후 또 하나의 생각이 꿈틀거리기 시작했다.

인간은 사회적 동물로서 환경에 따라 변하며 그에 적응하기 위한 변신을 해야 하는 존재다.

그러므로 사주팔자의 주체인 일간(日刊) 역시 주위 환경에 따라 변화 변신되어 일간으로서의 주체성과 그 정체성을 잃어버릴 수 있을 것이라는 생각이었다.

그래서 경험하고 수집된 수많은 명조들을 위 생각에 따라 살펴봤다. 여기에는 일간 일지의 합과 일지의 동향을 우선시 했고 다음으론 사주전체의 흐름이 어떻게 전개되어 있느냐 하는 점을 살폈다.

이 작업은 10여 년간에 걸쳐서 진행되었고 결국 새로운 격을 창안하게 되었다.

물론 비교 분석 확인의 단계를 거친 결과다. 이제 필자는 이 격을 일간 대행격(日刊代行格)이란 이름으로 세상에 공개한다.

이 격(格)은 이때까지의 명리학 체계에서 제일 중요한 부분으로 삼아왔던 일간과 월주(月柱)마저 버려야 하는 것으로 사주학의 일대 혁명이다.

그런데 이렇게 말하며 콧방귀 뀌는 사람도 있을 것이다.

'뭐? 일간과 월주마저 버려야 한다고! 거참 말도 안 되는 잡소릴 하고 있군.'

그러나 지금의 사주 명리학이 창안 연구되어온 시대는 임금이 하늘처럼 만백성 위에 군림하며 이끌던 때였다.

그래서 '년주(年柱)는 조상 및 국가를 뜻하며 월주(月柱)는 임금자리이며 부모궁이다. 그리고 일주(日柱)와 일지(日支)는 자기 자신과 배우자궁이고 시주(時柱)는 자식 및 아랫사람과 부하의 자리이다'로 설정했다.

여기에 '신하(臣下)는 바꿀 수 있어도 임금은 바꿀 수 없다'는 왕조시대를 지배했던 사상이 덧 씌워져 있음으로 해서 월주(月

柱)를 버릴 수 없는 중심점으로 보게 된 것이다.

그러나 역(易) 사상은 평등과 이를 통한 화합과 통일을 말하고 있으며 지금의 시대는 평등을 신봉하여 이를 위해 나아가고 있는 때다.

그러므로 대통령도 탄핵하여 내쫓을 수 있으며 시대상황에 따라 지도자를 선택할 수 있다.

그리고 한 개인의 입장에서 보면 부모에게 버림받아 타인에게 양육되기도 하며 데릴사위로 가기도 한다.

또 어떤 사람은 자신은 나타나지 않고 자신을 대신하는 사람을 내세우기도 하며 가면과 가명(假名)을 쓰고 딴사람인 양 활동하기도 한다. 이는 상황에 따른 것으로 인간의 운명을 파악하려는 명리(命理) 역시 그렇게 되어야만 역의 본뜻과도 부합되는 것이다.

이제 이글을 읽는 여러분들은 새로운 무기(일간 대행격)를 지니게 될 것이고 이에 따라 이때까지 풀기 어려웠던, 골 때리는 사주들을 시원하게 해체 할 수 있을 것이다. 그러나 일간 대행과 일간 대행격은 다름을 알아야 혼란이 없을 것이다.

일간 대행은 일간을 버리고 종신(從神)을 주체로 하여 육친과 사상(事象)등을 살피는 법이다.

이는 한밝 신사주학 하권에서 무수한 실례를 들어 그 타당함을 증명한 바 있다.

여기서 다루려는 일간 대행격은 가종격도 아니고 진종도 아닌 참으로 해석하기 어려운 명조를 다루는 방법이다. 그 자세한 활용법은 여기서 언급치 않고 실례(實例)에서 하나씩 설명 할 것이므로 끝까지 살펴야만 그 진수를 터득할 수 있을 것이다.

그리고 이 이론이 정확하냐 아니냐 하는 것은 비교 통계를 통해서만 검증 할 수 있다. 따라서 수많은 실례를 들어 독자 여러분의 안목을 넓혀주도록 하겠다.

예1)

					52 42 32 22 12 2	
己	乙	庚	壬	여	甲 乙 丙 丁 戊 己	大
卯	巳	戌	辰		辰 巳 午 未 申 酉	

이때까지의 명리 이론으론 이 사주는 乙木 일간이 늦가을인 戌월에 태어나 월지 정재격으로 취급하나 월간에 庚金 정관이 있으므로 재관격이다.

일간 乙木은 년지 辰에 뿌리 있고 년간에 壬水가 있으며 시지에 卯 록이 있으나 신약하다. 따라서 일간을 도우는 운은 좋고 설되거나 제극 받는 운은 좋지 않을 것이다.

바로 초심자들이 전개하는 억부법이다.

하지만 실제 사항은 丁火 대운에 좋은 남편을 만나 丙午, 乙巳 대운까지 남편이 발복하여 甲 대운엔 장관자리까지 올랐다. 그러므로 억부법의 논리는 맞지 않는다.

어떤 이는 '신약한 乙木이니 庚金 관성이 병이다. 그러므로 병이 되는 庚金을 제극하는 火 운이 좋았다'로 말한다.

그러나 첫째 주장은 庚 관성이 병이 됐다면 애물단지 남편이 되어야 하고 식상이 되는 火를 만났다면 남편 이별하고 혼자 살아야 될 것이다.

그러나 그렇지 않는 것을 보면 오류임을 알 수 있다.

둘째 설명은 늦가을(戌月)의 乙木은 그 생기(生氣)가 뿌리로 들어감에 따라 줄기와 잎사귀는 말라 버리게 된다. 그러므로 자라나고 클 수 있는 존재가 아님을 생각지 못한 발상이다.

그렇다면 어떤 이론 어떤 이치로 풀어야 할까? 몹시 궁금할 것이다.

이것은 월지를 위주로 하는 간법으론 안 되고 일지의 동향을 살펴야만 알 수 있으며 간합(干合)에 대한 이치와 활용법을 모르면 알 수 없는 문제다.

즉 월지도 중요하지만 일지의 동향을 살핌이 아주 중요하다는 말이다.

일간과 일지의 관계에 있어 일지는 육신이 된다. 그러므로 내 몸이 어디로 가느냐, 어떤 것을 표방하느냐에 따라 일간도 같이 움직이기 때문이다.

이 사주는 일지 巳 중에서 월간 庚이 표출되었고 乙 일간은 표출된 庚과 합한다.

즉 몸과 마음이 모두 庚金이 되었다. 부부 일심동체가 되었다. 그러므로 庚이 일간의 대행자다. 따라서 火는 관성(官星)이고 壬水는 자식이 되며 木은 재성이 된다. 이러므로 庚의 관성이 되는 丁 대운에 결혼이 이뤄졌고 未 대운에 卯未 합국되어 재산이 늘어났으며 丙午, 乙巳 대운에 夫가 발전했던 것이다.

일지를 살펴 그 대행자를 위주로 하는 이런 간법은 이때까지 그 어느 누구도 제기 해 본 적이 없으므로 독자 여러분들에게 심한 당혹감을 줄 수 있다. 그러나 좀 더 살펴보자.

예2)

庚乙戊辛　남　　　48 38 28 18 8

辰巳戌卯　　　　　癸甲乙丙丁　大

　　　　　　　　　巳午未申酉

乙木 일간 戌月生이다. 년지 卯木 있고 시지 辰에 뿌리 있다.

그러나 卯는 卯戌合 되어 아궁이 속으로 들어가는 땔감이 되었고 년간에 辛金이 下剋하여 乙木의 뿌리 역할을 상실했다. 시지 辰만이 乙木의 뿌리 역할을 할 수 있으나 이 미약한 뿌리만으로 旺한 土에 대적할 수 없다.

따라서 旺神 土에 종할까 하나 乙木 일간은 일지 巳에서 표출된 시간의 庚金과 합을 지었다. 일지 巳 중에서 월간 戊土도 표출되었으나 합이 우선이므로 庚을 일간의 대행자로 하게 된다. 그런데 '乙木의 뿌리가 조금있고 강한 세력에 종하게 되면 가종(假從)이라 하여 그 뿌리를 제거하여 진종(眞從)이 될 때 발전 발복한다'로 말한다.

그러나 그것은 일간과 어떤 간(干)끼리의 합이 없을 때 통용되고 이 사주처럼 乙이 庚과 합을 맺었을 땐 해당되지 않는 논리다.

따라서 이런 합을 무시하고 간명할 때는 실제 상황과 부합되지 않는 해석이 되어 많은 당혹감을 갖게 된다.

이젠 본론으로 돌아가 庚을 일간의 대행자로 하게 되면 乙木은 재성이 되고 戊土는 인성이며 火는 관성이 된다.

그런데 土多 한데다 水氣가 부족하여 木이 뿌리 박기 어려운 환경이 되어 있다. 따라서 천간으로 木이 온다 해도 철지난 민둥산에 식목(植木)하려는 격이 되어 재물이 모이지 않게 된다.

그리고 관성이 합되어 일간 대행자가 되었으므로 자신이 법(法=官)인양 행세하며 권위를 좋아하게 되는 생활태도가 나타나게 된다.

庚에서 보면 戊土 편인이 아주 많다. 이리되면 자신의 식견 및 학문 자랑을 많이 하고 조삼모사한 편인의 성격을 나타낸다.

庚이 일간 대행 되었으니 초년 酉 대운은 卯財를 충파하여 부친에 有故, 부친재산 실패가 있는 때다.

丙 대운은 辛金을 합하므로 卯木이 고개 내밀 수 있어 재운도 조금 있고 연애사도 들어오는 小吉한 때다. 申 대운은 일시 巳를 형합하는데다 시주 庚辰과 丙申 대운이 4급 소용돌이 이루어 진로에 장애있고 갈등 많은 세월이었다. 乙 대운은 庚의 정재운 되

어 결혼성가하게 되고 돈이 불게 되니 섬유(乙)회사에 취직하게 되었다. 未 대운은 卯未木局 되고 戌未刑 하여 卯戌合이 풀리므로 제법 돈이 되는 때였을 것이다. 또 변신을 꾀할 때다. 甲午 대운은 일주 乙巳와 1급 소용돌이 되어 실패 좌절의 회오리바람이 분다. 특히 甲은 庚의 편재되어 고산(戌)에 심으려 하니 큰돈(甲) 만들려고 노력했을 것이다.

그러나 조토(燥土)인데다 바짝 마른 나무(甲午)가 심어질 수 없었고 甲戌의 충극만이 성립되어 발바닥에 불난 듯 종종걸음 치나 이뤄지는 것은 없었을 것이다.

癸 대운은 조후되어 처 덕 및 처가 덕 보게 되나 戌癸合 되어 빛 좋은 개살구 격일 것이다.

巳 대운은 몸 아플 것이고 문서 문제로 고민하며 새로운 방향으로 진로 잡으려 하는 때다.

즉 庚은 巳에 장생이므로 새롭게 새로운 일로 살아가려 한다.

예3)

甲 乙 己 庚	여
申 酉 丑 午	

도화,공방

13 3

丁 戊	大
亥 子	

乙木 일간 丑월생으로 시간에 甲木 하나 있을 뿐 그 어디에도 의지 할 수 없어 太신약이다. 이리되면 왕세에 따를 수밖에 없으니 년간 庚金에 따르니 종살격이다.

그러나 일지 酉에서 庚金이 표출되었으므로 일간 대행격을 구성한다.

이때까지의 명리 이론은 종살 및 종재하게 되면 종신을 생하는 운은 좋고 종신에 거역되는 운은 불길한 것으로 말한다. 그러나 필자가 개발한 대행격과 종격의 이론은 종신의 역할 작용적인 면을 먼저 살핌에 있다.

즉 이 사주의 종신(從神)은 년간 庚金인데 이것은 어떤 역할과 작용을 하느냐 함을 살펴야 된다.

따라서 庚金은 火를 만나 그릇이 되어져야 하고 木을 만나 그것을 도구로 만드는 역할을 해야 하며 水을 만나 왕성한 金의 기운을 설해야 한다.

그리고 土가 왕하다면 그것을 설해주는 것이 庚의 역할이다.

이 사주에서의 庚은 일간 乙木과 시간의 甲木을 재성으로 하고 있으며 년지에 午火를 깔고 앉아 있다.

따라서 년지 午火가 발동되면 관직(午官)으로 입신 할 생각을 하게 된다. 그리고 이 사주에서 제일 중요한 것은 년지 午火인데 이것은 다음과 같은 이유 때문이다.

甲, 乙의 木 재성은 입춘을 기다리고 있는 丑月의 木이므로 자라나고 클 수 있는 희망을 지니고 있다.

그러나 지지에 깔린 강왕한 金이 木의 성장발육을 저해하고 있다. 그러므로 火(午)로서 金을 제압하여야 하며 추운 땅을 녹여주는 조후 역할까지 할 수 있기 때문이다. 그러므로 이 학생은 경찰 공무원을 희망한다.

사주해석이 맞나 안 맞나 하는 것은 육친 관계에 있다. 즉 사주풀이가 정확하냐 아니냐의 잣대는 육친 관계가 정확하냐? 아니냐? 에 있다. 그러므로 이 학생의 육친 관계와 대운의 흐름을 보기로 한다.

庚이 일간 대행이면 월간 己土는 모친이고 시간 甲木은 부친이며 申酉金은 형제성이 된다.

己土 모친은 丑에 앉아 酉丑으로 상관국을 이루었고 년간에

庚金 상관을 보고 있다. 따라서 모친은 자유분방한 성격이며 나(庚) 이외의 여러 아이(酉金)를 돌봐야 하는 일을 하는 사람이니 선생이나 보육사 등의 직업에 종사하며 신경예민(丑午 귀문)한 분이다.

모친의 실제 직업은 간호사 하다가 학교의 의무 선생으로 근무한다. 그런데 己土 모친은 나(庚) 낳은 후 4~9년 되던 해에 부친(甲)과 불화 및 이별이 있게 된다.

즉 己土에서 보면 庚金이 나오면 생자별부(生子別夫)이기 때문이다.

甲木 부친에서 보면 살지(殺地)인 申에 앉아 甲己 합하여 모친(己)에게서 물질적 도움을 받으려 하니 丑이 甲의 천을 귀인이고 丑中 癸水는 모친의 돈이기 때문이다.

그러나 甲己 합하는 그 사이에 乙木 일간이 들어앉아 있으며 乙庚 합되어 甲己 합을 깨고 있으니 자식(庚) 낳은 4~9년째에 부부이별 불화가 오는 것이다. 이러므로 이 학생이 태어난지 4년째부터 부모사이에 불화가 시작되어 6살 되던 乙亥년에 乙庚 합이 발동되어 甲己합을 깨므로 이혼하게 되었다. 나(庚)는 모친(己)과 가깝고 부친(甲)과는 멀리 떨어져 있으므로 모친을 따랐다.

戊子 대운 때였는데 子午 충하여 午火가 그 역할을 못하게 되자 庚剋甲木하게 된 것이다. 현재 丁亥 대운에 있는데 학업성적이 뛰어나며 경찰 공무원의 꿈을 지니고 있다.

丁火는 조후 되고 亥水는 왕금을 설기시키므로 학업이 뛰어난 것이다.

다가오는 丙戌 대운에 그 꿈이 이뤄질 것이다.

년지 午火는 남편성이므로 연애결혼할 것이며 丙 대운에 결혼 상대자가 나타날 것이다. 丙寅생이나 己巳생이 될 것이다.

예4)   61 51 41 31 21 11 1
　　壬 戊 甲 戊　남　　辛 庚 己 戊 丁 丙 乙　大
　　子 子 寅 子　　　　酉 申 未 午 巳 辰 卯

　戊 일간 寅月生으로 월간 甲木 투출되었다. 그러므로 이때까지의 명리 이론에 따르면 戊土 일간은 년 일시지에 子水 있어 월지 寅에 장생을 얻는다 해도 太身弱하다 하여 '이 사주는 월지 寅 중 丙火가 용신이고 년간 戊土는 일간을 도우므로 희신이다. 따라서 火土 운이 좋고 金水木 운은 좋지 못하다'라고 말 할 것이다.

　또 어떤 이는 '戊土 일간이 太身弱하므로 월주 甲寅 편관에 종해야 하며 寅中 丙火는 조후 되므로 희신이다'로 말하게 되는 명조이다.

　위 두 주장과 설(說)은 모두가 일리 있어 보인다.

　그러나 첫 번째 주장이 맞는다면 재성은 기신이고 丁巳, 戊午, 己未 대운 발전운 되며 초년 乙卯 대운은 戊土를 극하므로 아주 나빴을 것이다. 그리고 두 번째 주장(종살격)으로 보면 甲寅木 (자식성)이 튼실하므로 자식 운은 좋고 직장 운 역시 좋아 관계 (官界) 진출 하던지 아니면 직장인의 삶을 가져야 할 것이다.

　그러나 위 명조의 주인공이 살아온 실제 모습은 다음과 같다.

　초년 乙卯 대운에 平吉했으며 丙 대운은 평안한 때였고 辰 대운은 불미스러웠다. 그리고 丁 대운 인수운에 결혼하여 2명의 딸을 낳았으며 巳 대운 甲寅년에 부인과 사별했다. 戊午 대운엔 직장생활했으며 己未 대운에 이것저것 했으나 별 소득없이 지냈다.

　庚申 대운에 들어 庚辰년(53세경)에 여자 만나 홀아비 생활 청산하고 甲申, 乙酉년에 식당업을 하였으나 결국 丙戌년에 그만두었다.

그러므로 위 두 가지 설은 실제와 많이 차이가 있어 정확한 주장으로 인정할 수 없다. 이렇게 알쏭달쏭한 명조이지만 필자가 개발한 새로운 이론에 따르면 정확히 맞아짐을 알 수 있다.

위 사주는 戊子 일주가 太身弱하고 旺神인 水의 원신인 壬水가 시간에 투출되어 있는데 이 壬水는 일지 子에서 표출된 것으로 일간 대행격이 구성된다.

따라서 戊土를 버리고 壬水를 주체로 하여 설명한다.

이리되면 旺水에 역하는 戊土는 병이 되고 순세하는 甲寅은 희신이며 壬水의 가는 길이다. 그러므로 木 운은 순조롭고 천간으로의 火 운은 조후되면서 甲木의 기운이 통기(通氣)되어 발전운이다. 그리고 戊己 운은 土水간에 상쟁하므로 혼란스런 때며 직장생활하게 되나 불화상쟁 및 시비의 와중에 있게 되는 때다.

지지의 火 운은 木의 기운이 통기되어 좋으나 형충운을 꺼린다. 金 운은 甲木이 극제되어 발전이 없으며 申 운은 大不吉하며 酉 대운에 終命하게 될 것이다.

그리고 육친 관계로 보면 壬水가 주체이므로 21세부터의 丁火 운은 정재운 되어 丁壬 合하므로 결혼 운이며 원명의 처궁은 월지 寅인데 丙火(편재)가 있기 때문이다.

寅 중에서 투출된 년 일간의 戊土는 丙火의 식신이므로 딸자식이 되고 丙火 재성의 표출신을 겸하고 있다. 따라서 년간의 戊는 첫딸이면서 첫 번째 부인이고 일간 戊土는 壬水주체의 기운을 역하면서 강한 甲木에 충극되므로 그 처와 자식은 우둔할 뿐 아니라 내게 불미스런 역할을 하게 된다.

이러므로 월지 처궁을 寅巳로 형하는 巳 대운 甲寅년(27세)에 상처하게 된 것이다. 장생지에 들어있는 육친은 형충을 크게 꺼린다.

첫째 딸은 우둔하여 바보소리까지 듣고 있는데 戊土 자식성이 甲寅 木의 극을 심하게 받아서이다.

좀 더 자세히 설명하면 다음과 같다.

예5)   51 41 31 21 11 1
  壬 戊 甲 戊   남   庚 己 戊 丁 丙 乙   大

  子 子 寅 子   申 未 午 巳 辰 卯

　戊土 일간이 寅月에 태어나 寅中 丙火만이 生身할뿐 그 어디
에도 뿌리 없다. 년간 戊土가 있으나 힘이 되지 않는다. 즉 종재
격이다. 하지만 일지 子에서 壬水 편재 투출되었으므로 일간 대
행격도 구성된다.

　따라서 월지 寅중 丙火는 처가 되고 년일간의 戊土는 寅(처궁)
에서 투출이므로 딸자식이다. 그런데 甲戊 충극되고 戊土 태약하
여 자식이 부실함은 당연하다. (큰딸이 어리석고 모자란다) 또 戊
土는 처(丙)의 표출신이라 첫 여자(년간 戊)이고 두 번째 여자는
일간 戊土다.

　甲戊 충극되어 첫 여자 이별한다. 壬子水 태왕하므로 그 기세
에 순함이 좋고 역함은 불리한데 초년 乙卯 운은 旺水氣를 설하
여 무난하다.

　乙卯는 습목이므로 水氣를 설함에 모자람이 있으므로 크게 좋
지는 않다. 丙 대운은 조후되었고 역마 寅(月支)의 투출신이므로
이사 이동이 있게 되며 그래도 따뜻함이 있다. 그러나 辰 대운은
旺神入庫되며 戊土가 辰에 힘을 얻어 壬水와 대치하니 크게 흉한
때이다. 이럴 땐 질병 및 흉액이 신변에 닥친다.

　丁巳 대운의 丁은 壬水의 정재운이고 丁壬 합을 맺으므로 여자
가 생겨 합정(결혼)하는 때며 재물운도 좋다. 水生木(壬水 生 甲木)

인데 丁火를 만나면 木生火(甲木 生 丁火)되어 발전이 있게 된다. 그러므로 丁 대운에 여자 만나 아이(딸) 두 명 낳게 되었다. 巳 대운은 월지 寅을 형하고 戊土가 득록하여 壬水와 대적하려 한다.

丙火 재성은 寅에 장생하고 있는데 巳를 만나 형을 당하면 丙 火의 존립이 위태롭게 된다. 이러므로 장생지의 형충을 크게 싫 어하는 것인데 甲寅년(27년)만나 甲 剋 戊로 년간 戊土가 충극 딩하니 처 사별하게 되었다(戊는 妻의 표출신). 만일 처 되는 사 람의 명조가 조사(早死) 할 팔자가 아니면 생이별하세 되며 자식 이 다치게 된다.

31세부터의 戊 대운은 壬水의 편관운이라 직장 생활을 하게 되나 戊午 대운과 壬子가 천충지충하므로 사고 및 손재가 따른 다. 다행히 월지 寅이 통관 작용하여 그럭저럭 넘어간다. 이런 대 운에서는 월지 寅을 형충하는 세운을 만나면 곧바로 子午충이 성 립되어 불길해진다.

己未 대운은 월간 甲木과 합을 맺으므로 무기력해지며(식신, 활동력이 묶인다) 맘에 들지 않는 직장생활로 지내게 된다.

51세부터의 庚 대운은 旺神인 壬水에 순(順)하는 운되어 마음 이 안정된다. 그리고 월간 甲木을 극해주므로 戊土가 존립할 수 있어 두 번째 여자(일간 戊) 만났다.

申 대운은 월지 寅을 沖할 것 같으나 申子로 먼저 합을 맺고 충하므로 월지 寅木이 발동된다. 즉 나의 활동력인 寅(식신)이 움 직이므로 돈벌이 시작하는데 식당, 식품 계통으로의 활동이다. 그래서 甲申년에 식당을 개업했다.

이 사주는 자칫하면 종살격 또는 財多身弱 사주로 보기 쉬운 데 종살격이라면 庚寅 대운에 끝장나야 되고 재다 신약이라면 丁 巳 戊午 己未 대운이 좋아야 된다. 그리고 戊土의 관성인 甲寅 木 이 튼튼하므로 멍청한 자식은 있을 수 없을 것이다.

예6)   45 35 25 15 5

　　癸 癸 甲 壬　여　　　　己 庚 辛 壬 癸

　　亥 卯 辰 午　　　　　　亥 子 丑 寅 卯

　　癸水 辰月生에 년시간에 壬癸水 있고 시지 亥水 월지 辰중 癸
水가 있어 신왕이다. 이리되면 대부분의 역술인들은 身旺者喜泄
이므로 월간 甲木을 용신으로 하며 水木 상관격으로 말한다. 이
리되면 甲木은 강하며 많은 자식을 두게 되며 辰중 戊를 극하므
로 생자별부(生子別夫) 될 것은 틀림없다. 그러나 이 사주 주인공
은 자녀를 낳지 못했다.

　　아무리 살펴봐도 자식이 있는데 어째서 일까? 먼저 癸水 일간
의 역할부터 살펴보자. 辰月은 양기는 점점 강해지고 甲木은 그
푸르름을 자랑하며 무성하게 자라고 있다. 따라서 癸는 많은 木
에게 물을 공급해주는 역할이다. 그러나 천간에 일점의 화기 없
고 음습함으로 노력해도 결실이 없다. 그런데 癸卯 일주가 시지
亥와 亥卯로 합하고 卯辰으로 반방합하여 木의 세력이 엄청 많고
강하다.

　　그런 중에 일지 卯에서 甲木이 표출되었으므로 일간 대행격이
된다(甲이 亥卯 卯辰의 수기다). 이렇게 되면 壬癸水는 인수성이
되고 월지 辰중 戊土는 재성이 되며 년지 午중 己土가 甲木의 합
신이므로 부성(夫星)이 되며 丙, 丁 火는 자식성이 된다. 그러나
년주 壬午는 일간 대행하는 甲辰과 2급 소용돌이 되어 심한 갈등
을 안고 있으며 지극히 허약하여 제구실하기 어렵게 되어 있다.

　　즉 午火는 년간 壬水의 극을 받고 있으며 월지 辰에 설기되어
있다. 그리고 午중 丙丁(자식성)은 자식궁인 시지 亥에 절(絶) 되
어 있으며 壬, 癸, 水의 극까지 받고 있다. 따라서 午火가 왕성해

지는 운을 만나지 못하면 자식이 생길 수 없다.

그리고 午 중 己土 역시 旺木에 극되어 언제 사라질지 모르는 상태다.

일간 대행하는 甲木은 생목이므로 천간에 火土 운이 좋고 金水 기운이 불길하며 木 기운은 평길하다. 지지로는 午를 도우는 운은 좋고 이를 깨는 운은 불길하며 金水 운 불미하고 火土가 좋다.

寅 대운에 년지 부궁(午)과 寅午 합하므로 결혼했다. 24살 己巳년이었다. 辛 대운은 생목이 金을 만나니 불미스러웠고 丑 대운 역시 午火가 설기되고 辰丑 파가 되므로 불미하다.

庚 대운은 甲木(일간 대행)을 충극하므로 고통과 병액이 있었을 것이고 子 때문에 년지 午火를 충하므로 이혼하게 되었다. 己 대운은 돈벌이 전선에 뛰어 들게 되고 조금의 소득있게 되며 새로운 남자가 나타나는 때다. 亥 대운은 새 출발하게 되나 힘든 시기이며 戊戌 대운이 가장 좋다.

甲木이 壬癸 水에 젖어 있어 얼굴에 검은 기미가 많고 생리통, 신경통으로 고생했다. 물론 위장병도 있었다. 午 남편은 꺼진 땅(辰空亡)을 돋우어 주는 역할이므로 건설회사에 근무했으며 가정에 소홀했고 바깥으로 나돌았다.

예7)   34 24 14 4

己 癸 甲 壬   남   戊 丁 丙 乙

未 卯 辰 辰   申 未 午 巳
天乙 空亡 空亡

사주에 土 많고 木도 왕하나 일간 癸水는 년월지 辰에 통근했고 년간에 壬水 있으나 신약을 면치 못한다.

이런 사주 상황이라면 누구나 이렇게 말한다. '巳午未 화운은 뜻을 펴지 못하고 癸 일간을 돕는 金水 운을 만나야 풀린다.'

그러나 이런 억부법의 논리는 초심자들이 전개하는 유치한 수준이다. 먼저 癸 일간의 역할을 보면 우렁차게 자라고 있는 甲木을 키움에 있다. 그런데다 일지 卯는 시지 未와 卯未로 합하고 卯辰으로 반방합 하였으며 월간에 甲木으로 표출시켰다.

따라서 甲木이 이 사주의 핵심이 되며 일간 대행격이 구성된다. 이리되면 년지 辰 중 戊土 월지 辰 중 戊土가 재성(財星)이 되고 년간 壬水는 癸水 모친의 남형제이며 戊土 부친의 부친이 된다.

그리고 시간의 己土는 甲木의 정처가 된다. 월지 辰 중 戊土가 부친인데 甲辰으로 백호살되어 있고 일간 癸水가 辰 중에서 투출이므로 백호 발동신이다.

따라서 내가 태어난 후 6년 정도 되었을 때에 부친이 횡액 당하는데 초년 乙 대운이 백호 발동신되고 甲木의 겁재되므로 이때에 부친 사별했다. 년지 辰 중 戊土는 첫 인연의 여자고 월지 辰 중 戊土는 두 번째 여자며 시간 己土가 세 번째 여자다.

甲木이 己와 합하여 입고하므로(未는 木庫) 세 번째 여자와 살다가 죽는다. 그리고 세 번째 여자에겐 꼼짝 못한다. 癸水 모친은 卯(식신문창)에 앉아 용모 단정하며 총명한 분이다. 癸에서 보면 辰 중 戊가 夫인데 상관되는 甲木 낳고 3~8년 안에 夫死한다.

癸水 인수는 卯 식신으로 가고 卯는 卯未로 합국하니 未土가 재성이라 모친은 제법 돈도 있다. 甲木은 火를 좋아하므로 丙, 午, 丁 대운은 제법 날렸다. 木旺하면 체력이 좋은데 甲이 辰土에 앉아 있으면서도 己土와 합을 맺었으니 여기 저기 뛰어다니는 상이라 丙午 대운에 축구 선수로 뛰었다. 丁 대운은 좋은 때라서 활동하게 되나 년간 壬水와 丁壬 합되어 실패 좌절을 이룬다. 그리고 시지 未 중에서 丁火 투출되므로 여자도 생긴다.

未 대운은 원칙적으로 좋으나 卯未木局이 되어 사업하나 망하는 때다. 그리고 여자와 합하여 살려고 하나 깨어지게 된다. 그래서 두 명의 여자 만났으나 얼마 못가 찢어졌고 세 번째 여자 만나게 되었다.

戊 때문에 戊癸 합하니 모친(癸)이 병들게 되던지 망하게 되는데 申 대운이 접어들 때에 응한다. 戊癸 합되어 癸가 사지(死地)인 申에 들어가기 때문이다. 본인에겐 새로운 여자와 일거리가 생기게 되나 반짝하다가 만다. 申 대운은 甲木에게도 좋지 않기 때문이다.

수고(水庫)인 辰 중에 戊土있어 양식업을 해봤고 포클레인 사업도 해봤으나 모두 실패했다. 未, 戊 대운 때였다. 축구선수(동아대)로 성공 못했고 사업도 실패의 연속이었던 것은 원명에 꼭 필요한 火가 없기 때문이다.

즉 生木은 火를 봐야 발전 있다.

예8)

```
癸 辛 乙 癸   여        44 34 24 14  4
巳 亥 卯 亥            庚 己 戊 丁 丙
  馬                   甲 未 午 巳 辰
```

辛金 卯月生으로 뿌리 없다. 亥卯木局이고 월간 乙木이 秀氣다. 따라서 종재격되며 乙木이 주체고 일간 대행이다. 이리되면 년 癸水는 모친이고 시지 巳 중 戊土는 부친이며 巳 중 丙火는 자식이 된다. 巳亥 충이나 亥卯 합하여 충을 하지 않고 보류되어 있다. 生木인 乙木旺하므로 火土를 좋아한다.

巳 대운은 역마 발동되어 외국에 유학 갔다 왔으며 시지 巳 중

戊土 나옴으로 (巳는 夫宮) 직장잡고 돈벌이 하게 되며 남편감 나타난다. 乙木이 戊財를 보므로 남자의 돈을 보고 뿌리 박을 생각한다. 戊 대운 丁亥년에 일간 辛金 편관을 제거하고 巳亥沖 되니 정관성인 庚金 出이라 결혼 운이다.

己未 운까지 잘 나갈 것이다. 庚申 대운부터 不美스럽다.

巳 역마 중에 戊土의 부친이 있으므로 부친은 운수, 교통관계의 업을 하고 모친(癸)은 乙卯(머리털)가 활동이고 노력되어 머리털 만지는 미용업이다. 巳 중 庚金 夫는 투출되어 봤자 별 할 일이 없으며 그 뿌리 없어 별 볼일 없는 사람이다. 巳 중 庚에서 보면 乙卯亥卯로 木旺하여 종재하므로 돈 있는 사람이다.

즉 강왕한 木은 庚의 재성이니 父가 되고 처가 되는데 木에 종하므로 그 부친이 부자고 그것을 물려받을 것이다.

亥卯가 있어 己未生 인연이다. 일간 辛이 尅 乙木 할 것 같으나 辛은 일지 亥에 설기되고 癸를 생하므로 극하지 않고 나를 도운다. 따라서 영어 강사 직업을 가졌고 나중엔 영어 학원을 열어서 생활할 것이다.

예9)

```
丁 乙 辛 癸          50 40 30 20 10
亥 酉 酉 未          丙 丁 戊 己 庚
  馬                 辰 巳 午 未 甲
```

乙木 일간 酉月生이고 일지에 酉 있어 辛 편관의 기세가 旺强하다. 따라서 격으로 보면 편관격에 식신(丁) 제살격으로 보고 있는 사주다. 그러나 乙木이 辛酉月을 만나면 가을에 서리를 만난 격

인데다가 년간 癸水 비까지 내리고 있다.

그러므로 生木이 아니다. 년지 未에 뿌리 있으나 공망인데다가 辛酉 月柱가 가로막고 있어 기가 통하지 못한다. 시지 亥水는 乙木의 死地되어 乙木을 생해주기 보다 년간 癸水 기신의 뿌리 역할을 하고 있어 도움되지 않는다. 따라서 일지 酉의 표출신이 월간 辛이므로 일간 대행격을 이룬다.

이리되면 시간의 丁火가 용신이고 일간 乙木은 丁火를 살리는 가을의 풀더미이다. 丁火 편관 (辛의 편관)이 득록하고 세력을 부리는 戊午 丁巳, 丙 운까지 대길하여 대장군이 되었다.

일간 대행격을 몰랐던 선배 학자들은 이 사람이 살아온 길을 보고 식신 제살격으로 설정한 것 같다. 일간 乙木이 辛의 편재성이나 일지 酉중 庚과 乙庚으로 명암합하므로 본처이며 시지 亥(역마)중 甲목 정재(辛에서 甲은 정재)가 후처며 첩이다. 丁火 편관 아래에 역마살을 가지고 있으므로 타향 직장(丁) 따라 생겨난 여자다. 본처 노릇한다(甲이 정재되어서).

예10)

| 戊 庚 丁 甲 | 여 |
| 寅 寅 卯 戌 | |

75	65	55	45	35	25	15	5
己	庚	辛	壬	癸	甲	乙	丙
未	申	酉	戌	亥	子	丑	寅

庚 일간 卯月生으로 寅寅甲 있어 木旺하며 卯戌合, 寅戌合까지 지어 심히 조하다. 혹자는 '시간 戊土로 庚 일간을 도와야 한다.' 고 말한다. 하지만 조토(조土)不生金인데 어찌 庚이 戊의 生을 받을 수 있을까?

따라서 왕세에 따르지 않을까 하는 생각도 해 볼 수 있다. 이 사주의 주인공은 '초년부터 부모 복없이 乙 대운에 남의 집살이를 하면서 엄청난 고생을 했다. 丑 대운에 다행히 좋은 청년을 만나 결혼하여 처음으로 인간다운 삶을 살았다. 그러다가 甲 대운 己亥년(26세)에 남편이 공장에서 사고를 당해 죽었다. 성격은 총명하고 건강하며 자식을 잘 길렀다. 50세 되는 戊 대운부터 안정된 삶이 온다. 중국의 역술인인 포여명의 설명이다.

포 선생의 설명은 庚 일간이 丑 대운에 뿌리를 얻어(운습한 丑을 만나) 좋은 남자를 만났으며 편안했다. 그리고 甲은 기신운되어서 夫死亡 되었다는 것이다.

그러나 庚 일간의 夫는 월간 丁火가 되며 甲 대운은 丁火를 도우는데 어째서 甲 대운 己亥년에 사망했는가 하는 설명이 없다.

굳이 그 뜻을 새긴다면 戊土 용신인데 甲이 戊土를 극했다는 논리다. 그렇다면 자식은 무엇으로 봐야 할 것이며 어째서 자식을 잘 길렀을까? 하는 의문에 대한 설명도 없다. 자식성인 식신 상관이 하나도 안보이는데도 말이다.

한밝 신사주학의 논리로 보면 다음과 같다.

庚 일간이 극신약한데다 일지 寅中甲木이 년간에 표출되었고 木의 세력이 왕강하므로 일간 대행격이 된다. 비록 旺木이라하나 일점의 水氣 없고 卯戌 合火되어 生木은 아니고 死木이다.

死木은 庚을 만나야 그릇이 되고 丁火를 생하는 공이 있다. 따라서 甲木은 體고 丁火는 자식이며 일간 庚이 夫가 된다.

이리되면 2명(丁火 2名)의 자식이 있을 것이고 생자별부(生子別夫)가 된다. 그리고 丁은 년지 戌(火庫)에서 투출이며 庚金의 직장이 되며 丁火의 극을 더욱 받을 때 그리고 庚金의 절신이 나타날 때 직장에서 사망이었을 것이다. 火의 극을 받아 庚金 녹으니 화재에 따른 사망이었을 것이다. 乙 대운은 겁재운(甲木에서 보면)이고 도화 발동되는 때다. 따라서 재정적 어려움 따르고 원치 않은 색정사(도화살)가 몸을 휘감았을 것이다. 丑 대운은 甲木의 天乙귀인 財가 되어 甲己(丑中己) 명함합하므로 좋은 운이다.

그리고 태약한 일간 庚(夫星)이 뿌리를 얻어 甲木에 임할 수 있다. 그러므로 남편도 생기고 생활도 안정되는 때다. 甲 대운은 庚金의 絶神인 일시지 寅이 발동되니 庚이 절을 만난 격이 되어 그 존립이 위태롭다. 그런데다 甲木은 丁火 생하여 丁火 발동하여 尅庚金하게 되니 庚이 더 이상 버티기 어렵게 된다.

하지만 시간의 戊土가 丁火의 기운을 누설시켜 庚을 보호하려 한다. 즉 戊土 때문에 庚金의 미약한 명줄이 붙어있다는 말이다.

이런 운중에 己亥년 만나 寅亥合을 이루니 戊土가 木의 극을 받게 되고 세운지 亥가 戊土의 절지되어 깨어지니 庚金이 丁火의 극을 받아 사망하게 된 것이다.

子 대운이 旺한 燥木을 生하니 死木인 甲木에겐 生木으로 변신을 강요하는 때다. 癸 대운은 丁火가 충극되어 甲木의 갈길이 없어지니 자식에 우환있고 하는 일도 잘 되지 않는 때다. 만일 년간에 甲木이 없었다면 丁火 자식이 대흉했을 것이다. 亥 대운은 번신해 새로운 삶을 도모하는 때이지만 戊土 재성이 절을 만나 재정적으로 극심한 고난을 당했을 것이다.

壬 대운은 자식의 연애사 및 결혼사 있게 되고 戌 대운은 戊土 편재가 뿌리를 얻었으므로 약간의 재정적 안정있게 된다.

辛 대운은 旺한 甲木을 다듬어 주기엔 미흡하나 그래도 官 운이라 직장 다녔을 것이다. 酉 대운에 안정되었으며 자식의 돈벌이가 잘 되었을 것이다. 己未 대운에 終命할 것이다.

예11)　　　　　　　　　　42 32 22 12 2

癸 己 己 丁　남　　　甲 乙 丙 丁 戊

酉 丑 酉 酉　　　　　辰 巳 午 未 申

이 사주는 필자에게 역학을 배우고 있는 김 여사가 수강 첫날
에 내 놓은 것이다. '선생님요! 우리 아저씨 사주 좀 봐 주이소.
어디서 물어보니 시간에 癸水 편재가 있으므로 애인을 둔다 하던
데 정말입니까?' 그래서 이 사주의 육친 관계부터 말해주었다.

　사주풀이가 정확한가 아닌가는 사주 주인공의 성격과 그 인간
적 환경인 육친 관계를 얼마나 정확하게 꿰뚫어 볼 수 있느냐에
달렸기 때문이다.

　'김 여사! 바깥양반은 아버지는 한 분인데 모친이 많은 격이라
후처 몸에서 태어났을 것인데 맞습니까?'

　'예 시아버지께서 상처하고 다음에 오신 분에게서 우리 아저씨
가 태어났다 합니다.'

　'시아버지께서는 총명 영리하며 남의 일을 잘 살펴 챙겨주는
성품이어서 동네 구장(區長)소릴 들었겠소.'

　'예, 맞습니다. 사주에 그런 것도 나오니 신기하군요. 나도 어서
배워야 겠군요.'

　'아저씨 성격은 외골수적인 면이 있고 자신의 지식에 대단한
자부심을 지녔으며 헤치고 파고드는 기질이 있어 몹시 피곤하겠
습니다. 그리고 이런 말을 해야 할지 말아야 할지 망설여집니다
만 이해하시리라 믿고 말하겠습니다.' 여기까지 말하고 잠시 뜸
을 들이자 김 여사가 재촉했다.

　'말씀하신 성격 그대로입니다. 무슨 말씀인지 어서 해보세요.'

　'아저씨께선 양기가 약해 조루증이 있으므로 바람은커녕 김 여

사 한 명도 제대로 만족 못시켜 줄 것입니다.'

빤히 쳐다보던 김 여사가 배시시 웃으며 말했다.

'제가 그것을 밝히고 좋아하는 여자였다면 벌써 갈라섰던지 아
니면 내가 바람을 피웠겠지요.'

'아저씨가 그래서 술을 드시는 것입니다.'

'아~ 그 양반이 그래서 술을 즐겨하게 되었군요. 또 다른 것은
안나옵니까?'

초심자들은 위 사주를 일간 己土가 신약하므로 년간 丁火와
월간 己土로 도와야 된다고 말하게 된다. 조금 더 실력있는 사람
들은 '酉 酉 酉 있고 丑酉로 합까지 있으며 년간 丁火는 뿌리 없
어 土를 생할 수 있는 능력이 없다. 그리고 월간 己土는 월지 酉
에 설(泄)하므로 역시 일간 己土를 돕지 못한다. 그러므로 종아격
을 이룬다. 따라서 巳午未 火 운은 종아에 거역되므로 발전은커
녕 아주 흉했을 것이다.' 이 글을 보는 대부분의 사람들 역시 이
논리가 정확한 것으로 볼 것이다.

그러나 이 사주 주인공은 癸의 재성이 되는 午 대운 27세에 결
혼했고 시청 토목과에 취직하여 乙巳 대운까지 별탈없이 지냈다.
그동안 아들하나 딸 둘(쌍둥이) 낳았으며 부인은 간호대와 법대
를 나온 정숙하며 능력있는 여자였다. 그리고 꽤 많은 재산을 이
루었으며 甲 대운에 퇴직하여 개인 사업을 하고 있는데 아직까지
무난하게 발전하고 있다. 어째서 누구나가 공감하는 이때까지의
사주 이론과 다른 결과인지 몹시 궁금할 것이다.

필자가 개발한 새로운 이론에 따르면 다음과 같다. 己土는 酉
金에게 酉金은 시간의 癸水에게로 기를 전달하여 종재격이 된다.
그러나 일지 丑 중 癸水가 표출되었으므로 이 사주는 일간 대행
격이다. 따라서 癸水가 강하므로 상대되는 재관(財官)운에 발전
이 되는 것이다. 그래서 왕초보들의 논리인 신약. 신왕에 따른 억

부법과 일치되는 것 같다. 하지만 그 육친 관계와 삶의 모습은 전혀 다르다.

즉 억부법으로 보면 시간 癸水가 처(妻)고 己土는 비견(형세)이 되며 직장이고 자식성인 木이 없다. 그러므로 오랫동안 공직 생활뿐아니라 자식마저 없거나 있어도 잃게 되며 장모(식신)와 조모 역시 여러 명이 되어야 할 것이다.

하여튼 이 사주는 午 도화 대운에 년간 丁火가 득록하여 己亥 생 金씨 여자와 결혼했고 癸의 상관운인 甲 대운에 己土 관성이 합거되므로 퇴직하게 된 것이다. 그리고 癸水 주체에서 보면 酉 丑 金局(인수국)있어 모친 외에 모친 있던지 모친에게 이복형제가 있게 되는 것이며 년간 丁火에서 보면 재성인 酉金이 많은데 이는 丁火의 일거리가 많다는 말이다.

己 己 있고 丑 중에 己土 있어 3남매를 두게 된 것이고 己土가 癸의 직장이므로 토목계통인 것이다.

예12)

```
己 丙 己 癸    여      癸 壬 申 庚
丑 午 未 未            亥 戌 酉 申
```

여름철인 未月에 丙火되었고 일지에 午 양인을 얻었다. 그러나 己未丑의 土가 5개나 되어 아주 설기됨이 심하다. 이리되면 대부분의 역인(易人)들은 火土 상관격으로 보며 '신약해진 丙火 일간을 도와야 된다' 고 말하게 된다.

그러나 이 사주는 土가 전체의 세력을 차지하고 있으므로 종아격이며 일간 대행격이 된다. 일지 午중 己土가 월간에 표출되었고 일주는 己 未 土와 午未로 합을 하기 때문이다.

따라서 일간 丙火는 모친이 되고 년간 癸水는 부친성이 된다. 己土 일간 대행의 인수인 丙火 모친에서 보면 나(月干己)낳고 5년 또는 10년이 되면 부친과 이별하게 된다. 그리고 부친성인 癸에서 보면 내(己)가 태어난 후에 곧바로 己癸 충으로 극을 받게 된다. 하여 본인이 2살 되던 해에 부친이 부상을 당해 경추장애자가 되었다. 그리고 6살 되던 戊子년에 부친과 모친은 별거하게 되었다. 癸水 부친에서 보면 戊子년은 정관(戊)이 도화록(子)을 달고 戊癸 합하므로 직장 생겼는데 음식집이었다. 丙午 모친은 월 시간에 있는 己土 상관에게로 설기하므로 이 땅(己) 저 땅(己)을 바쁘게 쫓아다니며 활동하는 사람이다. 그러나 丙火 生 己土, 己土 生 金이 되지 않으므로 극심한 노력에 불구하고도 소득이 없다. 그리고 일시지가 丑午 귀문살을 구성하며 丑(시지)중에 辛金 정재(丙火의 재성)가 있으므로 역술업하면 돈이 될 것이다.

이런 탓으로 모친은 丁亥년부터 역학공부 하고 있다. 癸水 부친은 묘(墓)가 되는 未 위에 앉아 있고 또 절(絶)이 되는 일지 午를 만나고 있으며 丙己는 癸水의 절묘(絶墓) 발동신이다.

따라서 癸水의 사지(死地)가 되는 申 대운에 부친과 사별될 것이다. 아마도 己丑년이 될 것이다.

만약 丙火를 주체인 일간으로 하면 위와 같은 육친적 사항은 나타나지 않는다. 형제는 3명인데 모두 여자이다. 己土가 중심세력이므로 己土의 역할 작용으로 운세의 길흉을 판단해야 한다.

따라서 庚申 대운은 丙火 모친에겐 역마(申) 재성이므로 바쁘게 다니면서 돈벌이 하는 때다. 癸水 부친 입장에선 庚은 인수가 되어 癸水를 생해주므로 모친의 도움을 받는 때다. 辛酉 대운은 丙火 모친이 돈을 벌 수 있고 치부할 수 있는 때며 본인에게도 좋은 때다. 壬 대운엔 모친에게 남자 생기며 본인에게도 조금의 돈벌이 되는 때다. 戌 대운은 아주 불안한 때며 재물운도 좋지 않으며 모친이 득병하는 일이 생기니 丙火가 입고되기 때문이며 丑戌未 三刑 이뤄져 대지가 지진을 만난 것 같기 때문이다.

癸亥 대운은 오뉴월 삼복더위에 시원한 비가 내리는 격되어 재정적으로 발전 있고 남자운도 좋다. 甲子 대운 역시 좋다. 그러나 애정관계는 삼각관계가 생겨 번민이 따른다. 필자에게 역학을 배우고 있는 여성의 셋째 딸이다. 모친은 庚戌생인데 화장품 대리점을 관리하는 일을 하고 있는데 아주 바쁘게 여기저기 쉴새없이 활동하고 있다.

예13)

```
辛 乙 丁 戊   남        壬 辛 庚 己 戊   大
巳 巳 巳 子              戌 酉 申 未 午
```

(45 35 25 15 5)

이때까지의 명리론으로 보면 '乙木 일간 巳月생으로 巳巳巳있고 丁火 투출되어 종아격이다. 그러므로 시간의 辛金과 년지 子水는 종아에 병이 되므로 기신이고 병이다. 따라서 戊午 대운은 子水 기신을 제거하니 좋았고 己未 대운은 旺火 설기되고 년지 子水극하여 좋았다. 그러나 庚 대운은 상관에(종아) 정관운되어 불길하고 申 대운은 申子로 병신인 子水가 살아나므로 크게 불길하다. 辛酉 대운 역시 좋지 않으며 壬 대운 역시 大凶하다.'

그러나 한밝 신사주학의 논리에 따르면 火旺하면 土도 강해지고 일지 巳의 투출신이 戊土이므로 戊土를 일간 대행으로 하는 일간 대행격이다. 이리되면 년지 子水는 처가 되고 부친이 되며 월간 丁火는 모친이 되고 일간 乙木은 자식성이 된다.

乙 일간이 戊土의 정관성이므로 직장생활을 오래하게 되며 申 대운에 申子로 子水가 힘 얻어 결혼운이다(丁巳년 30세에 결혼했다). 乙木관성이 약하여 딸 하나뿐인데 丁巳년에 辛金을 극하여 乙木을 보호하니 임신했고 戊午년에 乙木이 장생을 만나 생여했다. 子중 壬水가 부친인데 많은 火를 보고 종하므로 부친은 부자다. 그리고 부친은 모친 외에 많은 여성과 암합했다. 丁火 모친은 辛巳 편재(丁에서 辛은 편재)를 보므로 돈 놀이 하는 사람이다. 처궁인 년지 子와 삼합하여 火旺함을 制하는 壬水가 필요하므로 壬辰생 여자와 인연되었다. 火旺 토조하면 용(辰)을 찾아 배필로 한다(박도사 인연법).

왕한 丁火를 따라 전기과 졸업 후 전기회사에 취직했으며 壬戌 대운에 丁火가 합하여 입묘하므로 모친 사망이다.

戌 대운은 旺火 입묘하고 년지 子水가 극되므로 처에게도 곧 신액 따르고 세운이 나쁘면 상처하게 된다.

또 壬戌 운은 丁火가 합되어 乙木 관성이 辛金에게 상처 받게 되므로 퇴직사 있게 되었고 자식이 다쳤다.

예14)

戊 丙 己 庚   남   57 47 37 27 17 7
戊 午 丑 子   乙 甲 癸 壬 辛 庚   大
                        未 午 巳 辰 卯 寅

丙 일간 丑월생이나 일지 午에 양인을 얻었고 시지 戌에 통근한데다 午戌로 화국을 이루었다. 그러나 식상이 많아(己丑, 戊戌) 신약이다. 이렇게 되면 누구나가 '상관용비격(傷官用比格)이다.'로 말한다. 그리고 '식상이 태왕하여 년지 子水 관성이 극되므로 관운없고 자식운도 불미스럽다.'로 말하게 된다. 그리고 '초년 寅

卯 대운은 약한 丙火를 돕고 旺土를 극하므로 좋았으며 壬 대운은 약한 丙火를 극하므로 불길하며 癸 대운 역시 상관격에 정관운이므로 자식과 직장운이 크게 불미스럽다로 말할 수밖에 없다. 그러나 이 사주 주인공의 실제 삶은 卯 대운에 졸업한 후 경찰직에 투신했으며 壬 대운에 승진했고 癸 대운 역시 승진운이었고 甲午 대운엔 중견 간부직에까지 올랐으며 午 대운에 퇴직이었다. 어째서 나빠야 될 운에 나쁘기는커녕 승진까지 하게 되었을까? 도저히 해답을 알 수 없다.

그러나 한밝 신사주학의 논리로 풀면 다음과 같다.

土多하고 일지 午중 己土가 월간에 투출되어 일간 대행격이다.

따라서 丙午 일주는 인수가 되며 차디찬 대지(己丑)을 환하게 밝혀주며 따사롭게 해주는 역할이다. 그리고 년지 子水는 天乙 귀인을 띤 재성(처)으로 子丑으로 나와 유정하게 합을 짓고 있다. 팔자에 없는 木이 자식이 되어 자식이 없을 상이나 卯木 대운과 辰 대운을 만나 생자하게 된다.

즉 卯 대운은 己土의 관운이 되어 직장운이 따르고 자식운 역시 따르게 된 것이다. 壬 대운은 己土(일간 대행)의 정재운이라 재운 따르며 처(妻)가 사회활동 하는 때다. 辰 대운은 시지 戌을 충하여 모친의 有故있게 되며 子水財가 입고하므로 처에게 신병 있는 때다.

癸 대운은 丙火를 극할 것 같으나 시간 戊(겁재)를 합하므로 丙火광명이 나(己)에게로만 비치니 큰 명예가 따름으로 승진하게 된 것이다. 그리고 己丑戊戌의 土가 왕하므로 조후시켜주는 火도 좋고 木 운도 좋으며 금수(金水)운도 좋다. 그렇지만 土 운은 旺土를 더욱 왕하게 하므로 크게 좋지 않다.

예15)   43 33 23 13 3

　　壬 壬 甲 戊　여　　　　　己 庚 辛 壬 癸　大

　　寅 戌 寅 戌　　　　　　　酉 戌 亥 子 丑

　　壬 일간이 시간 壬水 있으나 뿌리 없고 甲寅, 戊戌만 강하여 태신약이다. 따라서 아무리 양간이라도 왕세에 따를 수밖에 없다. 그런데 월주 甲寅을 따라야 하느냐 아니면 戊戌土 편관을 따라야 할지가 문제다. 이리되면 월지를 최우선시하는 역인들은 당연히 甲寅 식신에 따르는 종아격으로 말한다. 그러나 한밝 신사주학의 이론에 따르면 일지 戌중에서 투출된 년간 戊土를 따른다. 이는 월주보다 일지의 표출신을 더 중요하게 보기 때문이다. 즉 따를 바에는 이왕이면 내 몸에서 투출된 것을 따르자는 일반적인 인간 심리에 기초하고 있다(命理는 인간 운명의 이치이다).

　　이리되면 甲寅 木은 편관되고 남편성이며 일시간의 壬水는 편재성되어 부친이고 재물이 된다. 그리고 戌중 辛金은 자식성이 된다. 일간 대행인 戊는 년간에 앉아 甲寅 木을 키움에 그 역할이 있다. 寅戌, 寅戌 되어 戊土가 조(燥)하다. 그러므로 壬水로 조후해야하므로 돈(壬)벌어 남편(甲寅)을 키워야 되니 물(壬)장사하여 여린 夫(甲)를 돕는다.

　　그러나 호랑이(甲寅)같은 남편에서 보면 일간 대행인 戊戌은 똥개가 되어 밥이 되며 놀이터이다. 그런데다 甲寅과 戊戌는 4급 소용돌이를 이루므로 남편과 나(戊戌)사이에는 불화와 갈등이 내재되어 있다. 子 대운 19세 어린나이로 壬辰生 남자 만났다.

　　戌이 壬 일간의 관고(官庫)고 일간 대행인 戊의 고(庫)인데 이를 충개하는 辰生이 인연이 된 것이다.

　　이리되면 戌 중 辛金이 투출되므로 戊午년에 生女했다. 만일

寅戌의 반화국에 빠져있는 午生을 배필로 만났다면 자식을 낳지 못했을 것이다.

辛 대운에 夫가 직장 생활했고 庚戌 대운까지 직장 생활하다가 戌 대운에 夫가 사업시작 했다. 己 대운에 甲己 合되어 夫가 사업실 패했고 酉 대운에 壬水가 생을 얻으므로 본인이 식당업 시작했다. 52살까지 식당업 할 것이고 戌 대운되면 때려치우고 딴 것을 하게 될 것이다. 이 여명은 노래를 아주 잘 불러 주부가요대회(TV)에서 금상을 받았는데 이는 강한 식신(甲寅)이 투출되어 예능에 재주 있음에서다. 그리고 두 마리 개(戌,戌)가 호랑이(寅) 두 마리를 만 나서이다. 두 마리 개는 호랑이를 보면 시끄럽게 짖는다.

예16)

辛 丁 癸 乙　　남　　　52 42 32 22 12 2

亥 卯 未 巳　　　　　　丁 戊 己 庚 辛 壬　　大

天乙귀인　　馬　　　　　丑 寅 卯 辰 巳 午

丁火 일간이 염천(炎天)인 未月에 태어나 뿌리 얻었고 년지 巳 와 亥卯未 木국 있으므로 身强하다. 이리되면 재관을 찾아 용신 으로 하고 다음으로 설기하는 식상을 찾아 용신으로 잡는다. 따 라서 먼저 월간 癸水 편관을 용신해야 될 것 같다.

그러나 癸는 未에 앉아 力弱하며 시지 亥에 그 뿌리 있으나 亥 는 亥卯未로 변해 배임되므로 癸水는 심히 허탈하다.

그런데다 癸의 정은 년간 乙木을 생하므로 해서 丁 일간의 관 성 역할을 못하고 있다. 따라서 용신으로 삼을 수 없다.

이젠 시상 辛金 정재성을 용신 삼을까 하나 이 역시 태약하여서 먹을 수 없다. 마지막으로 월지 未중 己土에게로 설기 시켜볼까

하나 亥卯未로 합국하여 土의 역할하기 어렵다. 이렇게 신왕한데다 쓸 것이 없으면 인간 세상에 쓸모없는 사람이 되어 무위도식 하거나 공문(公門)으로 들어가 한평생 염불이나 하고 지내야 옳다.

그러나 이 명조의 주인공은 좋은 집안에 태어나 어려서부터 총명수재라는 칭찬을 받았고 일류 대학이라는 서울대를 우수한 성적으로 졸업했다. 대학 재학 시절에는 이미 그 능력을 높이 산 일본회사에서 이 사람을 점찍어 졸업과 동시에 일본으로 불러 고액의 연봉을 지급했다. 귀국 후 辰 대운부터 좋은 직장에 근무하다가 己土 대운에 사업시작 했으나 卯 대운에 여의치 않았고 戊 대운에 벤처기업을 창업하여 잘 나가고 있다.

따라서 이때까지의 사주 해설(앞의 풀이)과는 전혀 맞지 않다.

그렇다면 어떻게 풀어야 할까?

이 역시 일간 대행격으로 풀어야 한다. 즉 丁卯 일주가 亥卯未 합을 지어 그 수기(秀氣)인 乙木이 천간에 투출되었는데 이 乙은 일지 卯에서 표출된 것이므로 乙木을 주체로 하면 된다는 말이다. 이리되면 월간 癸水는 무성한 여름 화원(花園)에 내리는 단비가 되고 丁火 일간은 旺한 木氣를 설하는 광명이고 총명이 된다. 이것이 辛金(거울)을 만나 그 빛이 반영되니 총명수재로 이름을 날릴 수 있었던 것이다. 따라서 천간에 있는 癸, 丁, 辛 그 어느 것 하나 버릴 수 없는 것으로 좋은 팔자를 이루게 된 것이다.

대운과 맞춰보면 壬午 대운은 旺木의 기가 누설되고 丁火 식신이 득록하므로 그 총명이 뛰어나게 되는 좋은 세월이다.

辛 대운에 乙木이 극을 당하므로 건강상 애로 있으나 辛金(거울)얻은 丁火는 더욱 빛나니 그 총명을 떨쳤다.

巳 대운은 역마 되고 역시 旺木의 기운을 설기시킴으로 타향으로 유학가게 되고 庚 대운은 乙木의 정관성 되었으며 년지 巳 역마의 투출신 되므로 외국 가서 직장 생활하게 된 것이다.

예17)

　　庚 乙 丁 辛　　남　　　　33 23 13 3

　　辰 巳 酉 亥　　　　　　　　癸 甲 乙 丙　　大
　　　　　역마　　　　　　　　　巳 午 未 申

　乙木 일간 酉月생에 巳酉 금국있어 종관격이다. 巳酉금에 庚金
투출되었으므로 庚이 일간 대행이다. 따라서 일간 乙은 처고 丁
火는 자식이며 일지 巳중 丙火 역시 자식이다.

　庚이 할 수 있는 일은 허약한 丁火를 만나 성기(成器)되기 어
렵고 오직 왕금의 기운을 설기 시켜야 한다. 년간 辛 겁재는 乙木
처의 첫 남자고 월간 丁은 처와 전남편 사이에 태어난 자식이다.

　乙木 처는 丁火 자식 낳고 2년만에 불화 이별하게 된다. 월주
丁酉가 庚辰과 합하므로 그 자식이 처와 함께 내게로 왔다.

　乙木 일간 약하므로 록이 되는 乙卯生 여자를 午 대운에 만났
다. 그러나 午 운은 기신인 丁火의 록이 되므로 불미하다. 직장
(丁) 생활했으나 庚이 丁火를 싫어하므로 변변치 않은 직장이고
오래 못있게 된다. 癸 상관 대운에 퇴직했다. 土가 필요하므로 부
동산 하려 한다.

예18)

　　丙 己 甲 乙　　여　　　　32 22 12 2

　　寅 酉 申 卯　　　　　　　　戊 丁 丙 乙　　大
　　　　　　　　　　　　　　　子 亥 戌 酉

　申月 己土되어 木을 심어 키울 수 있는 역할을 한다. 그러나 월
일지에 申, 酉, 金이 있으므로 木이 자라기 어려운 자갈밭이다.

관살 혼잡되어 있는데 년주 乙卯가 첫 남자고 월간 甲木이 두 번째 남자다.

일지 酉金은 딸자식인데 卯酉 충되므로 딸 자식 낳고 4년 안에 첫남자 이별이다.

金木이 상쟁하므로 통관시켜주는 水 운이 와야 남자 생기고 火운이 金을 제극해줘야 남자 만난다. 丁亥 대운초 丙子년에 남자 만났다. 원명에 상관과 관성(甲)이 동주에 있고 甲己로 합신하므로 애 낳고 식 올린다. 즉 속도위반이다. 그러나 丁亥 대운은 일주 己酉와 2급 소용돌이 되어 실패 및 이별의 갈등이 회오리치므로 크게 좋지 못하다.

따라서 庚辰년에 년간 乙木을 합거시켜 첫 남자 이별했다. 그리고 곧바로 壬午년에 辛亥생 남자를 만났다.

己 일주 약하며 木은 土가 있어야 뿌리 내릴 수 있으므로 부동산 소개업하고 있다(戊 대운에).

예19)

						36 26 16 6	
丙	壬	丙	辛	여		庚 己 戊 丁	大
午	寅	申	巳			子 亥 戌 酉	

壬 일간 申月생으로 寅午巳에 뿌리 둔 丙火가 太旺하다. 일간 壬은 월지 申에 生을 받고 있어 재다신약 같이 보인다.

그러나 申은 년지 巳와 합하고 천간끼리도 丙辛 합을 하여 壬水 일간을 생해주지 않는다. 즉 탐합망생이다.

따라서 일지 寅이 시지 午와 寅午 합하고 丙火가 투출되었으므로 대행격이 된다. 이리되면 일간 壬水는 夫가 되고 월지 申은 역마편재성이 된다.

그런데 내 몸 같은 남편은 좌우에 편재(壬에서 丙은 편재)를 보고 있으며 寅午, 巳의 財局까지 있다. 따라서 壬夫는 나 외에도 여러 명의 여자 속에 둘러싸여 있다.

또 壬夫는 丙火 편재를 보므로 사업하게 되는데 화공계통(농약) 취급이다. 戊 대운 癸卯년(23세)에 丁丑生 남자와 결혼했다. 甲辰생 딸 낳고 딸, 딸, 딸로 四女를 낳았다. 戊, 己土 운에 서다.

庚 대운은 월지 申(壬水 홍염살)이 발동되어 夫가 作妾했다. 子 대운 壬戌년(42세)에 이혼 소송했는데 남편에겐 이때까지 모두 3명의 여자가 있었다.

子 대운은 시지 午를 충하여 寅午 合을 깨며 壬戌년은 夫(壬)가 寅午戌 火局에 앉는 운이고 火 입고운이다.

이 사주를 재다 신약으로 보고 壬水 일간을 주체로 하면 火旺함이 병이고 이를 제거해주는 子 운은 약신이 되므로 좋아야 할 것이다.

또 壬 일간 주체되면 시지 午 中 己土가 夫가 되고 월시간의 丙은 夫의 표출신 되므로 庚 대운(申 홍염살 발운동)에 본인이 바람나야 될 것이다.

예20)

戊 癸 甲 戊　　남

午 酉 寅 寅

48 38 28 18 8

己 戊 丁 丙 乙　　大

未 午 巳 辰 卯

癸水 일간이 일지 酉金만 있을 뿐 사주 천간 지지 그 어디에도 생조자가 없어 태신약이다. 이리되면 왕한 세력에 따를 수밖에

없다. 甲寅 木이 제일 강하여 여기에 따라 가고 싶으나 시간의 戊
와 합을 맺어 戊土에 따른다. 세력도 중요하지만 합이 우선이기
때문이다. 癸水의 역할은 甲寅 木을 키워주는 자상한 엄마 노릇
해야 하나 합을 탐해 생해 줌을 잊게 되었다.

따라서 공익과 대의를 저버리고 자신이 이익만을 추구하는 성질
이다. 癸 일간이 戊와 합하여 변질되었으므로 戊가 일간 대행이다.
이리되면 甲木은 직장이고 癸水는 돈이 되고 처가 된다. 따라서
처음엔 직장생활을 하게 되고 나중에 자기 사업으로 가게 된다.

처(癸)는 酉金으로 왕한 甲寅 寅의 木을 다듬고 있으니 포목점,
직물, 머리방의 직업인데 미용실 경영했다. 丁 대운은 甲木이 꽃
을 피우므로 직장생활이고 巳 대운에 일지 酉와 巳酉 합 상관국
되므로 직장 그만둘 준비하게 된다. 戊午 대운은 손재운인데 戊
癸戌로 쟁합되어서이다. 그래서 모래사업하다가 壬戌년(44세)에
큰 손실을 당했다. 戊가 體가 되어 왕하므로 水 운이 좋다. 己 대
운에 甲己 합하면 또 손재 당하던지 처에게 남자 생긴다.

예21)   49 39 29 19 9
　　乙 癸 甲 戊　　남　　　　己 戊 丁 丙 乙　　大

　　卯 卯 寅 子　　　　　　　未 午 巳 辰 卯

癸水 일간이 년지에 子水 록을 보았으나 木의 세력이 태왕하
여 종아격으로 간다. 일지 卯의 표출신이 월간 甲木이므로 甲木
으로 일간 대행한다. 甲에서 보면 년간 戊土가 처성 및 부친이고
癸水는 모친성이다. 戊土가 旺木에 극되니 초년 乙卯 대운에 부
친이별이다. 木旺한데다 金이 없어 초년 자식이 없다 할 것이나

년월지 사이에 협공된 丑중 辛金이 자식이다. 丁 대운 戊午년(32살)에 癸水 일간의 재성(丁)되고 戊癸 합하여 결혼이다. 己未년에 협공된 丑을 충하니 辛金 투출되어 아들 낳았다.

戊土 처의 입장에서 보면 甲寅, 卯卯로 남자가 많다. 그리고 癸는 처(戊)의 재성이다. 따라서 많은 남자 상대의 물 장사하게 되며 애인 역시 많이 두게 된다.

본인(甲)이 戊癸 합하는 그 사이에 앉아 甲戊 충하여 합을 깨므로 처의 물장사를 싫어하여 그만두라 한다. 34살 辛酉년 만나니 戊土 처의 상관인데 卯酉하고 辛金剋 甲木하므로 처가 이혼 요구하여 이별했다.

자식(丑)은 처 자리에 있는 子와 합이 되므로 처가 맡았다. 戊土 처는 도화지(子)에 앉아 戊癸 합하니 미인이다.

예22)

乙 己 庚 丙	여
亥 卯 寅 子	

57 47 37 27 17 7

甲 乙 丙 丁 戊 己	大
甲 酉 戌 亥 子 丑	

己卯 일주의 己土 일간이 四支에 뿌리 없고 亥卯木局 있고 寅月이라 木體局에 일간 대행이 되니 시간의 乙木이 體가 된다. 生木이라 丙火 己土가 모두 좋고 火土 운이 좋다. 비견 겁재운 역시 丙火를 생하므로 좋다. 申酉金 대운만 不美하다.

乙木體 되면 월지 寅 中 戊土가 부친이고 년지 子水는 父의 첫 여자이다. 시지 亥水가 생모이며 부친의 후처이다. 木太多하여 戊土 극되니 부친과 일찍 이별이다. 일간 己土는 모친의 두 번째 남자다. 乙木이 己에 뿌리 내릴 수 있으니 의붓아비 밑에서 자라

게 되었다. 丑 대운 庚寅년(15세)에 모친이 재가했다. 寅亥合 되어서이다. 庚이 남편인데 庚에서 보면 종재관이 되므로 남편은 공직자이다. 庚의 관성은 丙火이고 월지 寅 역마에서 표출되었으므로 외교관이다.

己土 일간을 體로 보면 多官殺 되어 夫 外 夫고 庚 자식이 절지에 앉고 힘없어 生子하기 어렵고 낳아도 키우기 어렵다. 그러나 乙木體가 되면 火가 자식이라 자식운 좋고 자식 출세하게 된다.

예23)
```
            壬 乙 甲 庚   남        42 32 22 12  2
            午 酉 申 戌              己 戊 丁 丙 乙   大
               도화                  丑 子 亥 戌 酉
```

乙木 일간 申月生에 申酉戌 금국이고 庚金 투출되어 金太旺하다. 따라서 乙木이 일지 酉의 표출신이기도 한 년간 庚을 합하여 종한다. 이리되면 乙木 처, 甲木은 애인 및 부친이고 시지 午火기 자식성이 된다.

그리고 乙庚合 하여 甲木을 다듬어 주니 理財로 간다. 이 명조의 주인공이 말하길 '저는 카톨릭 신자이므로 이런 역술 따위는 믿지 않습니다만 여기 같이 온 친구가 시험 삼아 한번 봐 보라해서 이렇게 찾아뵙게 되었습니다.'

이런 사람에겐 한마디라도 삐끗하게 되면 역학 자체까지 엉터리라고 매도당하게 되므로 아주 신중하게 살펴야 한다.

그래서 문답식으로 풀어 가기로 했다.

문 : 김 선생의 부친은 여기저기 아주 바쁘게 다니며 활동하셨

던 분이고 선생과의 인연은 아주 짧다고 나와 있는데 맞습니까?

월간 甲木이 역마(申) 위에 앉아 있고 旺金에 극되고 있음을 보고 말한 것이다. 물론 년간 庚을 일간 대행으로 했다.

답 : 예, 맞습니다. 부친은 이 세상에서 제일 바쁜 사람처럼 한 시도 집에 계시는 것을 못 보았습니다. 겨우 명절 때나 대면할 수 있을 정도였습니다.

문 : 김 선생은 아들(시간 壬)하나 두었는데 인물 좋고 머리 명석하나 한시도 가만히 있지 않고 설치겠습니다. 뿐만 아니라 그 성격도 대단하겠는데 어떻습니까?

답 : 예, 말씀하신 그대로입니다.

옆머리를 긁으며 고개를 끄떡였다.

문 : 김 선생의 뜻은 처음에는 관공직 및 권세잡는 일인자의 길을 가고자 했으나 이재(理財) 방면으로 갔겠습니다.

답 : 그렇습니다. 어릴 때부터 정치가를 꿈꾸었습니다만 뜻대로 안되더군요. 그런데 그 사주팔자라는 것이 있긴 있는 모양이군요.

甲酉戌 金局 중에 년간 庚金만이 홀로 투출되어 일간 노릇하므로 군계일학의 꿈을 지니게 되고 권력(官) 지향적인 꿈을 지니게 된 것이다.

그리고 申月 甲木(巨木)이 庚의 편재성이므로 이재(理財) 방면으로 진출하게 된 것으로 본 것이다. 이 사람은 戊 대운에 금융계통으로 진출했는데 언덕(山)에 甲木을 심는 상이어서이다. 그러나 쉽지 않은 일되어 큰 성취는 없게 된다.

己土 운이 와야 甲己合 되어 木財가 터전(己)을 만난 격이 된다.

예24)

				여						大
戊	丙	乙	戊		庚	辛	壬	癸	甲	
子	辰	丑	子		申	酉	戌	亥	子	

47 37 27 17 7

丙火 일간 丑月생으로 일지 辰에서 투출된 乙木만이 丙火를 생하고 있으나 습목되어 丙火를 생하지 못한다. 그러므로 일지 辰에서 투출된 戊土가 있고 土太多하므로 시간의 戊土로 일간 대행하는 대행격이 된다. 왕세에 따르는 대행격은 일반적인 종격과는 다르므로 이점을 잊게 되면 큰 오류를 범하게 된다.

일주와 가까이에 있는 시간 戊土가 일간 대행하므로 일간 丙火는 편인성이고 월간 乙木이 남편성(정관)이 된다. 그런데 乙木 관성은 년주 戊子와 子丑으로 먼저 합을 맺고 있으며 일지 辰에 뿌리 내리고 있다. 따라서 재취댁 팔자다. 丑中 辛金이 자식인데 년주 戊子와 子丑 합하고 시주와도 子丑 합하므로 전처소생의 자식을 내가 키우게 되었다.

이 여명은 28세 乙卯년에 약혼했다가 파혼되었고 戌 대운 庚申년 33살에 壬午생 남자에게 재취가게 되었다. 진처소생의 자식은 癸丑생 丁未생이었다.

그러나 戌 대운은 일지 辰을 충하여 乙木 관성의 뿌리를 뽑고 辛酉년 되어 乙木이 충극받아 남편(乙)이 부도가 나서 8천만원을 말아 먹게 되었다.

乙木夫의 입장에서 보면 자갈밭(丑)에 앉은 여린 나무되어 오직 월간 丙火만이 살길인데 辛酉년에 丙辛합되어 돈줄(丙)이 막히게 되고 관재(辛 편관)까지 당하게 된 것이다.

辛酉 대운에 또 한 번 큰 고비가 닥치니 夫가 골로 가지 않으면 폐인이 되는 때다.

戊土에서 보면 子水가 재성이고 辰이 재고되어 돈복 있을 것 같지만 겨울의 물은 차디차게 얼어 있는 물이라 丙火 없으면 쓸 수 없으므로 있으나마나다.

만약 丙火 일간을 체(體)로 해서 보면 년지 子水 시지 子水가 남편성 되어 두 남자에 인연 있으나 재취 팔자라곤 볼 수 없다.

예25)   31

　　癸 戊 辛 癸　여　　　　　　乙　大

　　亥 子 酉 巳　　　　　　　　丑

戊일간이 년지 巳에 득록이나 巳는 巳酉로 금국되어 배임되니 戊土 일간의 뿌리 안된다. 종할 수밖에 없는데 시간 癸와 합하여 종재격이 된다. 따라서 癸水가 일간 대행이고 戊土 일간이 관성 (夫)이 되고 亥중 甲木은 자식이 된다.

戊土夫는 酉에 死되고 시지 亥에 절인데 亥 중 甲木 나오면 戊土의 생기 끊어진다. 따라서 자식(亥中甲) 낳고 3년 되면 교통사고(亥역마)로 절명하게 된다.

乙 대운은 정격으로 보면 土金 상관에 견관(見官)이고 변격으로 보면 식신운되어 戊土夫를 극한다. 甲子년(32살)되어 亥중 甲木 투출되어 戊土를 극하니 夫가 교통사고로 죽었다.

丙寅月에 甲木이 득록하여 응했다. 그리고 丙이 월간 辛을 합하여 甲木 乙木이 서슴없이 戊土를 극할 수 있었다. 壬戌생 아들 낳고 3년 되던 때였다.

壬戌년에 生子한 것은 戊土 관이 약하면 이를 도와야 되므로 戌생이 들어온 것이다. 戊子生 夫였다.

예26)

| 己 丙 乙 庚　여 |
| 丑 辰 酉 子 |

　　　　　46 36 26 16 6

庚 辛 壬 癸 甲　大

辰 巳 午 未 申

丙火 일간 酉月생으로 뿌리 없다. 乙木 있다 하나 乙庚合 하니 탐합망생이다. 따라서 旺한 金에 종할 수밖에 없으니 종재격이라 한다. 하지만 일지 辰이 월시 酉와 합하였고 庚金 투출이므로 일간 대행격이 구성된다.

太旺한 金이니 년지 子水가 유일한 배설구이다. 즉 子水로 간다. 인성은 필요없으니 공부 안하게 되고 부모덕 없다. 일간 丙火가 관성이나 밤 어둠을 밝혀 주는 빛에 불과하고 庚을 녹여 그릇으로 만들어 주지 못한다. 월간 乙木은 재성으로 그 뿌리는 丙火 관성 아래 있으니 보잘 것 없는 남자라도 들어오면 조금의 돈은 된다. 또 재성의 뿌리인 辰이 酉 도화와 합하므로 유흥업, 요식업에 인연있다. 乙木이 경의 손잡이 역할이므로 돈이 있어야 자신의 존재성이 있다. 태왕한 金이므로 완고하고 일방적인 성품이다. 또 泄氣해야 하므로 성적 욕구 강하나 자궁이 차가우니 쉽게 달아오르지 않는 석녀다.

癸 대운은 일지 辰과 년지 子의 표출신이고 庚의 상관이므로 제멋대로 행동하며 남자 만나 성욕 해소하려는 욕구 강해지는 때다.

이런 때에 丙子년(17세) 만나니 丙은 관성이고 자(세운지)는 상관이라 남자만나 구설시비 생기고 엇길로 가게 된다. 따라서 남자로 인해 학업 중단했다.

未 대운은 丁火 관성 있고 乙木 재성이 들어있으므로 남자 만나 동거하는 운이다. 그러나 癸未 대운이 일주 丙辰과 3급 소용돌이 되어 실패 불화 이별의 갈등 따르게 되었다. 더구나 대운지

未가 년지 子水를 원진하면서 극하니 갈 길이 보이지 않고 방황하게 되었다.

壬 대운은 년지 子水의 투출신 되고 庚이 壬水를 만나 好泄하므로 발전운이다. 戊辰(29세)년은 일지 辰의 표출신되어 남자가 나타나 동거했으나 壬水를 尅하므로 재미없다.

午 대운은 丙火 관성이 뿌리 얻어 왕해지므로 쓸만한 남자 나타난다. 그러나 午가 연지 子를 충하여 자궁수술 및 자식 출산하는 일 생기며 활동력 상실되는 일 생긴다. 辛 대운은 겁재운되어 乙木 재성을 극하니 이때에 큰 손재를 당하게 되고 巳 대운은 庚이 장생하므로 새 남자(巳申丙火)와 새 삶을 시작하게 되며 새로운 일거리 찾게 된다.

38세(丙子년) 39세(丁丑년) 40세(戊寅)에 큰 손재 당했다.

예27)

丁	己	庚	丙	남
卯	酉	寅	甲	
공망	도화	공망		

47 37 27 17 7

乙	甲	癸	壬	辛	大
未	午	巳	辰	卯	

己土 일간이 사주 지지 그 어디에도 뿌리 없다. 寅월의 己土 일간은 자라 나오는 木을 키우는 밭의 역할을 해야 한다. 그러나 寅, 卯木은 공망인데다 寅申, 卯酉로 충파되어 己土 일간은 소임을 못하게 되어 있다.

할 수 없이 일지 酉에서 투출된 월간 庚金을 대행자로 쓸 수밖에 없다. 이렇게 되면 월지 寅중 甲木은 부친이고 여자가 되며 시지의 卯木 또한 처성이 된다.

따라서 첫 여자(寅)와는 헤어지고 두 번째 여자(卯)와 유정하게 된다.

년간 丙火는 편관이 되며 조후 역할까지 하는데 申 자살 위에 앉아 있으므로 운전업이나 선원 직업에 인연있다. 그러나 충파된 재성이라 재운 없고 평생을 깨어지고 못쓰게 된 여자와 돈을 쫓아 살게 된다. 辛 대운은 庚의 겁재운이고 丙火 희신을 합하므로 춥고 배고픈 어린 시절을 보냈다.

壬辰 대운 역시 어려운 시절인데 이동이 많았다. 壬水가 년지 申 지살의 투출신이 되어서이다. 癸 대운은 庚의 상관운이라 배 타고 바다에 나가 어두운 세월 보냈다.

巳 대운은 원칙적으로 火가 되어 년간 丙火가 득록하므로 좋은 때이지만 巳酉로 합을 짓고 寅巳申 삼형을 이루므로 길중에 흉이 있다. 그런데다 일주 己酉와 대운 癸巳가 4급 소용돌이를 이루므로 실패와 이별 등의 갈등이 따르게 되었다.

따라서 己巳년 34살 때에 중풍이 왔고 35세 庚午년은 寅午로 화국을 지어 丙火가 강해지므로 착실하게 지낼 수 있었다.

甲午 대운은 庚金의 편재운이고 도화살과 목욕살을 겸하는 때이므로 바람나게 되었다.

丙火가 희신이므로 甲午 대운은 희신이 힘을 얻어 좋은 때이지만 시주 丁卯와 3급 소용돌이를 이루니 불화 이별 실패의 갈등이 도사리고 있다.

그리하여 사무실 여직원과 눈이 맞아 부인과 이혼했다. 본인 역시 乙卯년(44세)에 중풍 증상이 재발했다. 卯酉 충이 발동되었으며 세운 己卯와 월주 庚寅이 일급 소용돌이를 이루어 대세운에 소용돌이 겹쳐서이다.

42세 丁丑년에는 문서로 사기치다 감방갔다. 乙卯년에 출감하여 곧바로 득병했다. 丁丑년은 庚金이 입고하며 丁火가 발동하여 庚金을 극했기 때문이다.

庚은 丁火를 만나야 그릇이 된다. 그러나 이 사주에서의 庚은 천간으로 오는 丁火를 기하게 된다. 그것은 여기서의 庚의 역할이 깨어진 재물(寅木, 卯木)을 취하는 것이고 金木 상쟁으로 인해 庚金 역시 뿌리를 상했기 때문이다.

이런 경우엔 천간으로 오는 丁火를 싫어한다. 하지만 천간에 또 다른 庚이 있을 때는 丁火를 써서 비견 겁재를 제압해야 한다.

金木이 상쟁하므로 신경조직도 문제를 일으키게 되는데 卯申 귀문살까지 있으므로 또라이 기질이 있게 되었다.

乙未 대운에 寅未 귀문살되고 卯申으로 귀문살을 이루고 있는 卯木의 투출신이 乙木이 되므로 乙 대운초에 신(神)이 왔다.

乙木은 庚의 정재성이므로 처 및 사귀는 여자 때문에 빙의가 오게 되니 동거하는 여자가 신 내림 받는데 쫓아다니다가 그렇게 되었다. 또 일간 己土가 庚金의 인수(정신)인데 乙木 대운은 시지 卯木의 투출신 되어 己土를 극하므로 정신에 이상이 오게된 또 하나의 원인이다.

壬午낸 47세 때였는데 세운 壬午와 己酉 일주가 3급 소용돌이를 이루어 대 세운에 소용돌이 겹쳐서이다.

예28)

己	癸	庚	戊	여
未	未	申	戌	

29	19	9	
丁	戊	己	大
巳	午	未	

癸水 일간 약하여 월주 庚申 인수에 의지한다. 癸 일간은 년 시주에 왕한 관살을 보고 있는데 월지 申홍염살은 사지(死地)가 되고 일시지 未에는 묘(墓)가 되어 불길함을 내포하고 있다. 그런데

다 월지 신(申)에서 戊土 관성 투출이며 일시지 未에서 己土 편
관이 묘 발동신이 되어 있다.

따라서 남자관계 복잡하여 남자(己, 戊)로 인해 생명 위험하다.

丁 대운 만나 월간 庚金을 극하고 丁火는 癸 일간의 묘 발동신
되므로 丙寅년 29세에 자살했다. 戊子생 본남이고 庚子생 애인
두었는데 庚子생 애인의 공갈 협박에 못 이겨 자살했다(巳戌 귀
문작용).

예29)

丙 庚 甲 戊　　남

戌 寅 寅 辰

45 35 25 15　5

己 戊 丁 丙 乙　　大

未 午 巳 辰 卯

庚 일간 寅月생으로 신약하다. 년간 戊辰土 있었으나 멀리 있
어 生金이 어렵다. 또 戊는 甲木에 剋되어 生金 능력없다. 시지
戌은 燥土되어 不生金이다. 따라서 身太弱이다.

이리되면 종재격인데 일지 寅에서 월간 甲木이 표출되었으므
로 일간 대행격이다. 이리되면 戊辰土가 필요하다. 甲木이 성장
하려면 戊土가 있어야 하기 때문이다. 庚은 관성되어 寅月 生木
에겐 좋지 않으니 성장을 방해하기 때문이다.

따라서 관직 및 직장생활로 안가고 戊土(사업)쪽으로 간다. 土
가 甲木의 財이므로 土地, 건축이 길하다.

丙, 丁, 火는 甲木의 노력이다. 이리되면 土가 와야 돈이 된다.

乙卯 대운은 겁재되어 부친이 극되고 재성이 극되어 가난하게
자랐다. 丙 대운은 寅 역마의 투출신 되어 타향으로 나갔다. 辰
대운은 土되어 甲木이 뿌리 박을 수 있으므로 결혼하게 되나 辰

辰 自刑 되어 결혼생활이 시끄럽다.

丁 대운 활동 운이고 庚官을 剋하니 損子, 퇴직사 있었다. 戊 대운 財운 되어 여자 생기고 조금의 돈 된다. 午 대운에 旺木의 기운이 寅午戌로 크게 누설되므로 왕한 활동하며 己 대운은 결실 있다.

甲木이 三土만났으니 三妻格이다.

예30)

辛 甲 丙 壬　　남

未 午 午 午

49 39 29 19　9

辛 庚 己 戊 丁　大

亥 戌 酉 申 未

甲 일간 午月생으로 지지에 일점의 뿌리가 없다. 시지 未에 뿌리가 있다. 하나 午未로 합되어 목기 상실이다. 따라서 일지 표출 신이기도 한 월간 丙火에 종하게 되니 종아격이면서 일간 대행격이다. 丙火가 午午午 중에서 홀로 투출되었으니 무리(午午午)중에서 특출하게 된다.

丙火의 역할은 辛金을 재성으로 하는데 辛財가 약함이 안타깝다. 년간 壬水는 적수오건 되어 쓸 수 없으므로 잠시 빛 좋은 직장 생활하게 되나 곧바로 그만두게 된다.

즉 壬水官이 오기는 하나 왕화에 곧바로 증발된다.

申 대운에 辛金 재성이 뿌리 얻게 되므로 결혼했다. 25살 丙午 년 이었다. 丁未生 아들을 두었는데 丁壬으로 壬水를 합거시켜서 이다. 즉 증발되는 壬水를 합거시켜 구하는 법이다.

己 대운에 甲木 합거되니 장인 및 외삼촌 별세고 酉 대운에 辛金 득록이라 재운 따른다. 그러나 己酉 대운은 년주 壬午와 3급

소용돌이 되고 육신(肉身)인 辛未(시주)와 2급 소용돌이 되었다. 그래서 집안에 흉한 일이 있었고 건강마저 좋지 못해 큰 활동을 못하고 쉬게 되었다. 庚 대운되어 丙火의 일거리가 생겨났는데 庚이 壬水를 생하여 무역회사 사장직을 맡았다. 하지만 곧바로 퇴직했는데 辛酉년 40세 때였다.

戊 대운은 왕화가 입고되어 불길했으나 재운은 그런대로 괜찮았다. 辛 대운에 자기 사업을 했으나 크게 치부하진 못했다.

亥 대운은 壬水가 득록하여 명예직 있게 되고 子 대운에 왕신 충발시켜 종말이다.

예31)

丙	壬	乙	丁	여
午	戌	巳	丑	

51 41 31 21 11 1

辛	庚	己	戊	丁	丙	大
亥	戌	酉	申	未	午	

壬水 일간이 년지 丑에 뿌리 있으나 천간 지지에 火旺하여 아무리 양간이지만 종 할 수밖에 없다. 일지 戌이 시지 午와 午戌 합되어 시간 丙火는 편관성이 되고 월간 乙木은 모친성이다.

년지 丑이 巳丑되어 金국을 이루려 하나 金이 불투되고 壬水 편관 하나뿐이므로 재운이 천간에 투출되기 전에는 직장생활을 계속하게 된다. 壬水 관성은 적수오건인데다 년간 丁火와 합을 지어 사라지므로 남자 생겼다 하면 금방 없어진다.

戊 대운은 일지 戌의 투출신이므로 배우자 감 나타나는데 24살 庚子년에 결혼했다. 庚金이 壬水를 생했고 대운지 子가 壬水의 뿌리 되어서이다. 그러나 子가 午戌 화국을 충하여 왕신 격노하므로 4개월 후에 이별했다.

종재격되면 '종신(從神)를 생해주는 木火 운이 좋고 이를 역하는 金水 운은 나쁘다'는 것이 이때까지의 정설이었다. 그러나 이처럼 일간 대행격을 구성하게 되면 꼭 그렇지 않고 종신의 역할 작용을 살펴야 한다.

종신인 시간의 丙火는 午 양인을 얻은데다 아주 강왕하므로 그 역할은 金을 녹여 그릇을 만듦에 있다. 그런데 이 사주는 丑 중 辛金만이 제형체를 유지하고 있을 뿐이다. 월지 巳 중 庚과 일지 戌중 辛金은 旺火 속에 들어앉아 그 형체를 유지 할 수 없다. 그러나 대운에서 庚을 만나면 巳 중 庚金이 발동된 것으로 볼 수 있다.

이렇게 丙火의 재성이 약하면 재복이 없게 되고 부친이 존립하기 힘들게 된다. 따라서 초년 丙午, 丁未 대운은 丙火의 비견 겁재운이라 아주 가난하게 살았으며 부친마저 저 세상으로 가게 되었다. 申 역마 대운에 壬水 편관이 장생되어 직장 따라 외국 나갔다. 己土 대운은 丙火의 상관성이므로 역시 남자 운 없어 홀로 지냈다. 酉 대운되어 년월지와 巳酉丑 금국되니 재산 증식시키려 자기 사업하려 하게 된다. 庚 대운에 비로소 재성이 천간에 투출되므로 돈이 되는 때며 壬水가 생을 맞으니 남자운이 있게 되었다.

예32)

				남
丁	癸	己	戊	
巳	卯	未	寅	
天乙		天乙		

49	39	29	19	9	
甲	癸	壬	辛	庚	大
子	亥	戌	酉	申	

癸 일간이 심약하여 왕한 것에 따를 수밖에 없다.

土의 세력이 제일 강하므로 종관살한다. 이렇게 종하게 되면 이때까지의 역술인들은 '火土 운이 좋고 水木 운은 종살에 역하므로 불길하다.'고 말한다. 그러나 이런 논리는 土의 역할 작용에 대한 이해 없는 단견(短見)으로 오류다.

이 사주에서의 土는 지지에 卯未가 있고 寅이 있으므로 나무를 심고 키울 수 있는 土이다. 따라서 바짝 말라 있는 대지를 윤습하게 해 줄 癸水를 갈구한다. 하지만 癸水가 뿌리가 없으므로 쉽게 증발되므로 돈과 여자에 대한 갈증 속에 살게 된다.

살아온 길을 보면 庚申, 辛酉 대운은 자라나야 할 목이 파괴되므로 쓸모없이 지내게 되며 壬 대운부터 재운이 왔다. 그러나 戊 대운은 木庫(未)를 형하며 土운 되어 진로가 변경되는 때다.

癸 대운은 戊癸합이 발동되어 재성이 사라지며 또 다시 생기는 때다. 그러므로 庚申년(42세)에 본처 이혼하고 후처 맞았다. 그러나 癸水 만난 卯木은 생기얻어 고개 내밀게 되어 하는 일은 발전되었다.

亥 대운은 亥卯未 목국되니 사업이 확장되는 때다. 癸가 희신되어 수산, 해운, 무역 계통이 좋은데 이 사람은 무역업했다.

甲子 대운도 좋으며 이때에 크게 우뚝서게 되니 넓은 평야에 거목이 뿌리 박게 되어서이다. 癸水 음간이 종하게 되었으므로 년간 戊土가 일간 대행이다. 戊癸 합이 되어 戊를 따랐다.

예33)

						66 56 46 36 26 16 6						
甲	癸	丁	壬	남		甲	癸	壬	辛	庚	己	戊	大
寅	巳	未	戌			寅	丑	子	亥	戌	酉	申	

癸水 일간 극신약하므로 왕한 것에 종 할 수밖에 없다. 월간 丁火가 戌, 未, 巳에 뿌리 있어 丁火에 종할까 하나 년간 壬水와 합을 맺으므로 월지 未土에 종한다.

이 사주 역시 위 사주(戊寅년 己未月 癸卯月 丁巳時)처럼 未土의 역할 작용적인 면을 살펴서 희용신을 취해야 한다. 이때까지의 설익은 논리 '종하면 종신을 돕는 것이 좋고 그에 역하면 불미스럽다.'로 보면 안된다.

未土는 조열해져 그 역할을 하기 힘들게 되어 있는데 다행히 일간 癸水가 甲寅 木에게 생기를 주고 있다.

따라서 癸水를 돕는 金水 운이 좋다. 그러나 천간으로 오는 庚申金 운은 좋으나 지지로 오는 金은 별로다.

특히 시지 寅을 충하는 申 운은 대불길하다. 따라서 戊申 대운은 아주 좋지 못했다. 辛亥 대운부터 발전하기 시작하여 壬子, 癸丑 대운까지 승승장구하여 큰 부자가 되었다.

수산업, 목욕탕, 여관업 등을 주로 했는데 수백억대의 토지 부동산을 소유했다. 癸水 하나뿐이라 갈증을 느끼게 되니 술과 여자를 아주 좋아했다. 이 사주에서 알 수 있는 것은 財星만이 부의 조건이 아니라는 점이다. 癸巳와 삼합되는 乙丑生 처를 만났고 甲寅 木이 자식되어 三子 二女 두었다.

예34)

丁	癸	乙	丙	남
巳	巳	未	子	

41	31	21	11	1	
庚	己	戊	丁	丙	大
子	亥	戌	酉	申	

癸 일간이 월일시지에 뿌리 없고 천간에 丙, 丁火와 乙木이 투

출되어 년지 子水가 있다 하나 극신약이다.

일지 巳 중 丙火가 년간에 표출되었으므로 일간 대행격이다.

따라서 일간 癸水는 관성으로 변하고 乙木은 인성으로 변했다. 이렇게 되면 직장생활이 무난한 삶을 가져다 주며 사업에는 인연 없다. 癸水의 역할은 말라 비틀어진 乙木을 살리고 키우는 일이 다. 그러나 乙木은 큰 재목이 못되므로 격국이 떨어진다. 그리고 丙火 역시 그 역할이 신통치 못하다.

재성은 일시지 巳 중에 庚金이 있으나 발동치 못하고 있다.

이 사주에서의 희신은 癸水 일간인데 이것이 없어지면 乙木은 旺火에 타죽게 되고 비겁이 발호하게 되니 재정이 파손되게 된 다. 따라서 癸水 합거되는 戊戌 대운이 아주 힘들었던 때였다.

癸水를 보강하기 위해 己亥 대운부터 水地인 仁川에 있는 생 산회사에 공원으로 다녔다. 庚 대운은 丙火의 편재운이라 己未년 (43세)에 퇴직하고 양화점을 차렸으나 실패했다. 辛酉년(45세)에 다시 플라스틱 회사에 취직했다. 子 대운에 癸水가 힘을 얻어서 이다. 생활은 항상 쪼들렸으니 빈곤의 팔자인 까닭이다. 丁丑生 처를 만났고 1男 1女를 두었다.

년지 子水는 아들이고 일간 癸水는 딸이다.

예35)

				여						大
辛	癸	乙	庚		庚	辛	壬	癸	甲	
酉	酉	酉	寅		辰	巳	午	未	申	

49 39 29 19 9

癸 일간이 辛酉, 庚金 속에 갇혀있다. 이때까지의 학설로는 이 런 사주를 종왕격이라 불렀다. 그런 후 '왕신에 따르고 순하게 하

는 행운은 좋고 이를 역하는 木火 운이 불길하다.'고 말했다. 그렇다면 '이 사주의 육친 관계가 어떻소?'하면 어물어물한다. 이 사주는 일지 酉에서 辛金 표출되었으므로 일간 대행격이다.

따라서 일간 癸水는 자식이고 乙木은 재성이며 또 나의 합신 (酉중 庚과 乙庚合)이다. 그리고 년지 寅 중 甲木은 부친이며 丙火는 형제의 남편이다.

일간 대행자 辛은 년간에 庚을 만나니 남보다 아래 위치에 있으며 또 나의 합신인 乙을 합해가므로 내 남편이 남과 합정하여 사라진다. 년지 寅중 甲木이 왕금에 겁살되어 부친과는 일찍 사별하게 되니 甲申 대운은 부친 죽고 어렵게 지냈다.

癸 대운은 왕금이 설기되므로 형편이 좋아졌고 未 대운은 乙木(夫星)의 뿌리 생겨 결혼운인데 癸丑년(24세)에 식 올렸다. 그러나 시주 辛酉와 대운 사이에 2급 소용돌이 형성되어 불화 이별 등의 갈등이 따랐다.

壬 대운은 왕금의 기운이 설기되어 무난하게 발전되나 일간 대행자인 辛에서 보면 상관운이므로 남편과 시비 구설 및 이별사 있게 된다.

辛金은 壬水를 만나야 반짝반짝 빛나게 되나 癸水를 만나면 녹이슨 것 같으므로 얼굴색은 기미 반점 등으로 시커멓게 보인다. 그리고 총명하지도 못하게 되었다.

乙木夫는 庚寅과 함을 맺었으므로 자동차 매매 및 소개업이다. 丁亥생 남편 만나 甲寅生 딸과 丙辰生 아들 낳았다.

용모가 못생겼고 천하게 보였다. 이때까지의 논리로 보고 癸 일간을 체로 하여 해석한다면 편인이 일시와 자식궁에 왕하게 있으므로 자식두지 못 했을 것이다.

예36)　　　　　　　　　　　46 36 26 16 6

　　庚 壬 乙 戊　여　　　　庚 辛 壬 癸 甲　大

　　戌 戌 丑 寅　　　　　　申 酉 戌 亥 子
　　　백호 금각

　　이 사주를 이때까지의 명리론으로 보면 壬水 일간 丑 겨울에
태어나 土多 신약하므로 시간의 庚金으로 壬水 일간을 생하는 용
신으로 하게 된다. 이렇게 되면 월간 乙木은 자식이고 년간 戊土
가 관성(夫星)이 된다.

　　따라서 辛酉 대운에 약한 乙木 상관을 충극하므로 자식이 크
게 다치던지 저승가게 될 것이다. 그러나 이 사주는 戊土 관성이
절에 봉하는 亥 대운에 결혼했고 辛 대운에 경찰이던 남편이 사
고를 당해 다리 불구가 되었으며 庚 대운에 남편이 사망했다.

　　이때까지의 명리 이론과는 전연 딴판인 것이다.

　　그러나 필자가 연구 개발한 일간 대행격으로 보면 다음과 같다.

　　壬戌 일주의 戌중 戊土가 년간에 투출되었으며 土多하다. 그러
므로 戊土를 일간으로 삼는 일간 대행격이다.

　　따라서 乙木은 정관성이 되고 壬 일간이 편재성되므로 본인은
생선장사를 하여 약한 乙木을 도왔는데 辛酉 대운이 乙木의 살지
(殺地)되어 남편이 사고 당할 수밖에 없는 것이다.

　　그리고 庚 대운에 乙庚으로 乙木 합거되어 남편과 사별할 수
밖에 없는 것이다.

예37)   35 25 15 5

　　乙 癸 丙 庚　남　　　　庚 己 戊 丁　大

　　卯 亥 戌 戌　　　　　　寅 丑 子 亥

　癸 일주가 일지 亥에 뿌리가 있으나 亥卯로 木化되고 있어 아주 신약하다. 그래서 어떤 역인(易人)은 이렇게 풀이했다.

　庚金 인수가 용신이고 卯(筆)가 있어 이름난 문인(文人)이 되었다. 그러나 庚 인수는 년간에 멀리 떨어져 있는데다가 丙火 월간의 제제를 받고 있다. 이렇게 인성이 재성에게 극받게 되면 돈(丙火財)때문에 학업중단이 되며 초년 丁火 대운에 또 한번 庚金이 제극을 당하게 되어 공부는커녕 건강마저 위험해 진다.

　그런데도 이 사주 주인공은 4~5세 때부터 그 총명함으로 주위 사람들을 놀라게 했으며 6살 乙卯년에는 東光학교에 입학했다. 따라서 위의 해석은 이치에 전연 부담되지 않는다. 한밝식 새로운 명리 이론으로 풀면 다음과 같다.

　癸水 일주 신약한데다 일지 亥가 시지 卯와 亥卯로 작합했고 시간에 乙木 표출되었으므로 일간 대행격이다.

　즉 乙木이 일간 대행이고 體다. 이리되면 生木인 乙은 丙丁火를 좋아하고 庚辛 金을 싫어한다.

　따라서 초면 丁火 대운은 乙木의 총명이 발휘되게 된다. 이 사주는 戌月 난초가 꽃을 피운 격이며 木火 상관격으로 볼 수 있다.

　그런데다 卯戌의 춘추지합까지 있으므로 그 문필이 뛰어나게 된 것이다. 그리고 戌亥 천문살 위에 丙火 상관이 앉아 있으므로 해서 불교 쪽에 인연 있었던 것이다. 그리고 초년운간인 丁은 빛이고 乙木은 東이 되므로 東光 학교에 인연 있었던 것이다.

　그러나 乙木이 戌에 입묘지이며 일지 亥에 사지(死地)가 되어 그 命이 짧게 되는데 경(庚) 대운을 만나 乙庚合으로 입묘되어 자살하게 된 것으로 추리된다.

문학가였던 李籍 선생의 명조다.

※ 주체인 시간 乙이 년간 庚과 합하여 년지 戌에 입묘되고 있는데 庚 대운에 乙庚合이 발동되어 戌에 입묘하므로 세상 하직하게 된 것이다.

대행격과
오행
중심체국

一. 대행격과 오행 중심체국

1. 목체국(木體局)

사주팔자 중에 木이 핵심이 되어 국(局)을 이루었고 그 원신이 투출되어 있을 때에 취택한다. 일간이 사주 지지 그 어디에도 뿌리없어 사주를 주재할 함이 없을 때엔 일지를 중요하게 봐야하며 일지에서 투출된 것이 사주의 중심세력이 될 때는 그것을 주체로 한다. 즉 그럴 때엔 일간을 대행하는 것이다. 한마디로 모든 것을 설명할 수 없으므로 많은 실례를 들기로 한다.

예1)

```
己癸甲壬   남        44 34 24 14  4
未卯辰辰              己戊丁丙乙   대운
                    酉申未午巳
```

癸水 일간은 년월지 辰에 통근했고 년간에 壬水까지 있으니 일주 불약이다. 그러나 사주에 土木의 기운이 강하므로 신약으로 변했다. 이런 사주상황이면 대부분의 역인(易人)들은 다음과 같이 말하게 된다. '신약하므로 巳午未 화운은 뜻을 펴지 못하고 金

水 운을 만나야 좋아질 것이다.' 그러나 이런 억부법에 따른 논리로는 이 사주의 진면목을 알 수 없다. 이 사주의 핵심은 월간 甲木이다. 지지에 亥卯목국있고 卯辰으로 준방합했으며 壬, 癸水는 甲木을 생하고 己土와 辰중 戊土는 甲木이 뿌리내릴 수 있는 기반이 되기 때문이다. 따라서 월간 甲木이 體가 되니 년지 辰중 戊土는 첫 번째 만난여자고 월지 辰중 戊土는 두 번째 여자며 시간 己土는 세 번째 만나 여자로서 해로할 수 있는 사람이다.

그러나 시지 未가 甲木의 고(庫)이고 己土가 甲木의 고 발동신 되어 합입고(合入庫)하므로 내가 먼저 죽는다. 그리고 세 번째 여자(己)에겐 꼼짝 못한다. 己土에서 보면 甲木을 합하여 未에 입고시키므로 마누라는 나를 굴복시키려 하게 된다. 癸水모친은 卯 (식신문창)에 앉아 용모단정하고 총명한 사람이다.

시간 己土는 모친이 부친 죽고 나서 만나는 애인인데 기질 센 모친이지만 그 남자에겐 꼼짝 못하게 된다. 癸水가 未에 입묘(入墓)되기 때문이다. 癸水(모친)에서 보면 辰중 戊土가 정관(夫)이 되는데 甲木(상관)을 생한 3~8년에 배부(背夫) 극부(剋夫)하게 된다.

戊土부친에서 보면 木의 극을 크게 받으므로 간병(月干病)으로 고통 받다가 죽게 되니 간암수술 후 사망했다.

생목(生木)인 甲은 火를 봐야 꽃을 피움이 되므로 丙午 대운엔 축구선수로 제법 날렸다. 그러나 丁 대운되어 년간 壬水와 丁壬 합되어 활동력(甲에서 丁은 상관)이 묶이게 되므로 좌절이 따랐다.

丁 대운의 丁은 시지 未土중에서 투출된 것이므로 이때에 여자 나타났다. 이하 자세한 설명은 뒷장에 있으므로 여기선 더 이상 언급치 않겠다. 이 사주는 일지 卯에서 월간 甲木이 표출되었고 이것이 중심핵이 되므로 일간 대행격을 겸한다.

예2)

				남	51 41 31 21 11 1	
乙	戊	壬	壬		戊 丁 丙 乙 甲 癸	대운
卯	申	寅	辰		申 未 午 巳 辰 卯	

戊土 일간 寅월생으로 년지 辰土는 천간에 壬水있어 아주 축축해진데다가 寅辰으로 반방합 (半方合)목국하여 대목지토(帶木之土)가 되었다. 그러므로 일간의 뿌리역할 못한다.

월지 寅중 丙火에 도움 받고자 하나 천간에 壬水있어 丙火가 나오기 어렵다. 그런데다가 寅卯辰 방합 목국있고 乙木 투출되었으며 년월에 壬水까지 있으므로 木이 중심이고 핵이 되는 목체국(木體局)이 되었다. 이렇게 되면 강왕해져 있는 생목(生木)의 희기에 따라 해석해야 한다.

즉 寅월 초봄의 乙木은 金을 싫어하고 水 역시 많으면 불미스럽다. 木이 꽃피울 수 있는 火가 좋고 뿌리박을 수 있는 土가 좋다. 그리고 이렇게 寅卯辰있고 乙木이 수기(水氣)되어 전권을 행사하게 되면 육친 관계도 바뀌게 된다. 즉 乙木이 體가되고 일간 戊土는 재성이 되며 壬水는 인수성이 된다.

그리고 일지 申金은 관성이 되고 寅卯木은 형제성이 된다. 따라서 戊土부친 한명에 모친(壬,壬,癸) 여러 명이다. 부친(戊)은 식신문창이 되는 申 위에 앉아 있으며 여기서 투출된 壬水가 부친(戊)의 편재가 되므로 부친은 교육사업 및 교육가다. 그리고 처(妻) 역시 교육관계에 종사하는 사람이다. 癸卯 대운은 어렵게 지냈다.

모친 죽고 부친은 사업실패했다. 년지 辰중 癸水가 부친의 본처이고 나의 생모인데 년지 辰중에 입고 되었으며 일간 戊와 시간 乙이 모친의 고발동신 되어 있다.

그리고 癸는 일지 申에 사(死)가 되는데 사신(死神)발동되어있다(壬). 그러므로 내가 태어난 5년째(戊는5년)에 모친 사별되는데 癸 대운에 戊癸 합되어 癸가 사지(死地)인 申에 들어가므로 丙申년 5살에 모친 죽었다. 甲 대운은 乙木의 겁재되므로 부친이 타격을 입게 되고 본인 역시 재정적으로 또는 먹거리 부족하게 되는 어려운 때였다. 辰 대운은 戊土가 뿌리 얻어 재정적으로 좋아지는 때며 乙木이 辰에 뿌리박게되므로 흔들림없이 학업에 임했다.

乙 대운 역시 불미스러우나 대운지 巳가 있어 무난했다. 巳대운되어 乙木의 기신인 申金을 巳申合 했고 寅巳刑으로 丙火를 형출되었으며 戊土재성이 득록하여 좋았다.

예3)

乙 戊 辛 丁　남

卯 申 亥 丑

53 43 33 23 13 3

乙 丙 丁 戊 己 庚　대운

巳 午 未 申 酉 戌

戊土 일간 亥월생으로 년지 丑에 뿌리있다 할것이나 丑은 월지 亥와 더불어 亥丑으로 반방합 수국되었으며 丑중 辛金이 투출되었으므로 丑중 己土는 허탈해졌다. 그러므로 일주 무근이므로 종할 수 밖에 없다. 亥월되어 水의 세력이 강하므로 水에 종할 것같으나 亥卯되었으며 원신(元神)인 乙木이 시간에 투출되었으므로 종관(從官)으로 갈 수밖에 없다.

따라서 이 사주의 중심핵은 乙卯木이다. 申, 辛의 金은 기신이고 亥水는 통관신이며 년간 丁火는 등불이므로 희신이고 일간 戊土 역시 희신이다. 乙木은 戊, 己의 土가 있어야 뿌리박아 흔들리지 않는다. 亥卯목국있고 원신인 乙木이 투출되었으므로 戊土 일간을 버리고 乙木을 體로 해야 한다. 이렇게 되면 일간 戊土가 정재성이 되어 처가 되며 월간 辛金은 아들자식이며 일지 申金은 딸자식이다. 그래서 戊土재성의 록이되는 辛巳생을 만나 己酉생 장남과 辛亥생 딸을 두게 되었다.

월간 辛이 乙木의 관성이 되고 戊土가 재성이 되므로 직장생활 하다가 사업쪽으로 전환하게 된다. 戊土정재운(乙木의)에 결혼했고 丁火의 공으로 교직생활하다가 경찰로 전직했다.

辛金편관이 亥역마위에 앉았고 丁火등불이 거울(辛)에 반영되는 상이므로 바다를 지키는 해양경찰이었다. 丁 대운부터 빛이나니 발전되었고(승진)丙午 대운 역시 호운이라 승진되었으며 생산 공장하나 인수하여 퇴직 후를 대비했다.

이 사주 역시 이때까지의 명리 이론인 '종관하면 관성을 도우는 水木운이 좋으며 관성의 기운을 빼는 火土운은 나쁘다'에 따르면 '아닌데요. 틀렸는데요' 하는 대답만 들을 뿐이다.

예4)

					55	45	35	25	15	5	
丁	丙	乙	己	남	己	庚	辛	壬	癸	甲	대운
酉	辰	亥	丑		巳	午	未	申	酉	戌	

丙火 일간이 절지(絶地)인 亥月에 태어나 지지에 통근못했다. 丁火있으나 丙火를 돕지못한다. 이리되면 대부분의 역자들은 월간 乙木을 희용신으로 하고 丁火 역시 희신으로 보게 된다.

즉 극신약한데 乙木이 丙火를 생해줌으로[살(亥)인(乙)상생]의 격국으로 말하게 된다.

그러나 乙木은 습목이 되어 生火하기 어려워 이런 억부법으로 이치에 맞지 않다. 만일 乙木이 유일한 용신이라면 辛 대운에 乙木을 충극하므로 크게 불길했을 것이다. 그러나 이 명조의 주인은 오히려 辛 대운에 승진을 했으며 그 능력을 인정받았으니 乙

木용신론은 맞지 않는 것이다. 그렇다면 어디로 갈까? 아무리 머리를 굴려봐도 답이 없다.

그러나 이 사주 역시 일지 辰에서 표출된 乙木으로 體를 잡아가는 일간 대행격으로 보면 해결된다. 그러나 亥丑(水局)있어 乙木을 생조하지만 辰酉 合으로 乙木의 生氣를 끊음이 문제다.

그리고 乙木體가 시지인 亥에 앉아 있고 시지 酉에 絶이되는데 이것이 辰酉合을 맺어 乙木의 뿌리(辰)를 끊고 있음이 크나큰 병이다. 따라서 시지 酉金자식성이 큰 병이고 신체적으로 폐(酉)가 문제가 된다. 乙木에서 보면 丙,丁火(식상)은 조후시켜주므로 희신이고 己丑土는 乙木이 활동하는 땅이다. 일지 辰중 戊土가 처(妻)가 되며 부친성이다.

乙木은 丙,丁火가 있으므로 해서 사(死,亥)중에서 생을 얻게 되니 사생결단의 각오가 있는 사람이다. 乙木이 丙,丁火를 보면 치밀하고 준비성 철저하다. 그리고 내 행동(식상,丙,丁)은 추운겨울 초저녁의 광명이 된다. 乙木이 뿌리박을 수 있는 땅(己丑)은 관고(官庫)이므로 관리(官史)가 모여 있는 곳을 통제하는 일 하게 된다. 甲戌 대운은 조토, 조목(甲)되어 丙, 丁火를 생하므로 웃사람(甲)의 덕이있고 편안한 세월이다.

癸 대운은 丙, 丁火를 어둡게 하고 乙木에겐 찬서리 및 눈보라가 되므로 힘든세월이다. 酉 대운은 戊土가 死地에 드니 부친에 유고있으며 乙木또한 절지를 만나므로 어려운 나날이다. 壬 대운은 사중구생이 되나 丙이 壬을 만나니 자신의 능력이 빛을 발한다. 申官이 乙木의 天乙귀인이고 壬 대운은 申에서 투출이므로 시험 및 직장운 있다. 辛 대운은 丙辛合되어 자신의 행동(丙)이 거울 만나 빛난다. 未 대운에 亥未로 木局을 이루며 丁火의 뿌리되므로 보직이동 있으며 발전운이다.

庚 대운에 乙木을 合하여 관운이 따르나 生木이 庚을 만나니

고달픈 때다. 더욱 庚은 시지 酉기신에서 투출된 투출신이므로 자식때문에 고민안고 지낸다.

午 대운은 乙木이 장생이고 丙, 丁火는 힘을 얻으니 나의 능력이 더욱 밝게 빛나고 새로운 각오로 삶을 도모한다. 己 대운은 암금살인 丑(년지)의 투출신이므로 乙木이 상하게 되는데 丙戌년 만나 辰酉合을 깨므로 자살하고 말았다.

세운지 戌은 乙木의 묘지되고 丙丁火의 고(庫)가 되었기 때문이다. 辛 대운 역시 년지 丑의 투출신이라 극흉하나 丙과의 합을 탐해 剋乙木하지 않았으므로 흉함을 면했다. 그러나 반드시 자식문제 및 직장문제로 큰 고통을 받았을 것이다. 경찰인데 경무과 과장직까지 올랐던 인물의 사주다.

예5)

壬	癸	丙	甲	여
戌	卯	寅	申	

42 32 22 12 2

辛	壬	癸	甲	乙	대운
酉	戌	亥	子	丑	

癸 일간 寅月生으로 甲木투출이고 丙火투출되어 太身弱이다. 년지 申에 뿌리 둔 시간 壬水가 힘될 것 같으나 寅申沖으로 깨어져 壬水가 癸 일간을 돕지 못한다. 따라서 종아에서 종재(丙)로 간다. 丙火가 일간 대행이니 癸,壬은 관살되어 혼잡이다. 일간 癸水 초부(初夫)고고 시간 壬水 후부(後夫)다.

癸 대운이 丙火의 정관되어 결혼했다. 관성인 일지 卯와 삼합하는 乙亥生 남자 만났다. 壬 대운은 관살혼잡이 발동되어 부부불화있는데 丙辰년(33살)에 이혼했다. 戌 대운은 丙火의 식신되어 식당업했다. 庚申, 辛酉(37,38세)에 남에게 보증해주고 손재당했다. 生木인 甲寅을 깨었기 때문이다.

이 사주의 정신은 생목(生木)인 甲乙木을 살림에 있다. 그러므로 물(癸)있어야 하니 남자상대의 직업 가지게 되고 남자 없으면 못산다. 寅中戊土. 戌중 戊土있어 딸 2명 두었다.

辛 대운에 반짝 좋다가 酉 대운에 망했다. 甲木이 體가 될 것이나 寅申沖으로 뿌리 상했고 卯戌 合되어 木氣상실이므로 다음 세력인 丙火를 따르는 것이다.

예6)   42 32 22 12 2
　　辛 辛 己 乙　　여　　　　甲 癸 壬 辛 庚　　대운

　　卯 卯 卯 未　　　　　　　申 未 午 巳 辰

旺한 木은 극제되던지 火로 설기시켜야 한다. 辛卯 일주가 卯月卯時에 태어나고 년지 未로 卯未로 木局이루니 종재격이다. 그러나 일지 卯에서 乙木표출이므로 대행격을 구성했다. 이렇게 되면 일간과 시간의 辛金은 夫星이고 己土는 편재성이다. 그런데 辛은 乙木을 활용할 줄 모르고 면도칼처럼 제극하려 한다. 그러나 木強金弱하여 칼날만 손상입는다. 더욱이 乙木에서 보면 남자(辛)가 둘이다. 따라서 乙木은 夫를 싫어하게 되며 남의 남자(시주 辛卯)가 내 남자같다. 또 太旺한 乙木은 火를 봐야 숨통이 트이는데 일점의 화(火)가 투출치 못하여 숨막힐듯 답답한 팔자다.

辛(夫星)에서 보면 卯, 乙木이 財星이므로 옷감이나 베를 자르는 (辛은 칼)재단사 직업 가진다. 즉 남편의 직업은 섬유와 포목(乙)을 재단하는 양복점 의상실이다. 년지 未土있고 월간 己土있어 乙木의 재성되므로 친정은 먹고 살만한 형편이다.

대운 역시 庚辰,辛으로 일간 辛을 도와 왕목을 억제하니 결혼 전까진 무난했다. 辛巳대운 乙卯년(21세)에 결혼했으나 壬午 대운은 辛일간이 더욱 약해지고 대운지 午(역마)는 홍염살되어 辛을 극하면서 午未로 년지와 합을 맺는다. 따라서 不美한 세월되어 부부不和끝에 가출하게 되었다. 27세 辛酉년에 가출하였다가 귀가했다. 乙木에서 보면 午역마 홍염살이 午未로 합했기 때문이다.

癸未 대운 역시 不美스럽고 甲申 대운의 申운에 가서야 안정될 것이다. 辛辛으로 夫星 2개되어 항상 힘센남자 찾아 갈증과 旺木의 기를 泄하고 싶어지니 성욕이 아주 강한여성이다.

년지 未중 丁火가 자식되어 丁巳生딸 낳았고 夫는 亥生이나 戌生이 되는데 丙戌生 만났다. 卯未에 亥가 없어 亥生인연이고 卯卯되어 戌을 合引하므로 戌生인연이다. 丙戌生夫만나면 丙火는 乙木의 상관되어 剋夫하게 된다.

예7)

己	庚	甲	戊	남
卯	寅	子	辰	

57 47 37 27 17 7

庚	己	戊	丁	丙	乙	대운
午	巳	辰	卯	寅	丑	

庚 일간 子월생으로 년지 辰土는 子辰으로 반수국되어 土의 기운을 많이 상실했다. 년간 戊土 역시 甲木에 극을 받았으며 子辰의 辰 위에 있으므로 庚金을 생활 여력이 없다.

시간 己土인수를 써볼까하나 이 역시 병(病)지에 앉아 있고 寅卯辰 목국의 극을 받아 제살기도 바쁘다. 이런 사주는 자칫하면 신약 용인격으로 보기 쉬우나 子辰水局은 水生木으로 변했고 寅卯辰방합있는데다 그 원신인 甲木이 투간되었으므로 목체국(木體局)으로 변했다.

따라서 甲木을 체로 하니 년간 戊土는 편재성이고 子辰 수국은 인수가 되어 부친 한명에 모친 두 명이다. 일간 庚이 자식성이 되고 시간 己土는 처가 되는데 庚은 寅에 절이되고 월지에 사(死)를 만났으므로 자식이 노상(寅역마)사고로 절명하게 된다.

처는 항상 몸이 좋지 않은데 병지인 卯에 앉아 있고 甲木체가 처의 병(病) 발동신이 되기 때문이다. 寅卯辰 목국중에서 甲木체가 투간되었으므로 형제중에 가장 뛰어나게 되며 왕자병(王子病)이 있으며 자신이 최고라 생각하게 된다. 그리고 寅卯辰 동방전기(金氣)를 타고 났으므로 크게 두각을 나타낼 수 있다. 생목(生木)인 甲木은 火를 좋아하고 土를 좋아하며 金을 제일 꺼리게 된다.

丙寅대운은 음습한 겨울날에 태양(丙)이 솟아오르니 더없이 좋다. 따라서 이때부터 그 재능을 발하게 되었다. 丁 대운 역시 좋았으나 卯 대운은 수술사(子卯刑) 따랐고 여자와의 애정문제(卯도화)로 시끄러움 있었다. 재운은 좋지 않았다.

戊辰 대운 좋았다. 甲木의 편재운이며 일지 寅역마가 발동되므로 바쁘게 다니면서 돈 벌었다. 물론 이성문제도 많았다(편재운). 己巳 대운에 축재되었고 역시 좋은 때다.

庚 대운은 부부간에 이별 따르고 골치 아픈 문제 많이 발생되는데 자식과 법적문제 발생이다.

甲己합을 庚(자식)이 들어 깨므로 자식 낳은 후 부부간에 공방 많이 치게 된다. 플라이보이 곽규석의 명조다.

예8)

```
甲 辛 庚 辛    남        25 15  5
午 卯 寅 卯              丁 戊 己    대운
                        亥 子 丑
```

辛金일간의 뿌리가 없다. 년월간에 辛,庚의 비견겁재 있으나 그들 역시 뿌리 없어 일간을 돕지 못한다. 사주의 기운이 木으로

뭉쳤고 일지에 卯木있으며 시간에 甲木 투출이다.

그러므로 木제국이 된다. 체가 되는 甲木에서 보면 卯,卯의 양인 있으며 월지에 건록(寅)까지 만나 아주 태왕하다. 이런데다 일점의 수기(水氣)없고 왕한 목이 뿌리 내릴 土까지 없다. 그러므로 사목(死木)이 되어 金으로 억제하고 다듬어 줘야한다.

양인(洋刃:卯) 중중한데다 관살혼잡(庚,辛,辛)을 이루므로 군인이나 경찰로 가게되는데 子 대운에 해군으로 입대했다(해군사관학교 졸업). 甲木체의 재성(처)은 시지 午중 己土인데 처궁(午) 발동되는 丁 대운 己未년(27세)에 甲己합하여 결혼했다. 庚,辛이 자식성 되나 아주 약하므로 이를 도와주는 庚申,辛酉년에 연달아 딸 낳았다.

이 사주의 명줄은 시지 午중 丙火식신이고 월지 寅중 丙火인데 亥 대운되어 丙火가 절을 만나 절신(亥)발동되는 壬戌년 30세에 송도 해수욕장에서 친구와 물놀이 하다가 익사하고 말았다.

예9)

				여	41	31	21	11	1	
癸	辛	乙	壬		庚	辛	壬	癸	甲	내운
巳	卯	巳	戌		子	丑	寅	卯	辰	

辛金일간은 사주 지지 그 어디에도 통근 못했다. 년지 戌중에 辛金있으므로 辛일간의 뿌리가 될듯하나 멀리 년지에 있고 巳戌로 巳火가 戌에 입고하여 辛金을 못쓰게 하므로 있으나 마나 되어 있다. 음간인 辛金으로서는 종할 수밖에 없으니 제일 강왕한 세력을 지닌 월지 巳火에 종해야 될 것 같다.

그러나 巳火는 천간에 그 원신을 투출시키지 못했고 년지 戌에 입고하므로 종관격을 이루지 못한다. 할 수없이 일지 卯에서 투출된 월간 乙木을 대행자로 쓸 수밖에 없다. 巳월의 乙木은 卯에 뿌리있고 년시간에 미흡하지만 壬, 癸水가 있어 乙木을 생해 주므로 이 사주의 중심점은 乙木이 된다.

이것은 '이것도 저것으로도 따르지 못할 바에야 내 몸(日支)에서 나온 것을 따라야지.'하는 일반적인 인간 삶에서 찾아낸 이론이다. 따라서 월간 乙木이 체(體)가되니 일간 辛金은 나의 편관성이 되고 시간의 癸水가 모친성이며 년간의 壬水는 모친의 남형제가 된다.

巳월의 乙목은 천간에 火가 투출되어야 난초(乙)가 꽃을 피운 격이 되어 총명하게 되며 남에게 예쁘다는 칭송과 눈길을 많이 받게 된다. 그런데 乙木의 상관인 巳火는 지지에 웅크리고 있으며 년지 戌에 입고되어 있다. 이렇게 되면 총명함이 나타나지 못하게 되며 말수와 표현력이 약하게 된다.

壬, 癸水가 공부(인수)인데 뿌리없이 미약하므로 학문도 짧게 된다. 그리고 土가 乙木의 재성이 되는데 戌土는 조토이므로 乙木이 뿌리 내릴 수 없어 돈복 역시 좋지 않다. 乙木은 辛金을 두려워하므로 남자를 겁내게 되고 31세부터 시작되는 辛 대운에 결혼할 것이다.

甲辰, 癸卯, 壬寅 대운은 미약한 乙木의 뿌리되므로 부모덕에 무난하게 자랄 수 있었다. 乙木이 가는 길은 巳火상관으로 가고 巳火는 戌에 입고하므로 2년제 유아보육과를 나왔다.

辛일간이 월간에 乙木 편재를 보았으므로 부친(乙)닮았다. 년간 壬水(외삼촌)가 壬戌로 백호살되었고 壬水가 巳에 절(絶)이고 일지 卯에 사(死)가 되므로 외삼촌이 비명횡사 했다.

예10)

癸 壬 乙 癸　 남	51 41 31 21 11 1
	己 庚 辛 壬 癸 甲　 대운
卯 午 卯 亥	酉 戌 亥 子 丑 寅

이때까지의 명리 이론으론 '水木상관격에 비겁으로 용신한다.'
는 사주다. 그러나 壬, 癸水는 水生木했고 년지 亥는 亥卯로 목국
을 이루었으며 그 원신인 乙木이 월간에 투출되어 있다.

그러므로 木이 중심이 되는 木체국이다. 생목이므로 꽃이되는
丙, 丁火운이 좋고 木이 뿌리 내릴 수 있는 土운도 좋다. 水 운은
평평하며 金운이 제일 나쁜데 卯를 충하는 酉가 더욱 나쁘다.

천간으로 오는 金운은 壬, 癸水가 있으므로 통관이 되니 무사
하다. 일지 午火가 木의 숨통이고 가는 길이다. 따라서 子 도화
대운에 애정문제로 큰 고통 겪었는데 일지 午火를 충해서이다.

辛亥, 庚戌 대운까지 약사로 무난한 삶을 살았다. 그러다가 酉
대운 만나 생목의 뿌리인 卯를 충하므로 59세 辛酉년에 뇌출혈로
사망했다. 戌 대운과 己土 대운엔 치부했다.

예11)

甲 辛 癸 壬　 남	52 42 32 22 12 2
	己 戊 丁 丙 乙 甲　 대운
午 卯 卯 申	酉 申 未 午 巳 辰
공망	

辛金일간의 뿌리는 년지 申에 있다. 따라서 [재다신약 용비격]
으로 감정하기 쉽다. 그러나 申金은 멀리 년지에 있고 년간 壬水
를 생하기 바쁘다. 그리고 일간의 정은 일지 卯에서 투출된 시간
甲木으로 가고 있다. 따라서 가종재격이다.

즉 辛金일간이 태왕한 木을 다스릴 능력없다. 시간 甲木이 일 간을 대신하여 주재한다. 卯월 甲木이고 壬癸水까지 있으므로 생 목이다. 따라서 시지 午火가 甲木의 숨통이고 명줄이다.

巳午未 남방운에 왕성한 활동했고 발전있었다. 그러나 己酉 대 운되어 酉가 卯를 충하니 생목의 뿌리치는 격이라 61세 癸酉년에 위암수술했고 후유증으로 당뇨병까지 겹쳐 폐인이 되었다.

만일 재다신약이라면 申酉 대운에 약한 辛金일간이 뿌리 얻어 왕한 재성에 임할 수 있으므로 좋아야 할 것이다.

예12)

乙 癸 乙 戊　　여
卯 卯 卯 戌
　　天乙 天乙 도화

37 27 17 7
辛 壬 癸 甲　　대운
亥 子 丑 寅

癸 일간이 木太多하여 종아격이다. 음간이 종아한데다 일지 卯 에서 乙木표출되었으므로 乙木을 일간 대행으로 하여 육친 관계 를 본다. 그런데 월 시간의 乙木중에 시간의 乙木을 취한다. 월주 乙卯가 년간 戊과 합되어서 순수한 木의 성격을 다소 상실하여서 이다.

년간 戊土정관은 乙木의 정재성되어 부친이고 일간 癸水는 모 친성이 된다. 戊癸로 합하는 그 중간에 乙卯木이 앉아 합을 방해 하고 있으며 木太多하여 剋戊土하므로 형제 및 내가 태어난 3~8 년(3.8木)정도 지나면 부모는 이별하게 된다. 그런데다가 초년 대 운마저 甲寅 木되어 극 戊土하므로 癸卯(6살) 甲辰(7살)년에 부 모이별이고 나는 모친을 따랐다.

무남독녀 외동딸이나 비견 많아 이복형제 있게 되었다. 식신문 창에 天乙귀인인 乙卯를 따랐으므로 교직에 인연있고 癸水모친 역시 교직(국교)이다. 生木에 물 대어주는 것이 癸水의 역할이고 卯문창성에 앉아서이다. 이렇게 왕한 生木은 火를 봐야 좋아지는데 일점의 火가 없어 배설기관이 시원치 않고 土약하고 木에 多剋되니 비위약해 소식(小食)이고 연약한 체질이다. 癸丑 대운에 숙대(淑大)에 입학했고 졸업했다.

원명에 癸水 일간이 학문을 뜻하는 인수가 되었고 癸 대운 역시 인수운이고 오행으론 水가 되어 숙(淑=)자 인연 된 것이다. 戊戌부친은 卯 도화와 합하고 卯가 3개 되어 바람기 심한 사람으로 후처와 동거하여 아들 두 명 두었다. 丑 대운에 丑戌형되어 辛金(夫星)나타나나 生木(乙)은 金을 무서워하므로 결혼 생각 안한다. 壬子 대운도 인수운되어 공부생각만 하게 되고 子 대운은 도화운되어 결혼생각하게 되나 이뤄지기 힘들다. 辛 대운에 남자나타나 교제하게 되고 결혼운이나 재미롭지 못할 것이고 庚戌 대운초에 이별이다. 원명에 火없고 대운에서도 火를 못 만나 자식두지 못할 것이다.

예13)

壬 丁 己 庚　　여
寅 卯 卯 辰

46 36 26 16　6
甲 乙 丙 丁 戊　　대운
戌 亥 子 丑 寅

丁火 일간이 목왕절인 卯월에 태어났으므로 인수격으로 보기 쉽다. 조금더 실력있는 사람은 '丁壬合木되었고 卯월에 寅卯辰 木 방국까지 있으므로 丁壬 合化 木格(정임합화목격)으로 보게 되나 년간에 庚이 있어 파격된다.'로 말했다. 고서(古書)에 그렇게 기록되어 있기 때문이라 했다. 최선생! 그렇다면 이 여성의 남편은 어떤 것이며 그 남편은 어떤 사람이요? 필자가 물었다. '시

간의 壬水가 남편입니다. 그리고 그 남자는…... 별 볼일 없는 사람일것 같소.' 2007년 12월 초순에 방문한 어느 역술인과의 문답이다.

이 사주는 寅卯辰방합에 丁壬합이 있으므로 丁壬 합화목격이 된다. 년간 庚金이 있으나 지지에 酉金없고 丁壬合木과 庚金사이에 己土가 있으므로 庚이 木을 깨지 않는다. 여기서의 庚金역할은 寅卯辰으로 많은 木중에서 필요없는것 쓰일 수 없는것 들을 쏙아내며 다스리는 일을 한다.

그리고 丁火 일간이 시간 壬과 합하여 丁壬合木이 되었으므로 木체국이 되어 木이 일간노릇하게 되고 庚은 남편이 된다. 庚金 남편의 입장에서 보면 寅卯辰이 제국되고 丁壬 合木으로 木의 원신이 고개를 내밀었으므로 남편은 큰 부자며 재산관리 잘 하는 사람이다. 또 己土는 庚의 인수요 丁火는 관성이므로 제법이름 꽤나 알려져 있는 거물이다. 대운으로 보면 丑 대운이 庚金(夫)의 뿌리가 되며 己土의 뿌리까지 된다.

따라서 결혼운인데 관성이 나타나는 庚子년 21세에 결혼했다. 년주가 남편궁이므로 일찍 결혼인데 남편궁인 년지 辰과 삼합되는 丙子생 남자였다.

丙 대운은 논밭(己)에 태양(丙)이 비춰주므로 木이 꽃을 피우게된다. 그리고 丙은 庚의 편관이므로 남편은 직장생활했다. 대부분의 역인들은 木의 상관은 丙이고 丙은 정관이 되는 庚을 치므로 남편과 이별사, 불화가 따르며 남편이 손상되기도 한다. 로 본다. 즉 庚이 정관이고 丙火를 만날 때에 위와 같이 말한다.

예14)

						54 44 34 24 14 4	
癸	癸	乙	癸	여		辛 庚 己 戊 丁 丙	대운
亥	未	卯	未			酉 申 未 午 巳 辰	

이 사주는 천간에 3개의 癸水있고 시지에 亥水있어 癸水가 강하다. 따라서 월주 乙卯에 설하게 되는 식신격이다. '그러므로 木火土운이 좋고 金水 운은 강한일간을 도우므로 좋지 않을 것이다.'라고 말하기 쉽다. 또 어떤 이는 '癸가 3개이나 亥卯未 목국을 지었고 乙木이 투출했으므로 오히려 일간이 약해졌다.

그러므로 일간을 돕는 金水 운이 좋을 것이다.'로 말한다. 그러나 그렇게 보지 말고 卯月의 癸水가 어떤 역할을 하며 역할을 받는 상대 (乙卯)의 상황은 어떤가 하는 점만 살피면 쉽고 정확하게 풀수 있다. (中春)의 癸水는 크게 발돋움하는 乙木에겐 봄 비 같은 역할이다. 그런데 봄비치고는 많은 양이 되어 乙卯 木의 뿌리가 썩을 우려가 있다.

따라서 음습함을 제해주는 火가 와야 乙木이 잘 자랄 수 있다. 즉 이 사주의 중심은 생목인 乙卯木이다. 그러므로 성장을 촉진시켜주는 火가 첫째요 土는 둘째다. 따라서 초년 丁巳운이 제일 잘나갈 때 였으니 부잣집에 태어나 명문이라 일컫는 이화여대를 졸업하게 되었다. 이대(梨大)를 나오게 된 것은 卯木이 문창성이기 때문이다. 戊 대운에 결혼했는데 辛巳生으로 부잣집 아들이었다.

여기서 남편성은 월지 卯중 甲木이고 월간 乙木은 夫의 표출신이다. 그런데 乙卯(夫)는 년주 癸夫와 일주 癸夫사이에 앉아 두곳(夫,未)에 뿌리내리고 있다. 이리되면 夫는 나 이외에 여성과 합정하게 되고 이것저것 여러 가지의 업을 하게 된다(학교, 창고, 숙박업 등). 그런데 여명 팔자에 천간에 비견겁재가 많이 뜨면 시모와 불화있게 되므로 결혼 후 시모의 구박을 심하게 받게 되었다.

원명에서 보면 癸水 生 乙卯木했으나 火가 없다. 이리되면 노력해도 결실이 없는 상이고 음식을 먹었으나 배설이 안되어 답답한 상태와 같다. 따라서 항상 답답하고 우울해지니 부잣집 맏며느리라고 남들은 선망의 눈초리를 보내나 자신은 제대로 돈(丙) 한번 못쓰게 되니 부옥빈인(富屋貧人)이다. 庚申 대운 辛酉 대운 불미한데 酉 대운이 최악이다.

예15)

乙	己	庚	丙	여
亥	卯	寅	子	

56 46 36 26 16 6

甲	乙	丙	丁	戊	己	대운
申	酉	戌	亥	子	丑	

己土 일간의 뿌리가 없다. 년간 丙火있으나 조후 역할 뿐이다. 지지에 일지 卯를 중심으로 亥卯목국되고 寅월생이라 종살격에 木체국이 된다. 亥卯목국중에서 乙木혼자 투출되었으니 여러형제 보다 뛰어나게 된다. 년간 丙火는 자식이고 월간 庚이 남편이다. 시지 亥水가 모친이고 寅亥 합하여 寅중 戊土가 부친이다. 일간 己土는 모친의 두 번째 남자다.

따라서 모친은 부친죽고 재가했다. 월간 庚에서 보면 종재격이고 년간 丙火가 편관성이 되니 남편은 공직자인데 역마위에 앉았으니 외교관이다. 己土 일간은 남편의 모친이기도 하다. 따라서 남편은 본인에게서 모친의 정을 느끼게 된다. 己土는 년지 子에 절이고 월지 寅에 사지되어 왕한 木의 극을 받으므로 나와 결혼(乙庚)할 무렵에 사망이다.

월지 寅중 戊土 부친 역시 왕목에 극되니 일찍 사별이다. 丑 대운 癸酉년(12살)에 부친죽고 모친은 재가했는데 (나를 데리고)

丙子년 15세 때였다. 子 대운 도화살되어 결혼 운이다. 丁 대운에
왕한 木이 설기되어 좋았고 남편이 직장이동 있었다. 丙戌 대운
역시 좋았다.

乙 대운까지 무난하나 酉 대운에 일지 卯를 충하므로 남편과
별거이별 따르며 건강상 문제 생겨 수술사 있었다.

甲 대운에 월간 己土합하여 멀리 있던 남편이 가까이 내곁으
로 왔다. 그러나 己土재성이 甲木에게 합거되므로 후부(後父)사
망 및 재산상 손실있다.

예16)　　　　　　　　　　44 34 24 14　4
　　丁 癸 丙 甲　남　　　辛 庚 己 戊 丁　대운
　　巳 亥 寅 戌　　　　　未 午 巳 辰 卯

癸 일간이 일지 亥에 뿌리 있으나 巳亥충되었고 寅亥 합되어
뿌리역할 못한다. 따라서 왕한 것에 종할 수밖에 없으니 종재격
이 될 듯하다. 그러나 일지 亥가 월지 寅과 寅亥합했고 년간에 甲
木이 투출되었으므로 종아격이 되며 음간이므로 甲木을 체(體)
로 한다. 월간 丙火와 시간 丁火는 甲木의 식신상관이 되므로 목
화통명(木火通明)이다.

따라서 총명 영리하며 조모(祖母)및 장모 2분 있게 된다. 寅월
의 생목(生木)이므로 제일 꺼리는 것이 金이다. 火土운은 발전운
이고 재운되어 좋다. 甲木의 정재성은 己土인데 24세 己 대운부
터 정재운이므로 결혼운이다. 따라서 26살에 己卯생 여자 만났
다.

庚 대운에 甲庚충되어 교통사고로 머리를 크게 다쳤다. 午 대
운에 寅午戌 화국되어 활동 크게 했고 치부했다.

辛 대운은 월간 丙火를 합하므로 갈 길이 막히는 나쁜 운이다. 따라서 48살 辛酉년 까지 답답하게 지냈다. 土가 재성되어 토지건축으로 인해 큰 부자 되었다. 년일지에 戊亥 천문성이 구성되고 년지 戊土가 재성이 되므로 절, 무당, 미신을 좋아했다.

예17)

				여	49	39	29	19	9	
甲	甲	戊	丙		癸	甲	乙	丙	丁	대운
戊	戊	戊	申		巳	午	未	信	酉	

공망, 역마

戊月 甲木 일간으로 시간에 甲木비견있을뿐 그 어디에도 뿌리 없다. 9월(戊) 甲木은 생기가 땅 밑 뿌리로 돌아가고 가지와 잎사귀마저 떨어져 앙상한 노목(老木)이므로 사목(死木)에 속한다. 이럴 땐 천간에 庚이 투출되어 있고 丁火마저 투간되어 있으면 잘 벼르진 도끼로 그릇을 만들 수 있으므로 좋은 팔자가 된다.

그러나 이 사주는 土태다하다. 그러므로 월간 戊土에 따르는 종재격으로 보기 쉽다. 그리고는 土를 돕는 火土운은 좋고 土를 극하는 木운은 나쁘다는 식의 단순한 이론을 적용시키게 된다.

그리고 년지 申은 남편이고 丙火식신은 딸이다.로 육친풀이를 하게 된다. 그러나 이 사주는 土체국에 일간 대행격을 겸하고 있다. 따라서 월간 戊가 체(體)가 되니 일시간이 甲木은 남편성이고 년지 申이 자식성이 된다.

그리고 년지 申중 壬水가 부친성이고 戊중 丁火는 모친성이다. 하여 부친1명에 모친3명이다. 그리고 壬水에서 보면 재고(財庫)인 戊이 3개다. 따라서 부친은 재력가(財力家)다.

예18)

```
癸 癸 己 乙  여        44 34 24 14  4
丑 未 卯 未           甲 癸 壬 辛 庚   대운
                     申 未 午 巳 辰
```

억부법으로 보면 식상이 卯未로 목국을 이뤘고 土가 많아 신약하다. 따라서 시간의 癸水와 시지 丑중 辛金이 약한 일간을 돕는 회신이 된다. 그러나 癸未일주가 卯未로 합을 지었으며 목국의 원신인 乙木이 투출되어 있다. 즉 癸未일주의 정은 년월의 乙未와 己卯로 향하고 있으며 시주 癸丑과는 丑未충이 되어 있다.

그러므로 목체국이 된다. 생목인 乙木은 火를 좋아하고 土는 뿌리내릴 수 있으므로 반기게 된다. 그러나 시지 丑중 辛金은 생목의 가지를 자르므로 제일 싫어하게 된다. 乙木을 체로 하면 년지 未와 월간 己土가 재성이 되어 뿌리 내릴 수 있으므로 재정적으로 풍요로운 환경 속에 자라게 된다. 그러나 辛 대운은 시지 丑속에 있는 기신이 발동되었으므로 아주 불길한 때다.

따라서 이때부터 가세가 기울어 큰 고통을 당했다. 壬 대운 25세 乙未년에 결혼했으나 자식이 없다. 임신되면 유산되는데 자식궁에 백호살있고 癸水가 丁火를 극하기 때문이다.

원칙적으론 시지 丑중 辛金이 관성(夫)이 된다. 乙木은 辛金을 꺼리므로 남자가 가까이 오면 몸 상할까 싶어 피한다. 월간 己土는 丑(夫官)의 표출신이기도 하므로 남편에서 취하는 것은 재정적 문제뿐이다. 즉 남편은 내가 뿌리내리고 살 수 있는 재물 역할뿐이다. 癸未 대운에 丑未충이 발동하므로 부부 별거에 자궁수술 있게 되었다. 乙酉 대운에 卯酉충되면 생명이 끝난다.

예19)

戊 己 乙 癸　남　　　　　58 48 38 28 18 8

辰 卯 卯 巳　　　　　　 己 庚 辛 壬 癸 甲　 대운

　　　　　　　　　　　酉 戌 亥 子 丑 寅

己土 일간의 의지처는 년지 巳火와 사주의 戊辰이 있다. 그러
나 년지 巳는 년간 癸水의 하극(下剋)을 받고 있으며 일주와는
멀리 있으므로 생을 받기 어렵다. 시주 戊辰의 辰은 일지 卯, 월
지 卯와 卯辰으로 반방합을 이루니 대목지토(대木之土)가 되었
으며 시간 戊土는 멀리 년간의 癸水와 합을 탐해 己土 일간을 도
외시 한다.

따라서 일지 卯에서 투출된 월간 乙木을 일간 대행으로 하는
데 목의 기세가 태왕하므로 목체국을 이룬다. 卯月의 木은 상승
하는 기세가 맹렬하므로 천간으론 火土가 와야 좋아지고 지지로
의 火운도 좋고 土운도 좋다. 그러나 木의 설기구인 년지 巳火를
충극하는 운은 흉하고 생목이므로 金운도 꺼린다. 그리고 천간
지지로 오는 水 운은 발전없고 답답하나 큰 탈은 없다. 다만 亥운
은 좋지 않다. 甲寅 대운은 寅중 丙火있고 乙木이 甲木에 의지하
므로 비록 乙木의 겁재운이나 편하게 자랐다.

癸 대운은 시간의 戊土를 합하여 작용을 못하게 하며 癸水발
동하여 년지 巳火를 극하므로 흉한때다. 이런운에 대운과 복음되
는 癸丑년(21세)만났으니 어찌 무사할 수 있으랴. 丑丑이 탕화되
어 약먹고 자살미수 되어 하반신 마비 왔다.

그러나 丁巳년 25세에 치료 되었는데 丁巳가 희신 되어서이다.
乙木이 체가되면 戊,己土가 재성이므로 丑 대운 己未년(27세)에
결혼했다. 그러나 戊,己로 정편재가 혼잡되었고 乙木에겐 土가
필요하므로 부인외에 외정 두게 되었는데 壬子 대운에서 였다.
대운지 子가 도화살되고 일월지 卯와 子卯형을 하기 때문이다.

辛 대운은 乙木에겐 소소한 고통이 오게 되는데 부부간에 갈등하다가 甲戌년(42세)에 별거하게 되었다. 亥 대운되어 시간의 戊土 정재성은 절(絶)이 되고 乙木의 숨통인 년지 巳를 충하니 戊寅년(46세)에 애인과 동반자살을 기도했다. 그러나 실패하고 주식투자했으나 모두 날리고 말았다. 년지 巳火역마가 木의 갈길되어 노년에 운전업했다.

예20)
    甲 丁 甲 戊   남
    辰 卯 寅 戌

  이때까지의 명리론으로 보면 '인수격'이다. 그러나 寅卯辰으로 목국있고 甲木이 2개 투출되어 있으므로 목다화식(木多火息)의 형태다. 따라서 왕한세력을 지닌 木인수성이 병이되고 약이 없으므로 별볼일 없는 명조다. 다만 대운이 남방화운으로 흘러가고 말년 庚申, 辛酉 대운에 약을 만나므로 좋을 것이다.' 그러나 한 밝 신사주학의 논리는 이렇다.
  寅卯辰 방국에서 월시간의 甲木이 투출되어 큰 삼림(森林)을 이루고 있으니 기세가 웅장하다. 寅월의 木이라 생목(生木)이므로 火가 좋고 土가 좋으며 金운은 불리하다. 그리고 丁火 일간은 많은 생목의 길잡이 역할(등불)이고 어두컴컴한 삼림속을 비춰주는 광명의 역할이다. 즉 丁火 일간은 쓸모가 아주 많다.
  寅월의 무성한 삼림을 인간 세상에 비춰보면 많은 집단 또는 많은 중생 속에 속하고 丁火 일간은 그들을 인도하고 그들이 가야 하는 목표점이 된다. 그러므로 아주 쓸모 있을 뿐 아니라 많은 사람의 기림까지 받게 되니 큰 인물의 명조다. 이때까지의 명리론은 일간을 무조건 체(體)하고 일간의 소용지물을 용(用)으로 못박아 놓았다. 그러나 체가 용이 될 수 있고 용(用)이 체(體)가 되는 것이 역(易)의 본모습이다. 그러므로 일간이 주체로 되어 어떤 역할과 작용을 하고 있느냐 하는 것을 살펴야만 정확한 삶을 꿰뚫어 볼 수 있는 것이다. 이 세상 사람들을 크게 두 가지로 나눈다면 쓸 모 있는 사람과 쓸모없는 사람으로 나눌 수 있다.

그리고 또 나쁜 역할을 하는 소위 악인과 좋은 역할을 하는 착한 인간으로도 나눌 수 있다. 이런 나눔은 돈이 많고 적고가 아니고 또 권세가 있고 없고의 문제가 아니다.

물론 재물을 제일 큰 가치로 치는 사람에겐 돈 많은 사람이 선망의 대상이 되겠지만 말이다. 이 명조의 주인공은 아주 쓸 모 있는 사람이라 했지만 정직한가 그렇지 않은가 하는 점도 살필 수 있다. 이것은 일주의 향배에 의해 알 수 있는데 丁卯 일주가 년주의 戊戌상관으로 卯戌합을 하며 가고 있다.

따라서 이 사람은 정직, 총명하고 아주 이론적 합리적인 사람이다.

역학(易)에도 탁월한 조예를 지녔는데 그것은 년지 戌이 화개성인데다 공망을 맞았고 丁火 일간이 그곳(戌)에서 투출되어 卯戌로 합을 해가기 때문이다. 모택동을 도와 오늘날의 중국(중화인민 공화국)이 있게끔 한 주은래(周恩來)의 명조다.

역사에도 밝아 만주 땅은 고구려, 금(金) 청(淸)의 영토였고 고구려, 금(金), 청(淸)의 민족들은 지금의 우리들과 같은 민족이었음을 인정했던 분이다. 그런데 이분이 사망하고 나자 곧바로 대두된것이 동북공정(고구려는 중국의 역사다. 라는 작업)과 서북공정(티베트는 중국의 역사다.는 작업)이다.

2. 화체국(火體局)

사주의 모든 기운이 화(火)로 돌아가고 火를 위해 존재하고 있는 것을 화체국이라 한다. 즉 火가 사주의 중심이고 핵이 되어 있는 사주를 말한다.

예1)
```
          戊 庚 丁 丁    남        76 66 56 46 36 26 16
                                   己 庚 辛 壬 癸 甲 乙    대운
          寅 午 未 巳               亥 子 丑 寅 卯 辰 巳
```

庚金일간이 未월에 태어났으나 巳午未, 寅午로 화국 이루었고 천간에 丁火있으므로 종살격으로 볼 수 있는 사주다. 시간 戊土와 월지 未土는 조토되어 庚을 생하지 못한다.

이때까지 명리론은 종살격이 되면 '종신인 火를 돕는 운이 좋고 금수(金水)운은 불미스러워 큰 흉액이 닥친다.'로 말하고 있다. 그러나 간단명료한 기존의 명리론으로 이 사주를 해석하면 전연 아니올시다. 가 된다. 이 사주는 일지 午중 丁火가 월시간에 투출되었으므로 일간 대행격이 된다. 뒷장에서 자세하게 다루겠지만 대행격이 되면 이때까지와는 다르게 처리해야 한다. 즉 대행격이 되면 체(體)가 되는 丁火의 역할작용을 살펴야 한다.

년월간의 丁火중에서 월간 丁火를 주체(主體)로 하는 火체국이다. 여기서 丁火의 역할은 일간 庚을 녹여서 그릇을 만드는 일이다. 火는 태왕하게 이글거리는데 일감인 庚이 약하다. 따라서 庚金이 강해지는 때에 할 일 많아지고 성과가 나타나게 된다. 변격되어 일간이 재성이 되면 자수성가 하게 되고 사업 쪽으로 가게 된다. 庚金재성 하나를 두고 년월간의 丁火가 서로 먹으려 하므로 木火운엔 돈과 여자에 대한 갈증 많게 되고 여자와 돈(庚)을 좋아하게 된다. 일간 庚이 부친이 되고 처(妻)가 되는 데 火태왕하므로 부친을 극하고 처를 골병들게 하는 팔자다. 乙巳 대운에 부친 사별했고 辰 대운 辛巳년(25세)에 결혼했다.

癸卯, 壬寅 대운은 천간의 壬癸水가 丁火의 관성이므로 해운, 수산계통의 직장 생활했다.

辛丑 대운되어 庚金재성이 힘을 얻게 되어 선박업하여 큰돈 벌었다. 대운간 辛은 丁火의 편재이므로 이때부터 여자관계 많이 들어왔다. 庚 대운까지 잘 나가다가 子 대운에 왕신인 午火를 충하여 중풍으로 끝났다.

예2)

壬 庚 丙 丁	남
午 午 午 亥	

55	45	35	25	15	5	
庚	辛	壬	癸	甲	乙	대운
子	丑	寅	卯	辰	巳	

庚 일간 午월생으로 지지에도 천간에도 의지할것 하나없고 온 천지가 불바다가 되어 있다. 이때까지의 이론으론 '종살격이다. 그러므로 火를 생해주는 木火土운은 좋고 金水는 기신이다.'로 단순하게 말하게 되는 명조다. 그렇다면 육친 관계는 어떻소? 하게 되면 '년지亥중 甲木이 편재성이니 부친이고 처가 되겠소. 그리고 丙, 丁火가 자식이므로 자식은 많고 똑똑할 것이오.'라고 말하게 된다. 그렇다면 부친과 나의 관계 그리고 득이 있소 없소? 하게 되면 '亥水가 종살에 역하므로 좋지 않을 것입니다.'는 어정쩡한 대답을 들을 수 밖에 없다. 그러나 이 사주는 단순한 종살격으로 볼 수 없고 화체국에 일간 대행격으로 봐야한다.

따라서 월간 丙火가 체가되고 일간 庚은 재성이 되니 부친이
며 처가된다. 그리고 화체국에 일간 대행격이 되면 丙火의 역할
작용적인 면을 먼저 살펴야 한다.

이때까지의 종격처리법과는 전연 다르다는 말이다. 이러므로
이때까지 많은 역인(易人)들이 종격 및 가종격을 제대로 풀지 못
했던 것이다. 체(體)가 되는 丙火는 양인(午)를 세개나 얻고 있으
며 5월午시의 태양이 되어 이글거린다.

그러므로 시간의 壬水가 필요하고 이를 생해주는 庚金이 희신
이다. 따라서 부친 및 마누라(庚)의 덕은 있으나 庚이 뿌리 없고
壬水 역시 왕한 화에 증발될 상태가 되어 있음이 문제다.

卯 대운에 폐병으로 고생했고 壬 대운에 결혼인데 辛酉년(35
세)에 丙辛합 재성되어 결혼했다. 庚하나에 丙,丁의 구조일 때는
겁재가 되는 丁火를 묶어줘야 결혼이 된다. 庚金 부친성에 의지
하므로 부친 밑에서 일보며 살았다. 辛丑 대운되어 재산 모았으
나 庚子 대운에 왕신을 충발시켜 뇌출혈로 사망했다.

예3)   51 41 31 21 11 1
    丙 壬 己 庚   남   乙 甲 癸 壬 辛 庚   대운

    午 午 卯 午   酉 申 未 午 巳 辰
         도화

壬水 일간의 뿌리가 하나도 없다. 년간 庚金있으나 壬 일간을
생할 수 없다. 따라서 종할 수밖에 없는데 종관격으로 가느냐 아
니면 제일 왕한세력을 지닌 丙火편재에 종하느냐가 문제다.

당연히 월간 己土를 버리고 시간의 丙을 따라야 되는데 己土
정관은 卯위에 앉아 있고 庚金에 설기되어 丙火만큼 강하지 못하
기 때문이다. 따라서 시간의 丙火가 일지 午에서 표출되었으므로

일간 대행하게 된다.

이리되면 일간 壬水는 편관이 되고 월간 己土는 상관이 되며 년간 庚金은 재성이 된다. 그러므로 壬, 癸水 운엔 직장생활하게 되고 庚편재가 힘을 얻을 때에 사업하게 된다. 그러나 재운 없다.

庚金이 재성이므로 금속계통의 직장이고 사업이다. 丙火의 세력이 태왕하고 월지 卯 도화가 丙午火를 생하여 불길이 충천하므로 재성인 金은 견디지 못하니 조년에 剋父하게되고 배부(背婦) 작첩(作妾)하게 된다.

대운을 보면 庚辰, 辛巳 대운은 종격에 역하므로 곤고하였으며 부친과 사별했다. 午 대운에 壬申生 여자와 결혼했는데 년간 庚金재성의 록을 취하여 인연된 것이다. 그러나 壬申生은 종재격의 기신이 되므로 부부운은 불길하다. 壬 대운에 양은(洋銀)공장에 취직했고 癸 대운까지 직장 생활했다.

壬, 癸가 丙火의 관성이기 때문이다. 그러나 壬, 癸는 丙火의 기신이므로 직장생활에 불만족하여 未 대운부터 사업 시작했다. 申 대운 발전했고 申 대운에 년간 庚이 득록하여 작첩(作妾)했다. 申 대운 庚申년에 손재와 여자로 인해 풍파가 있었다.

乙 대운은 庚乙合하여 잠시 좋았으나 辛酉세운엔 역시 여란 (女란)과 손재가 따랐다. 편재성이 일간 대행되어 호탕한 성품이며 신체가 비대했다. 일간 壬水자식성이 旺火에 증발되므로 자식 한명 잃었다.

예4)

丙	庚	丙	丁	여
子	午	午	亥	

56 46 36 26 16 6

壬	辛	庚	己	戊	丁	대운
子	亥	戌	酉	申	未	

이 사주는 대만의 역술서인 '팔자기담'에서 발췌했다. 팔자기담이란 책은 이때까지의 명리 이론으론 해석이 되지 않는 팔자들을 모아놓은 것인데 다음과 같이 되어 있다.

'남편은 돈 좀 있는 사람이다. 많은 여자와 놀아났고 결국 애인과 동거했다. 아이는 여러 번 잉태했으나 모두 유산되어 무자식이다. 그늘 속에서 기 펴지 못하고 살고 있다.'

어째서 위와 같은 내용의 삶이 되었는지에 대해선 명확한 해설이 없다.

먼저 이때까지의 명리론에 따라 해석하면 庚 일간이 사주 지지에 뿌리없고 丙, 丁火의 세력만이 맹위를 떨치고 있다. 그러므로 旺火에 따르는 종살격으로 밖에 볼 수 없다. 종살격엔 종신을 도우는 운이 좋은데 그만 대운이 금수(金水)로 흐르므로 불행한 삶을 살게 되었다. 로 말하게 된다.

그러나 庚 일간이 丙, 丁, 丙, 午午의 관살에 둘러싸여 있으므로 여러 번 결혼하던지 많은 남자 상대해야 한다.

그리고 亥,子水가 자식이되나 子午충으로 깨어졌으므로 자식운이 희박한 것은 맞다고 말할 수 있다. 그러하지만 그 외의 육친관계 즉 부모운은 어떠하며 형제운은 어떻냐에 대해선 말하기 어렵다. 굳이 말한다면 형제와는 일찍 사별했으며 木재성이 왕화에 타버리므로 부친과는 인연없다.로 할 수밖에 없다.

그러나 일간 대행격으로 보면 년간 丁火가 體다. 년지 亥水는 남편인데 亥에서 보면 火旺하므로 돈 많고 여자 많다. 그런데다 亥는 월일지 午와 암합하며 일시가 子午충 되었으므로 夫는 딴 여자와 合이다. 己土가 자식인데 火太旺한 곳에 있으므로 쓸모없는 土이며 자식궁인 시지 子에 절(絶)이 되고 子午충되어 잉태하나 유산되게 된다.

丁火는 丙火를 보면 빛을 잃게 되니 능력발휘 못하고 그늘속에 지내게 된다. 庚 일간이 丁火의 정재성(부친)이므로 부친과 일찍 사별하게 되는데 그 부친은 火에 피상되니 총, 폭탄, 화재로 인해 사망치 않으면 대장암으로 사망이다. 壬子 대운에 旺火충하여 종명이다.

예5)

丁 癸 丙 丁	남		59 49 39 29 19 9	
巳 巳 午 丑			庚 辛 壬 癸 甲 乙	대운
			子 丑 寅 卯 辰 巳	

癸水 일간이 午月생으로 년지 丑에만 뿌리있을 뿐 온 천지에 火만 가득차 있다. 따라서 종재 할 수밖에 없는데 일지 巳중 丙火가 월간에 표출되었으므로 丙火를 일간 대행으로 하게 된다. 사주에 木이 하나도 없고 또 木이 있다하더라도 旺火에 타버리므로 모친과의 인연이 없다.

丙火가 일간 대행이므로 년지 丑중 辛金이 처가 되는데 개고되지 못했으므로 개고시키는 癸未生여자와 인연되었다. 일간 癸水는 남자 자식성이 되고 년지 丑중 癸水는 여자 자식되어 3남 1녀 낳았다. 乙巳生 장남 丁未차남 辛亥생 막내아들이고 己酉生 딸 두었다.

火太旺하므로 설기 시키는 丑이 희신이다. 따라서 처 덕 있다.

丑상관(丙에서)에 재성있고 丑중 癸水가 일간으로 나타났으므로 직장생활인데 마산(山)에서 중학교 선생을 15년간 했다.

辰 대운부터 壬 대운까지다. 여러 개의 火중에서 丙火가 으뜸이고 丙火가 뜨면 丁火는 빛을 잃게 되므로 호걸풍에 기골장대하며 체력이 탁월하다. 그러나 강왕한 丙火의 의지처가 천간에 없으니 외롭다. 庚子 대운에 왕신 충하여 종명이다(중풍이다).

예6)

					47 37 27 17 7	
壬	壬	乙	丁	남	庚 辛 壬 癸 甲	대운
寅	戌	巳	卯		子 丑 寅 卯 辰	

壬水 일간이 종할 수밖에 없다. 火왕하고 일지 戌중 丁火가 년
간에 투출되었고 壬丁, 戊卯로 천간지합하므로 丁火를 주체로 하
는 대행격이 성립된다. 이리되면 일간 壬은 관성이 되고 丁火의
재성인 金이 나타나지 않았으므로 평생식장생활이다. 寅戌있고
午가 없으니 庚午생 처 인연되었다. 壬水는 조후 역할이니 사목
(死木)된 乙, 卯를 살리는 일이고 丁火는 乙卯木이 꽃 피우도록
하는 역할이다. 따라서 대민(對民)봉사의 직업이니 군청에 근무
했다.

辛, 庚운에 壬水를 도와 승진하여 내무과장(사무관)까지 되었다.

子 대운 癸亥년(56세)에 丁壬合이 丁癸충으로 깨어져 퇴직했
고 甲子년부터 조상의 사당을 관리하게 되었다. 癸亥년은 겁재운
되었고 丁火엔 편관운이라 처가 병석에 눕게 되었으며 처가 손재
당하게 되었다.

예7)

					59 49 39 29 19 9	
壬	壬	戊	戊	남	甲 癸 壬 辛 庚 己	대운
寅	午	午	辰		子 亥 戌 酉 申 未	

壬 일간이 년지 辰에 통근했고 시간에 壬水있으나 크게 신약
하여 강왕한 火土의 세력에 대적할 수 없다. 따라서 戊土에 따르
는 종살격이 된다. 즉 시간 壬水는 시지 寅으로 寅은 午火로 생하
고 있으며 午火는 戊土를 생하니 사주의 기운이 戊土로 집중되어

있다. 따라서 土를 體로하여 해석한다. 午月의 戊土이지만 년지 辰이있고 壬,壬이 있어 윤습한 흙이다.

이렇게 되면 土의 역할은 木을 키울 수 있으면 관직, 권력계통으로 진출하여하게 된다. 木은 년지 辰에 乙木있고 시지 寅中 甲木 있으므로 정치 및 권력직에 대한 희망을 지니게 되나 癸亥 대운까진 木이 나타나지 않으므로 포부달성이 어렵다.

己未 대운은 壬水가 극되어 어렵게 지냈고 庚申 대운에 壬水가 장생하며 왕한 土氣가 설되므로 호운이다. 申 대운에 결혼했고 목욕탕업 시작하여 辛酉운까지 계속 발전되었다. 壬운 역시 좋았으니 이때까지 재산 축적되어 예식장, 상가 등의 부동산 장만했다.

癸亥 대운 역시 재운되어 좋았다. 寅午있고 戊없는데다 辰이 壬 일간의 고(庫)이므로 이를 충파하는 甲戌생 여자와 인연되었다. 중앙대학 정치학 박사다. 년주 戊辰은 나무를 키울 수 있으므로 형제는 관직 인연있었다.

예8)

					42	32	22	12	2	
壬	庚	癸	丙	여	戊	己	庚	辛	壬	대운
午	午	巳	午		子	丑	寅	卯	辰	

庚 일간이 巳月에 장생한다 하나 3개의 午火를 만났고 그 원신인 丙火가 년간에 투출되어 종살격을 구성했다. 이리되면 壬, 癸의 水는 종살에 역하는 기신이다. 그리고 이 사주는 일지 午에서 년간 丙火가 표출되었으므로 일간 대행격이 된다. 따라서 월간 癸水는 관성(夫)이 되고 시간 壬水 역시 편관성(애인)이 되며 일간 庚은 편재성이 된다. 태왕한 丙火가 할 수 있는 역할은 일간인

庚金을 녹이는 일밖에 없다.

일간인 庚이 변하여 재물이 되므로 즉 내 몸이 재물이 된다. 그러므로 몸 팔아 돈 벌게 되며 자수성가 하게 된다. 이렇게 되면 金의 뿌리되는 운에 돈이 되나 庚이 뿌리 없으므로 항상 돈에 쪼들리며 부자되긴 틀려먹었다. 癸水관성이 병이 되므로 남편덕 없음은 당연하고 夫剋하게된다.

즉 癸大는 旺火에 증발되어 없어진다. 午午午巳중에 丙火홀로 나왔으니 군계일학이라 제 잘난 맛에 산다.

卯 도화 대운에 연애했고 庚 대운에 돈벌이 했으며 결혼했다. 寅 대운은 무난하나 돈에 쪼들렸다. 己 대운에 癸夫를 극하여 부부불화 하다가 丑 대운에 이별했다. 丑 대운은 丑午로 탕화, 귀문살 구성되었고 庚金육신(肉身)이 입고되어서 신병왔다.

그러나 庚이 丑에 뿌리얻고 상관생재(丙火生己土 己土生庚金)되어 입으로 밥먹게 되니 무업(巫業)하게 되었다.

戊 대운까지 무난하다가 子 대운되어 왕신인 午火를 충하게 되면 대흉할 것이다.

예9)

						48	38	28	18	8	
壬	庚	丙	壬	남		辛	庚	己	戊	丁	대운
午	寅	午	辰			亥	戌	酉	申	未	

庚金일간 午월생이다. 월시주와 寅午火국을 이루었고 그 원신인 丙火가 월간에 투출되어 화의세력이 막강하다. 년지 辰土가 庚 일간을 도와줄 것 같으나 멀리 떨어져 있어 힘이 되기 어렵다. 따라서 종살할 수밖에 없는데 일지 寅이 월지 午와 寅午로 합을 하므로 火체국에 일간 대행격이 된다.

이리되면 일간 庚은 편재성(父,妻)이 되고 년지 辰중 乙木이 부친의 본처(本妻)가 되며 일지 寅木은 부친의 후처(後妻)며 애인이다. 辰중 乙木은 년간에 壬水가 있어 火를 극하므로 자식을 낳지 못했고 庚金부친은 寅木(후처)에게서 나와 형제 2명 낳았다.

寅木은 生火할수있는데다 寅午로 화국을 지었기 때문이며 乙木은 습목인데다 물 창고인 辰에 앉아 있으므로 해서 生火하기가 어려운 탓이다. 년간 壬水가 乙木을 더욱 습하게 만들고 丙火를 극하고 있는 것도 하나의 원인이다. 중심체격과 일간 대행격이 일반적인 종격과 다른 것은 다음과 같다.

종격 및 가종격은 그 종신을 돕는 운이 좋고 종신(從神)에 거역되면 불미스럽다는 것이 이때까지의 명리 이론이다. 그러나 중심체국과 일간 대행격은 대행자(代行子)의 역할작용을 먼저 살펴야 한다. 즉 이 사주에서의 丙火는 庚金이 재성이 되고 壬水가 관성이 된다.

그런데 丙火는 庚金을 녹여 그릇을 만드는 역할을 못하고 壬水를 만나 그 광명을 빛 낼 수는 있다. 따라서 사업 쪽의 진출은 실패가 따르게 되며 직장생활이 좋다. 즉 丙火가 체(體)가 되면 庚金과 壬水가 용(用)이 되지만 辰에 통근한 壬水만이 진정한 용신이 될 수 있다는 말이다.

그러나 화국을 극하거나 충파하는 것을 크게 꺼린다. 이 사람이 살아온 운로를 보면 부친이 본체에게서 자식 못 얻자 후처(寅)를 맞아 나를 낳았고 이에서 여형제 두 명 낳았다. 丁未, 戊 대운은 왕한 火에 순세하므로 부유한 가정에서 자랐고 戊 대운에 부산으로 가 공부했다.

申 대운되어 申辰수국과 午戌화국이 상쟁하는데다 寅申충으로 화국(火局)을 깨니 부친죽고 가정 몰락했다. 그러나 申 대운에 庚편재가 득록하므로 결혼했다.

己 대운은 火의 세력에 순응하여 평안했다. 酉 대운은 년지 辰과 합재국(財局)하므로 약간의 재산도 모았다. 庚 대운에 직장생활하다가 戌 대운에 퇴직했다.

辛亥 대운 이후로는 뚜렷한 직업없이 운전, 목공 등의 잡일로 생계했으며 가정을 등지고 돌아다녔다. 일간 丙火가 辛亥와 합하여 입절되어서 운이 끊어진 것이다.

戊子년 57세에 혈압 및 중풍으로 끝날 것으로 보여진다. 년간 壬水자식이 辰에 입고되어 있고 왕화(旺火)에 증발되므로 자식이 없어지게 되는데 첫 자식을 戌 대운에 잃었다.

예10)

壬 癸 辛 丙	남				
戌 巳 卯 戌					

55	45	35	25	15	5	
丁	丙	乙	甲	癸	壬	대운
酉	申	未	午	巳	辰	

癸 일간 卯월생으로 사주 지지 그 어디에도 뿌리 없다. 월간 辛金으로 癸水를 생하고자 하나 辛金 역시 뿌리없으며 년간 丙火와 합을 하여 일간을 생해주지 않는다. 바로 탐합망생이다.

혹자는 辛金의 뿌리가 년지 戌 시지 戌에 있다 할 것이나 卯월의 조토(燥土)되어 불생금(不生金)이다. 시간 壬水가 癸水를 돕는다하나 역시 뿌리없어 소용이 없다. 이렇게 되면 음간인 辛金일간은 종할 수밖에 없는데 월지 卯에 종할까하나 卯戌합이 되어 화기(火氣)만 도우므로 종아격은 안된다. 이젠 제일 왕한 세력을 지닌 년간 丙火에 종할까하나 丙辛합되므로 이것마저 믿을 수 없다.

따라서 이리 갈까 저리 갈까? 당혹스럽기 짝이 없는 명조다.

그래서 어떤 사람은 이치에 맞지 않는 월간 辛金을 취하여 생신(生身)하는 용신으로 삼기도 했다. 종재격 또는 종관격이라면

巳午未남방행로에 유복했을 것이나 별 볼일 없었고 申 대운부터 형편이 나아지기 시작했다는 사주 주인공의 말을 듣고 난 후에 내린 갖다 맞춘 결론인 것이다. 이런 알쏭달쏭한 유형의 사주는 심심치 않게 나타나는데 필자의 새로운 이론이 아니면 해결할 수 없다. 즉 이 사주는 음간인데다 극신약하므로 따를 수밖에 없다.

하지만 따를 바에야 자신이 깔고 앉아 있는 일지에서 투출된 것을 따라야 되겠다는 일반적인 인간심리와 생활태도에 기인한 명리 이론인 것이다. 덧붙인다면 일간일지는 근본적으로 둘이면서 하나이고 하나이면서 둘이 되는 표리관계며 내외(內外)관계인 것이다. 그러므로 표(表)가 되고 외(外)가 되는 일간이 그 역할을 못한다면 일지의 투출신을 취하여 일간 대행 할 수 밖에 없는 것이다. 예컨대 하나의 가정을 꾸리고 있는 부부가 있다.

그런데 주체가 되어 모든 것을 이끌고 가야될 남편이 그만 제역할을 못한다면 안사람이 그 가정의 대표로 나서야 되는 이치와 같다. 이러하므로 일간 대행이란 이름을 붙이게 된 것이다.

다시 한번 말하지만 명리(命理)라는 것은 한사람이 인사적(人事的), 시간적(時間的) 환경 속에서 살아가는 이치를 말함이다. 그러므로 우리 인간들의 다양한 삶의 모습에서 형형색색이 운명이 전개되는 이치를 궁구해야 마땅할 것이다. 하지만 대부분의 연구자들은 이런 이치를 도외시하고 앞사람이 연구해놓은 이론만을 쫓고 있다. 물론 앞사람의 연구가 완전한 것이라면 별문제가 없을 것이다. 그러나 앞사람의 연구가 미흡다면 커다란 오류를 스스로 짊어지는 꼴이 될 수밖에 없다. 학문과 기술이라는 것은 세월이 감에 따라 더욱 발전되는 것인데 1000여년 전의 선인(先人)이 연구한 것만을 맹종한다면 무언가 잘못되어도 한참 잘못된 것이라 아니할 수 없을 것이다. 이런 유형의 명조는 강왕한 일간 대행자를 주체자로 하여 육친 관계를 설정해야하며 주체의 역할작용에 따라 용신을 찾아야한다.

즉 주체가 辰월의 戊土가 되어 있고 甲乙木이 있을 때는 木을 관성으로 잡고 그것이 힘을 얻을 때에 좋아진다는 말이다. 이때까지의 종격이론은 종신을 도울 때 좋다고 하지만 이런 대행격은 그 역할작용에 따라 희, 기를 찾아야 된다는 말이다. 명리학상 일대혁명이라 할 필자의 새로운 이론으로 위 사주를 풀면 다음과 같다.

년간 丙火가 주체이므로 월간 辛金은 재성이고 일시간의 壬癸水는 관성(자식)이 되며 월지 卯는 모친성이 된다. 그런데 월간 辛金(처)는 년지 시지의 戌에 들어있던 것이 투출되었고 卯 도화가 戌卯戌의 구조로 합을 맺고 있다.

그러므로 나타나 있는 처(辛)는 하나이나 숨겨 놓은 여자가 있게 된다. 그리고 卯木모친성이 두 개의 戌과 戌卯戌의 구조로 합하고 있으므로 모친은 재취로 왔던지 재혼한 사람이다. 壬,癸水가 자식인데 뿌리 없으며 辛金의 생(生)을 받기 어려우므로 자식은 학업 성적 안 좋고 별 볼일 없으며 일찍 사별하는 자식도 있게 된다. 직장운 역시 좋지 못해 별 뚜렷한 직장없이 이것저것 여기로 저기로 왔다 갔다 했을 것이다. 그리고 巳午未 대운은 火가 강왕해지고 金을 극하므로 재정적으로 힘들었으며 申 대운에 가서야 辛金의 뿌리 생겨 돈맛 보게 된다.

酉 대운은 재운은 좋으나 卯를 충하므로 애정사는 깨어지게 되며 신상에 액운이 있게 될 것이다.

예11)

癸 辛 甲 丙　남

巳 巳 午 寅

56 46 36 26 16　6
庚 己 戊 丁 丙 乙　대운

子 亥 戌 酉 申 未

辛일간이 그 어디에도 뿌리없다. 일지 巳중 丙火가 년간에 투출되었고 寅午로 화국 있으므로 火중심체국에 丙火가 주체로 일간 대행한다. 寅午화국중에 丙火혼자 투출이니 제법 우뚝 설 수있는 팔자이다. 丙火가 체가되면 일간 辛이 용(用)이되고 癸水 역시 도움된다. 그러나 적수오건되어 자식(癸)이 증발된다. 申 대운은 丙火의 재성이며 처성인 辛金이 뿌리얻게 되어 결혼했다.

또 申이 역마되어 이동분분했으나 재정적으론 좋았다. 또 申대운은 역마 문창성이라 교직으로 진출했다. 己亥 대운에 癸水관성이 힘을 얻게되니 교장으로 승진되었다.

그러나 원명의 辛金재성이 火에 극됨이 심하므로 평생 기관지천식으로 골골했다.

예12)

辛	己	丙	壬	남
未	巳	午	申	

51 41 31 21 11 1

壬	辛	庚	己	戊	丁	대운
子	亥	戌	酉	申	未	

己土 일간이 염천인 午월에 태어나 巳午未방합있고 丙火가 투출되었다. 따라서 조토(燥土)되었다. 己土의 첫째 역할은 木을 받아들여 키움에 있고 다음으로 시간 辛金에 설하여야 한다. 그러나 이 사주에서의 己土 일간은 조토되어 木을 받아들여 키울수도 없고 辛金을 생할 수도 없다. 이처럼 일간이 제 역할을 못하면 일지로 대신하는데 다행이 일지 巳중 丙火가 월간에 투출되어 있다.

그러므로 巳午未화국을 깔고 앉은 丙火로 체를 삼게 되니 이렇게 되면 년주 壬申은 丙火의 재관이 되어 쓸 만하다. 년월간이

丙壬의 구조되어 오월의 강열한 태양 빛이 호수 위에 번쩍거리는 물상이다. 그리고 丙午양인에 壬水 편관이므로 경찰 및 군인이나 법조계로 진출하게 된다.

일간 己土는 丙火의 상관이고 시간 辛은 정재성이 된다. 즉 년간 壬水를 활용하여 상관 생재로 갈수 있으니 壬水가 己土를 촉촉하게 해줄 수 있어서이다. 丙火체에서 보면 壬水 편관이 먼저 있고 그 다음에 상관(己)있고 정재있으므로 직장 생활하다가 입(己)으로 벌어먹게 된다.

酉 대운은 丙火의 天乙귀인 재성이 되어 일지와 巳酉로 합하므로 결혼하게 되었다. 처갓집의 도움 있었는데 酉재성이 天乙귀인되고 巳酉로 금국되어서이다. 28살 己亥년에 결혼했다. 사법고시에 합격도 했다.

30살 辛丑년에 壬水 편관을 도우니 판사로 임용되었다. 庚 대운에 壬水를 더욱 잘 생해주므로 승진되었다. 그러나 庚戌 대운과 년주 壬申(관궁)이 2급 소용돌이를 이루므로 직장과 자식에 따른 갈등과 불미스러움이 따른다. 庚운까지도 무난하나 戌이 지배하는 시기에 고통을 당하게 된다.

戌은 왕신인 火가 입고되고 시지 未급각살을 형하여 급각 발동신인 己土를 동하게 만들어 壬水를 극하게 한다. 이러므로 壬水아들이 교통사고로 다리불구가 되었다. 원명에서 보면 壬水자식은 학당성이 되는 申에 앉아 있으므로 총명영리한데 일지 巳가 壬의 절(絶)이고 丙火가 壬水의 절 발동신이다.

그리고 未가 급각살이고 己土 일간은 급각 발동신이 되어 壬水를 극하여 흐린 물로 만들고 있다. 辛亥년 40세 되던 때였다. 세운간 辛은 丙火를 합하여 己 剋 壬하게 하고 세운지 亥는 역마성이 되어 일지 巳를 충발시켜 자식이 교통사고 당한 것이다.

辛 대운은 시간의 辛金재성이 발동되어 체가되는 丙火와 丙辛

합한다. 따라서 개인 사업으로 전환하게 되니 변호사 사무실을 개업했다. 甲寅년 43세 때였다. 壬子 대운은 화국의 중심점인 월지 午火를 충하여 화국을 깨므로 아주 불길하다.

子午충이 되면 중풍 및 뇌출혈 그리고 심장계통의 질환이 오게 되며 다리를 크게 다치기도 한다. 이 명조 역시 己土 일간을 버리고 火체국이 된 것이다.

예13)　　　　　　　　40 30 20 10
　　甲 乙 壬 戊　남　　　丙 乙 甲 癸　　대운
　　申 巳 戌 午　　　　　寅 丑 子 亥

乙木 일간 戌월생으로 지지에 뿌리 없다. 그러므로 대부분의 역인들은 '시지 申에 장생하는 월간 壬水로 乙木 일간을 돕고 시간 甲木 역시 일간을 도와주는 희용신이다.'로 말한다.

그러나 戌월의 乙木은 말라 비틀어진 덤불이고 겨울을 앞두고 있으므로 水가 와 봤자다. 그리고 시간의 甲木 역시 지지에 통근 못한 사목(死木)이므로 붙어봤자 빨아먹을 수액이 없다. 따라서 乙木 일간은 사주전국을 주재할 능력이 없으므로 일지 巳에서 투출된 년간 戊土를 체로하는 土체국이 된다. 원칙적으로 巳火있고 午戌화국있으므로 火체국이 될 것 같으나 그 원신인 火가 불투되었으며 火국이 戊土를 생해서이다. 이렇게 종재되면 종재격이다. 로 말할 수 있지만 오행 중심체국과 일간 대행격이다.

따라서 그 희기 역시 戊土가 원하는 것을 취하니 조토이므로 水가 좋고 水가 있으면 木이와도 좋다. 그러나 火土운은 꺼린다. 이 명조의 주인공은 역학공부를 2~3년간 했다. 그래서 문답을 하게 되었다.

'선생님! 제 사주의 핵심 되는 점만 일러주시면 안되겠습니까?'

'양선생 팔자는 재성이 체가되므로 경제 및 금융계통으로 진출이고 그 계통의 직장생활입니다.'

'선생님 말씀이 맞긴 맞는데 어째서 그런 말씀하시는지 도저히 이해가 안됩니다. 좀 자세히 설명해주시면 안될까요. 어느 철학관에서 감정해본 일 있는데 관성이 불투되어 직장생활은 아니고 사업 쪽이라 하던데요?'

'사주풀이가 맞나 안맞나 하는 것은 육친 관계를 정확하게 말할 수 있어야 잘 풀었다 할 수 있을 것입니다. 그러므로 양선생의 육친 관계부터 봅시다. 부인과는 子 대운에 연애로 만났을 것이고 부인의 성격은 총명영리하며 책임감 강할 것인데 다만 고집이 좀 세고 남편인 당신한테 이기려는 생활태도가 있습니다. 그리고 생선을 좋아하며 그 집안엔 종교인 아니면 공줄이 있었을 것이요. 맞습니까?'

'예. 그렇습니다.' 눈을 동그랗게 뜨며 긍정했다.

'그리고⋯ 첫딸 낳게 되고 뒤이어 아들 낳게 되는데 양선생의 부친께서는 많은 여성과 인연을 맺어 그로인해 모친께서 많은 고통을 당했을 것이요. 아마도 양선생 태어난 5년 후부터 부모님 사이엔 불화 및 이별수가 있었을 것인데 어떠했습니까?'

'틀림없습니다. 어째서 그런 해석이 가능한지 정말 이해 안되지만⋯ 참으로 놀랍습니다.' 젊은이는 엄지손가락을 세워들며 의아한 얼굴로 필자를 쳐다봤다.

'사주는 체용관계만 정확히 알면 누구나가 쉽게 풀 수 있는데 선생의 사주는 주체가 일지 巳중에서 투출된 년간 戊土입니다. 따라서 壬水는 편재성되어 부친이고 처(妻)가 되며 乙木은 딸자식이고 甲木은 아들자식입니다. 그리고 지지에 있는 午戌화국은 戊土의 인수국이므로 부친(壬) 한 명에 모친은 많은 것입니다. 이

쯤 해둡시다.'

청년은 한밝 신사주학 상하권을 사들고 갔다. 월일지 巳戌귀문은 부인(壬)의 친정상황을 나타내며 부친의 성향을 나타낸다.

즉 戌은 壬(부친,처)의 재고(財庫)인데 巳가 입고되면서 귀문살되어 있다. 따라서 처(壬)의 부친계통에 종교인(목사)있게 되며 부친(壬)은 巳,午의 재성을 입고시키려 하므로 여성을 지배하려는 욕구가 강한 사람인 것이다. 그리고 戌은 모친(午)의 고(庫)이기도 한데 이리되면 모친이 많은 한과 고통을 지니고 있게 되며 가슴앓이 많이 하게 된다. 戌은 인체에서는 심장이 되기 때문이다.

例14)

壬	癸	丙	己	여
戌	卯	寅	巳	

	57	47	37	27	17	7	
	壬	辛	庚	己	戊	丁	대운
	申	未	午	巳	辰	卯	

癸水 일간이 寅월생인데 사주 지지 그 어디에도 뿌리없다. 시간 壬水있으나 역시 무근하므로 도움되지 않는다. 할 수 없이 제일 강왕한 세력을 지닌 월간 丙火재성에 따르게 되니 종재격이다. 卯戌合火이고 寅戌 반화국 있으며 년지 巳火까지 있는데 丙火홀로 투출이니 형제 및 타인들보다 월등하게 빛날 수 있는 재격사주다. 년월지는 모두 종재에 도움을 주므로 부모 조상덕이 있고 선천적으로 타고나온 좋은 환경을 지니게 되었다.

음간인 癸水가 종재하므로 월간 丙火가 체(體)가 되며 월일지 寅卯木이 불(丙)길을 더욱 빛나도록 해주는 밑거름이다.

일간 癸水가 남편이 되고 시간의 壬水는 남편의 여형제인데 壬戌 백호살이고 일지 卯에 사(死) 년지 巳에 절(絶)을 만나니 흉사했다. 戊 대운에 戊癸합하여 관살혼잡 (壬,癸)을 제거하므로 결혼했다. 土가 자식성되었고 왕하므로 5남매 낳았다. 己巳,庚午 대운이 길운되어 발전되었다. 木이 火를 생하는 희신이므로 토목, 직물계통으로 치부했다(경남모직).

그러나 辛未 대운되어 辛은 백호살(壬戌)의 발동신이고 이것이 丙火를 합하므로 흉사, 흉액 있게 되는데 己未년 51세에 남편과 시별했다. 월간 癸水남편은 대운지 未에 묘(墓)가 되는데 또다시 세운에서 己未편관 묘(墓)를 만나서이다.

시주 壬戌백호가 남편궁인 癸卯를 卯戌합하니 죽은 시누이가 남편 데려갔다. 즉 癸水남편이고 일지 卯는 남편(癸)의 식신(명줄)인데 이것을 壬戌백호가 卯戌합했기 때문이다.

未 대운은 시지 戌(火庫)를 형하므로 본인에게도 불길한때다. 즉 火旺할때의 火庫는 형충을 만나면 고(庫)중에 있던 火가 치솟아 나오게 되고 흩어져버린다. 이러므로 壬戌년에 丙火입고되고 戌未형이 발동되어 중풍으로 불구자되었다. 인체에 있어서 戌은 심장인데 이것이 상하게 되면 중풍, 뇌출혈, 심장마비 등이 온다.

예15)

```
戊 庚 辛 丙    여        44 34 24 14  4
寅 寅 卯 戌              丙 丁 戊 己 庚   대운
                        戌 亥 子 丑 寅
```

庚 일간이 월일시에 뿌리 없다. 년지 戌중 戊土있어 庚의 뿌리될 듯하나 조토(燥土)되어 일간을 생하지 못한다. 월간 辛은 년간 丙과 합되어 庚 일간을 도울 수 없고 시간 戊土가 寅寅에 장생하고 년지 戌에 뿌리있다. 그러나 이 역시 조토가 되었으므로 庚金을 생하기 어렵다.

할 수 없이 일지 寅에서 투출된 년간 丙火를 대용하니 일간 대행격이다. 이렇게 되면 월간 辛金은 丙의 합신이므로 남편이 되고 년지 戌중 戊土와 시간의 戊土는 자식이 된다.

그리고 일간 庚은 丙火의 편재성되어 나의 육신이 되고 부친성이 된다. 그런데 丙火체는 년지 戌에 입고되어 있으며 丙戌이 백호살이고 월간 辛은 백호살과 고(庫)발동신이 된다.

그런데다 나의 육신을 뜻하는 庚 일간이 卯戌火 寅戌火에 극됨이 심하다. 따라서 심장병 있게 되고 火에 극을 받아 생명(庚)이 위태롭게 된다. 寅 대운에 부친과 사별 및 이별이 따르며 丑 대운에 辛金이 힘을 얻으니 결혼이다. 戊 대운은 丙火의 식신이라 자식 낳았고 子 대운은 조열함을 풀어주므로 평길했다.

丁 대운은 丙火의 겁재되어 손재와 남편이 타격받았다. 亥 대운은 丙火와 丙火의 식신이 되는 戊土가 절(絶)에 들어가며 寅亥, 亥卯로 木局을 지어 戊土를 위태롭게 하니 불미스런 때다. 이런 때에 丙寅년만나 庚金 일간이 극을 당하며 丙辛丙으로 쟁합되어 丙火가 발호하므로 건강을 상하게 되었다.

따라서 乙未월에 심장이상을 일으켜 수술하게 되었고 퇴원 후 집안에 화재 발생되어 충격을 받고 건강 악화되어 丁卯년 42세 丁未월에 사망했다.

시간의 戊土가 庚을 생하지는 못하나 火를 막아주고 담아주는 화로 역할을 하고 있는데 이것이 절이 되는 亥운을 만났으므로 그 역할을 못하게 된 것이다.

또 戊는 丙火의 식신(명줄)인데 亥운이 寅亥, 亥卯로 木局을 지어 戊土의 역할을 못하게 한 것도 흉함을 가조했던 것이다. 만일 이때까지의 명리론에 따라 庚 일간을 체로 한다면 木火土로 화기(火氣)많아 조열하게 되어 있으며 일점의 水가 없으므로 어찌 자식을 낳을 수 있었을까?

3. 土체국

사주의 모든 기운이 土로 집결되어 있으며 천간에 土가 투출되어 있으며 일간이 무능할 때 취용한다. 따라서 土의 역할작용적인 면을 살펴야 용신과 좋고 나쁜 역할하는 것들을 찾을 수 있다. 즉 木을 받아들여 키울 수 있는 土가 있고 水를 저장하는 土도 있으며 火를 담아두는 화로 역할하는 土도 있다. 그리고 金을 생해주는 역할도 하게 된다.

예1)

					53 43 33 23 13 3	
甲	甲	戊	己	남	壬 癸 甲 乙 丙 丁	대운
戊	戌	辰	丑		戌 亥 子 丑 寅 卯	

甲木 일간 辰월생으로 생목이고 뿌리 있다. 그러나 戊己의 土재성이 태다하여 재다신약으로 봐야할지 종재격으로 봐야할지 선뜻 판정하기 어렵다. 재나신약으로 보면 유일한 뿌리인 월지 辰이 일시지 戌의 충을 받아 상했다.

따라서 종재격으로 보는 것이 타당하다. 그러므로 '土재성을 도우는 火土가 좋고 水木은 좋지 않다(?)로 단순하게 감정하게 되는 명조다. 그러나 이때까지의 이런 이론체계는 잘못된 것이다. 즉 土에 따르게 되면 土가 사주의 체(體)가 된다.

그러므로 土의 역할작용을 먼저 생각해야 한다. 여기서의 주체인 戊土는 춘3월(辰)의 土이므로 생목인 甲木을 키울 수 있는 힘이있다. 따라서 심히 약해져 있는 甲木을 도와주는 水木이 좋고 金은 아주 불길하며 火土운 역시 필요치 않다. 그러므로 초년 寅

卯木 대운은 청운의 꿈을 키우며 학업에 전념했다. 水가 필요하므로 수산대학으로 길을 잡았다.

일간이 살아있는 이런 중심체국은 일간 대행격이 되지 않는다. 그러므로 육친 관계는 甲木 일간을 중심으로 해야 한다. 따라서 년간 己土정재가 처다. 그러나 처(己)와 나(甲)사이엔 커다란 산(戊)이 가로막고 있으며 지지끼리도 丑戌형이 되므로 여자가 들어오긴 하나 불화이별을 면치 못한다.

월지 辰中 癸水가 모친이고 월간 戊土가 부친인데 戊辰이 甲己합을 방해하고 辰丑으로 파(破)하므로 부모가 부부합(甲己)을 깨고 있다. 金이 자식성인데 기신인데다가 土多金理 되었으니 자식 두기 어렵다. 시간의 甲木 형제 역시 나(甲戌)와 똑같은 처지다. 丑 대운 戊午년(30살)에 乙未생 여자(간호사)를 연애로 만났다. 그러나 모친의 간섭과 방해로 별거하게 되었다. 甲子 대운에 형제간에 동업했다. 癸亥 대운에 월간 戊를 합거하므로 부부사이가 원만해진다. 그리고 한 가지 일에 전념하게 되었고 재운 역시 대길했다.

예2)

癸 壬 己 戊	남		42 32 22 12 2					
卯 寅 未 申			甲 癸 壬 辛 庚	대운				
			子 亥 戌 酉 申					

壬水 일간의 뿌리는 년지 申뿐이다. 따라서 관살혼잡에 인수(申)로서 일간을 도와야하며 시간 癸水도 도움이 된다. 로 말하기 쉽다. 그러나 이 사주에 있어서의 壬水 일간의 역할은 메마른 대지(己未)를 적셔주는 조후 역할이고 寅卯, 卯未로 국(局)을 이루고 있는 바짝 말라있는 木을 살리는 역할이다. 하지만 이 사주 역시 일지 寅에 표출된 년간 戊土를 체(體)로 해야하는 土체국이다.

년지 申은 멀리 떨어져 있는데다 일지 寅과 寅申충 되어 申의 정이 일주에게로 올 수 없어서이다. 따라서 일간 壬水는 편재성이고 시간 癸水는 정재성이 된다.

戊土체는 식신 문창성이 되는 申에 앉아 있으므로 총명한 사람이다. 정재성인 癸와는 년시로 멀리 떨어진 상태에서 戊癸합하므로 처(癸)와는 멀리 떨어져 지내게 된다. 戊土는 壬, 癸水를 용신으로 하여 메마른 대지를 촉촉하게 만들어 寅卯木관성을 키우려하므로 자식(寅, 卯)을 교육시켜 큰 그릇으로 만들려하게 되며 돈 많이 벌면 권세를 잡으려하니 꿈이 큰사람이다.

편재(사업)가 역마성(寅) 위에 있으므로 타향타국에서 사업하게 되며 타향에 있을 때 애인 두게 된다. 壬水편재 아래에 寅木관성있고 癸水정재 아래에 卯木관성있으므로 두 여자에게서 자식 낳게 된다. 癸 대운에 戊癸합하여 결혼했고 타향(부산)에 돈벌이 처 만들었다.

癸亥 대운은 戊土체의 정재운이고 재성이 힘을 얻으므로 제법 큰 돈 벌었다. 戊子년(41살)에 년지 申과 申子로 재국을 이루므로 사업체의 변동이 따르며 戊년은 일지 寅(역마)의 투출신 작용하므로 새로운 일을 구상하여 움직이려한다.

戊土는 寅에 장생인데 寅중 戊土가 투출신되는 戊년이 오면 새로운 일(長生)을 구상하게 된다. 이 사주를 이때까지의 논리를 적용시켜 壬水 일간을 體로 하면 관살 혼잡되어 탁한 명조가 되며 일지에서 戊土편관(기신)이 투출이므로 불구 및 중병(重病)을 지니게 될 것이나, 신체건장하고 부지런하며 인품이 좋은 사람이었다.

예3)

| | | | | 여 | | 46 36 26 16 6 | | | | 대운 |

壬 壬 戊 己　여　　　癸 壬 辛 庚 己　대운

寅 辰 辰 巳　　　　　酉 申 未 午 巳

壬水 일간이 월일지 辰에 통근했다하나 辰중 戊土가 투출되어 癸水의 기운은 크게 작용되지 않는다. 시간 壬水있으나 이것을 믿고 강왕한 土에 대적할 수 없다. 일지 辰중 戊가 표출되어 일간 대행격을 구성한다.

戊辰土는 木을 키울 수 있고 水를 받아들여 저장할 수 있다. 따라서 천간으로 金水木이 좋고 지지로는 水木이 좋다. 지지 金운은 木을 치므로 좋지 않다. 戊土 일간 대행에서 보면 壬水가 편재고 辰辰은 돈 창고 되니 부자팔자다.

따라서 壬申 대운에 크게 축재했다. 癸 대운도 좋으나 酉 대운은 시지 寅이 겁살되어 파괴되므로 불길하다. 辰辰있어 酉를 합래 해오고 년지 巳와 삼합하는 辛酉생 남편이다. 자수성가했다.

농장업에 인연있는데 이는 넓고 큰 땅(戊,己,辰辰)에 木을 키울 수 있어서이다.

예4)

庚 戊 己 庚　남　　　甲 癸 壬 辛 庚　대운

申 寅 卯 午　　　　　申 未 午 巳 辰
　　도화

42 32 22 12 2

중춘(仲春)卯月의 戊土되어 힘차게 자라나는 木을 키울 수 있는 역할을 한다. 년지 午양인에서 투출된 己土(논밭)를 써서 木을 키운다. 따라서 생목의 성장을 억제하는 庚申庚이 병이다.

일지 寅이 활인성되어 庚의 뿌리인 申을 충하고 년지 午火양인(칼)으로 병을 제거하니 외과의사다. 운의 희기 역시 木을 돕는 火가 좋고 천간으로 오는 水 운은 庚(病)의 힘을 설하여 좋다. 지지로 오는 금운을 제일 꺼린다. 水 운은 亥는 좋으나 子水는 년지 午火를 충하므로 불미스럽다.

寅午있으나 戌이없어 甲戌생 여자와 인연되었다. 木많으나 水가 약하므로 자식의 학업운 약하다. 庚辰, 辛巳 대운은 불미했고 壬午 대운부터 발전이다. 申 대운에 寅申충 발동되고 생목이 金을 만나므로 육친간에 사고 따르며 본인에게도 좋지 못한 일이 생긴다. 역마사고, 수술, 시비, 구설 등이다.

예5)

乙 乙 甲 己　남	53 43 33 23 13 3
	戊 己 庚 辛 壬 癸　대운
酉 未 戌 巳	辰 巳 午 未 申 酉

乙木 일간이 늦가을인 戌月에 태어나 지지에 뿌리없다. 일지 未에 통근한다하나 가을에 말라 베틀어진 乙木이고 戌未 刑되어 未는 乙木의 뿌리 안된다. 木庫의 역할뿐이다. 천간에 甲, 乙의 木이 있으나 甲은 년간 己土와 합하여 乙木을 돌아보지 않으며 시간 乙木 역시 힘없는 상태되어 일간을 돕지 못한다. 따라서 일지 未중에서 투출된 년간 己土로 종할 수밖에 없으니 바로 일간 대행격이다.

즉 종재격과 일간 대행격을 겸하고 있다. 그런데 종재격에 甲, 乙木이 병이되어 있다. 즉 甲木은 己土와 合化土되어 괜찮으나 시간 乙木과 어울린 일간 乙木이 병이 되고 있다. 따라서 일간 乙木을 도우는 운이 오면 병이 조장되어 不吉하고 이것을 제거하는 운에 발복하게 되니 바로 병(病)있는 상태에서 약을 만나는 격이다. 따라서 庚午, 辛未 대운에 발전되는데 辛 대운에 관직으로 진출했고 庚 대운에 승진했으며 己 대운에 삼천포 시장이 되었다.

乙卯년(46세경)이었다. 乙卯년은 甲乙의 병(病)이 득록하여 나쁠 것이나 세운지 卯가 시지 酉를 충하니 충출된 辛金이 剋乙木하여서이다. 즉 酉가 약인데 충을 만나 발동된 것이다. 午 대운 戊申년(40세)에 午戌, 午未로 火局이 되어 시지 酉金을 극하고 甲戌충하여 甲己合을 풀면서 세운지 申과 년지 巳가 刑을 이루므로 폐 수술을 받게 되었다.

壬申 대운 戊子년(20세)에 辛未生과 결혼했다. 壬申 대운은 일간 대행인 己巳에서 보면 정재(壬)가 합신(合身)하기 때문이며 戊子년은 도화운에다 월지 戌의 투출신(戊)이 되어서이다. 즉 甲木合神이 좌하는 戌중 戊가 튀어나온 해(戊子)이므로 배우자운이 된 것이다.

예6)   32 22 12 2
　　戊 丙 戊 庚　남　　　　壬 辛 庚 己　대운
　　戌 戌 子 戌　　　　　　辰 卯 寅 丑

일시 戌중 戊土투출되었고 土太多하여 土體局이다. 月干戊土가 體고 月支 子중 壬水가 부친이며 년지 戌중 丁火모친이고 일시지 戌중 丁火 역시 후모다. 따라서 부친하나에 3~4명의 여자이다.

己丑 대운에 丑戌刑하여 生母死別이다. (년지 戌중 丁火가 丑戌로 상했다.) 또 月支 子水는 妻星인데 土多剋水니 상처 之命이다. 처가 살기 어렵다. 감옥살이 하는 것 같다. (처의 입장에서) 또 돈(子)하나 두고 여러 명(戊)이 둘러 앉아 있으니 노름꾼 아니면 투기협잡꾼이다.

丙戌백호일주되어 상처 나고 다친 놈만 골라서 공격하는 특성 있다. 호랑이는 포식자이기 때문이다. 그러나 戌戌戌되어 [하이에나]라 해도 맞는 말이다. 턱과 이빨이 강하고 발달되어 있다.

子水가 처성되어 壬子생 물많은 여자 만났다. 그러나 처와는 死別되게된다. 己丑년이된다. 많은 여자 찾지만 오래 붙어 있을 여자는 없다. 壬辰 대운에 처사별이다. 卯 대운 결혼했다.

예7)

				여	上人之妻	32 22 12 2				대운
壬	戊	壬	壬			戊	己	庚	辛	
子	辰	寅	子			戌	亥	子	丑	

戊土 일간 寅月생이나 壬子水가 太旺하고 일지 辰이 시지 子와 辰子하여 水化되었으니 시간 壬水를 體로하는 水體局이다. 따라서 일간 戊土는 夫가되고 일지 辰중 乙木은 자식이다. 月支 寅중 甲木도 자식이다. 戊土夫의 모친은 寅중 丙火인데 水多에 극되니 夫는 모친 조별했고 많은 여자 거친다. 月支 寅중 丙火는 壬水體의 부친인데 역마에 들어있고 多水에 극되니 노상객사다.

초년 辛丑 대운이 년주 壬子와 1급 소용돌이 되어 부모와 이별 있게 되는데 3살 甲寅년에 甲剋戊하여 制水못하게되자 壬子水가 剋火했다.하여 부친과 死別이다.

모친은 년시지 子중 癸水인데 년지 子水는 父의 전처고 시지 子水는 父의 후처다. 따라서 나는 후처 소생이다. 子와 시간 壬水가 한 몸이라 모친과는 형제처럼 한 몸처럼 살아가게 된다. 己亥 대운 결혼하여 庚辰생 딸 두었다.

예8)   47 37 27 17 7
    乙 壬 己 乙   여   甲 癸 壬 辛 庚   대운

    巳 午 丑 未   午 巳 辰 卯 寅

　壬水 일간을 體로 보면 신약한데다 일주 午에서 투출된 관성
이 월간에서 극하고 있다. 따라서 불구자나 단명팔자다. 남편덕
은 없고 결혼 후부터 나빠진다. 그러나 이 사주는 土體局으로 월
간 己土가 體다. 년주 乙未백호의 乙木이 남편이고 일지 丑중 辛
金과 시지 巳중 庚이 자식이다.

　丑月己土 되었으나 巳午未火가 지지에 있으므로 오히려 水가
필요하게 되었다. 년간 乙木夫의 입장에서도 水가 필요하다. 乙
未남편 궁이 월지丑을 충함은 내가 크기 위해선 네 엉덩이 밑에
있는 癸水가 필요하니 내놔라.며 공박하는 상이다. 丑은 己土의
묘(墓)이고 己土體가 앉아 있는 기반이므로 친정도 되며 자궁도
된다.

　丑은 己土 體의 식신인 庚, 辛金의 고(庫)이기 때문이다. 乙未
백호되었고 丑未충되어 夫凶死 당하는데 丑중 辛金투출되면 辛
剋 乙하니 딸자식 낳은 후 4년째 되는 때다. 壬水 일간이 己土 體
의 재성이므로 돈벌이하며 삶 해야 한다. 술장사, 식당 등이다.
시간 乙木은 夫死 후 만나는 떠돌이 남자다. 乙木夫이나 뿌리약
해 辛卯生인연이다.

　卯 대운 결혼이다. 壬 대운에 돈벌이 시작, 癸巳 대운은 일주와
1급 소용돌이 되어 不和 이별이다. 辛巳년(46세)는 乙辛 沖되어
夫死亡운이다. 甲 대운은 새로운 남자 나타나고 저것이 진짜 내
남자구나 하면서 합정하게 된다. 壬戌생 아들 丙寅생 딸 두었다.

예9)   46 36 26 16 6
　　甲甲戊丙　남　　　　癸壬辛庚己　대운
　　戌戌戌子　　　　　　卯寅丑子亥

　　戊土가 일간 대행이다. 년지 子水가 처며 재물이다. 조토에 반
가운 존재다. 년지에 있는 미약한 子水이지만 戊에겐 더없이 귀
중하다. 따라서 처(子)덕 있다. 子水처는 戌중 丁火가 재성이니
여러 가지 직업가지며 돈벌이 하게 된다. 많은 남사 상대의 돈벌
이다.
　　甲戌이 년주 丙子와 동순에 있고 2급 상순으로 찾아와 丙火를
살려주므로 유정하다. 甲은 寅이라 철도관계, 도로계통의 직장이다.
　　子 대운이 재성되므로 결혼인데 23세 己亥년에 결혼했다. 戌戌
있어 卯生이다.(己卯生) 土多한데다 金의 설기없어 고지식하여
꽉 막힌 사람이다.
　　그리고 많은 土(戌,戌戌)중에서 戊土하나만 투출되었으므로
제 잘난 맛에 살며 혼자 우뚝 솟아 오른 것 같다. 子水처는 쥐처
림 눈치 제빠르며 어디든지 뚫고 들어가 丁火 재성을 취한다.

예10)   42 32 22 12 2
　　戊甲癸戊　남　　　　戊丁丙乙甲　대운
　　辰戌亥辰　　　　　　辰卯寅丑子

　　처는 서점경영. 一男 一女두었으나 一子死別.
　　甲木 일간 亥月에 장생하고 년지 辰에 뿌리 있다. 시지 辰은 辰
戌충되어 손상입었다. 초겨울의 甲木이므로 生木이다. 신약하여
亥水에 의지하는데 土多극수하고 戊癸합하니 癸水의 정은 甲木

을 생하지 않는다. 즉 탬재괴인의 격국이다 이렇게 되면 재다신약을 면치 못하므로 木운은 병이되는 土를 극한다.

따라서 卯 대운은 亥卯로 木局되어 剋土하므로 좋아야 될 것이다. 그러나 이 命은 辰 대운 戊午년(51세)에 사망했다. 어째서 일까? 도무지 그 해답이 나오지 않는다. 그러나 이 사주 역시 土 太多하고 일지 戌중 戊土가 투출했으므로 일간 대행격으로 보면 풀린다.

즉 시간 戊土가 일간 대행되므로 甲木은 자식(아들)이고 癸水는 처(妻)가 된다. 이렇게 되면 남자자식(甲)생긴 후 戊癸合이 깨지므로 부부 이별되게 된다.

그런데 戊가 앉아 있는 지지 辰은 화개성이 되고 戌亥 辰辰의 천라지망있고 亥水가 입고되므로 불문에 귀의하게 되었다. 寅 대운 때 아이 둘 낳은 후였다. 해인사 재무 보다가 주지직 맡았다.

辰 대운 戊午년에 사망했다.(51세) 辰은 명신(命神)인 亥水財가 입고되고 戊午년은 戊癸合하고 입절되어서다.

예11)　　　　　　　　　　24 14 4
　己 壬 己 戊　남　　　壬 辛 庚　대운
　酉 午 未 辰　　　　　戌 酉 申

壬水 일간이 연지 辰에 뿌리있고 시지 酉에 생을 받으나 천간 지지에 火土의 세력이 가득 차 있으므로 일지 午에서 투출된 월간 己土에 종한다. 일간 대행격되므로 일간 壬水는 부친이고 午 중 丁火모친이며 午未合火와 未중 丁火는 父의 또다른 처. 즉 부친(壬) 하나에 모친성(丁火)많고 겁재까지 있으므로 모친 외에 또 모친 있고 배다른 형제까지 있게 된다.

戊己己土가 壬水하나를 두고 서로 차지하려 경쟁하므로 父의 유산(재산)놓고 형제간에 상쟁있게 되고 스포츠 무술계통으로 나간다. 壬午가 己未와 合하므로 부친의 유산은 내가 차지하게 되며 경쟁사에 이기는 행운이 따른다.

庚申 대운은 旺土의 기운을 泄하면서 壬水를 생하니 좋은 운이다. 辛酉운도 마찬가지다. 未月의 크고 강한 土인데 木을 심어 기르지 못하는 土이므로 쓸모 있는 사람은 아니다. 土에서 보면 식,상은 예술, 체육, 스포츠이므로 辛 대운부터 골프 배워 각종대회에 출전하고 있다. 壬水부친에서 보면 여기저기에 자식(관살) 많고 午未合火에 合하여 從하므로 돈 많은 부친 있고 그 덕으로 살아가는 사람이다.

壬水의 역할은 바짝 마른땅을 해갈시키는 일되어 물장사 계통이며 남에게 베풀기 좋아한다. 그러나 壬水 덕분에 조갈을 면한 땅이지만 나무(木)를 키울 수 없으니 돌아오는 것은 없다.

이런 사주를 두고 이 세상 대부분의 역술가들은 '시지 酉金을 용신으로 한다.'고 말하게 된다. 壬水가 처성이므로 처 덕있으나 처의 外情있게 되고 해로하지 못한다.

예12)   45 35 25 15 5
　庚 壬 戊 甲 여   癸 甲 乙 丙 丁 대운

　戌 戌 辰 戌   亥 子 丑 寅 卯

壬 일간 辰월생으로 사주에 土太多하다. 壬 일간이 辰에 통근했고 시간 庚에 생을 받는다하나 태왕한 土의 세력에 임할 수 없다. 따라서 일지 戌중에서 표출된 월간 戊土를 체(體)로 하는 대행격이 성립된다.

만일 이 사주를 신약용인격으로 본다면 壬戌괴강일에다 多土되어 一夫해로 어렵고 많은 남자와 합정해야 할 것이다. 그러나 대행격으로 보면 년간 甲木이 夫고 일간 壬水는 편재(부친 및 재물)가 되며 시간 庚은 자식성이 된다. 그리고 운로에 대한 길흉은 火土운은 불미하고 水木운이 좋게 된다. 木운은 旺土를 소토하며 土를 쓸모있게 해주므로 좋다. 천간 水 운은 甲木을 生해주어 좋고 金은土를 설기시키고 壬水를 생하여 좋으나 甲木을 충극하는 불미스러움이 있다.

일간 대행인 戊土는 지지의 많은 土중에서 홀로 투출되었으므로 자존심 강하고 남을 낮추어 보는 성격에다 저 혼자 잘난 척하는 태도를 나타내게 된다. 년간 甲木夫에서 보면 戊土편재 壬水편인 庚金편관을 보고 있으므로 공직계통(권력기관)이다.

시간 庚金자식성은 土多理金의 형태인데다 식신되는 壬水가 흐르지 못하므로 두뇌가 명민치 못하고 학업에 능력없게 된다. 일간 壬水는 재성이므로 이 여성은 사업 쪽으로 가게 되며 자수성가하게 된다. 돈 창고인 辰이 월지에 있으므로 굉장한 구두쇠이다. 그러나 辰이 戌의 충을 받았으므로 충동적으로 돈쓰며 충동적으로 투자했다가 날리는 일이 생기게 된다.

일주 壬戌이 백호살이고 월주 戊辰도 백호살이며 시주 庚戌은 괴강되어 자식 잃게 되는데 戊戌生장남을 잃었다. 본명은 寅 대운 23세(丙申년)에 결혼했다. 甲木夫가 寅에 뿌리 얻었고 申년은 홍염살되어서이다.

乙丑 대운은 시간 庚이 乙庚合하여 丑에 입고하므로 자식 死別했으며 대운지 丑이 土되어 힘들게 살았다.

甲子 대운부터 호운이 찾아와 夫가 진급했고 장사하여 재물도 모았다. 子 대운은 돈 욕심 생겨나 투자했는데 庚申, 辛酉(42,43)년에 손재, 구설있었다. 신약용인격이라면 庚申, 辛酉년(子 대운)

에 좋아야 할 것이다.

癸亥 대운은 새로운 사업을 시작하게 되는데 戊(일간 대행)가 壬水(편재)를 두고 癸정재와 합을 맺어서이다.

예13)

丙 壬 丙 己　여

午 午 寅 巳
　　　　도화

49 39 29 19 9

辛 庚 己 戊 丁　대운

未 午 巳 辰 卯

壬水 일간이 사주 천간 지지 그 어디에도 도와줌이 없다. 따라서 종하게되는데 火가 寅午로 국을 이루고 태왕하므로 종재격이 될것같다. 그러나 火가 가는 길은 己土이고 일지 午에서 己土투출이므로 己土에 따른다. 이렇게 되면 己土가 사주의 주재자가 되니 월지 寅중 甲木은 정관성(남편)이 되고 년지 巳중 庚金은 자식성이며 壬水 일간은 부친이 된다.

그리고 寅午火는 모친성이니 부친 한명에 모친 여러 명 있게 되고 모친에게 배다른 형제 있게 된다.

사주전국이 크게 조열하므로 이것이 병이다. 丁卯 대운은 일간 壬水(부친)를 합하여 입사시키니 부친과 사별되었다. 월지 寅木이 남편인데 寅午로 합하여 사(死)로 들어가며 己와 丙이 寅木의 사신(死神)발동이므로 남편과 사별하는 명조다. 즉 午는 寅木의 사궁(死宮)인데 午중 己土(本人)가 사(死) 발동신이므로 결혼하고 5~10년 사이에 남편이 골로 간다.

寅木이 午를 만나 타버리므로 火災로 인함이다. 월간 丙火와 시간의 丙火는 寅(夫)의 식신이고 표출신이므로 재혼하게 된다. 월간 丙火가 첫남자를 나타내는데 丙寅이므로 총명 준수한사람이다.

두 번째 남자인 시간 丙火는 午양인에 앉아 있으므로 성질 강건하고 색정(도화살)강한 사람이다. 남편궁인 월지 寅中 戊土가 나타난 戊 대운에 결혼했다.

己巳 대운은 년주 己巳와 복음되는 데다가 년월간의 寅巳형이 발동된다. 寅巳형은 불꽃이 꽉꽉 튀어 오르는 것이므로 큰 화재가 나서 남편이 타죽었다. 년지 巳中 庚이 자식인데 旺火에 극당하는데다 寅巳형까지 만났으니 상처 입을 수밖에 없다. 庚金 역시 火에 상하므로 자식이 불난리 만나 병신이 되고 말았다.

예14)　　　　　　　　　　48 38 28 18 8
　丁 癸 己 癸　여　　甲 癸 壬 辛 庚　대운
　巳 未 未 酉　　　　子 亥 戌 酉 申

癸 일간이 염천인 未월생이고 일지 未土시주에 丁巳火가 이써 몹시 조열하다. 따라서 대부분의 역인들은 [신약용인비격]으로 보게 된다. 그러나 癸未일생이고 己未土가 사주의 태반이상을 차지하므로 월간 己土를 체로하는 일간 대행격이며 土체국이다. 己土가 필요로 하는 것은 년일간의 癸水인데 이것은 년지 酉金에 생을 받고 있다. 즉 식신(酉)생재로 간다.

그러므로 요식업에 인연있다. 하지만 시지 巳역마가 巳酉로 원합하여 金을 보강하므로 역마직업에도 인연 있으며 움직이는(巳역마)쇠붙이(기계:酉)를 만지는 업에도 인연있다.

辛 대운에 결혼하여 酉 대운 말까지 미싱 만지고 생활했다. 壬水 대운은 己土의 정재성되어 물장사했다. 그러나 년주 癸酉와 대운 壬戌이 1급 소용돌이되어 실패와 좌절 및 불화가 있었다. 대운지 戌이 己土체의 겁재가 되었음도 실패의 원인이다.

癸亥 대운 역시 己土의 水재성이 되므로 식당업 했으나 대운지 亥가 亥未로 목국을 이루려하고 시지 巳火를 충하여 巳酉합을 깨므로 문서(巳)만 날라가고 말았다.

亥 대운 말에 亥중 甲木이 투출되는 때에 역마(亥)에 직장(甲) 가졌다(보험 모집원). 甲 대운까지 직장생활이다. 子 대운에 癸水가 득록하므로 또 요식업하게 되었다. 배우자(남편)는 용(辰)띠 만났는데 조열하면 水神인 용(辰)이 필요하기 때문이다.

남편은 월지 未중 乙木인데 未에 입고되어 있으므로 발신하기 어렵고 乙丑 대운에 未를 충하면 사별하게 된다. 癸水재성으로 조열한 땅을 적셔주어 乙木을 살리려하므로 돈 벌어 남편도우는 팔자다.

만일 일간 癸水를 주체로 하게 되면 己土가 편관되었으며 未에 癸는 입묘되므로 불구자로 근근이 살아가지 않으면 단명 팔자일 것이다. 또 乙木이 자식되는데 未에 입고되었으며 酉에 절이 되어 자식 낳지 못하던지 낳아도 키우지 못하고 잃어버려야 할 것이다. 특히 酉金 대운은 자식이 극을 받으므로 생자 할 수 없으나 2명의 자식을 酉 대운에 낳았다.

4. 金체국

이때까지 설명한 木火土의 체국 잡는 법과 동일하다.

乙庚합화격도 여기에 속한다. 旺金은 火를 봐야 빛이 나고 水를 만나 설기되어야 하며 甲, 乙木을 가다듬을 수 있으니 일거리가 된다. 천간으로 오는 土는 도움되지 않는다.

예1)

				여		42	32	22	12	2	
壬	丙	乙	庚			庚	辛	壬	癸	甲	대운
辰	申	酉	戌			辰	巳	午	未	申	

도화

丙火 일간이 지지에 申酉戌 금국있고 일주 무근하여 양간이라도 종 할 수 밖에 없다. 이 사주 역시 일지 申에서 년간 庚金 시간 壬水가 표출되어 어디로 따를지 고민스럽다. 그러나 申酉戌 금국 있으므로 당연히 년간 庚金으로 종한다. 잡되지 않고 순수한 진종(眞從)이고 일간 대행격을 겸하고 있다.

이리되면 당연히 金水 운이 좋고 旺金에 역하는 木火운은 좋지 못하다. 즉 일간 대행격과 종격을 겸하고 있으므로 庚을 주체로 하여 육친을 본다. 따라서 丙일간은 夫가되고 壬水자식이다. 그리고 乙木재성은 부친성이고 戊土는 모친성이다.

乙木 부친에서 보면 旺金에 乙庚合하여 종살이므로 부친은 관공직이 천직이며 庚金 관의 자루 역할이다. 丙火 夫星은 새벽(辰)에 솟아오르는 태양빛 되어 있고 壬水 호수까지 만났으니 빛나는 사람이다. 光明이 역할이므로 旺金에 해롭지 않고 金氣를 밝게 만드는 역할이다.

壬水자식에서 보면 申酉戌庚에 수생하므로 金水 淸이 되어 대학자로 출세할 것이다.

庚(일간 대행)은 申酉戌 金局중에 홀로 우뚝 튀어 나왔으니 英이고 독존격이니 공주병 있을 것이다 그러나 남들을 굽어보는 위치에 있게 된다. 甲申 대운 吉하고 癸 대운도 왕금이 설기되어 좋다.

未 대운 역시 무난하다. 壬 대운 역마운되어 타향 및 외국가 공부했다. 申은 문창학당성인데 壬 대운의 壬水는 申의 투출신이기 때문이다. 午 대운은 년지 戌과 午戌화국이뤄 불미스러우나 丙火가 뿌리 생겨 남자교제 및 결혼 운이다. 辛巳, 庚辰 대운 역시 좋은 운되어 발전운이다.

이 여명은 부친이 외교관이었고 외국에서 유학했으며 午 대운에 타향타국에서 만난 남자와 결혼했다. 그리고 辛巳 대운부터 벤처기업을 남편과 함께 설립했는데 庚辰 대운까지 크게 발전 될 것이다.

예2)　　　　　　　　　　　57 47 37 27 17 7
　　　壬 甲 甲 庚　남　　　庚 己 戊 丁 丙 乙　　대운

　　　申 申 申 寅　　　　　寅 丑 子 亥 戌 酉

甲木 일간이 절지(絶地)인 申월에 태어났고 일시지에 또다시 申을 만났으며 년간에 旺金의 원신이 투출되어 있다. 甲木의 뿌리는 년지 寅이 있으나 申寅을 충파되었으며 월간 甲木 역시 일간과 똑같은 조건을 만나 힘이 되지 않는다. 시간의 壬水가 申에 장생하며 甲 일간을 생하고 있다. 그러므로 대부분의 역인들은 '살인상생(殺印相生)의 격국'으로 말하게 된다.

그러나 여기서의 甲木은 생목이 아닌 사목(死木)이므로 水가

있어도 생을 받지 못한다. 따라서 이 사주는 종살격이면서 금체
국이고 일간 대행격이다. 즉 년간의 庚을 주체로 하는데 3개의
申중에서 庚하나만이 투출 독발 되었으므로 뭇사람과 형제중에
서 제일 뛰어 나게 된다.

주체인 庚의 역할은 사목(死木)되어 있는 큰 나무(甲)을 용으
로 하여 그릇을 만드는 일이고 숨이 붙어있는 나무(甲)는 壬水로
서 생기를 불어넣어 주는 일이다. 따라서 재복 타고났으며 제법
큰일을 할 수 있는 그릇이다.

즉 시간 壬水와 월일간의 甲木이 庚金의 용신이다. 亥 대운부
터 병원을 열어 많은 돈을 벌었던 사람의 명조다.

예3)

				남	51	41	31	21	11	1	
甲	甲	丙	辛		庚	辛	壬	癸	甲	乙	대운
戌	戌	申	丑		寅	卯	辰	巳	午	未	

甲木 일간 申월생으로 지지 그 어디에도 뿌리가 없다. 시간 甲
木비견있으나 도움 되지 않는다.

사목(死木)인데다 사주전체의 기운이 金으로 집결되었고 일지
戌중 辛金이 년간에 투출되어 旺金의 원신(元神)이 되어 있다. 그
러므로 이 사주 역시 금체국이 되며 辛金이 일간 대행하는 주체
가 된다. 따라서 丙火는 자식이고 직장이며 甲木은 재성이되니
재혼격이다. 일간 甲이 첫 여자고 시간 甲은 두 번째 여자다. 십
간의 역할작용적인 면에서 보면 庚은 甲木을 다스려 그릇으로 만
들 수 있으나 辛金은 甲木의 껍질이나 벗기는 역할밖에 못한다.
그러므로 여자와 돈(甲)을 능숙하게 다루지 못하며 그에 따라 재
복 역시 크지 못하게 된다. 丙火가 직장이 되어 丙辛합하니 평생

직장생활이다. 만일 사업한다면 자신(辛)만 다칠 뿐이니 辛은 면
도칼 식도(食刀)등의 물상이기 때문이다.

나의 직장인 丙火는 두 개의 甲木(여러 여자)이 토해내는 환락
(甲에서 丙은 식신)이고 어둠(戌時)을 밝혀주는 등불이다. 그러
므로 이 사람의 활동무대는 나이트 클럽, 유흥업, 요식업, 호텔
등이다.

예4)   56 46 36 26 16 6
      庚 乙 乙 庚   남   辛 庚 己 戊 丁 丙   대운

      辰 丑 酉 辰   卯 寅 丑 子 亥 戌
            도화

乙木 일간이 금왕절인 酉월에 태어났고 乙庚합하므로 乙庚合
化金되어 완전한 金체국이다.

이렇게 되면 시간의 庚을 주체로 하니 일간 乙木은 나의 재성
이 되고 월간 乙木은 남(년간 庚)의 여자다. 시지 辰이 월지 酉와
합하고 전간끼리도 乙庚합하므로 끼 많은 유부녀와 통정하게 된
다. 乙木 일간이 관성을 따랐으므로 주로 직장 생활하게 된다.

乙庚合化金을 극하는 火운은 불미스럽고 중심점인 월지 酉를
충함도 꺼린다.

土운은 좋으나 천간의 금운은 乙庚합을 깨므로 불길하고 지지
의 水 운도 좋다. 丙戌 대운은 불미스러웠고 丁 대운 역시 火운되
어 불길하나 丁火의 세력이 亥에 앉아 약하므로 크게 해롭진 않
다. 亥 대운은 金이 설기되므로 분주하게 활동하며 발전운이다.

戊 대운은 소길(小吉)했고 子 대운에 일지 丑을 합하여 辰酉합
이 되므로 유부녀와 통정하게 되었다. 시간庚(體)이 월간 乙과 작
합하면 년간 庚과 다툼이 생기게 되므로 구설, 시비 발생된다.

34세 甲寅년되어 丙戌생 유부녀와 통정했는데 甲木이 庚의 편재가 되어서이다. 乙卯년(35세)되어 庚乙庚의 쟁합이 벌어지고 卯酉충되니 본처가 간통으로 고소했다. 乙木(처)이 卯년에 득록하여 금국의 중심인 酉를 충했기 때문이다. 이 때문에 丙辰년에 퇴직까지 하게 되었으니 乙木 일간에서 보면 丙년은 상관년이고 庚에서 보면 편관운이기 때문이다.

己丑 대운은 金의 고지(庫地)되어 답답하게 되며 매사가 이뤄지기 어려우며 득병하게 된다. 庚 대운은 乙庚合을 방해하고 乙庚庚의 합이 되므로 여자와 돈 문제로 인한 쟁탈전 벌어지고 처 및 재산이 나를 떠난다.

寅 대운은 바쁘게 활동하는 일 생기고 조금의 재물운도 있다. 辛卯 대운은 종치고 막 내리는 때다.

예5)

辛 癸 戊 丁　여

酉 酉 申 酉
홍염

43 33 23 13　3
癸 壬 辛 庚 己　대운

丑 子 亥 戌 酉

정편인 태다하고 木없으므로 자식 낳지 못할 것 같다. 그러나 이 사주 역시 金體局에 일간 대행격이니 기존 명리론으로 종강격이다. 시간 辛金이 體가 되므로 일간 癸水는 딸자식이고 癸酉, 酉, 酉되어 딸 3명 낳았다. 金太旺하므로 好泄해야하니 배설욕구 아주 강하다. 배설되지 못하면 답답하고 아프기까지 하므로 스스로 자위라도 해야 한다.

남편성은 년간 丁火가 되나 이것으로 태왕한 金을 달래기는 턱없이 부족하다. 戊癸合火되는 불 아닌 불(火)이 도우나 이 역시 감질난다. 水 운이 좋고 천간 土운이오면 아주 불길하다. 癸水딸은 월간戊를 夫로하여 작합하니 유부남(戊下에 申중 壬水있다)과 사랑(癸에서 申은 홍염)에 빠져 죽어도 좋다는 태도를 보인다.

壬子 대운 癸酉년(37세)되어 년간 丁火夫를 대운간이 合하여 子(대운지)에 입절(入絶)시키고 癸酉년에 丁癸충하니 夫死亡했다. 남자(丁)에서 보면 종재가 되므로 남편은 공처가며 돈 있는 사람이 었는데 많은 돈을 써보지도 못하고 이 여자만나 골로갔다. 酉酉酉 있으므로 닭처럼 퍼드득거리며 시끄럽게 sex하는 사람이다.

예6) 丁酉生여자의 딸

				22	12	2
辛	癸	丙	辛 여	己	戊	丁
酉	未	申	酉	亥	戌	酉 대운
		홍염				

丙火부친이고 년간 辛金 모친이다. 丙火가 辛酉와 합하여 死에 들어가니 10여세 정도 넘어서면 父死한다. 즉 년지 酉의 시기에 부친(丙)이 사망이다. 모친처럼 金태왕하다.

남자는 월지 申중 戊土있으나 申중엔 壬水겁재도 같이 있으므로 유부남과 연애(申홍염)한다. 일간(癸)강하나 이를 제해줄 土 약하고 설기 해줄 木 역시 일지 未에 숨어있을 뿐 나타나지 못했으니 욕구를 체우기 어렵다. 시주에 편인있고 일지 未가 식상의 고(庫)이므로 자식 낳아 기르기 어렵다. 인수 공망이면 공상이다.

金太多하며 공망이므로 쓸데없는 공상을 많이 한다. 丙火육신(肉身)이 辛(도화)와 丙辛合하니 섹스생각뿐이고 그를 이용해 돈 만들 생각만 가득하다.

예7)

辛 乙 戊 丙　남　　　　59 49 39 29 19　9
巳 丑 戌 子　　　　　甲 癸 壬 辛 庚 己　대운
　　空亡　　　　　　　辰 卯 寅 丑 子 亥

乙木 일간 戌月生인데 년지 子水에 生을 받으나 무근이다. 子水가 乙木을 생한다고 하나 월주 戊戌에 가로막혀 子丑合하여 乙木을 생할 수 없다. 太身弱한데다 일지 丑중 辛金이 시간에 표출되어 巳丑으로 유정하므로 대행격이된다. 따라서 년간 丙火는 관성되어 직장이고 자식이며 일간 乙木은 편재성되니 처고 재물이다.

월간 戊는 인수성이며 丑중 辛, 戌중 辛, 巳중 庚은 형제성이다. 이렇게 대행격이되면 재(財)를 살리는 운이 와야 좋아지며 자신의 몸(日干)이 돈이 되므로 자수성가하게 된다.

초년 亥子운은 乙木을 生하며 강왕한 辛의 기운을 설하므로 발전운이다. 년간에 丙火合神있고 도화살되므로 연애결혼인데 庚 대운 22세 丁酉년에 성혼했다.

乙木財는 水인수의 생을 받지 못하므로 無學이던지 모친 사망한 사람이다. (乙木의 인수는 水) 시상 辛金편관에 종했고 乙木일주에서 보면 상관에 편관투출이므로 경찰직이다. 辛丑 대운까지 경찰직하다가 壬상관운(辛의 상관은 壬)에 년간 丙火를 극하므로 퇴직했고 壬水를 따라 바다진출인데 선박업에 뛰어들었다(丙辰년 퇴직, 丁巳년 사업).

壬寅 대운이 乙木을 生하며 뿌리되므로 큰돈 벌었다. 그러나 寅 대운 庚申, 辛酉년에 乙木이 훼합되어 손재 있었고 재정적 고통 크게 당했다. 癸卯 대운 역시 축재 운이었고 甲辰 대운도 무난 발전했다. 戊戌월주가 인수인데 일지 丑은 편인되어 부친(乙) 한 분에 모친 두 분되었다. 辛 대운 乙巳년(29세)에 生母死亡했다.

예8)

戊 庚 壬 壬　　여　　　　51 41 31 21 11　1

寅 子 寅 申　　　　　　丙 丁 戊 己 庚 辛　　대운

　　　　　　　　　　　　申 酉 戌 亥 子 丑

'庚 일간 寅月生이고 일지 子 시지 寅있어 뿌리없다. 년지 申에
득록하고 시간 戊土가 庚 일간을 생하므로 재다신약에 인수와 비
견이 도와야된다. 그리고 土金운좋고 丙,丁火는 조후되어 좋다.'
고 말하기 쉽다. 그리고 '旺한 壬子水가 기신이고 병이다.'로 판단
함이 이때까지의 명리체계다.

　그러나 이 여명의 실제 삶은 이렇다. 남편은 戊戌,丁 대운까지
중앙정보부(국정원)에 근무하다가 부산지부장을 4년간했다. 자
식은 4명 두었고 酉 대운 壬戌년(50세)에 金씨에게 투자했다(호
텔업)가 2억을 떼이게 되었다. 그리고 酉 대운 초 己未년에 夫는
퇴직했다. 재다신약에 申金이 일주의 뿌리되어 돕는다면 어찌 酉
金 대운에 김씨에게 거금을 날렸을까?(돈을 투자한 때도 辛酉년
가을이었다). 따라서 [재다신약격]으로 보는 이때까지의 명리 이
론은 실제사항과 전연 맞지 않다.

　한밝 신사주학의 새로운 논리로 풀면 이렇다. 년지 申이 있으
나 寅申충으로 상했으며 일간가까이 올 수 없어 庚 일간을 돕지
못한다. 시간 戊土는 寅에 장생한다. 하지만 寅月은 木旺之節이
므로 제살기에도 바빠 庚 일간을 생해줄 힘이 약하다.

　그리고 庚 일간이 戊에게 생을 받는다해도 어찌 미약한 힘으
로 旺水를 생해줄 수 있으며 왕한 水木의 세력에 임할 수 있을
까? 따라서 일지 子에서 투출된 월간 壬水를 주체로하는 대행격
으로 봐야한다. 이리되면 寅木은 자식성이 되고 庚申金은 모친성
이며 寅中丙火는 부친성이 된다. 그리고 시간의 戊土는 壬水의
편관(夫星)이 되며 火土운이 좋고 金水 운 不美하며 지지 木은

旺水를 설하므로 平吉하며 천간으로의 木은 戊土를 극하므로 不吉한 것이다.

따라서 辛丑, 庚子 대운은 어려운 시기였으며 21세부터의 己土 운은 壬水의 정관운이므로 결혼 이뤄지며 직장운 역시 있게 된다. 亥 대운은 역마 寅과 합하여 木局되니 이동변동 많고 발전운이나 재정적으론 어려운 때였다.

戊戌 대운부터 夫가 두각을 나타내기 시작했는데 시간의 戊土가 힘을 얻어서이다. 丁 대운은 정재운이고 壬壬丁이 구조되어 돈을 두고 쟁탈전 있게 되나 戊土에겐 명예와 승진의 기쁨이 있게 되었다. 酉 대운은 戊土 관성과 丙火재성이 사지(死地)에 들어가므로 夫와 재물에 크게 불리한 때다. 하지만 일간 庚金은 양인을 얻어 기세강해지므로 문서잡고 싶어지고 투자하고 싶어진다. 그리고 壬水는 더욱 왕해져 손재, 실패가 기다리고 있는 때다. 월지 寅중 丙火가 편재성되어 부친인데 申의 충을 맞고 申중 壬水가 천간에 투출이므로 부친은 노상사고 당하게 되고 일찍 이별하게 되었다.

만일 庚 일간을 주체로 하면 寅중 丙火는 夫星이 되고 申의 충을 받고 壬子水에 극되므로 남편이 노상사고 당해 이별해야 마땅할 것이다. 그리고 戊土관성에서 보면 처(妻)가 되는 壬水가 년월간에 있으므로 첫 번째 여자(년간 壬水)와 헤어지고 두 번째로 만난 여성이 본인이 되는 것이다. 남편은 이 여성보다 10살 많은 癸亥生이다.

예9)

乙 丁 庚 癸　　남　　　　57 47 37 27 17　7

巳 酉 申 酉　　　　　　　甲 乙 丙 丁 戊 己　　대운

　　　　　　　　　　　　　寅 卯 辰 巳 午 未

申월 丁火 일간인데 일지 년지에 酉金있고 시지 巳는 일지와 巳酉 금국되었으며 강왕한 金의 원신이 월간(庚)에 투출되어 있다. 여기에 반해 丁火 일간을 돕는 것은 乙木과 巳火뿐인데 巳는 巳酉로 합되어 金으로 변하고 있다.

따라서 이때까지의 명리 이론에 따르면 '종재격이다. 그러므로 종신인 金에 거역되는 木火운은 크게 불길하다.' 그러나 이 사주 역시 종재격으로 변했지만 일지가 酉金이고 여기서 庚金이 투출되었으므로 金체국이다.

따라서 乙木은 재성이고 丁火는 관성이며 시지 巳중 丙火 역시 관성이다. 그리고 년간 癸水는 庚의 상관성이다. 강왕한 金이 癸水를 보면 수도꼭지에서 녹슨 물이 나오는 격인데다 양인이 되는 酉에 癸가 앉아 있으므로 두뇌는 좋으나 독설, 험구, 음달패설을 잘한다.

특히 癸酉는 술(酒)이 되므로 술 한 잔 먹었다하면 거침없이 좋지못한 언사와 행동을 내보인다.

강왕한 金이되면 水를 만나 그 기운을 설기해야하며 火를 만나야 빛이 난다. 즉 기계나 쇠붙이는 전기나 불(火)을 만나야 그릇이 되고 작동을 하게 된다. 여기서의 丁火는 강왕한 金을 녹이는 불이 아니고 금속 기계를 돌도록 해주는 전력이고 전기이다.

그런데 금속기계는 어마어마하게 대형이고 이것을 작동케 하는 火가 미약하다. 따라서 巳午丙의 火운에 부친에게서 물려받은 농기구 제작회사(대동공업)를 발전시켰다. 辰 대운되어 火는 설기되어 약화되었고 癸水(활동력)는 입고되니 아주 대흉하여 구사일생했다.

　그러나 乙卯 대운이 庚의 재성이므로 돈줄이 생겨나 회복 복구했다. 甲寅 대운 역시 재운인데다 丁火를 생하므로 재산증식 되었다.

　일간 丁火자식은 많은 여성 거치게 되고 시지 巳중 丙火는 巳酉로 합되어 사(死)가 되니 막내자식과 사별했다. 이 사주처럼 일간 대행하는 庚이 巳酉금국중에서 홀로 투간되면 그야말로 군계일학격이되어 뭇 사람중에서 우뚝 서게 된다. 巳酉금국이 庚의 비견겹재되어 이복형제 있었다. 진주대동공업사장의 명조다.

예10)　　　　　　　　　　 58 48 38 28 18　8
　乙 丁 辛 辛　 남　　 乙 丙 丁 戊 己 庚　 대운

　巳 酉 丑 酉　　　　　 未 申 酉 戌 亥 子

　丑월 丁火가 巳酉丑금국을 얻어 종재격이 되었다. 예9)의 명조처럼 金체국이 되어 시간 乙木은 편재성이 되고 丁, 巳는 관성이 된다. 종재의 진격이되어 부자팔자는 틀림없으나 예8)의 명조보다 격이 떨어진다. 즉 예9)의 명조는 巳酉금국의 원신이 庚金인데다 천간에 독발되어 있으나 이 명조는 辛金인데다 쌍립(辛辛)되어 있고 음팔통이다. 그런데다가 예9)의 명조는 金왕절인 申월생이고 이 사주는 겨울의 끝자락인 丑월생이되어 기세가 약하다.

　이 명조의 주인공은 말수도 적으며 행동거지가 얌전한 여성같았다. 체가 되는 辛金이 음하기 때문이다.

　그리고 辛辛으로 체가 두 개가 되면 乙木재성을 두고 쟁탈전이 벌어지게 되는데 이렇게 되면 처(乙)를 사별치 않으면 본인의 명이 짧게 된다. 乙木재성은 처성(妻星)이기도 하며 본인의 육신이기도 하기 때문이다.

또 하나의 문제는 월지 丑이 金의 고신(庫神)되어 있음이다. 이렇게 월지에 金의 고가 있게 되면 형제와 본인이 입고하므로 일찍 형제 사별있게 되고 본인 역시 고신(庫神)이 발동되는 운에 급사하게 된다.

관성입고하는 여명일 때 그 남편과 사별하게 되는 것과 같은 이치다. 이 팔자는 辛金(월간)이 체가되므로 얼굴은 각이 졌고 마무리에 빈틈없는 완벽주의자다. 戊戌, 丁酉, 丙申 대운에 부모로 받은 땅(丑)값이 치솟아 동네부자로 잘살다가 乙 대운 癸亥년 59세에 급사했다.

乙 대운은 辛辛이 乙木 하나를 두고 쟁탈전 벌리게 되니 난동하는 辛金비견이 乙木을 충극하기 때문이다. 癸亥년의 癸는 월지 丑(고신)이 발동되어 丁火를 극하니 乙木이 辛金에 상하게 되며 시지 巳를 충하여 금국에 균열이 생겼고 丁火의 뿌리를 없앴기 때문이다. 이 명조의 주인공은 잉태한 자식이 낙태되었다. 만일 낙태가 없었다면 키운 자식이 상했을 것이다. 乙木 재성의 록이 되는 丁卯생 부인이고 1남 2녀를 두었다.

5. 水체국

　수체국 역시 이때까지의 경우처럼 취용한다. 그런데 국(局)이
란 말은 여러 개가 모여 하나의 집단 및 세력을 이룰 때를 말한
다. 어떤 이는 하나 둘만 있어도 목국(木局)이니 토국(土局)이니
하고 말한다. 기본적인 것도 모르는 말씀으로 후학들을 혼란스럽
게 만드니 함부로 따르면 안된다. 삼합국과 방합국 중에 삼합국
이 더 강한 힘을 지니고 있으니 격(格)의 크고 작음을 분별할 수
있는 기준으로 삼는다.

　水가 태왕하면 반드시 흐르게 되니 순세하는 木이 좋고 충극
은 큰 화를 불러온다. 水에는 탁수(탁한 물)가 있고 맑은 물이 있
으며 깊고 얕은 물도 있다. 사주 상황에 따라 쓸 수 있는 것을 찾
아야 한다.

예1)

						51 41 31 21 11　1	
丙 庚 癸 癸			여			己 戊 丁 丙 乙 甲	대운
子 子 亥 未						巳 辰 卯 寅 丑 子	
도화　도화							

　庚子일주가 수왕절인 亥월에 태어나 뿌리라고는 년지 未土뿐
이다. 그러므로 대부분의 사람들은 상관용인격이다 로 말하게 된
다. 그리고는 丙火남편이 왕한 수에 극되므로 남편없이 외롭게
지내는 팔자라 말한다. 그렇다면 丑 대운에 丑未되어 용신이 크
게 손상 입게 되고 卯 대운엔 亥卯未삼합목국되어 未土가 손상되
어 생명을 잃었을 것이다.

　그러나 이 사주 역시 사주전국을 水가 장악하고 있으며 일지

子중 癸水가 투간 되었으므로 수체국에 水가 일간 대행을 하게 된다. 따라서 년간 癸水를 체(體)한다. 이는 庚 일간이 년지 未중 乙木과 명암합을 이루어 유정하므로 월간 癸水를 버리고 년간으로 가게된 것이다. 癸에서 보면 년지 未중 己土가 남편이고 亥중 甲木과 未중 乙木이 자식이며 시간의 丙火는 부친성이며 일간 庚은 모친성이 된다. 따라서 부모와는 일찍 사별하게 된다.

그리고 이 시주의 태왕한 水는 흘러가는 물이므로 흙으로 막아서는 안 된다. 년지 未土남편에서 보면 온천지에 깔려있는 것이 여자며 돈이다. 따라서 많은 여성을 집적거리게 되나 제 것으론 못하고 흙탕물만 만드는 역할이다. 그러므로 남편은 질 나쁜 바람 잽이고 사기꾼이다.

丙寅 대운은 조후되며 왕한 水가 잘 흐르므로 평안했다. 丁 대운은 丁癸충되며 쟁재현상이 일어난다. 丁火는 년지 未土 남편궁에서 투출되었으므로 남편에게 관재구설 및 손재수가 따랐다. 대운지卯는 년월지 未亥와 더불어 亥卯未 목국을 이루니 未土가 사라진다. 즉 남편이 없어지므로 이혼하게 되었다.

戊辰 대운에 진짜 남자같은 사람나타나 삐져든다. 그러나 대운지辰은 왕한물이 원진살(辰亥)을 이루면서 입고 득병하게 되므로 세운이 나쁘면 종명하기까지 하게 된다.

예2)   46 36 26 16 6
　甲甲壬壬　남   丁丙乙甲癸　대운
　戌申子子   巳辰卯寅丑

'甲 일간이 子月에 태어나 壬子 壬子의 水太旺하여 부목이다. 한겨울이라 丙火조후 필요하고 시지 戌이 온토되어 旺水를 막아

준다. 戌중 戊가 부친성이라 부친덕있다. 그러나 조후(丙)없고 편인격에 水太旺하여 불미스런 운명이다.'

이때까지의 [월지위주 격국 용신론]에 따른 해석이다. 그러나 [한밝 신사주학]의 일지 동향에 따른 이론으로 보면 다음과 같다.

일지 申중 壬水가 년월에 투출되어 旺神이 된다. 그러므로 壬水가 일주대행이다. 壬이 子양인에 앉아 있으므로 본인 성격은 외유내강형이고 가는 길은 水生木으로 가니 일시간의 甲이 용신이다. 太旺한 水를 일간 대행자로 했으므로 모친과 나는 같은 몸 되어 뜻이 잘 통하고 엄마 말 잘 듣는다. 시지 戌중 丁火가 부친인데 戌은 따뜻한 흙이라 부친은 정 많은 따뜻한 사람이고 부자(富者)며 여러 여성 거쳤던 분이다(申子인수국있어서).

壬水가 甲木으로 泄하므로 남에게 베풀기 좋아하고 정직한 성품이나 火가 없어 水生木, 木生火가 안되니 노력해도 그 결실이 잘 나타나지 않는다. 그러나 火 대운되어야 결실이 있게 된다. 壬水는 큰 바다고 甲木은 노력이고 행동이므로 해양업, 무역 통관 등의 업이 좋으나 나쁜 운일 땐 배타는 직업도 가지게 된다.

甲寅 대운은 旺水의 기가 순조롭게 설기되니 총명이 발휘되어 학업 우수하고 만사 순조롭다. 乙卯 대운 역시 旺水가 설기되나 습목이라 진로가 신통치 않다.

卯 대운엔 子卯刑이 되어 모친에게 수술사 있던지 본인에게도 신액이 따른다. 그리고 卯戌로 처궁과 합을 이뤄 결혼 성립된다. 丙 대운은 노력에 따른 결실 보게 되고 만사가 순조로워 살만하다.

辰 대운은 申子辰 水局되어 시지 戌을 충하므로 부부이별 및 부친에 유고있게 되며 큰 손실이 있는 운이다. 丁巳 대운 좋으나 부친의 유산 놓고 형제간에 상쟁있게 된다.

예3)

```
戊 庚 壬 壬    남         53 43 33 23 13  3
                        戊 丁 丙 乙 甲 癸   대운
寅 子 子 寅              午 巳 辰 卯 寅 丑
馬        馬
```

庚 일간이 子월에 태어나 사주 지지 그 어디에도 뿌리가 없다. 시간 戊土가 시지 寅에 장생하므로 약한 일간을 생하는 용신일 것 같다.

그러나 이 사주 역시 일지에 子水있고 子월이며 子중 壬水가 투출되어 水태왕하므로 수체국(水體局)이다.

따라서 그 기세를 순하게 하는 木이 좋고 역하는 土가 아주 불길하며 년시지 寅을 충하는 申金도 흉하다. 水太多하면 여기에 있는 寅木도 흐르게 되는데다가 역마성이므로 교통, 운수계통의 직장인데 어둠속의 역마이므로 지하철이다.

년지 寅중 丙火가 재성이고 戊土는 자식이며 직장이다. 시지 寅중 丙火는 두 번째 여자다. 甲寅, 乙卯 대운은 왕한 수가 설기되므로 평안했다. 卯 대운은 도화살되어 연애 결혼했다. 壬寅생 여자 만났다. 丙 대운은 좋았다.

辰 대운은 왕신 입고하여 흉하나 子辰 수국되어 대흉하진 않았다.

丁 대운은 壬水체의 정재운인데 壬壬과 쟁합되므로 흉하다. 따라서 丁亥년 46살에 이혼했다. 戊午 대운에 종명할 것인데 뇌출혈 및 중풍일 것이다.

예4)

```
壬 丙 壬 辛    남         丁 戊 己 庚 辛   대운
辰 申 辰 丑              亥 子 丑 寅 卯
```

丙火 일간은 사주 지지 뿐아니라 천간에도 일점의 조력자가 없다. 그래서 어떤 이는 水의 세력이 강왕하므로 종살격이다. 따라서 金水 운은 좋고 火土운은 불미스럽다.'로 말한다. 또 어떤 이는 '丙火는 조금의 뿌리만 있어도 종을 안한다. 3월(辰)의 丙火 는 기세가 있는데다 辰중 乙木이 있으므로 이것으로 丙火를 돕는 용신으로 한다.'로 말하게 되는 명조다. 그러나 이 명조는 水가 태왕한데다 일지 申중에서 壬水가 투출되었으므로 水체국에 일 간 대행격을 겸하게 된다. 따라서 월간 壬水를 체(體)로 한다.

시주 역시 월주와 마찬가지로 壬辰이나 丙火의 정은 년간 辛金 으로 합정해 가려하기 때문에 월간 壬水를 체로 하는 것이다. 壬水 가 體가 되니 일간 丙火는 편재가 되어 부친성이고 재물이다.

申金편인있고 년간 辛인수성 있으므로 부친 한명에 모친 두명 이고 초년에 부친과 이별하게 된다. 그리고 丙火는 완전한 내 것 이 아니고 시간의 壬水와 같이 경쟁해야 하는 재물이다. 그런데 다 강과 호수(江湖)위에 떠있는 뿌리 없는 존재다. 이것을 화개 (丑)인수(辛)로 합래(合來)하려하니 강호(江湖)의 술객이다.

丙火는 그야말로 빛 좋은 개살구 같은 존재되어 평생 재운 없 으며 몸 붙이고 살 배우자가 못된다. 즉 壬水의 처(妻)는 丁火인 데 없기 때문이다. 寅卯木운은 水의 기운 설하므로 무난하나 신 변의 이동이 많게 되니 물길에 얹힌 木은 표류하기 때문이다.

土운은 왕한 水의 성질을 건드리므로 아주 불길하며 水 운은 강왕한 水가 더욱 힘차게 흐를 뿐이다. 丁 대운이 壬水의 정재성 되어 가정을 꾸릴 수 있으나 壬壬丁의 구조가 되므로 2년도 안되 어 깨지게 된다. 46세까지 독신으로 이리저리 떠돌며 행술하는 사람이다.

예5)   62 52 42 32 22 12 2

　　壬 丙 壬 辛　　남　　　乙 丙 丁 戊 己 庚 辛　대운

　　辰 申 辰 未　　　　　　酉 戌 亥 子 丑 寅 卯

위 辛丑생 사주와 매우 비슷하나 년지에 未土가 있음이 다르다.

이 사주 역시 水체국이나 년지 未중에 丁火가 있으므로 이 사람은 己 대운에 결혼하게 됐다. 그러나 丑 대운에 년지 未를 충하여 충출된 丁火가 壬,壬과 쟁합되므로 손재와 불화이별이 있었다.

戊子 대운까지 떠돌다가 丁 대운에 여자 만났다.

亥 대운은 亥未로 반목국이 되어 水의 세력 순하게 하므로 발전 있었다. 丙戌 대운되어 토지 부동산으로 거금(巨金)을 벌었다.

그러나 戌 대운에 년지 未를 형하고 월지 辰을 충하여 고여 있던 물이 터지므로 처와 이혼했으며 재물까지 나갔다.

辛丑생 사주와 비교할 수 있는 것은 년지 未土가 있음으로 해서 土의 세력이 보강되어 많은 물을 막을 수 있는 점이다. 즉 辛丑생의 丑土는 습토가 되어 왕한 물을 막는 역할 못하나 이 사주는 未土가 조토(燥土)이므로 해서 물을 막을 수 있는 것이다.

乙酉 대운 乙亥년에 사망했다. 丙火편재가 酉에 사지가 되고 물을 막아주는 土 역시 대운지 酉에 사(死)가 되며 乙亥년의 亥는 丙, 戊의 절(絶)지가 되어서이다.

예6)

　　壬 丙 壬 丁　　남

　　辰 申 寅 卯

이 사주는 월지 寅에 丙火 일간이 장생하므로 용인격(用印格)

이다. 일지 申이 파인(破印)하는 기신이고 월시간의 壬水 편관은 파인(破印)이 발동됐음을 나타낸다. 따라서 이 사람은 안맹(眼盲)이 되었고 처(申)로 인해 큰 고통을 겪었다.

예7)

					55 45 35 25 15 5
戊	丙	壬	丁	여	戊 丁 丙 乙 甲 癸 대운
戌	子	子	亥		午 巳 辰 卯 寅 丑

丙火 일간 子월생에 일지에 子水와 년지에 亥水있으며 천간에 壬水투출되어 강왕한 水가 발동되어 있다. 이렇게 되면 시주 戊戌이 조토되어 왕수(旺水)를 막아 줄 수 있다.

그러므로 세간의 술객들은 [식신제살격]으로 말하며 木운은 土를 극하므로 불길하며 火土운을 만나야만 좋아진다. 로 감정한다. 그렇다면 이 여성의 남자운은 어떻소? 하게 되면 '년지 亥水 월간 壬水 편관 일지 子水와 월지 子水있으므로 관살혼잡이니 많은 남자와 인연 맺겠소.'할 수 밖에 없다.

그러나 이 사주 역시 水태왕한데다 일지에 子水까지 있으므로 水중심의 격이 성립된다.

따라서 월간 壬水가 體가되고 시간의 戊土는 편관(夫)이 된다. 그런데 戊土 하나에 재성이 되는 子子, 亥의 水가 많으므로 내 남편은 많은 여자와 정을 맺게 된다.

그리고 戊土는 많은 水를 막아주는 산(山)이 되어 내 남자다. 년지 亥중 甲木이 자식이고 丁壬合木이 자식이다.

甲寅, 乙卯 대운은 왕한 水의 성질이 순하게 흐르므로 평안했다. 寅 대운에 戊土가 발동되어 결혼했다. 丙 대운까지 남편이 발전했다.

辰 대운에 시지 戌을 충하니 제방 무너진 홍수가 되어 남편의
사업 실패 있었고 본인 역시 큰 고통을 당한다. 丁 대운에 본인이
돈벌이 전선에 뛰어들었고 남편 역시 조금 좋아졌다.

午 대운에 午戌화국과 子午충이 이뤄져 중풍왔고 남편 역시
큰 손재 당했다.

예8)   43 33 23 13 3
    丁 丙 癸 己   여   戊 丁 丙 乙 甲   대운

    酉 辰 酉 亥   寅 丑 子 亥 戌

丙火 일간이 중추 酉月에 태어나 년지 亥에 절을 만났고 일지
辰 시지酉에도 뿌리없어 그야말로 太弱하다. 따라서 왕한 세력에
종해야 될 것 같다. 그러나 일지 辰中 癸水가 월간에 투출되어 연
월일시지에 힘을 얻었으므로 일간 대행격이 성립된다.

이리되면 丙火는 정재되고 월지 辰中 戊土는 나의 정관성이
되며 월시지 酉는 인수가 되어 모친성이다. 그리고 辰中 乙木은
아들이며 년지 亥中 甲木 역시 아들이다. 그리고 丙火를 돕는 천
간 木운은 재를 살려서 좋고 지지 木운 역시 丙, 丁의 財가 수생
되어 吉하다. 土는 좋으나 습한 土는 덕이 되지 않으며 水 운은
剋財되므로 不美스럽다.

일간인 丙火가 재성이 되므로 자수성가 하게 되며 내가 뛰어
야 먹고 살게된다.

辰中 戊土夫는 丙火(財)의 기운을 심하게 설기시키고 또 습한
戊土를 돕기 위해서는 丙火가 필요하다. 그러므로 내가 벌어 약
한 남편을 도와야하며 남편은 내 돈을 까먹는 역할하게 된다.

년지 亥水형제는 辰에 입고되며 辰中 癸水투출되었으므로 결

혼 후에 오빠가 정신계통 질환 오던지 득병 및 사망하게 된다.

일간 丙火는 부친성이고 酉辰酉의 합이 되므로 부친은 모친 외에 또한 명의 여자와 합정하게 되고 배다른 형제(丁)도 있게 된다. 남편과 나는 연애로 맺어졌고(辰酉도 화합) 결혼 후 夫의 부친이 사망하던지 흉액 당하게 된다.

甲戌 대운은 甲木은 丙火를 생하고 戌土는 조토되어 火氣를 도우므로 당연히 편안했다. 乙 대운은 丙火生하여 그런대로 괜찮으나 亥 대운에 丙火가 절(絶)에 임하게 되어 재정적 어려움 있고 부친신상에 유고(有故)있다. 丙 대운은 좋은 운이며 남편궁(丙辰)이 발동하므로 결혼운이다. 子 대운은 재정적 어려움 극심하여 남편이 그 역할하기 어려운 때다.

丁 대운은 돈이 스쳐지나가고 丑 대운은 酉丑 金局 辰丑 破되어 문서로 인해 남편 망한다. 또 년지 己亥와 丁丑 대운이 2급 소용돌이되어 애정에 갈등과 번뇌가 따른다.

戊 대운은 남편(戊)이 새 출발하며 제법활동께나 하는 운이며 寅 대운 역시 丙火장생하여 길한 때다. 그러나 甲申, 乙酉세운은 불리하다. 己 대운은 外情있게 되고 재물이 솔솔 빠져나간다. 卯 대운에 夫死하게 될 것이니 辰酉合을 깨어서이다.

예9)

癸 戊 癸 己	남		54 44 34 24 14 4		
亥 辰 酉 巳			丁 戊 己 庚 辛 壬	대운	
空亡　　도화			卯 辰 巳 午 未 申		

戊辰일주 酉月생으로 己巳년주있으나 巳酉, 辰酉로 합되어 金으로 변하니 일주가 심히 허탈하다. 金旺하고 水旺하므로 일지 辰중에서 표출될 월간 癸水를 체(體)로 하는 일간 대행격이 구성

된다.

이리되면 년간 己土는 편관이고 년지 巳는 재성(처)이 되며 일간 戊土 역시 관성이 된다. 따라서 火土운에 발전이고 군인 및 경찰직인데 관살(戊,己) 혼잡되어서 군인이다. 己巳 대운에 관성이 힘을 얻어 승진 계속되었고 戊 대운에 관성이 몸에 붙으니 3성 장군이 되었다.

그러나 戊辰 대운은 일주 복음이 되어 흉함을 안고 있는데 대운지辰이 월지 酉를 쟁합하여 戊辰, 己巳의 관살에 극을 받게 되었다. 己未년에 또 한번 癸水(일간 대행)을 충극하며 입묘시키므로 김재규 사건에 연루되어 옷 벗었다. 즉 월지 酉가 辰酉합으로 사라지면 癸水는 辰에 입고되며 관살(戊,己)의 극을 받게 된다.

일간 戊土자식은 월지 酉에 合(戊癸)입사(入死)되고 시지 亥에 합입절(入絶)되며 시지 공망이므로 자식과 사별하게 된다.

丁 대운 癸亥년에 아들(戊辰)이 교통사고로 사망했다. 丁卯 대운은 亥卯로 木旺해져 戊土를 극하고 癸亥년은 역마되어 戊土를 합하여 입절(入絶)시켰기 때문이다. 만일 이 사주를 이때까지의 명리론으로 풀면 다음과 같다. 戊土 일간 酉月생으로 土金상관격이고 상관생재되나 일주 허약하므로 년주 己巳로 도와야 된다.

하지만 년지 巳는 巳酉로 합하여 금 기운으로 변하니 생조 역할이 신통치 않아 재다신약을 못 면한다. 따라서 3성 장군은커녕 의식에 허덕이게 되고 재혼하게 되는 팔자다. 그리고 일지 辰중 乙木과 시지 亥중 甲木이 관성(자식)되는데 어찌 癸亥년에 사망할 수 있겠는가. 하는 점이 의문이 아닐 수 없다.

이 사람은 퇴직 후에 부산에 있는 식품회사(사돈)에 고문을 지냈으며 재산은 자족(自足)정도였다. 卯 대운은 월지 酉를 충하여 신병과 액난이 따르게 되니 酉가 충거되면 戊辰, 己巳의 관살이 극癸水하기 때문이다.

예10)   50 40 30 20 10
　　戊 丙 壬 戊　　여　　　丁 戊 己 庚 辛　　대운

　　子 申 戌 子　　　　　　巳 午 未 申 酉

　　丙火일주가 戌月에 태어나 戌중 丁火있어 뿌리가 되나 년일지가
申子水局되었고 천간에 壬水투출하여 水氣태왕이고 太身弱이다.

　　이리되면 혹자는 '水多함이 병이니 戌에 뿌리 둔 戊土식신으로
制水해야 한다.'고 말하기 쉽다. 그러나 이처럼 일주가 태약한데
무슨 힘으로 土를 생하여 제수(制水)할 수 있을까. 그리고 太弱한
일주에겐 식상이오면 더욱 약해져 丙火의 존립마저 위태로운데
어찌 식신을 쓸 수 있는가? 하는 의문이 있다.

　　이 사주 역시 丙火 일간 태약한데다 일지 申중 壬水가 월간에
투출되어 있으며 土水간에 상쟁하는 혼잡이 있으므로 [일간 대행
격]이 성립된다. 따라서 월간 壬水가 체(體)고 丙火는 편재되고
戊土는 관성이 된다.

　　일간 丙火가 財星으로 변하며 약한 戊土를 生하므로 돈벌이
하게 되며 (자수성가) 그것으로 남편을 도와야 된다. 년간 戊土가
첫남자며 본남편이고 시간 戊土는 外夫다. 자식은 戊子사이에 협
공된 亥중 甲木이다. 초년 辛酉 대운은 일간 丙火(부친)을 합하여
사(死)에 들게 하므로 부친이 사망하던지 망하게 되어 재정적 어
려움 따랐다.

　　庚申 대운 역시 壬水(일간 대행자)만 왕해지고 이리되면 壬水
는 흐르게 되므로 이동변동으로 어려운 세월이다. 庚 대운은 일
지 申의 투출신이므로 배우자감 나타났다. 申이오면 戊土夫는 활
동하나 소득없다. 己未 대운은 戊土를 도우므로 이때부터 부부
공히 좋아졌을 것이나 己土는 壬水의 정관이므로 사주원국과 관
살혼잡을 이룬다. 따라서 外夫에 정이 가는 때다.

戊午 대운은 戊도 강해지고 丙火財도 왕해지니 늘어나는 돈맛 보게 되고 夫의 일도 잘 풀렸다. 丁巳 대운 역시 좋으나 丁壬合되어 巳戌귀문살 이루므로 정서불안, 히스테리 있게 되어 종교에 귀의하고픈 때다. 丙운 무난하나 시비구설로 소란스럽고 辰 대운에 申子辰 水局되어 관성의 뿌리인 戌을 충하므로 夫別운이고 財庫破되어 큰 손실 있게 된다.

예11)   47 37 27 17 7
　　己 辛 癸 戊　 여   戊 己 庚 辛 壬　 대운

　　亥 亥 亥 戌   午 未 申 酉 戌

辛일간 亥월생으로 일시지에 亥水있고 월간에 癸水있으므로 水체국이된다. 癸水가 체가되니 년간 戊土는 정관성(남편)이고 시간의 己土는 근거없이 떠도는 남자로 나의 자궁인 월지 亥중 甲木과 명암합하므로 색정상대다.

그러나 己土는 旺水를 흐리게 만들어 고통만 주게 된다. 戊土 남편에서 보면 體가 되는 癸水가 본처(정재)가 되고 亥亥亥중의 壬水는 편재성으로 은밀히 합정하는 애인이다. 그런데 戊가 癸와 합하여 亥에 입절(入絶)하므로 남편 사별하게 된다. 戊癸합이 발동되는 戊 대운에서다.

亥중 甲木이 자식이므로 세 명의 자식 두게 되나 甲木이 왕한 물에 표류하므로 멀리 떨어져 지내게 되며 학업성적이 신통치 않은 우둔한 자식이다. 년지 戌중 丁火가 재성이나 미약하므로 己 未 대운까지 빈곤하게 지냈다.

壬 대운은 癸의 겁재운되어 부친이 패망했고 어렵게 지냈다. 戊 대운에 직장생활로 조금의 돈맛 봤다. 辛酉 대운 역시 불미스

러웠고 酉홍염살되는 때에 결혼했다. 庚申 대운도 좋지 못했다. 己土 대운에 시누이(己)와 불화있었고 외간남자와 통정있었다.

己土는 戊의 여동생인데 물을 흐리게 만들므로 시누이가 사사건건 트집을 잡아 고통을 당했다. 未 대운에 년지 戌을 형하니 戊土(남편)가 뿌리를 상실하므로 남편이 망했고 건강마저 상했다.

戊 대운에 戊癸합이 발동되어 亥에 입절되므로 남편(戊)와 이별하게 되는데 乙酉년 48세에 사망했다. 午 대운은 년지 戌은 년지 戌과 午戌화국을 이루므로 남자상대로 돈벌이 하게 되고 제법 축재도 있었을 것이다.

예12)

丙 庚 辛 壬	여		43 33 23 13 3	
			丙 丁 戊 己 庚	대운
子 申 亥 寅			午 未 申 酉 戌	

도화

庚金 일간이 수왕절인 亥월에 태어났고 뿌리라고는 일지 申金뿐이다. 그런데 申은 시지 子와 申子로 합하여 水로 변했다. 申子, 亥 壬으로 水가 태왕하므로 水체국이 되었다.

따라서 년간 壬水가 체가 된다. 시간 丙火가 편재성으로 변해 부친이되고 월간 辛金이 모친이며 일간 庚은 부친의 후처고 애인이다. 태왕한 水가 가는 길은 년지 寅(역마)인데 물도 흐르고 물에 들어앉아 있는 寅木도 물 길 따라 흐르게 된다.

壬水체에서 보면 자신이 깔고 앉아 있는 寅이 식신문창성이며 역마성이다. 그리고 겨울철에 필요한 것은 寅에 장생하고 있는 시간의 丙火다.

즉 丙火는 미약하지만 조후 역할이다. 여명팔자에 水태다하면 음기강하여 음탕한데다 寅木으로 설기해야하므로 색정을 좋아한

다. 됨됨이는 총명하나 (寅:식신문창)庚, 辛金이 기신이므로 모친
덕 없고 학업도 없다.

　辛金 모친은 旺水를 만나 물에 잠기므로 본인(壬) 태어난 1~6
년 사이에 사망했다. 庚金은 丙火부친이 타향 길거리(申역마)에
서 만난 여자인데 내가 가는 길이기도 하고 용신이기도한 寅木을
충하므로 계모의 구박을 피해 가출하게 되었다. 酉(도화살) 대운
에 가출히여 몸 파는 생활 시작했다.

　13살부터인 己土가 壬水의 정관되어 이때부터 남자 알았다. 戊
대운에 같이 살자는 남자 나타났으나 대운지 申과 년지 寅이 寅
申충되어 애기지우고 헤어졌다.

　丁未 대운에 壬水와 丁壬합하므로 돈(丁)을 보고 남자와 동거
생활했다. 그러나 남자가 의처증심해 헤어졌다. 寅未귀문살이 작
용되어서이다. 丙午 대운은 그래도 살만하겠으나 寅역마성에서
투출된 시간의 丙火는 壬水의 편재(돈)이므로 돈을 찾아 만경창
파에 몸을 싣고 떠돌아 다녔다.

　水태왕하므로 바람(木)불면 풍파되니 대해(大海)의 일엽편주
다. 년지 寅이 자식인네 申寅충되었고 旺水에 흘러가니 자식두지
못했다.

　壬水의 관성과 합신마저 없으니 평생을 함께할 남자는 없다.
丁未 대운까지 여기저기 떠돌며 콜걸 생활했는데 섹스 할 때 뱉
어내는 신음소리가 아주 요란했다.

예13)　　　　　　　　　43 33 23 13　3
　辛 丁 癸 癸　　여　　戊 丁 丙 乙 甲　　대운

　亥 丑 亥 卯　　　　　辰 卯 寅 丑 子

丁火 일간이 지지에 무근하고 천간에도 극함만 있어 크게 신약하다. 따라서 왕한 것에 따를 수밖에 없으니 가까이 있는 월간 癸水에 따르는 종살격이다. 그러나 이때까지의 단순하기 짝이 없는 논리인 '종신을 도우는 것이 좋다…'에 따르면 안된다. 수의 세력이 태왕하여 수체국(水體局)이 되므로 水의 역할작용에 따른 희기를 밝혀야 정확한 감명을 할 수 있다.

여기서의 水는 亥卯로 합하여 木으로 가므로 木과 火운이 좋으며 金水 운은 불미하고 土운 역시 안좋으나 未土만은 좋다. 亥卯未로 삼합하여 水의 배성구가 확대되어서이다.

이 사주 역시 癸水가 체가되므로 木이 자식이고 丑중 己土는 남편이며 일간 丁火는 편재가 되어 부친성이 된다. 따라서 초년에 부모 사별하게 되는데 모친성인 辛金 역시 일지 丑에 입고되며 년지 卯에 절(絶)을 만나며 심히 허약하기 때문이다. 丑중 己土허약하여 남편덕 없고 무능력한 남자다. 자식은 떠돌아 다니게 되는데 水旺하면 木은 떠내려가기 때문이다.

體인 水가 가는 길은 亥卯식신이므로 식당업이 천직이다. 甲子, 乙丑 대운에 부모 사별하여 어렵게 지냈다. 丙 대운부터 돈벌이 나섰고 寅 대운에 寅亥합하여 결혼했다. 寅중 戊가 정관성이어서이다. 그러나 寅亥합되어 戊土가 극을 받으므로 (木剋土)남편의 하는 일이 안되었으며 건강마저 상했다. 丁 대운은 돈벌이 했으나 손재도 따랐으니 丁癸충이 되었고 비견과 쟁탈전 벌렸기 때문이다.

卯 대운은 亥卯합이 되어 왕한 水가 설기하게 되므로 일거리 많아졌으나 치부는 안되었다. 戊辰 대운은 戊土정관(癸體의)이 戊癸합하여 절신인 亥에 들어가므로 남편과 이별운이다. 그리고 왕신이 辰에 원진살되어 입고하니 대흉할 것이다.

癸亥와 癸卯가 지지끼리 亥卯로 합하므로 협동적이고 공동적인일이 따르게 되며 똑똑한 놈(癸卯) 밑에서 활동해야 한다.

예14)

```
丁 庚 甲 癸    남        60 50 40 30 20 10
亥 子 子 未            戊 己 庚 辛 壬 癸   대운
  도화 도화 天乙         午 未 申 酉 戌 亥
```

庚金일간 子월생으로 일지 子 시지 亥있고 년간에 癸水 투출 되어 수의 세력이 태왕하다.

이렇게 되면 이때까지는 '금수(金水)상관격이니 년지 未는 조토(燥土)되어 좋고 시간 丁火는 조후시켜주므로 역시 희신이며 甲木도 좋다.'로 해석했다.

그러나 이 명조 역시 庚 일간이 태약하므로 일지 子중 癸水투간되어 水局을 이룬다. 따라서 水체국이 되며 년간 癸水가 주체가 된다. 태왕한 水는 막으려하면 안되고 순세시켜야 하므로 년지 未와 시지 亥에 뿌리를 둔 월간 甲木으로 간다.

따라서 木운이 좋고 천간으로 오는 火는 조후되어 좋으나 甲木을 치는 金운과 합거시키는 己土운 그리고 왕한수의 세력에 거역하는 土(戊)운을 꺼린다.

亥子水局에서 癸水하나만 투출이므로 두목의 기질 있으며 유랑하는 삶이 오게 되니 旺水는 흐르기 때문이다. 시간 丁火는 처가 되고 일간 庚은 인수(모친)가 되며 년지 未중 丁火는 부친이 되며 未중 己土는 자식이 된다.

癸亥 대운에 모친과 사별했는데 庚金이 사신(子中癸)을 만났고 水태다하면 金은 물에 가라앉기 대문이다.

壬 대운에 부친성인 丁火를 합하여 戊(대운지)에 입고시키므로 부친과 사별했다.

戊 대운에 결혼했고 자식 생겼다. 戊중에는 戊土(자식)있고 丁火(재성)가 있어서이다.

辛酉 대운은 水의 세력만 강하게 하고 甲木을 극하므로 불미

한 세월이었다. 따라서 간염으로 고통받았다. 庚申 대운은 庚은 甲을 충극하고 申子로 水局을 이루어 더욱 수의 세력 강왕해지니 아주 좋지 못하다.

甲이 庚에 극되면 간(月干)이 상처를 받게 되는데 결국 48세 庚午년 간암 절제 수술을 받게 되었다. 庚午년은 水의 가는 길인 甲木을 천충지충했기 때문이다(甲子:庚午).

己未 대운 역시 甲木이 합되어 입고하므로 대흉하다. 따라서 辛巳년 59세에 간암으로 고통받다가 60세 壬午년에 저 세상으로 갔다.

수체국에 호설(好泄)해야 하며 도화살 중중하여 주색(酒色)을 아주 좋아했다. 신약 금수상관격으로 보면 庚申, 辛酉운은 일간 을 도우므로 평탄할 것이고 火土운이 좋아야 할 것이다.

예15)

						57 47 37 27 17 7	
癸	戊	己	辛	남		癸 甲 乙 丙 丁 戊	대운
丑	子	亥	未			巳 午 未 申 酉 戌	

戊일간이 년지 未에 뿌리있고 월간 己土있으나 亥子丑 水局있 고 일주 戊子가 시주 癸丑과 천간지합하므로 일간 대행격이 구성 된다. 일지 子중 癸水가 시간에 투출되어서이다.

따라서 癸水가 일간 대행격이고 일간 戊는 관성이고 년간 辛 은 편인성된다. 북방 전기(全氣:亥子丑) 얻었고 癸水홀로 투출이 므로 남보다 탁월하여 우뚝 설 수 있다. 일간 戊가 관성이므로 직 장생활인데 甲午 대운, 未 대운에 관성 戊의 기운 도와주므로 46 세 丙辰년에 총경이 되었다. 戊, 己관살에 火가 약하므로 자식의 학문능력 떨어진다.

이 사주를 이때까지의 논리로 보면 재다신약되었고 亥, 未중의 木官이 투출치 못해 관록이 좋지 못할 뿐 아니라 많은 여자와 인연 있고 생활에 허덕이는 팔자다. 巳午未 남방 대운에 일간을 돕는다 하나 별무 공덕일 것이다. 戊寅생 처, 丙午생 장남, 甲辰생 딸 있다.

예16)

				남		49	39	29	19	9	
戊	丙	壬	辛			丁	戊	己	庚	辛	대운
子	申	辰	丑			亥	子	丑	寅	卯	

丙火 일간의 뿌리가 천간 지지 그 어디에도 없다. 따라서 申子辰 수국에서 투출된 월간 壬水에 따르며 壬水를 체로 하게 된다. 辰土가 월지에 있으며 시간에 戊土투출되었으므로 막아줘야 하는 큰 호수물이다. 그러나 습토 되었으며 土가 약하므로 언제 붕괴될지 모르는 위험을 안고 있다. 일간 丙火가 부친이고 처가 된다. 하지만 뿌리없어 그림의 떡이다.

또 丙火에서 보면 申子辰 水局으로 관살 많으니 처는 많은 남자 상대하며 거쳐 간다. 辛金 모친이고 丙火 부친인데 壬水 體가 辛金모친의 상관성이 되므로 본인 태어난 1살~6살 사이에 부모 이별이다. 壬水體에서 보면 일지 申은 홍염살되니 이의 투출신되는 庚 대운에 연애사 들어왔다.

원국의 申홍염살 위에 丙火재성있으므로 연애 결혼했다. 년간 辛金이 도삽 도화되어 연상녀 庚子생 만났다. 丑 대운에 원명의 辰丑破가 발동되어 가정이 깨졌다. 제방되는 土가 붕괴되면 호수물은 홍수가 되어 흐르니 떠돌이 생활시작이다. 戊 대운에 잠시 직장가지나 子 대운에 홍수되어 떠돌다 간다. 壬戌생 딸, 己巳생 아들 두었다.

예17)   33 23 13 3

    辛 辛 辛 甲   남   乙 甲 癸 壬   대운

    卯 未 未 寅   亥 戌 酉 申

　辛金 일간이 3개나 되고 未土가 2개나 되어 신왕으로 보기 쉽다. 그러나 卯未로 목국 이루고 未월의 己土는 조토되어 辛金을 생하지 못한다. 따라서 재다신약의 명조다.

　년간 甲木이 부친이고 처다. 월일지 未中 己土는 모친이니 부친한명에 모친 2~3명이다. 여기서 辛일간의 역할은 甲寅 木을 야금야금 갈가먹는 일 뿐이다. 즉 조후가 되고 활동력이 되는 水가 없으므로 염천(未월)의 나무를 키우지 못하며 먹음직스런 甲寅재성을 갉아먹는 역할뿐이다. 甲은 큰 나무인데 작은칼(辛)로 요리하려함은 甲의 껍질을 벗기는 격이다.

　따라서 마누라와 부친의 껍질 벗기는 일 뿐이다. 23세부터의 甲 대운부터다. 3개의 辛金이 甲木을 보며 침을 삼키고 있는데 (경쟁하고있다. 서로 먹으려고) 일지 未는 재고이므로 머리 쓰고 생각하는 것(己土인수)이 어떡하면 경쟁자(辛未월)보다 먼저 부친의 재산을 내 창고에 넣을까 하는 것 뿐이다. 寅未 귀문되어 자나깨나 그 생각속에 빠져있다.

　이런 재다신약은 천간으로 오는 비견겁재운 되면 망한다. 처와도 이별있게 된다. 癸丑생처다. 24세 丁丑년 결혼, 戌 대운에 未를 형하여 이별이다.

예18)   49 39 29 19 9

    壬 甲 癸 戊   여   戊 己 庚 辛 壬   대운

    申 子 亥 子   午 未 申 酉 戌
                                도화

甲木 일간이 태왕한 물속에 잠겨있다. 申子水局되고 亥子 壬癸로 水가 투출되었으니 水體局이다. 월간 癸水가 주체되니 월지 亥중 甲木과 일간 甲木은 자식이다. 따라서 2명의 자식 두었다 (아들).

년간 戊土가 관성이고 년간에 있으며 癸가 주체되니 늙은 남자와 일찍 결혼했다. 태왕한 물이 가는 곳은 甲木이다. 즉 癸에서 보면 甲은 상관이다. 따라서 둘째 아이 낳고 3년째부터 부부불화 야기 되었다.

사주팔자에 안목이 되는 火가 없으니 눈썰미 없고 노력해도 돈 안된다. 戊午 대운에 子午충으로 왕신 격노하니 사망이다. 甲木이 體가되면 水인성태왕하고 火없어 자식 낳지 못 할 것이다. 丁丑生 남자 만나 평생 불화속에 살았다.

예19)   40 30 20 10
戊 丙 甲 癸   남   庚 辛 壬 癸   대운

子 子 子 酉   申 酉 戌 亥
        도화

丙火 일간이 망망대해 위에 앉아 일점의 뿌리 없다. 월간 甲木이 丙火를 생해준다고 하지만 한겨울의 습한 나무가 어찌 丙火를 생할 수 있을까. 따라서 태왕한 水에 따랐으니 水체국에 일간 대행격이다. 癸水가 주체되므로 丙火는 재성이 되고 戊癸합하는 戊土는 자식성이 되며 또 나의 처성이 된다. 癸의 합신이 戊土인데 재성이 약할 땐 합신을 나와 합정하는 배우자로 보기 때문이다.

일간 丙火가 첫 여자고 戊土가 두 번째 여자다. 망망대해를 이룬 水의 갈 길은 월간 甲木이나 부목이 되어 흐르니 아주 불길한 명조다. 년지 酉 도화가 투출신되어 발동하는 辛 대운에 결혼했

다.

甲辰년 32세였다. 34살 丙午년에 처성인 丙火가 힘을 얻고 시
간의 戊土 역시 힘을 얻게 되므로 자식 낳았다. 딸자식이었다. 그
러나 辛酉 대운은 일간 丙火를 합하여 사(死: 丙은 酉에)에 이르
게 하므로 상처하게 되는데 己酉년 37세에 상처했다.

己酉년의 천간 己土는 丙火의 실낱같은 원조자인 甲木을 합거
시켰고 세운지 酉는 丙火의 사지(死地)이기 때문이다. 辛酉金이
丙火를 잡아갔으니 물귀신 된 모친(酉)이 데려갔다 할 수 있으며
폐암 및 폐병이었다. 년지 酉가 癸水의 모친인데 왕양한 물속에
가라 앉아 있으므로 모친이 물에 빠져 죽었던 것이다.

이것이 酉 대운되어 발동되었으므로 물귀신 된 모친이 마누라
묶어 갔다로 말한 것이다. 子子子있고 火가 조후되므로 丁丑생
여자 만났다.

시간 戊土가 두 번째 여자인데 庚戌년 38세에 재혼했다. 酉 대
운은 도화운되어 연애사 많이 들어오고 여자 따르는 때다. 그리
고 庚戌년의 庚은 酉 도화살의 투출신이 되고 戌은 戊土의 뿌리
가 되므로 취처할 수 있었던 것이다. 그러나 庚申 대운되어 庚은
癸水의 가는 길인 甲木을 충극하는데다 대운지 申은 癸의 사지가
되므로 죽을 자리 찾아가는데 壬子년 40세에 사망했다.

壬子년의 壬은 癸의 사지인 申의 투출신이다. 시간의 戊土자식
역시 년지 癸酉와 戊癸합하여 입사(入死)하는데다 허약하므로
자식과도 사별할 명조다.

예20)   41 31 21 11 1
      乙 辛 庚 丙   여   乙 丙 丁 戊 己   대운

      未 亥 子 申   未 申 酉 戌 亥

신약 금수상관격이다. 丙辛合水있고 申子, 亥로 水旺하다. 그러므로 시간 乙木편재는 물길따라 흘러 다니는 돈이다. 水체국되었고 흐르는 물이며 막아줄 수 있는 물이 아니다.

따라서 戊戌 대운은 크게 불미스럽다. 도화살을 띠고 있는 子水가 중심세력이고 식신이므로 화류계 팔자다. 월주 庚子와 일주 辛亥가 1급 소용돌이고 일주와 시주 乙未간에도 4급 소용돌이 되어 태어난 생가 및 자식과도 이별과 불화의 갈등 지니게 된다.

16세에 가출하여 떠돌았고 丁 대운에 남자 만나 동거했는데 申子식신과 丙火관성이 일주와 합신해서이다. 酉 도화 대운에 辛일간이 득록하므로 자식 낳을 수 있었다. 乙丑년 29세에 생남했다. 丙申 대운 이혼하고 술집으로 떠돌았다. 辛일간 허약하여 亥未에 뿌리 둔 시간 乙木을 가대행(假代行)으로 하면 월간 庚金이 첫 남자고 년간 丙火가 첫아들인데 子未로 원진 되었다.

일간 辛은 유부남이고 공동의 남자다. 辛이 亥未목국위에 있어서이다. 亥子水는 모친이니 二母다. 戊戌 대운은 시지 未를 형하고 대운지 戌에 乙木이 뿌리내리려 하므로 살아갈 터전을 깨고 찾는 운되어 가출하였다.

예21)   50 40 30 20 10
丁 戊 丁 甲   남   壬 辛 庚 己 戊   대운

巳 辰 丑 午   午 巳 辰 卯 寅
                                    도화

戊辰일이 丑월에 태어났으나 火旺하여 이상난동이다. 戊일간의 역할은 木을 키우는 것이 첫째고 둘째로는 水를 조절하는 것인데 년간 甲木있으니 할 일은 있다. 그러나 甲木이 사지인 午에

앉아 있고 사신(死神)발동이 되어 있다. 월시간 丁火가 甲木의 사신(午) 발동이다.

따라서 직장 및 자식이 죽어나가니 자식실패와 사업실패가 잇따른다. 丑, 辰중의 癸水가 재성인데 火에 둘러싸여 증발되니 술이다. 그리고 돈이 인성 때문에 증발되니 매매계약만하면 손해본다. 또 인성은 생각이고 정신이라 정신이 쓸모없다. 돈 까먹을 생각만 한다.

또 水가 있어야 병이되는 旺火를 제압할 수 있으므로 술 먹을 생각만 한다. 어두운 구석이 있어야 돈 되는데 너무 밝아 돈 안붙는다. 자식은 아들 2명 두었으나 一子 死別할 것이다.

대운 역시 水木을 만나지 못해 백전백패다.

예22)

| 壬 丙 甲 癸 | 남 |
| 辰 申 子 卯 | |

44 34 24 14 4	
己 庚 辛 壬 癸	대운
未 申 酉 戌 亥	

2008년 9월 25일에 丙午생 여자가 내놓은 남편의 명조다.

"이 사람은 壬戌 대운 그러니까 20세 전에 부친과 사별했을 것인데 맞습니까?"

"예. 20살 전에 부친과 사별했다 합니다."

丙申일주가 卯, 甲에 생을 받는다하나 물에 불어 터진 木이 生火(생화)할 수 없다. 그리고 일지 申을 중심으로 申子辰 수국을 이루었으며 壬水가 시간에 투출했으므로 水체국으로 보고 먼저 확인부터 한 것이다. 즉 水체국으로 보면 일간 丙火가 편재성(부친)이고 壬戌 대운은 丙火입고하며 壬水가 丙火를 극하므로 부친(丙)과 사별하게 되는 것이다.

"이 사람은 물건이나 사람을 싣고 여기저기 다니는 직업을 지녔을 것인데 배를 몹니까 아니면 버스나 택시를 몹니까?"

"버스기사를 합니다."

부인되는 사람은 눈을 동그랗게 뜨며 긍정했다.

"버스기사를 한다면 아마도 기사 조합의 간부이거나 기사권익을 대표하는 일을 할 것인데 혹시 조합장을 꿈꾸고 있지 않나요?"

"그럴 계획이 있는 것 같은데 되겠습니까?"

"내년 己丑년에 소망이 이뤄질 것이고 60여세까지 직장생활하겠으며 퇴직 후에는 중풍이나 혈행 관계의 질환 조심해야 합니다. 자칫 잘못하면 큰일 납니다. 그리고 서 여사는 이 사람과 결혼하기 전에 남자 하나 거쳐 갔으며 이 사람 역시 첫 여자 이별했을 것이오."

"말씀하신 것 모두 딱 들어맞습니다. 그 외에 해주실 말씀은 더 없습니까?"

"이 사람은 정직하며 공익에 힘쓰는 바다처럼 넓은 가슴을 지니고 있으나 재복은 크지 못합니다. 그리고 형제는 많으나 언니나 누나가 초년에 일찍 죽었을 것입니다. 배짱 좋고 시원시원한 성격을 지닌 누님 한분 있을 것이오."

申子辰수국에서 壬水가 투간 되었으므로 무리(申子辰)중에서 톡 튀어나려는 영웅적 기질이 있는 것이며 丙火재성은 조후되어 모든 이를 따뜻하게 해주므로 공익에 힘쓰며 남의 일을 잘 돌봐주는 것이다.

그러나 丙火가 미약하여 큰 재산 지니지 못하게 되며 년간 癸水가 있으므로 처(丙)는 이혼한 여성인 것이다. 즉 丙火는 壬水의 처성인데 년간 癸水가 丙火의 첫 남자이고 겨울의 癸水이므로 丙火를 어둡게하므로 처(丙)는 첫 남자(癸)에게 많은 고통을 당했던 것이다. 대부분의 역인들은 이런 유형의 사주를 신약 용인격으로 보게 된다.

예23)
　　　庚 庚 戊 乙　　여
　　　辰 戌 子 未

　　47 37 27 17　7
　　癸 壬 辛 庚 己　　대운
　　巳 辰 卯 寅 丑

　　庚戌괴강일이다. 일시 辰戌충되어 있고 土多(토다)하여 火의 기운을 심하게 누설시키며 금수(金水) 상관격이다. 따라서 남편 운이 좋지 못함은 금방 알 수 있다. 자세히 살펴보면 년지 未중 丁火가 첫 남자다. 일간 庚과 년간 乙木이 乙庚합해서이다.

　　하지만 년간 乙木은 시간 庚과 합하므로 첫 남자(乙未)는 딴 여자에게 가게 된다. 년지와 일지 사이에도 戌未형이 되어 있다. 庚金일간의 역할은 일지 戌중 戊土를 투출시켜 乙木을 키우려한 다. 따라서 산(戌)장 여관이나 산 아래에서 장사하게 되는데 영암 월출산 밑에서 월출산 가든을 경영하고 있다.

　　그런데 일지에서 투출된 일주의 표출신이 있을 때는 일간을 대행하는 역할도 한다. 이런 유형의 사주는 나를 대신하여 일을 하는 대행자(代行者)를 두게 된다. 즉 지배인을 두던지 차명계좌 를 만들어 남에게 내 재산을 관리하게 하던지 등의 생활태도를 나타낸다. 이 여성 또한 지리산 골짝(庚戌)에 대행자를 두어 개 (戌)를 키우고 있다.

　　이 사주에서 제일 필요한 것은 丙火이고 그 다음에 木이 된다. 丁火는 丙火보다 조후하는 힘이 미약하므로 운명의 질이 떨어진 다. 寅 대운에 결혼했고 辛 대운에 庚金의 합신인 乙木을 충거하 므로 이별했다. 물론 재운 역시 좋지 않았다. 卯 대운은 년지 未 와 卯未합을 지어 재국이 형성되므로 사업 벌리게 되어 조금의 축재있었다.

壬辰 대운은 일지 戊土를 충하며 壬水가 월지 子(도화살)의 투출
신되어 애인 생겼으나 불미스런 때였다. 癸 대운에 월간 戊土와
戊癸합을 지어 월출산(月出山) 밑에서 음식점을 시작했다. 월간
戊土에서 보면 癸水는 정재성이 되어서이다. 巳 대운에 새로운 일
을 계획하게 되는데 庚이 장생지를 만나서이다. 물론 좋은 운이다.

예24)

癸	癸	乙	庚	남
丑	丑	酉	寅	
백호	백호		공망	

48	38	28	18	8
庚	己	戊	丁	丙
寅	丑	子	亥	戌
			역마	

酉월 癸 일간이다. 癸 일간의 역할은 戊가 있던지 木이 있어야
하지만 戊土관성은 보이지 않고 乙木은 년간 庚과 合되어 化金되
었다.

따라서 별다른 역할 없다. 이렇게 되면 일지 丑과 월지 酉가 酉
丑합하여 년간 庚을 투출시켰으므로 庚으로 癸 일간을 대신하게
한다.

庚에서 보면 년지 寅木이 부친성이고 애인이 되며 乙木은 정
재이므로 처가 된다. 따라서 부인 외에 애인 두게 되며 부친(寅)
의 덕은 있다.

亥 대운에 운전하다 교통사고 당해 큰 부상 입었다. 동승했던
아우는 즉사했다(寅亥합하여). 戊 대운에 택시회사 경영했으나
부도났고 발병했다(갑상선).

己丑 대운에 식당 실패하고 채무를 면하려 부인과는 서류상
이혼으로 해놓고 재산을 부인 앞으로 이전했다. 庚寅 대운에 애
인과의 관계가 들통났다.

예25)   58 48 38 28 18 8
　　庚 辛 癸 戊　　남　　己 戊 丁 丙 乙 甲　　대운

　　寅 亥 亥 寅　　　　　巳 辰 卯 寅 丑 子

　辛일간이 亥월에 태어나 사주 지지 그 어디에도 뿌리가 없다.
년간 戊土가 년지 寅에 장생하여 득근하므로 용신으로 정하는 사
람이 많다. 그러나 년지 寅은 월지 亥와 寅亥합을 이루어 寅중 丙火
가 상하게 되므로 戊土로 용신할 수 없다. 또 戊土는 월간 癸와 합
하므로 辛金일주를 생하지 않는다. 즉 탐합망생이 되어 있다. 따라
서 辛일간은 왕한 세력에 따를 수밖에 없으니 종아격으로 간다.
　음간이 종하게 되면 종신을 체로 삼으니 癸水가 체(體)가 된
다. 년지 寅중 丙火는 처(妻)가 되고 년간 戊土는 관성으로 변한
다. 旺水는 설기함을 좋아하므로 木운은 발전있게 되고 火운은
조후되어 좋다. 癸水체(體)가 상관국(寅亥合)을 이루므로 총명
영리하며 교직에 인연있는데 대운이 좋아 대학교수로 진출했다.
그러나 년지 寅중 丙火있고 시지 寅중 丙火있으므로 숨겨 놓은
애인 있던지 중혼격(重婚格)이며 한 가지 업(丙)에 만족 못하고
겸업하게 된다.
　戊辰 대운은 정관(戊土)있는데 또 정관운이므로 직장을 옮기
게 되었다. 丙火가 절대적으로 필요하므로 돈과 여자를 밝힌다.
己巳 대운의 己土는 戊癸합을 깨므로 퇴직사 있게 되며 癸의 편
관운이라 큰 고통 있게 된다. 따라서 퇴직하고 사업을 시작했으
나 60살 丁丑년에 실패했고 戊寅년 61세에 뇌출혈로 쓰러졌다.
　戊寅년은 戊癸, 寅亥합이 발동하여 寅중 丙火가 상했기 때문이
다. 단순한 억부법으로 보고 戊土를 용신으로 삼는다면 己巳 대
운 戊寅년에 뇌출혈이 올 수 없었을 것이다.

예26)   76 66 56 46 36 26 16 6
己 戊 壬 甲   남   庚 己 戊 丁 丙 乙 甲 癸   대운

未 子 申 辰   辰 卯 寅 丑 子 亥 戌 酉

戊土 일간이 년지 辰. 시주 己未에 뿌리 있고 申월에도 戊土가
여기로 남아있다. 그러나 연월일이 申子辰으로 수국을 지었고 월
간에 壬水가 나타나있으므로 수체국(水體局)이다. 하지만 戊土
일간의 뿌리가 약하지만은 남아있으므로 일간으로서의 주체성은
버리지 못한다.

즉 수체국에 일지에 子水있지만 일간을 버리고 壬水를 주체로
하는 일간 대행격은 성립되지 못한다. 그러므로 년간 甲木편관이
아들이고 辰中 癸水가 처(妻)가된다.

甲木은 시주 己未와 甲己합하여 입고되며 백호살되어 있으니
첫아들이 흉액, 흉사하게 된다. 또 辰中 癸水처는 辰에 입고되었
고 월지 申에 사(死)가 되며 시지 未에 입묘(入墓)된다.

그러므로 첫 여자 역시 사별하게 된다. 이 사주의 요점은 申子
辰에 뿌리 둔 壬水를 어떻게 써 먹을까? 어떻게 요리할까? 에 달
려있다. 시주 己未에 뿌리 둔 戊土 일간이지만 이렇게 강왕한 세
력을 지닌 壬水를 막아두기엔 벅차다.

그래서 년간 甲木으로 壬水의 기운을 설기시켜 壬水의 세력이
약해지면 일간 戊土로 다스릴 수 있을 것이다. 즉 년간 甲木도 쓰
임이 되고 己未土에 뿌리 둔 일간 戊土 역시 쓰임이 있다. 甲木편
관을 써 먹을 수 있으므로 군사가(軍事家)의 자질이 있고 戊土
일간으로 제수(制水)하므로 경제를 조절하는 능력도 있다.

이 사주처럼 질이 다른 두 개를 써먹을 수밖에 없을 때엔 하나
의 목적을 위해선 수단방법을 가리지 않는 생활태도를 나타내게
된다. 이러므로 이 사람은 이렇게 말했다.

'검은고양이든 흰고양이든 그것이 무슨 상관이냐. 쥐(子)만 잡으면 될 것 아닌가?' 소위 흑묘백묘(黑猫,白猫)론을 주장한 등소평의 명조다.

년운 보는 법

一. 년운(年運) 보는 법

그해에 무슨 일이 발생되며 좋으냐 나쁘냐 하는 것은 전적으로 년운이 어떠냐에 따라 결정된다.

** 대운(大運)과의 관계

1. 대운(大運)은 좋으나 년운이 나쁠 때는 당연히 나쁘나 그 강도가 심하지 않다.
2. 대운은 나쁘나 년운이 좋으면 평길(平吉)하다.
3. 대운이 좋고 년운이 좋으면 아주 좋은 일이 생긴다.
4. 대운이 나쁘고 세운도 나쁘면 아주 흉하다.

** 년운 보는 법

1. 투출신을 활용한다.

*투출신 개념은 한밝 신사주학 1권에 있으니 참고할 것.

즉 세운간이 사주 지지 어디에서 나왔는가를 보는 것이다. 자세한 것은 예를 들어 설명하겠다.

예1)

丁 辛 己 壬　여

酉 酉 酉 辰

위 사주의 癸亥년운은 첫째, 세운지 亥가 역마이며 년지 辰과 원진, 귀문살을 이룬다.

둘째. 세운간 癸는 년지 辰에서 투출된 투출신으로 본다.

辰은 식상(食傷)이 되는 水의 고(庫)이고 辛일간의 묘(墓: 12운)에 해당된다. 따라서 여행사(역마)가 있게 되고 건강을 상해 입원하는 일이 생기게 된다. 즉 辰은 활동력(식, 상)이 입고(入庫)되므로 활동력이 중지되는 것이다.

이 여성은 戊午월에 북쪽(癸亥)으로 여행했으며 壬戌월에 화상(火傷)을 입고 누워 지냈다.

2. 사주원명의 천간과 세운간 끼리의 작용을 본다.

예1)

```
                           26
丁 庚 丁 庚    남    庚    대운
亥 申 亥 寅          寅
```

癸亥년은 상관운되어 월간 丁火를 극하므로 퇴직사가 있게 되었다.

예2)

```
                     24 14  4
丙 戊 庚 壬    남    癸 壬 辛    대운
辰 戌 戌 寅          丑 子 亥
```

壬戌년운은 사주 년간에 壬水 편재가 있으므로 壬이 발동이다. 壬은 戊일간의 편재이므로 이 사람에겐 애인 생기게 되어 가출했다.

3. 사주 지지와 세운지지를 대조한다.

예1)

丙 戊 庚 壬　　남

辰 戌 戌 寅

홍염

壬戌년의 세운지 戌은 사주원국의 辰戌충을 발동시킨다. 시지
辰이 홍염살이므로 연애실패 (辰戌)하게 되고 안정이 되지 않는
다. 辰戌충은 땅(土)이 지진을 만나 흔들리는것 같다. 丑未충 역
시 그렇다.

예2)　　　　　　　　　33

辛 甲 戊 癸　　남　　甲　　대운

未 辰 午 未　　　　　寅

辛酉년은 사주시간에 辛金있으므로 관사(官事 : 직장, 법적문
제)가 야기된다. 그런데다 木火상관격 사주가 정관운을 만났다.
세운지 酉는 도화살이고 수옥살인데 일지 辰과 辰酉합하고 있다.
따라서 여자와 간통하다 구속되었다.

예3)　　　　　　　　　11

辛 壬 乙 甲　　여　　癸　　대운

亥 戌 亥 辰　　　　　酉

癸亥년은 겁재(癸)년이고 사주원국의 월시지 亥가 세운지 亥를 만나므로 발동된다. 亥는 역마지살이고 亥년에 발동되니 친구(癸)와 함께 가출했다. 水가 태다해지면 흐르기 때문이다.

예4)
```
己 己 乙 戊    남      41 31 21
巳 巳 丑 寅            庚 己 戊    대운
                     午 巳 辰
```

火土태다한 팔자다. 월지 丑중에 癸水 편재있고 巳丑으로 역마지살과 합하여 수재성(癸)을 만들려한다. 따라서 운수업이나 선박에 인연있었는데 하격이므로 운전수 및 선원의 직업 갖는다. 水가 재성이므로 이 사람은 선원생활이 좋다.

壬戌년의 세운간 壬은 정재가 되나 정재 나타나면 줄지어 떠있는 비견겁재에 의해 겁탈 당한다. 세운지 戌은 월지 丑을 형하고 형출된 癸水는 사주 년간의 戊가 합거시킨다. 그러므로 손재운이고 실패운이다. 살길은 물(癸, 壬)찾아 바다로 나가는것 뿐이므로 다 떨어 먹고 배타고 나갔다(선원).

4. 대운과 세운간의 관계도 살핀다.

예1)
```
己 辛 戊 辛    남      55
亥 酉 戌 酉            壬    대운
                     辰
```

辰 대운은 월지 戌(인수)를 충하므로 문서계약사가 발동된다.

癸亥년의 癸는 대운지 辰에서 투출된것(투출신)으로 보므로 계약 문서사 발동되는 해운이며 또 월간 戊土인수와 戊癸합되어 땅 및 부동산 매매운인 것이다. 戊午월과 己未월이 매매되는 달인데 己未월에 월지 戊(인수)을 형하므로 이루어졌다. (刑은 정리, 수리) 戊午월의 戊는 인수이지만 午戊로 합이 되어 팔리지 않았던 것이다.

예2)

乙 己 己 丁　여　　　43 33
丑 未 酉 丑　　　　　甲 癸　대운
　　　　　　　　　　　寅 丑

己土 일간 酉월생되어 土金상관격이다. 甲 대운은 상관격에 정관 만나므로 남편과 불화이별이 있게 된다. 그리고 甲木정관은 己未일간과 甲己합하여 입고(入庫)되는데 세운 己未를 만나 甲木이 합하여 입고되었다. 즉 甲木남편에서 보면 己未일주는 들어가 죽는곳인데 己未년 만나 발동 되었던 것이다. 따라서 남편과 사별하게 되었다. 세운이 대운 甲을 합거시킨 것으로 봐도 된다.

예3)

丙 戊 乙 戊　여　　　32 22
辰 戌 卯 子　　　　　辛 壬　대운
　　　　　　　　　　　亥 子

戊戌 일주가 丙辰시를 만나 일시간에 辰戌충되어 남편과 해로하기 어려운 팔자다. 월간 乙木정관이 남편인데 辛 대운(상관)만났다. 그러나 辛(대운간)은 亥위에 앉아 약하고 시간의 丙火와 합

을 탐해 乙木을 치지 않는다. 그러나 辛酉년 만나니 대세운의 상
관(辛)이 발동된다. 따라서 辛酉년 8월(酉)에 남편과 사별했다.

예4)   42
　　甲 壬 丙 戊　　여　　　辛　　대운

　　辰 申 辰 寅　　　　　　亥

　亥 대운 癸亥년은 亥,亥되어 사주의 년지 寅(역마)의 寅亥합하
여 역마(寅)를 발동시킨다. 즉 대운지 亥가 사주의 년지 寅과 합
하고 있는데 亥년이되어 발동되었다. 따라서 영업처 이동있게 되
고 여행사 빈번하게 된다. 월간 丙火편재는 년지 寅에 장생하고
있는데 亥운이 오면 寅亥합되어 불(丙)이 꺼졌다가 다시 생겨나
므로 새로운일 새로운 마음가짐으로 사업(丙)하려 하게 된다. 癸
년은 겁재년되어 월간 丙火편재를 극하므로 돈 까먹게 되나 사주
년주의 戊寅과 천간지합 되어 丙火를 극하지 않는다. 즉 탐합망
극이 된다. 그러나 월에서 戊癸합을 깨면 丙火가 극된다.

예5)   40 30 20 10
　　癸 庚 己 乙　　남　　　乙 病 丁 戊　　대운

　　未 辰 丑 酉　　　　　　酉 戌 亥 子
　　　　　　도화

　이 사주의 처는 년간 乙木이다. 乙庚, 辰酉로 천간지합하여 유정한
것같다. 그러나 처가 되는 乙에서 보면 앉을 자리인 년지 酉는 도화살
이고 또 다른 남자인데 이것이 酉丑으로 관성국을 이루고 있다.
이리되면 乙木처는 많은 남자(酉丑)와 합정하게 되며 당신과 나사이

엔 큰 평야(己)가 가로막고 있는 형상이니 부부사이는 멀어져 불화 심하게 된다. 또 乙木(처) 입장에서 보면 월간 己土에 뿌리박고 살아야 하는데 차디찬 자갈밭(己丑)이 되어 참으로 살기 어렵게 되어 있다. 戌 대운은 일지 辰을 충하여 辰酉합을 깬다.

지지의 합이 깨지면 천간 합도 깨진다. 庚申(36살)년은 년지 酉(도화살)이 발동되어 나타나 년간 乙木을 합거시킨다. 즉 乙木처와 비밀스럽게 합정하던 년지 酉가 발동 출현하여 乙木을 합했다.

따라서 마누라(乙)가 사귀던 애인과 함께 멀리가고 말았다. 이 사주는 신왕하여 시간 癸水상관으로 설기 할 수밖에 없으니 기술 자다. 그러나 丑월의 癸水는 차디찬 눈보라 되어 아무런 쓸모가 없다. 그리고 癸는 일지 辰에서 투출되었으며 급각살(丑,辰)의 발동신이기도 하다. 일지에서 투출된 것이 나쁜 작용을 하면 반드시 좋지 못한 팔자가 되는데 그만 수족을 못 쓰는 불구자가 되었다. 戌 대운에 辰戌丑未로 四沖이 성립되어 기계에 다쳐 병신이 된 것이다.

예6)   46 36 26 16 6
    甲 乙 丙 壬   남   辛 庚 己 戊 丁   대운

    申 巳 午 午   亥 戌 酉 申 未
    역마

乙木 일간 午월생으로 火태왕하여 '木火상관 용인격(用印格)이다'로 말하게 된다. 그러나 년간 壬水인수는 午에 앉아 있고 월간 丙火에 증발되므로 쓸 수 없게 되었다. 그리고 乙木이 시간 甲木에 등라계갑되어 의지한다나 甲木 역시 절지인 申에 앉았고 연월일지에 통근 못해 약하기 짝이 없어 의지처가 되지 못한다.

이 사주 역시 일간 대행격으로 변하니 월간 丙火가 체(體)다.

따라서 시지 申(역마)이 재성이다. 그러므로 운전업으로 반평생을 살았다. 그리고 시지 申金은 처고 壬水자식이며 乙木은 모친이다.

申 대운 결혼했다. 己酉 대운까지 무난했으나 庚 대운에 처가 바람났다. 시지 申중에 있던 庚(처)이 대운천간에 투출되어 홍염살되는 戌에 앉아 년지 午와 午戌로 합해서이다. 즉 申金에서 보면 일지 巳와 巳申형합하고 있으나 그 표출신(壬)은 년지 午火가 있는 년간에 나타나있고 년지와 명암합하고 있어서이다.

戌 대운되어 년지 午와 午戌합이 이뤄지므로 처가 년지 午중 丁火와 암합하여 가게 되는데 일지 巳가 巳申합으로 묶어주고 있다. 따라서 申을 묶어주는 일지 巳가 제거되면 처는 멀리 있는 애인에게로 달아나게 된다. 癸亥년(42살)되어 일지 巳를 충거시켜 巳申합이 풀리자 그 처가 야반도주하고 말았다.

一. 감명실례

예1)
```
己 辛 丁 甲   여      31 21 11  1
                    癸 甲 乙 丙   대운
丑 未 丑 午            酉 戌 亥 子
```

丑월 辛金일간이고 土多하여 신왕이다. 월간 丁火가 남편이고 년지 午중 丙,丁火는 외부(外夫)다. 본 남편은 丁丑백호살 맞았고 丁火는 묘신인 丑에 앉아 있으며 일간 辛과 시간 己土가 丁火夫의 묘발동신 되어 있다. 그리고 남편궁 丁丑과 일지는 丑未충이고 일지의 정은 멀리있는 년지 午와 합하고 있다. 따라서 丁火 남편은 나와 결혼한지 4년~9년에 득병하게 되고 나(辛)는 밖에 나가 애인 만들게 된다. 癸 대운은 백호살(丁丑)과 남편(丁)의 묘(丑)가 발동되는 때며 丁癸로 충극되어 丁火가 상처받는다. 甲子년 甲戌월에 온 여자다.

甲년은 甲己합(년시간)이 발동되고 子년은 도화살되어 년지 午를 충하고 월지 丑을 합한다.

子午충되면 년지 午중 丙火투출되고 월간 丁火(夫)는 뿌리 상실된다. 子丑합하면 년 일 시간에 午未合이 성립된다. 따라서 병들고 쓸모없이 된 丁火남편을 버리고 외부(外夫)와 터놓고 살고 싶어진다. 甲戌월은 년지 午와 午戌합이고 월지 丑(남편궁)을 형하므로 마음먹고 있던 일을 실행하고자 한다. 甲년에 甲월이 응하는 때다.

예2)   29 19 9
    辛 丁 丙 丙   남   己 戊 丁   대운
    亥 巳 申 戌   亥 戌 酉

　정재(申)편재(辛)혼잡이고 일지 처궁에서 丙火겁재가 년월에
표출되어 있다. 따라서 처를 극하게되어 이별 중중하게 된다. 시
간 辛金은 년월간 丙火와 합하고 있으며 일시간에 巳亥충 되어
있으니 처와 이별중중이다. 또 내 마누라가 남과 합정하여 나를
떠나게 된다.
　亥 대운에 원명의 巳亥충 발동되어 부부이별 운이다. 甲子년의
甲은 대운지 亥의 투출신 되었으며 시지 亥역마의 투출신이다.
그런데다 甲木 生 丙火하여 겁재가 힘 얻어 발동이다. 따라서 처
이별인데 처(辛亥)가 나를 떠나려하게 된다. 甲戌월은 역시 丙火
겁재가 힘을 얻어 발동이고 甲년에 甲월되어 응하는 때다.
　이러므로 처가 나를 떠나려하는데 乙亥월에 결행할 것이다. 巳
亥충으로 일지를 충하여서다. 정재격 되었고 역마 申이 밥줄이라
운전생계했다.

예3)   37 27 17 7
    丁 丙 己 乙   여   癸 壬 辛 庚   대운
    酉 子 丑 未   巳 辰 卯 寅

　丙火 己丑월생이니 火土상관격이다. 년간 乙木으로 용신한다.
그러나 乙木으로 丙火를 생하는 것은 아니고 오히려 丙火는 자라
나오려하는 乙木을 따뜻하게 해주어 키우고 있다.
　즉 丑월은 입춘(立春)을 눈앞에 두고 있으므로 년지 未에 뿌리

둔 연약한 乙木이 자라나올 수 있으며 이런 乙木에게 丙火는 생기를 주는 역할이다. 그러므로 교육업에 인연있는데 乙木이 연약하므로 유치원 계통이다.

상관(己丑) 관성(子)이 합신(子丑)하므로 아기낳고 결혼식 올렸다. 丑은 시지 酉(시모)의 집이고 이것이 나와 합(子丑)하므로 시어미집이 내집이다. 즉 시어미 모시게 된다. 자라나는 乙木에겐 酉金이 기신이다. 그러므로 시모(酉)는 내가 가는 길에 방해가 되고 따라서 시모와 냉전(子酉)있게 되고 신경 거슬린다.

辰 대운은 乙木은 뿌리생겨 좋으나 丙火 일간을 힘 빠지는데 辰丑으로 월지를 파하므로 남편이 싫어지고 시모집(丑)에 있기 싫다. 甲子년에 월주 己丑을 천간지합하니 상관(己)발동되어 남편과 헤어지고 싶고 이사하고 싶다. 甲戌월은 년월지와 丑戌未삼형을 이루며 월간 己土와 甲己합하므로 역시 상관발동이고 현 상황을 교정하고 싶어진다.

예4)
```
己 丙 庚 甲    여        31 21 11  1
亥 申 午 午            丙 丁 戊 己   대운
                      寅 卯 辰 巳
```

丙 대운초 甲子년 甲戌월에 온 손님이다. 丙 대운은 월간 庚金 편재를 충극하므로 재정적으로 좋지 못하다. 甲子년의 甲木은 대운간 丙火를 도와주니 역시 안 좋다. 甲년은 시지 亥(역마, 지살)가 발동이고 子년은 년월지 午를 충하여 午중 丙, 丁火(비견, 겁재)가 나타나(沖出) 재물(庚)을 상실되게 한다. 그리고 원명의 년시간 甲己합을 작동하게 하니 己土상관이 동요한다.

따라서 친구 및 형제에 손재당하고 부부불화까지 있게 되는

운이다. 甲戌월 역시 원명의 甲己합이 움직이는 때고 년월지 午와 午戌로 화국되어 재정적으로 불미한때다.

그리고 甲木편인은 생각인데 이것이 己土상관과 간합하였으므로 부부이별 및 불화에 대한 근심(생각)이 생기게 된다. 甲子년의 子가 월지를 충하므로 이사수 있게 되는데 甲이 己亥와 합하므로 전포동(田浦 : 己亥)으로 이사하게 된다.

예5)

```
戊 戊 壬 戊    여       41 31
                      丁 戊    대운
午 寅 戌 寅             巳 午
```

늦가을(戌月)첩첩산중(戊戊戊)인데 민둥산처럼 풀포기 하나 없다. 년일지 寅木이 남편성이나 寅午戌화국되어 타버리고 마니 戊午 대운에 상부했다. 종강격이라 하지만 그 기운이 꽉 막혀 흐르지 못하니 답답하기 짝이 없는 팔자다. 그리고 한모금도 안 되는 壬水편재를 두고 戊土 3개가 서로 쟁탈전 벌리고 있으니 평생 허덕이고 살게 된다.

乙丑년(46세) 己卯월 戊申일 庚申시에 찾아온 손님이다.

'39세(庚申년)아니면 40세(辛酉년)에 남편과 사별했겠는데 어찌되었소?'

'예. 39살 12월(음력)에 저세상 사람되었습니다.'

'작년(甲子년)에 스쳐 지나간 남자있었고 올해에도 남자 찾아오는 운이요. 그러나 능력없는 남자일 것이오. 그리고 아이 상대해야 하는 문방구 및 분식집이 인연있는데 장사처를 학교 옆으로 옮길까 할 것이오.'

'예. 선생님 말씀대로 올해 초에 남자 하나 알았습니다. 대구사람인데 무슨 안 좋은 일을 당하고 피신차 부산으로 내려왔다더군요. 그리고 저는 장전동에서 문방구를 하고 있는데 부산대학 앞으로 옮기면 어떨까하여 찾아오게 된 것입니다. 괜찮겠습니까?'

'초반기는 별로고 10월(亥月)부터 좋아질 것이오.'

풀 한포기 없는 민둥산되어 나무 같잖은 乙木이 찾아와도 반갑기 그지없다. 그러므로 乙丑년에 무능력한 남자 찾아오게 되고 받아들이게 된 것이다.

丑년은 월지(가택, 장사처)를 형하므로 가택 및 업장이동과 교정수리가 따른다. 己卯월은 겁재월되어 재정적으론 쪼들리며 월지 戌과 卯戌합하므로 가택 및 장사처를 옮기려하게 되는 것이다. 아이들 상대직업이라 한 것은 旺土는 설기되어야 하기 때문이다. 학교 앞으로 이사하려는 것은 찾아온 일시가 戊申일 庚申시 이기 때문이다. 즉 내정법(來情法)을 활용한 것인데 申일 申시는 역마며 申중 壬水는 재성이고 학당성(戊에서 申)이기 때문이다.

이 내정법에 대해선 기회가 되면 별도로 설명할 것이다.

예6)

				25	15	5	
甲	己	壬	己	여	乙	甲	癸	대운
戌	卯	申	亥		亥	戌	酉	
		겁살						

戌 대운 乙丑년(25세) 己卯월에 찾아온 새댁이다. 월간 壬水정재가 부친이고 시지 戌중 丁火 인수가 모친이다. 丁火 하나인데 부친성은 년지 亥중 壬水와 월간 壬水로 두 명이다.

년지 亥중 壬水는 모친의 첫 남자고 년간 己土는 씨 다른 형제다. 즉 모친은 전 남자와 아이하나 낳고 이별한 후 월간 壬水와 명암합하여 나를 낳았다. 시간 甲木남편인데 년간 己土와 합을 지었으니 내 남자가 딴 여자 붙어 나간다.

월지 申자식은 공망인데다 겁살까지 맞았으니 낳아도 키우지 못하고 유산, 낙태있게 된다. 土金상관격이고 상관생재(傷官生財)되어 막힘없으므로 시원시원하며 직선적 성격으로 행동한다.

戌 대운에 약한 일간을 도우며 원명의 卯戌합이 이뤄지므로 결혼하게 되는데 壬戌년(24살)에 연애동거했다. 甲子년(26살)은 정관(甲)이 도화(子)에 앉는 운이고 년주 己亥와 甲己합이 발동 되므로 남편이 바람난다.

乙 대운은 甲己합을 깨는 운인데다 乙丑년 만났으니 부부이별하게 되는데 세운지 丑마저 丑戌형으로 원국의 卯戌합을 깨고 있다. 己卯월은 乙丑년의 乙木이 득록하므로 甲己합을 깨려한다. 庚辰월 되면 원국의 남편궁 甲戌을 천충지충하므로 결판내게 된다.

예7)
甲 乙 甲 戊   남

申 未 寅 寅

41 31 21 11 1
己 戊 丁 丙 乙   대운
未 午 巳 辰 卯

木태다하다. 생목(生木)이고 일월(1月)이므로 火土운이 좋다. 군겁쟁 재격이나 火운 만나 돈 벌었다. 未 대운 乙丑년(47세) 庚辰월에 이 사람의 부인(癸未생)이 찾아왔다.

未 대운은 왕한 목이 입고되어 답답함이 있게 된다. 乙丑년은 비견이 일지 未를 충한다. 그러므로 쟁재(爭財)가 있게 되고 남이 내기반(일지 未)를 흔들어 뽑으려한다. 庚辰月은 세운간 乙木 비견 이 관성 庚을 끌고 들어와 丑未로 충하므로 동업자 및 경쟁자(乙)가 관송(官訟)을 야기 시켰다. 여기까지 살핀 필자가 입을 열었다.

"아저씨는 10살까지 힘들었고 부친까지 사별했네요. 21살부터 좋은운이 찾아와 지금까지 돈 많이 벌었겠습니다. 그렇습니까?"

"예. 그러합니다."

"그런데 작년(甲子년)부터 일이 꼬이기 시작하여 말썽이 많은데 지금 법적 구설 시비있지요."

"예. 그렇습니다. 어떻게 될까요?"

"4월(辛巳月)까지 시비구설 있게 되고 오월(壬午月)에 합의가 되던지 하여 풀리겠소. 그러나 7월(甲申月)에 또 한번 시끄러운 일이 발생될 것이며 내년(丙寅년)가야 편안해질 것입니다."

"예. 알겠습니다. 이젠 저의 사주팔자를 봐주십시오."

예8)

己	庚	丁	癸	여
卯	午	巳	未	

48	38	28	18	8	
壬	辛	庚	己	戊	대운
戌	酉	申	未	午	

庚金 일간이 巳月생으로 巳午未 화국있고 丁火가 투출되어 있다. 관살이 국을 이루었으므로 시간 己土가 왕한 관살의 기운을 흡수하여 庚 일간을 생하는 형국이다. 따라서 관인격으로 볼 수밖에 없었다. 그러나 己土는 조(燥)하므로 어떻게 庚金을 생할 수 있을까?하는 의문이 들었다. 그래서 종관격으로 봤다. 그러나 종관격이면 庚申, 辛酉운이 불길해야 하는데 그렇지 않은 것을 보니 이것도 아니구나. 하는 생각이 들었다. 어떻게 봐야하나? 참으로 난감했다. 적당히 좋은 얘기나 해주고 끝낼 수밖에 없었다.

이 사주는 억부법으로 보면 안되고 십간의 역할작용에 따라 그 희기를 정해야 한다. 즉 巳午未 방국에서 丁火 투출되었으므로 丁火가 수기(秀氣)가 되며 이 丁火의 역할을 찾아야 올바른 해석이 된다.

따라서 남편(丁)은 형제(巳午未)중에서도 뛰어난 사람이며 나(庚)만나고부터 할 일 생기고 돈이 된다. 丁火의 역할은 金을 녹여 그릇을 만드는데 일간인 庚이 丁火의 일거리고 돈이기 때문이다. 따라서 庚申, 辛酉 대운은 丁火에겐 많은 일거리와 많은 돈이 생기고 만들 수 있는 때인 것이다.

예9)   24 14
　　戊 庚 乙 乙　여　　戊 丁　대운

　　寅 寅 酉 未　　　　子 亥

년지 未중 丁火가 남편이다. 未중 乙木이 년월간에 투출되었으므로 남자가 두 명이다. 즉 재혼하게 된다. 乙木이 재성이고 乙乙庚의 합되어 편물, 양재, 미용업에 인연있다.

乙丑년(29세) 辛巳월에 찾아온 손님이다. 식상없는 팔자라서인지 말수가 없었다. 먼저 사주원국 풀이부터 시작했다.

"아주머니는 남자 두 명과 합하고 있으므로 재혼할 수 있는 팔자이고 미용실이나 의복 및 편물 등의 직업에 인연있겠소."

"똑같은 남자별이 2개나 있어서 재혼한다는데 저의 남편이 쌍둥이입니다. 이리되면 재혼을 면하는 것은 아닐는지요"

"아. 그렇습니까. 그렇다면 면할 수도 있겠습니다. 올해는 이것을 할까 저것을 할까. 또 이래볼까 저래볼까하게 되며 업장을 옮길 운입니다."

사주원국에 정재성 乙乙이 있는 데 또 乙丑년 만났으므로 庚일간이 어느 쪽으로 합해야할지 혼란이 따르게 되며 년지 未(재고)를 丑未충 하므로 돈 나가게 되고 업장 이동하게 되는 것이다.

"어느 방향으로 가면 좋겠습니까? 그리고 빌려준 돈은 언제 들어올지 알 수 있으면 말해주세요."

辛巳월은 乙木재성을 극하므로 재수없을 뿐아니라 돈 안들어온다. 丁亥월되어야 亥未합하고 寅亥합되므로 가망있다.고 말해주었다. 이 여명은 몇 년 후에 이혼했고 재혼했다.

예10)   51 41 31 21 11 1

壬 壬 甲 丁　여　　庚 己 戊 丁 丙 乙　대운

寅 辰 辰 丑　　　　戌 酉 申 未 午 巳

壬水 일간이 甲木을 생하고 甲木은 년간 丁火정재를 생하므로 식신생재로간다. 따라서 음식업 식당업에 인연 있다. 재성(丁)이 약해 노력(甲)해도 소득은 적다. 壬水는 甲木을 살리고 키우는 역할인데 탁수되어 천격이다. 지지로는 水木운이 좋고 천간으론 水木火가 좋으나 금(金)운은 천간 지지 모두 불리하다.

년간 丁火는 약한 몸(身弱)으로 노력(甲)해서 벌어들인 돈인데 시간 壬水가 丁壬합하여 사(死)로 끌어들이고 있다. 이는 남(시간壬)이 내 돈(丁)을 키워주겠다고 (寅木生丁火)가져가 죽이게 됨을 뜻한다.

酉 대운 壬戌년(46세)에 찾아온 손님이다. 壬년은 壬壬丁의 쟁합을 발동시키고 년간 丁火가 壬戌년과 합하여 입고(入庫)되므로 남에게 돈 떼이는 일이 발생된다. 酉 대운에 辰酉합되어 서비스업, 식당업하게 되었고 壬戌년에 돈키워 주겠다는 사람에게 속아 돈 날렸다. 그로인해 부부간에 불화심했으니 辰戌충이 작용되어서이다.

이렇게 본대로 보이는 데로 말해주자 "그 도둑년이 그렇게 떼

먹고 날랐는데 언제 잡을 수 있겠소?" 했다.

아주머니 팔자가 그러하므로 단념하는 것이 좋겠다고 말해주고 보냈다. 몇 년 뒤 乙丑년에 또 다시 찾아왔다.

"아저씨. 내 모르겠소?"

"……?"

"몇 년 전에 왔었는데 그때 아저씨가 내 돈 떼먹고 달아난 도둑년을 단념해라 했는데 저번 달에 길거리에서 우연히 잡았습니다. 그래서 지불증을 받았는데 과연 돈을 돌려받을 수 있을지 궁금해서 또 오게 된 것이랍니다."

"돈은 내 손을 떠나 남에게 가면 이미 내 돈이 아닙니다. 그러니 악착같이 설쳐야 받을 수 있는 것이지 조금이라도 약해지면 영영 받을 수 없습니다. 잘해보세요."

여자 손님은 하던 업을 정리하고 다시 하려는데 어떠냐고 물어본 후 나갔다.

예11)

```
甲 己 丁 甲   남        29
                     庚
子 巳 丑 午            辰  대운
        도화
```

乙丑년 壬午월에 예쁘장하게 생긴 처녀 같기도 하고 아줌마 같기도 한 여자가 찾아왔다.

"선생님, 우리 아저씨 좀 봐주세요." 얼굴만큼이나 목소리도 예뻤으나 미간엔 근심이 서려있었다.

"올해 운 말입니까?"

"작년운하고 올해 운을 겸해서 봐주세요." 작년에 이 아저씨가 무슨 일을 저질렀구나. 그러니 지나간 작년 운을 봐달라 하는 것이겠지. 이렇게 짐작을 한 필자는 사주를 살폈다. 己土 일간의 처는 시주의 甲子이고 년간의 甲木 역시 일간 己土와 합하고 있으므로 나와 합정하는 사이지만 남의 여자다. 더욱이 년지 午는 도화살이고 甲己합하므로 애정상대인데 午중에는 일간과 똑같은 己土가 있으므로 유부녀다.

庚 대운은 정관에 상관을 보므로 퇴직사, 관구설(官口舌)이 따른다. 甲子년(31살)은 甲己甲의 쟁합이 발동되고 子午충으로 바람기(도화살)가 충동적으로 일어난다. 따라서 유부녀와 바람피우게 되고 그에 따른 구설이 있게 된다. 乙丑년의 乙은 대운간 庚과 乙庚합하여 상관성이 발동되며 己土 일간은 입묘되는 때다.

그리고 시지 子 수옥살이 세운지 丑과 합하여 발동이다. 여기까지 살핀 필자는 여자의 사주를 물었다. 남편에게 어떤 일이 생겼다면 여자의 사주에도 그러한 것이 나타나야하고 그리되어야 정확하게 집어낼 수 있기 때문이다. 여자 사주는 다음과 같았다.

예12)   21

丁 己 壬 丁   여   乙

卯 卯 子 酉   卯 대운
　　　수옥　도화

甲子년은 정관성(남편)인 甲木이 子(도화)에 앉아 있고 일지 卯와 세운지 子가 子卯형을 하고 있다. 乙丑년은 남자(乙) 때문에 골아픈데(乙己충) 세운지 丑이 월지 子를 합하여 卯酉충을 발동시킨다. 이리되면 수옥살되어 있던 관성(卯)이 편관이 되는 酉金의 충극을 받게 된다. 남편사주와 부인의 사주에서 공통된 문제가 나타나있다. 따라서 자신있게 한마디 할 수 있게 된 것이다.

"아주머니 남편은 바람쟁이요. 작년에 끼 많은 여자의 유혹에 빠져 황홀함속에 세월가는 줄 모르다가 올해 들어와 감방가게 생겼는데 전 번달에 들어갔소? 아니면 요번 달(壬午月)이오?"

여자는 촉촉한 눈자위로 한참동안 필자를 쳐다봤다.

"저의 남편 사주와 저 팔자에 그렇게 나왔다면 피할 수 없는 숙명이겠군요. 전번 달(辛巳월)에 여자의 남편에 의해 간통죄로 고소당해 구속되었습니다. 괘씸한 생각에 이혼할까 했으나 숙명인듯 하니 그 생각을 접어야겠군요."

여자는 일의 결말을 물은 후 깍듯이 인사를 하고 갔다.

예13)

				여	30 20 10			
己	庚	戊	庚		乙	丙	丁	대운
卯	子	寅	寅		亥	子	丑	

역마

亥 대운 乙丑년 壬午월 庚寅일 甲申시에 온 여자다. 재다신약으로 지지엔 일점의 뿌리 없고 寅중 丙火에 장생하는 월간 戊土에 의지하고 년간 庚金이 미약하나마 도움이 된다. 월지 寅중 丙火가 남편이고 월간 戊土는 남편의 표출신이다.

丙火 남편에서 보면 寅, 卯木이 모친이니 남편의 모친은 두 분이다. 역마성인 寅에 丙火남편이 장생하므로 남편의 직업은 운전수다.

乙丑년은 먼저 년간 庚金 비견과 합하고 일주와 乙庚 子丑으로 천간지합한다. 따라서 형제 집에 들어가던지 형제가 내 집에 오는 운이다. 또 일간이 입고(丑에)하므로 답답한 때다.

壬午월은 寅午로 재성과 관성이 합을 맺어 일지와 충이 되므로 남편(午)이 돈벌이(寅午)하려고 나와 이별(子午충)하게 된다.

예14)   37
　　乙庚甲癸　남　　　庚　대운
　　酉申子未　　　　　申

　　庚 대운 乙丑년 壬午월에 온 체격 비대하고 얼굴 검은 남자손
님이다. 庚 대운은 비견으로 시간의 乙木정재와 쟁합하여 乙庚合
을 깬다. 지난해 甲子년은 도화(子) 편재(甲)운이 되어 바람피우
다 이혼했다. 乙丑년은 정재년되어 일간과 합이다. 따라서 새혼
하게 되었다.
　　세운지 丑은 년지 未를 충하므로 사업체 변동이고 子丑으로
월지와 합하므로 이사수 발동된다. 또 乙丑년이 대운간 庚을 합
하면서 일간과 합을 하므로 동업사도 들어온다.
　　壬午월에 월지 子를 충하므로 이사할까한다.

예15)   45 35 25 15 5
　　庚丁丙甲　여　　　辛壬癸甲乙　대운
　　子卯子戌　　　　　未申酉戌亥
　　　도화 도화

　　未 대운 乙丑년 乙酉월에 까만 원피스를 입고 왔는데 눈빛 속
엔 신기(神氣)가 번쩍이고 있었다. 丁火 일간 子월생되어 년간 甲
木인수에 의지할 수밖에 없다. 년지 戌은 화개성이고 공망이지만
조토되어 丁火 일간을 도울 수 있다.
　　일지 卯중 甲木이 丁火 일간의 표출신되어 戌에 앉았고 卯戌
로 년일지가 합하므로 丁火의 정은 년지 戌(화개)로 간다. 따라서
신 모시는 보살 아니면 역술업 인연있다. 辛 대운은 년지 戌의 투
출신이며 丁火의 편재성이다.
　　그러므로 辛 대운부터 신(神) 밥먹게 된다. 월지 子중 壬水 남

편이고 시지 子중 壬水 역시 남편성이므로 재혼팔자다. 乙丑년은 시간의 庚金이 乙庚으로 합하여 丑에 입고된다.

따라서 재정적으로 쪼들리고 업이 안된다. 세운지 丑이 년지 戌을 형하므로 집(戌)을 옮기려 한다. 월지 子를 子丑으로 합하니 귀신(子)이 힘을 못씀으로 영험함 없어진다. 여자에겐 관성이 신(神)이 되어서이다.

예16)

```
               44 34 24 14  4
癸 乙 辛 戊  여   丙 丁 戊 己 庚  대운

未 卯 酉 寅      辰 巳 午 未 申
```

丙 대운 丙寅년(49세) 庚寅월에 신수 보러온 여자다. 丙寅년은 상관운이고 대운(丙) 역시 상관이므로 '남편과 이별운 있소' 할 수 있다. 그러나 자세한 사항을 알려면 먼저 사주원국을 이해해야 한다. 乙卯 일주가 卯未합국되었고 시간에 癸水 있으므로 생목이다.

생목은 金이 기신인데 辛酉편관성이 월주에 강하게 자리 잡고 있다. 따라서 남편(辛酉)때문에 고통 받게 되는 팔자다. 辛酉남편에서 보면 년지 寅중 甲木이 정처(正妻)고 일간 乙木은 애인이고 후처다. 즉 나의 남자는 여자 있던 남자며 그 사이에 자식(寅中丙)까지 있다. 乙卯 일주와 辛酉는 부딪치며 합(乙庚)하는 사이로 결국에는 나(乙)만 상처받게 된다. 나의 자식은 시지 未중 丁火인데 시간에 癸水편인이 있어 丁火를 극하므로 낳아도 키우지 못하고 잉태해도 낳기 어렵다.

시간 癸水는 모친이고 년간 戊土정재는 부친인데 년시간으로 멀리 떨어져있고 지지끼리 寅未귀문살되어 부모사이는 유정치 못하다. 癸水 모친은 묘(墓)가 되는 未에 앉아 乙卯木에 설기 심하여 동생(卯未木) 낳고 3~8년에 사망한다.

己 대운은 癸水의 묘발동신 되어 극을 하므로 모친 사망했을 것이다. 여기까지 읽은 필자는 먼저 확인 작업부터 시작했다.

"아주머니, 혹시 모친께서 아이 낳다 죽지 않았습니까? 아주머니 나이가 10대 중반쯤에서 말입니다."

"예. 맞습니다. 그런데 그게 내 사주팔자에 나옵니까?"

입이 뾰쪽한 여자는 눈을 크게 뜨며 말했다.

"나오고 말고요. 그래서 아주머니는 공부도 제대로 못하게 되었고 가방끈 짧은 것이 평생의 한이 되었지요. 그리고 이런 말은 하지 싫습니다만 사주에 있으니 말할 수밖에 없습니다. 혹시 애기가 없지 않습니까?"

"예. 아직도 애가 없습니다."

여자는 뭣인가 생각하는듯 하더니 대답했다.

"애 낳다 돌아가신 모친께서 애기를 안줍니다."

"죽은 엄마가 뭣 땜에 애기를 안준다 말입니까. 도저히 이해할 수 없네요."

"아주머니 팔자 역시 모친처럼 애기 낳다가 죽을 수 있기 때문에 그런 것 같습니다."

乙木 일간에서 보면 월지 酉가 절(絶)이 되고 시지 未가 고(庫)가 되는데 未중 丁火(자식)가 나오면 곧바로 乙木일주의 고신이 발동되는 것이다. 丁 대운이 乙木의 식신(자식)이며 고(未)발동되는 때다.

그래서 34살에서 37살 사이에 잉태했다가 유산되지 않았냐고 물어보았다.

"예 그때에 지금의 남편 만나 잉태했고 3개월째에 유산되었습니다. '왜? 남들은 똥누듯이 자식을 잘 놓는데 나는 왜 이렇냐'하며 신세타령을 많이 했습니다. 이제 선생님 말을 듣고 보니 돌아가신 엄마가 내살려줄려고 그렇게 했던 것이군요. 그러면 올해

운은 어떻습니까?"

"지금의 남편은 과거 있었고 딸(丙)하나까지 있었던 사람이지요?"

"예. 전 여자와의 사이에 딸 하나 낳고 헤어졌습니다."

"그렇다면 남편께서는 올해엔 그 딸이 보고 싶어지고 그에 따라 전 여자도 만나게 될 것입니다."

丙寅년의 丙은 년지 寅에서 투출되어 월간 辛과 丙辛합하므로 그렇게 말한 것이다.

"저 생각에도 그런 것 같습니다. 그렇다면 그 딸을 데려와 내가 키우면 어떻겠습니까?"

"그럴 수 있으면 그렇게 하세요. 하지만 남편의 전 여자가 쉽게 응할까 그것이 문제입니다."

이와 같이 문답하고 끝냈지만 다음해(丁卯년)되면 이별되는데 이 말을 할까 말까하다가 그만 입을 닫고 말았다.

예17)

```
丙 庚 辛 丁    여        31
                      乙  대운
戌 申 亥 亥              卯
```

卯 대운 丙寅년 庚寅월 壬辰일 戊申시에 찾아온 손님이다. 년간 丁火정관이 남편일 것 같으나 시간의 丙火가 내 남편이다. 丁火는 辛金의 남편이고 내 남편(丙)의 여형제도 된다. 丙寅년(39살)운은 남편(丙)이 역마(寅)에 앉아 년월지 亥亥(바다)와 합을 한다.

그러므로 "올해엔 남편이 배타고 나갈 운이오." 할 수 있었다.

"예. 벌써 며칠 전에 배타고 멀리 갔습니다. 그런데 그것뿐입니까?" 이렇게 물을 때에는 자기 자신이 뭔가 일을 꾸미고 있을 경우다. 그래서 찾아온 연월일시를 살펴봤다(來情法).

"돈벌이 하려는데 친구 및 형제와 동업을 하던지 친구 형제가 일거리를 주게 되는 운이오."

庚寅월은 비견(庚)이 재성(寅)을 타고 월지 亥(활동력: 상관)와 합하고 있으므로 내정법과 월운을 참작하여 말했다.

"아저씨 말대로 그런 일이 있는데 하면 좋겠습니까?"

"예, 소득은 있지만 친구 형제와의 사이에 금이 갈 수 있으니 그것만 유의하세요."

사주팔자 시간에 丙火가 있고 丙寅년을 만났으므로 '빙빙(丙, 丙) 어울려 돌다가 거울(辛)만 깨지네.'하는 음신 풍월을 적용시킨 것이다.

예18)

戊	壬	乙	己	남		59
申	辰	亥	未			己 대운
						巳

巳 대운 乙丑년(67세)에 이 사람의 부인이 찾아와서 '우리 아저씨 좀 봐주소.'하며 내민 사주다. 庚辰월이었다. 늙은 사람일 경우엔 첫째가 질병문제고 두 번째는 사업 및 남과의 인간관계 문제다. 巳 대운은 월지 亥를 충하여 亥중 甲木 식신을 손상시킨다. 즉 巳亥 충으로 투출된 甲木식신은 년간 己土가 합하여 입고시킨다.

그러므로 건강에 문제 생기는데 식신은 밥줄이고 명줄이기 때문이다. 乙丑년의 세운간 乙木은 일지 辰중에서 투출되었으므로 일간 壬水의 고(庫,辰)가 발동되며 월간 乙木과 더불어 강하게 작용된다. 庚辰월은 壬水 일간이 입고되는 때다. 그러므로 '아저씨 몸 아파 병원 가야되겠네.'하는 소리가 쉽게 나올 수 있었다.

예19)

```
戊 甲 乙 癸   여
辰 辰 丑 酉
```

乙丑년 (53살) 辛巳월에 온 아주머니다. 乙丑년은 사주원국 월주에 있는 乙丑이 발동되는 때다. 바로 월주 복음년이다. 따라서 월주 乙丑이 년주 癸酉와 酉丑으로 합하는 것이 발동된다. 즉 사주 년지 酉金은 도화관성인데 이것이 乙丑겁재와 酉丑합을 맺고 있는것이 발동되므로 남편이 바람피우는 일이 나타나게 된다.

辛己월은 편관이므로 남편에 대한 문제인데 乙丑년과 巳丑으로 합되고 있다. 乙 辛의 구조되어 있다.

따라서 남편이 바람피우고 있는데 간통으로 고소하여 잡아넣을까. (丑년 巳월)하는 심사가 나타난다. 辛은 사지(死地)인 巳에 앉아 년지 丑에 입고되고 있다. 또 이것은 남편(辛)이 겁재(乙)에게 빠져(丑에 入庫)있음을 나타내고 있다. 남편되는 사람의 사주와 乙丑년의 운세도 위와 같은 사항이 나타나야한다.

예20)

乙 庚 乙 甲　　남

酉 戌 亥 戌　　　　　　윗사람의 남편 명조다.

　庚金일간이 乙乙甲의 편정재가 천간에 있으므로 재혼하거나
부인외에 애인 두는 팔자임을 쉽게 알 수 있다. 乙丑년(52살)은
정재(乙)가 일간 庚을 乙庚하여 丑에 입고시키는 일이 벌어진
다. 그리고 辛巳월은 겁재이므로 처(乙)와의 다툼이 있고 乙木 처
를 충극하는 달이다.

예21)　　　　　　　　　　　　38 28

　　己 辛 辛 甲　　남　　　　乙 甲　　대운

　　亥 巳 未 申　　　　　　　亥 戌

　39살 되던 癸亥년 丁巳월에 찾아온 남자다. 癸亥년의 亥는 원
국의 巳亥충이 발동되니 巳중 丙火가 손상된다. 그러므로 퇴직사
가 생기게 되는데 巳중 丙火가 나타나는 丙辰월에 丙火 관성을
월간 辛이 합하므로 퇴직했다. 亥년은 년간 甲木정재가 장생하며
월지 未와 亥未로 목국을 이루려 한다.

　그러므로 퇴직하고 새로운 돈벌이(사업)하려는 운이다. 甲木
재성이 亥水에 장생하므로 물계통의 사업을 하려한다.

예22)　　　　　　　　　　　　49 39 29

　　癸 戊 壬 戊　　여　　　　丁 戊 己　　대운

　　亥 子 戌 戌　　　　　　　巳 午 未

　未 대운 癸亥년 丁巳월에 온 사람이다. 癸亥년은 시주 癸亥가

발동이니 일간 戊와 戊癸합이 작용된다. 따라서 합정(合情)하는 일 발생인데 亥중에 甲木 있으므로 남자 붙었다. 丁巳월은 인수월이고 사주의 월간 壬水와 丁壬합한다. 돈(壬)에 대한 소식문제가 있다. 그리고 사주 원국시간에 癸 있는데 癸년 만났으므로 음신 戊寅이 작용되니 寅은 역마고 戊는 산(山)이라 입산하게 된다.

따라서 '산에 기도하러 갈려합니까? 그리고 늙은 아저씨 알았는데 그 아저씨가 돈 주겠다 합니까?'했다. 戊일간 신왕하면 늙은 남자와 인연있다.

예23)   24
　　己庚乙乙　　여　　　戊　　대운
　　卯寅酉未　　　　　　子

癸亥년은 癸水 生 乙木하고 세운지 亥는 寅亥, 亥卯未로 목국을 짓는다. 따라서 돈 만들어 보려하고 돈벌이 하게 된다. 乙卯월에 왔는데 乙卯가 庚 일간의 재성이므로 업을 시작하려 한다. 사주원국에 乙木재성있는데 乙木은 실, 의류, 섬유 등이니 수예, 편물 및 양장점을 하려한다.

예24)   37
　　癸辛癸癸　　남　　　己　　대운
　　巳卯亥未　　　　　　未

癸亥년은 시지 巳火관성을 충하므로 퇴직사 있게 된다. 巳亥충하면 巳중 戊, 丙, 庚이 튀어나온다. 丙火는 즐비하게 늘어선 癸水에 꺼지니 丙辰월은 직장운 없다.

戊午월은 충출된 戊가 발동하여 3개의 癸와 합하니 세 곳에서 직장을 찾게 된다. 듣고만 있던 손님이 입을 열었다. '말씀대로 3곳에서 직장을 구하고 있습니다. 목재계통과 보일러 계통. 그리고 여기저기 다니며 물건 배달하는 곳입니다, 어느 쪽이 좋을까요?'

예25)   42
　　戊 辛 乙 庚　　여　　　庚　　대운

　　戊 酉 酉 辰　　　　　　辰

　癸亥년 戊午월에 온 손님이다. 癸亥년은 역마운이고 년지 辰 (집)이 발동이며 시간의 戊土인수와 戊癸합하여 戊土를 발동시킨다. 戊午월은 인수되어 세운간 癸와 戊癸 합하니 집을 팔고 어디로 가려한다.
　이렇게 풀어주니 현재 남편과 떨어져 있는데 집 팔고 남편 있는 곳으로 가려한다고 했다.

예26)   29
　　庚 庚 戊 戊　　여　　　乙　　대운

　　辰 寅 午 子　　　　　　卯

　卯 대운 癸亥년(36살) 戊午월에 찾아온 여성이다. 癸亥년은 년월간 戊戊와 쟁합하므로 戊土 편인이 발호한다. 세운지 亥는 일지 寅木재성과 寅亥 합한다. 따라서 집(月干戊)을 팔아 돈(寅)벌이하려한다. 戊午월은 편인인데다 세운간 癸와 戊癸 합되어 문서 발동이다. 戊土편인이 쟁합(戊戊癸)하여 발호하므로 자식이 다칠 수 있는 운이기도 하다. 壬戌월 戊午월이 자식에게 안 좋다.

예27)

				남	27 17		대운
辛	戊	甲	辛		辛	壬	
酉	戊	午	卯		卯	辰	
			도화				

卯 대운 丙寅년 丙申월 丁亥일 午시에 찾아온 남자다. 丙寅년의
丙은 년간의 辛金상관과 합한다. 따라서 卯 도화가 발동한다. 위사
주엔 재성인 水가 없으므로 일지와 支合하는 년지 卯가 마누라다.

卯가 도화되어 처는 끼 많은 여자다. 또 술(酒)마시기 좋아한
다. 丙이 辛을 합하므로 년지 卯木의 극제가 풀려 처의 도화살이
고개 내민다. 그러므로 처의 외정문제 발생이다.

그리고 丙년은 년시간의 辛金상관이 쟁합하게 되어 발호하므로
구설시비가 생긴다. 마누라가 丁酉생 남자와 간통하여 시끄러웠다.

예28)

				여	52 42 32 22 12 2						대운
庚	丁	甲	癸		庚	己	戊	丁	丙	乙	
戊	巳	子	巳		午	巳	辰	卯	寅	丑	
	공망										

庚 대운 丙戌년에 온 재일 교포여성이다. 년간 癸水는 첫 남자
고 월지 子중 壬水가 두 번째 남자다. 子중 壬水는 년지 巳중 丙
火있으므로 상처한 남자다. 그리고 子水에서 보면 巳巳, 丁, 戊로
재성 많고 돈 창고(戊)까지 있으므로 대부(大富)다. 壬(子中)水
남편은 년일지 巳에 절(絶)인데 시간 庚金이 壬水(夫)의 절발동
신이다.

따라서 庚 대운은 남편의 절신(絶神)인 巳가 발동되므로 남편

의 생명이 위태롭다. 그런데다 대운지 午가 子水를 충하므로 午중 丙火투출되는 丙戌년은 남편이 골로가는 때다. 그러나 丁火일간에겐 庚은 재성이므로 돈 되는 때다. 그리고 丙戌년은 겁재운이므로 돈과 재물을 두고 다툼이 있게 된다.

여기까지 살핀 필자는 입을 열었다.

"박 여사님! 올해는 바깥양반 건강에 문제 생기겠고 큰돈을 두고 다툼이 있을 것인데 아직까지 문제 없습니까?"

손수건으로 목덜미의 땀을 닦고 있던 박 여사가 대답했다.

"지난 4월(壬辰月)에 바깥양반이 돌아가셨는데 전처 아들이 남편이 남긴 재산을 몽땅 차지하려고 일을 꾸미고 있는 중입니다. 내 권리 내 몫을 찾을 수 있을는지요?"

"걱정 마십시오. 요번 9~10월에 합의가 잘되어 좋은 결과가 있을 것입니다."

예29)

				남	31 21		대운
庚	丁	丁	丁		癸	甲	
戌	卯	未	巳		卯	辰	
	역마						

丙戌년 겨울에 늙은 여자가 찾아와 봐달라며 내놓은 자신의 아들 사주다.

"아저씨요. 우리 둘째 아들인데 올해(丙戌년) 운이 어떤지 좀 봐주소."

丁火 일간 未월생으로 아주 신왕하다. 丁火의 할 일은 시간의 庚金정재를 요리하는 것인데 庚을 극하므로 결혼사는 이루어지지 않을 것이고 손재가 있을 것으로 얘기했다. 일반적이고 평범한 풀이였다. 그러나 내 풀이를 들은 여자의 얼굴엔 긍정의 빛이

나타나지 않았다.

"아저씨요. 그것 말고는 또 안 나옵니까?"

"잠깐 기다려보소. 좀 더 살펴보고 말해주겠소."

또 어떤 일이 있었을까? 필자는 다시 한 번 명조와 년운을 살펴보고 내정법(來情法)을 활용했다. 丙戌년의 천간 丙은 사주원국의 년지에 있는 역마(巳)가 발동이며 일지 卯와 세운지 戌이 합을 하는 것이 눈에 들어왔다.

그리고 庚金재성은 재물(돈)도 되지만 몸(肉身)이고 음식이다는 생각이 들었다.

"아들이 친구(丙)와 같이 전라도 쪽에 놀러갔거나 여행할 수 있으며 그리되면 몸상하거나 다칠 수가 나오는데 어떠했습니까?"

"예. 맞심더. 우리애가 친구들하고 섬진강에 놀러가 은어회를 먹고 온 후에 자빠졌심더. 지금병원에 입원해있는데 은어회에 감염됐다고 합니다. 앞으로 괜찮겠심니까?"

"예. 걱정 마십시오."

예30)   46 36

甲 甲 丁 甲 여   壬 癸 대운

戌 申 丑 午   申 酉

申역마 대운 丙戌년(53세) 甲午월에 온 예쁜 여자다.

"아주머니. 젊었을 때 달리기 참 잘했겠소."

사주를 보자마자 한마디했다. 세 개의 甲木이 월간 丁火에게로 달려가는 구조여서 그렇게 말한 것이다.

"예. 중학교 때에 육상선수 했지예. 지금도 뜀박질이라면 누구보다 자신있심더." 아주머니는 빙긋 웃으며 말했다.

"그런데 올해(丙戌년)는 하던업을 옮기는 운인데 머리방을 합니까. 아니면 화장품을 취급합니까?"

丙년은 사주원국의 년지 午(역마)가 발동되며 甲木 일간으로서는 丙火 식신을 보면 의욕적으로 활동하려는 운이다. 그리고 세운지 戌은 월지 丑을 형하고 있으므로 위와 같이 말한 것이다.

"예. 화장품 대리점과 피부 마사지를 겸하고 있는데 좀 더 큰 곳으로 옮겨 볼까 해서 왔지요. 잘되겠습니까?"

"하십시오. 9월달부터 재운 있겠습니다."

"그건 그렇고 저의 남편복은 어떻습니까?"

"최영자(崔英子)라 하셨지요. 그 이름은 남편과 헤어지고 자식마저 망치게 하는데 어찌되었습니까?"

"38살에 남편과 헤어지고 혼자 살고 있는데 자식마저 망하게 한다니 이름을 바꾸면 괜찮겠습니까?"

"예. 나쁜 것을 빨리 교정해야 좋아지는 것처럼 빨리 개명하세요. 요즘은 그런 일본식 이름은 잘 바꿔준답니다."

아주머니의 사주에서 가장 중요한 것은 년지 午火이고 월간 丁火인데 이것이 이름에 있는 子에 충극을 당하고 있어서이다.

예31)

壬	丙	乙	甲	여
辰	辰	亥	寅	

33 23 13 3

辛	壬	癸	甲	대운
未	申	酉	戌	

丙戌년 정초에 찾아온 아가씨다.

"선생님. 작년운수하고 올해 신수하고 같이 봐주세요."

월지 亥水가 남편성인데 일시지 辰에 입고되어 있고 辰중 乙木이 월간에 투출되어 남편사별 하는 팔자다. 丙火 일간 신약하여 甲寅, 乙의 인수에 생을 받아야한다고 말할 수 있다. 하지만 겨울(亥月)의 丙火는 추위에 얼어있는 甲寅, 乙의 생목에게 따뜻함을 주므로 오히려 甲乙 木을 살리는 역할을 한다.

그러므로 늦게까지 부모(甲乙)을 봉양해야 하는 심청이 같은 팔자다. 이 사주는 旺한 水는 木을 생하고 寅亥합으로 목기(木氣)가 결집되었으므로 木이 주체가 된다. 따라서 생목에게 필요한 火土 운이와야 발복하며 金水 운은 불미스럽다.

필자의 이런 이론은 이때까지의 명리 이론과 배치되므로 단순한 격국용신론에만 익숙해져 있는 사람들에겐 무척이나 황당하게 느껴질 것이다. 그러나 사주 명리학의 이론 역시 딴 학문과 마찬가지로 하나의 가설(假設)에 불과하며 이것이 통계적 정확성을 보일 때에야 정설(定設)로 인정되어지는 것이다.

마찬가지로 필자의 새로운 명리 이론 역시 하나의 가설이지만 무수한 실례를 통해 검증해 본 것이므로 공개하는 것이다. 따라서 甲戌 대운은 평안했고 癸 대운은 불미스러웠으며 酉 대운에 직장생활 시작했다. 酉는 丙火의 재성이고 木의 관성이어서이다.

壬 대운 역시 직장생활이나 재미롭지 못했다. 申 대운은 년지 寅木을 충하므로 아주 불길한 때다. 寅中 丙火가 申中 壬水에 상하기 때문이다. 이리되면 형제가 다치고 부모(甲)가 그 뿌리 하나를 잃게되어 크게 흔들리게 되며 일간 丙火 역시 壬水의 극을 받게 된다. 이런 운에 丙火가 사지(死地)에 임하게 되는 乙酉년(32살)만나게 되면 본인 아니면 형제에게 대액(大厄)이 닥치게 됨은 당연하다. 여기까지 살핀 필자가 말문을 열었다.

"아가씨는 요즘 세상에 보기 드문 효녀요. 별무직업으로 지내는 부모님을 먹여 살리고 있으니 말이오. 아마도 고등학교 졸업 후부터 이때까지 직장에 다니며 돈 벌어 부모님 봉양했을 것이요. 그런데 작년(乙酉年)은 참으로 좋지 않았군요. 본인 아니면 형제가 크게 다치던지 아니면 저 세상으로 갈 수 있는데…. 본인은 이렇게 멀쩡하니 틀림없이 오빠나 언니에게 큰일이 있었을 것이오. 어찌되었소?"

고개만 끄덕이며 듣고 있던 아가씨가 물기 젖은 눈으로 필자를 쳐다보며 말했다.

"맞습니다. 이때까지 말씀하신 그대로입니다. 작년 11월달(子月)에 오빠가 술 먹고 여사와 다투다가 그만 쓰러져 영영 눈을 감고 말았습니다. 오빠가 죽는 것도 내 팔자에 나온다니 신기하기도하고 무섭기도 하네요. 올해(丙戌)운은 어떠한지요?"

"올해는 동료들과 함께(丙,丙) 거울(辛)을 얻어 빛나보려 하다가 그만 거울(辛)이 깨지고 마는 운이요."

丙일간에 丙년을 만났으므로 음신(陰神)풍월구결을 읊어준 것이다.

"선생님 말씀은 알듯 말듯한데 좀 더 구체적으로 말씀해주세요."

"예. 그러지요. 아가씨는 올해 승진을 기대하고 있는데 아쉽게도 안 될 것 같습니다."

"그래요? 꼭 될 것 같은데…?"

이 아가씨가 다시 찾아온 것은 丁亥년 정초였다. 모친과 함께였는데 이사문제를 상담하고자 왔는데 진급이 못됐다 한다.

"아가씨 올해는 진급 승진되는 운이니 기대하세요."

丁亥년은 사주시간에 있는 壬水 편관이 丁壬합으로 발동되어서 좋은 소리를 해줄 수 있었다.

예32)   15　5

丙 壬 癸 壬　남　　乙 甲　대운

午 寅 丑 申　　　卯 寅

丙戌년 甲午월에 50대 초반으로 보이는 남자가 찾아와 봐달라며 내놓은 사주다.

둘째아들이라 했다. 丙戌년이면 15살이고 寅 대운에서 乙 대운으로 전환되고 있는 시점이다.

부모가 자식에 대해 물을 때는 첫째가 학업문제 및 적성과 진로에 대한 것이다. 둘째로는 건강문제고 셋째로는 사고가 생겼거나 말썽을 부리고 있을 경우다. 사주는 壬水 일간이 寅 문창성에 앉아 있고 식신문창인 寅이 시지 午로 합하여 생을 하므로 총명영리한 아이다.

寅 대운은 원명의 寅申충을 발동시키므로 申金 인수가 충거된다. 따라서 모친신상에 유고가 있게 되고 학업 및 학교(申은 학당)에 문제가 있게 된다. 丙戌년의 丙은 대운지 寅과 일지 寅(역마)의 투출신이므로 역마가 발동된다. 그리고 일지 寅이 시지午와 寅午합했고 시간에 午중 丙火 투출되었으므로 시간의 丙火는 일주의 표출신이 된다. 일주 표출신은 일간의 대행자 역할이다.

즉 일주 표출신은 일간을 대행하는 역할을 하므로 丙년은 친구 및 또래가 영향을 끼치게 된다. 그래서 다음과 같이 말했다.

"아드님은 총명영리하여 학업성적도 우수했습니다. 그런데 10살 전후에 모친과 이별한 후 흔들리기 시작했습니다. 올해(丙戌년)은 친구 및 또래들과 어울려(丙,丙돌다가) 다니다가 그만 거울(辛)을 깨트리게 되고 친구따라 강남가는 운이올시다."

거울(辛)은 壬水 일간의 인수고 이것이 깨짐은 시험 및 공부가 깨짐을 뜻한다는 것을 덧붙여 설명했다. 눈만 껌벅거리고 있던 남자가 고개를 끄덕이며 말했다.

"이 애가 8살 때 엄마가 가출했심더. 그래도 별로 흔들리지 않더니 요번 날 시험을 망치고 같은 반 친구 2명과 함께 가출했습니다. 나간지가 벌써 5일째인데 언제나 돌아오겠심니껴?"

"'일주일 안에 올 것이니 너무 염려마세요."

예33)   35 25 15 5
　　辛 壬 丙 丁　여   庚 己 戊 丁　대운

　　亥 申 午 亥   戌 酉 申 未

壬申일주 午월생이나 년지에 亥水있고 시주에 辛亥있어 신왕하다. 재성 역시 丙丁이 午火에 뿌리있어 강하다. 따라서 신왕재왕하니 부명(富命)같다. 그러나 木이 없어 통관시키지 못하므로 水火상극되어 불길하다. 년시지 亥에 甲木 있다하나 공망되어 甲木이 장생하기 어렵다.

따라서 자식 낳기 어렵고 자식 낳아야 돈 된다. 월지 午중 己土가 정관(夫)인데 午중 丙, 丁이 년월간에 투출되어 남편의 표출신이 되어 있다. 따라서 년간 丁火가 丁壬합하므로 첫 남자다.

그러나 丁火는 년지 亥중 壬水와 명암합하고 있으므로 상처남 아니면 유부남이다. 월간 丙火가 두 번째 남자인데 午양인에 앉아 있어 성질 고약한 사람이다. 丙火는 일간 壬水보다 시간의 辛을 좋아하여 丙辛합해서 타녀(시지 亥水)에게 간다.

申(홍염살) 대운에 연애했고 己土 정관운에 상처남과 결혼했다. 酉 대운말 庚 대운초 辛酉년에 찾아온 아주머니다.

자기 사주만 불러준 후 두꺼비처럼 눈만 껌벅거리고 앉아 있었다. '어디 내가 무슨 일로 왔는지 맞혀봐.' 하는듯했다. 역술인에겐 이런 손님이 제일 골치 아프다. 한마디라도 삐꺽하면 모든 것을 불신하기 때문이다. 辛酉년은 도화인수이고 월간 丙火와 합하는 것이 눈에 들어왔다. 인수(辛)는 문서 계약이고 丙火는 편재이고 월주는 가택이다. 그러므로 집을 팔고 이사하는 문제가 아닌가 하여 '아주머니. 올해는 이사수 있습니다.' 하고 한마디 던졌다.

'……' 여전히 아무 말없이 두꺼비눈만 깜빡거리고 있을 뿐이다. 이사 및 매매문제도 아닌 것 같았다. 쏘아보고 있는 그녀의 눈길이 몹시 부담스러워졌고 혼란스러워졌다. 그래서 에라 모르겠다는 심정으로 음신풍월이나 읊었다.

"아주머니. 올해는 이사수도 있으나 신신(辛辛당부(當夫)하니 아저씨(夫) 간수 잘하시오."

이러자 굳게 닫혔던 그녀의 입이 떨어졌다.

"아저씨 간수를 어떻게 해야 합니꺼?"

"아저씨가 딴 곳에 눈 돌리지 않도록 하는 것이 첫째 간수지 뭐 다른 것이 있겠습니까."

"그렇다면 그 인간이 딴 년하고 붙은 것이 내가 간수를 잘 못해서 랍니까?"

"그런 점도 있습니다."

"그러면 그 인간하고는 어떻게 되겠소?"

"아주머니도 보통 넘는 성격이고 아저씨 역시 대단한 성격이니 참지 않으면 깨어지기밖에 더하겠습니까."

"……" 한동안 아무 말없던 여자가 한마디하고 일어섰다.

"그 인간과 전번 달에 헤어지고 내 팔자인지 하여 한번 알아보러 온 것이오."

여자가 가고난 후 다시 한 번 사주를 쳐다봤다. 월간 丙火(夫)가 시간 辛金과 합하고 있는데 辛酉년을 만나 丙辛합이 발동되어 남자(丙)가 딴 여자와 합정하게 된 것이 보였다.

예34)   41 31 21 11 1
   丙 丁 戊 壬   여   癸 甲 乙 丙 丁   대운

   午 酉 申 午   卯 辰 巳 午 未
   도화   역마

丁火 일간이 년시에 午록을 얻어 신왕하다. 새성 역시 지지에
申酉로 있으므로 강하다.

월간 戊土상관으로 생재하는 사주다. 따라서 쫓아다니며 (申
역마) 입으로 돈을 버니 외판업, 세일즈맨의 직업인데 격이 좋으
므로 보험회사 간부다. 년간 壬水정관이 남편이나 丁壬합하는 사
이에 戊土(山)상관이 가로막혀있다. 壬水 남편에서 보면 戊土는
편관이므로 남편의 직업 때문에 공방 많이 치게 된다. 壬水에 戊
土는 편관이므로 남편은 경찰이다.

乙 대운에 戊土가 극되니 丁壬합이 방해받지 않으므로 결혼했
다. 甲 대운 역시 戊土가 극되어 부부 유정했다. 甲은 丁火 일간
의 인수이므로 丁火는 강해져 맹렬히 활동했다. 甲木은 壬水(夫)
의 식신이므로 남편 역시 왕성한 활동으로 직장 생활했다. 甲木
이 戊土를 극하여 壬水(夫)의 직장이 날라갈 것 같다.

그러나 戊는 申중 壬水덕택으로 윤습한 土되어 대운지 辰에
뿌리내린 생목(甲)을 받아들여 키울 수 있다. 그러므로 남편이 승
진하게 되었다. 戊가 甲을 만나면 고산(高事)에 거목(巨木)을 심
으려하므로 큰 포부를 지니게 된다. 따라서 단순한 생극의 논리
로 木剋土한다로 보면 안 된다.

즉 甲은 土를 극하므로서 더욱 살찌게 되고 자랄 수 있기 때문
인데 이것이 바로 극중유생(剋中有生)이다. 이런 극중유생(剋中
有生)이 있다면 생중유극(生中有剋)도 있게 되는데 이것을 생각

할 줄 알아야 한단계 더 향상된 안목을 지닐 수 있는 것이다.

그러나 戊戌이 甲辰을 만났다면 바로 충극의 작용이 생기게 된다. 辰 대운은 년간 壬水가 입고되므로 남편이 병들거나 다쳐서 꼼짝못하는 때다. 그런데다가 甲辰 대운은 남편궁인 년주 壬午와 2급 소용돌이를 이루므로 남편에게 흉액이 닥치게 된다.

戊午년(37살) 만나 戊剋壬水하고 午午 자형되니 그만 남편이 고혈압으로 사망했다. 戊년은 대운지 辰(水庫)의 투출신되어 응하게 된 것이다. 전포(田浦)파출소 소장으로 재직하다가 근무처에서 사망했는데 위로금, 보상금등이 많이 들어왔다. 辰은 남편의 고(庫)인데 이것이 일지 酉재성과 辰酉합하여 金이 되기 때문인 것이다.

예35)

				34	24	14	4	
庚	癸	甲	戊	여	庚	辛	壬	癸	대운
申	酉	寅	子		戌	亥	子	丑	

역마

癸 일간의 역할은 월주 甲寅 木에게 자양분을 주어 키움에 있다. 甲木이 잘자랄려면 월지 寅中丙火가 있어야 되므로 丙火정재를 희구한다. 丙火는 조후 역할 뿐 아니라 木(甲)과 土(戊)의 상극을 통관시키는 작용까지 한다.

년주 戊子와 월주 甲寅간에는 목극토(木剋土)의 작용이 이뤄지는데 甲寅은 강하고 戊土는 약하기 때문이다. 따라서 이 여성은 여기저기 바쁘게 다니면서(寅역마) 돈 벌어 자식을 크게 되도록 키우려하며 약한 남편(戊)를 도우려하게 된다.

그런데 시주 庚申이 월주 甲寅을 천지충하고 있다. 따라서 庚申이 기신이니 반드시 부모나 어른에게 피해 입게 된다. 辛 대운은 일지 酉(도화살)의 투출신이므로 결혼했다. 대운지 亥는 역마이므로 보험모집인으로 활동했다.

亥 대운은 월지 寅을 합하여 寅중 丙火를 못쓰게 만듦으로 아주 불길한 때다. 그리고 戊土 정관(夫)이 절(絶)을 만나는 운이다. 따라서 남편과 이별하게 되는데 남편이 해외로 돈벌이 하러감으로써 땜했다. 庚申년(33살) 만났다.

원명의 寅申충이 빌동되있다. 寅중 丙火가 크게 상하게 되는데 집안어른(삼촌)에게 보증해준 것 때문에 큰 손재를 당하게 되었다. 3천만원 정도의 피해를 입었다. 庚 대운 역시 힘든 세월이고 戊 대운은 寅戌로 월지와 합을 맺어 화(火)를 생하려하므로 발전운이다.

戊土정관도 뿌리 얻어 승진운이다. 이 사주 역시 일간 癸와 년간 戊는 甲木을 사이에 두고 있다. 癸 일간에서 보면 아들(甲)낳은 후 3년~8년에 남편과 공방치게 되고 戊(夫)에서 보면 직장(甲)문제로 처(癸)와 떨어져 지내게 된다. 庚 대운은 월간 甲木을 충극하므로 남편에겐 직장 그만두는 일이 발생되며 나(癸)에게는 자식이 상하던지 활동력(甲)이 상하게 된다. 庚 대운 辛酉년에 이 여성은 와사풍을 맞았고 자식 역시 다쳤다.

예36)

乙	己	己	丁	여
丑	未	酉	丑	

43	33	23	13	3	
甲	癸	壬	辛	庚	대운
寅	丑	子	亥	戌	

己土 일간 酉月생이나 신왕하다. 중추(仲秋) 벌판(己)에 큰나무(甲)는 없고 덤불같은 乙木만 있다. 따라서 보잘 것 없는 남편이며 먹거리도 부족하니 좋은 팔자 아니다. 乙木 남편에서 보면 칼(辛)을 감추고 있는 흙(丑)위에 앉아 있고 일지 未에 입고(入庫)되며 월지酉에 절(絶)을 만나고 있다. 일간 己土는 乙木의 고(庫) 발동신이다. 따라서 남편 사별할 팔자다.

亥 대운에 甲木 숨어있고 일지 未와 亥未 합하므로 결혼했다. 壬子, 癸 대운은 재운되어 약한 乙木을 생하므로 돈벌이 하여 약한 남편도왔다. 丑 대운되어 원명의 丑未충이 발동되어 부부이별하게 되는데 己未년(42살)만나 또 한 번 丑未충되며 乙木이 입고되어 남편 사망했다. 甲寅 대운에 남자 나타났다.

예37)

丙	壬	癸	丙	남
午	寅	巳	戌	

43	33	23	13	3	
戊	丁	丙	乙	甲	대운
戌	酉	申	未	午	

壬水 일간 巳월생으로 지지에 하나의 뿌리없다. 월간 癸水있다 하나 강왕한 丙火의 세력에 당적할 수 없다. 따라서 종재격이다. 이 때까지의 명리 이론에 따르면 종재격이므로 癸水가 기신이다. 그리고 종신에 거역하는 金水 운은 나쁘고 생조하는 木火운은 좋다.

그러나 이 사주는 일지 寅이 시지 午와 寅午합했고 午중 丙火가 년시간에 투출되었으므로 일간 대행격이다. 년시간의 丙火중에서 시간의 丙午로 향했기 때문이다. 대행격이 되면 丙의 역할

작용부터 살펴야 하는데 이 사주에서의 丙火는 별로 할 일이 없다. 게다가 하늘의 태양(丙)은 하나여야 하지만 두 개나 되어 크게 좋지 못하며 겨우 壬,癸水를 관성으로 하여 그 역할을 할 수밖에 없다.

그러나 壬,癸水의 뿌리가 없고 丙火를 빛나게 해줄 酉金재성도 없으니 아주 쓸모없는 팔자다. 丙火가 체(體)가 되면 金이 재성이므로 申 대운에 타향(申역마)에서 타향여자 만났다.

丁 대운은 丙火의 겁재운이라 재성이 극되어 아주 불길하다. 庚申년(35살)만났다. 庚金재성이 역마 申에 앉아 일지 寅과 충하므로 마누라가 더 이상 못살겠다며 가출하고 말았다.

예38)   36
　戊 丁 甲 甲　　남　　戊　　대운
　申 巳 戌 申　　　　　寅

丁火 일간이 가는 길은 시주 戊申으로 상관생재로 간다. 따라서 기술업에 인연있다. 년지 申中 庚金이 첫째 마누라고 申中 壬水는 첫 여자의 자식이다. 시지 申中 庚이 두 번째 여자다. 따라서 양처에 득자(得子)하게 된다. 년주 甲申과 일주 丁巳는 3급 소용돌이되어 본처 등지고 후처와 살게 된다. 戊寅 대운 壬戌년(39살) 어느 가을 야밤에 찾아온 서울 말씨를 쓰는 남자다. '이웃 아주머니 소개로 찾아왔는데 올해 운이 어떤지 봐주세요.' 했다.

대운지 寅이 년지 申을 충하고 일시지와 寅巳申삼형을 이루는데 申中 壬水가 투출되는 壬戌년에 왔다. 그러므로 업장(申)이동과 변동이 있고 부부간에 불화(寅巳申) 발생이다. 그리고 壬戌년은 일간 丁火를 합하여 입고시키며 일지와 巳戌로 귀문, 원진살을 이룬다. 그런데다가 상관에 관성(壬)을 보고 있다. 그래서 '업장 이동수 있고 구설 시비사 발생되며 처(申) 자식(壬)으로 인해 신경쓰고 애태움(巳戌)이 있으니 참으로 답답(丁火가 戌에 입고)한 운이오.' 했다.

'그 참 내 사주팔자가 그래서인지 여편네가 아이업고 행방을 감추었지 뭡니까. 언제쯤 돌아오겠소? 바쁘지 않다면 우리 소주나 한잔 하러갑시다.'

처음 만난 사람에게 대뜸 술 마시러 가자하니 가정 불화의 원인을 쉽게 짐작할 수 있었다.

예39)

壬	庚	癸	丙	남	16 6	
午	午	巳	辰		乙 甲	대운
			탕화		未 午	

火旺함이 병이다. 특히 일시지간에 午午 자형이 나쁘다. 午午 자형은 불꽃이 튀고 있는 형상인데 스스로 그런 상태를 만드는 것이다. 壬,癸水가 火旺함을 제극 시키는커녕 오히려 왕화를 폭등하게 만든다. 년지 辰중 戊土가 火기를 설하는 희신이다.

그러나 辰은 일간과는 멀리 떨어져있고 午午巳의 旺火는 몸 가까이에 있으므로 불미스럽다. 초년 甲午 대운은 년주 丙辰(희신)과 2급 소용돌이 이루며 木火가 되어 아주 불길하다. 癸亥년(8살)은 辰중 戊土는 절(絶)이 되고 巳亥충하여 旺火를 폭등시킨다.

즉 壬,癸水가 癸亥년에 힘을 얻어 水火상쟁이 되었다. 乙卯月에 火는 더욱 왕해지고 辰土는 卯木에 극당하니 火傷을 크게 당했다.

예40)   27 17 7
    丁 己 壬 壬 남   乙 甲 癸 대운
    卯 丑 寅 辰   巳 辰 卯

　己土 일간이 寅卯辰 목국을 만났다. 火를 만나 왕목의 기운을
설하여 일간을 도와야 한다. 시간 丁火가 반가우나 그만 월간 壬
水의 합을 당해 木기운이 투출된 것으로 변했다.

　즉 丁壬 합목이 되어 己土의 살이 되었다. 이젠 월지 寅중 丙火
밖에 믿을 것이 없다. 그러나 년월간의 壬水가 寅중 丙火를 노리
고 있으므로 寅木이 형충됨을 꺼린다.

　즉 이런 상태에서는 丙火는 寅중에 암장됨이 좋고 튀어나오면
壬水에게 극됨으로 아주 불길하다. 乙巳 대운되어 시지 丁卯와 2
급 소용돌이를 이루며 대운간 乙木은 己土 일간의 편관이 되어
극신(剋身)하므로 아주 흉하다. 사주 지지에 寅卯辰, 亥卯未가 있
을 때에 운에서 甲, 乙 木을 만나면 강왕한 목이 날뛰게 된다.

　대운지 巳는 己土의 인수가 되고 왕목의 기운을 설한다 하지
만 월지 寅을 형하여 寅중 甲木을 깬다.

　이리되면 형출된 丙火는 목의 생을 받지 못하고 壬水의 극만
을 받게 된다. 癸亥년(32살)되어 다시 한 번 월지 寅을 합파(合
破)하고 丙火는 세운지 亥에 절(絶)을 만나므로 종명하게 되었다.
木이 병이되어 간암으로 저 세상갔다. 甲寅月이었다.

예41)   35 25 15 5
　　乙 癸 戊 庚　여　　　甲 乙 丙 丁　대운
　　卯 巳 子 寅　　　　　申 酉 戌 亥

　癸亥년 저물어가는 乙丑월 초순경에 이웃에 있는 강선생이 찾아와 내놓은 사주다.
　"김 선생. 우리 누님 명조인데 올해(癸亥년 33살)운이 어떻소?"
　"강 선생이 나보다 더 잘 아실 것인데 뭣 땜에 나한테 묻소?"
역술인이 찾아와 이처럼 물을 때는 이 친구 실력이 어느 정도인가를 떠 보기 위함이 첫째 목적이다. 그리고 두 번째로는 자신의 실력을 자랑하기 위해서이고 세 번째로는 한 수 배울까 하는 마음에서다.
　따라서 아무런 이득도 없고 자칫하여 하나라도 틀리게 되면 낭패보기 십상이다. 그래서 대부분의 역술인들은 이런 질문을 싫어한다. 필자 역시 몸을 사렸지만 강 선생은 집요하게 늘어 붙었다. 한마디 해주고 빨리 보내야 될 것 같았다.
　"강 선생. 매부가 교통사고 크게 당해 죽지 않았으면 입원하고 있을 것 같은데 그렇지 않소?"
　"예. 지난 10월에 매부가 트럭에 부딪혀 입원하게 되었는데 어째서 그런 해석이 나옵니까?"
　"글쎄요. 그냥 그런 마음이 들어 그렇게 말했을 뿐이오."
　"癸亥년이 역마운 되어 일지 巳火를 충해서 그렇게 된 것 아닙니까?"
　"그렇기도 하네요."
　필자는 끝끝내 그 자세한 설명을 하지 않았다. 좀 더 솔직하게 공손스런 태도로 물었다면 잘 가르쳐주었을 터인데 말이다.

癸亥년은 일지 巳火를 충하여 월간 戊土관성의 뿌리를 뽑은 것도 하나의 원인이다.

하지만 癸亥년이 월간 戊를 합하여 亥(역마)에 입절(入絶)되게 한것이 더 큰 원인이다. 죽지 않았던 것은 戊土의 뿌리 중의 하나인 년지 寅木이 상하지 않아서이다. 즉 戊의 뿌리는 일지 巳. 년지 寅인데 巳亥충으로 일지 巳는 깨졌지만 寅木은 상하지 않아서이다.

그리고 亥가 巳를 충하기 전에 년지 寅과 합을 탐해 충하는 힘이 약해진 것도 원인이다.

한밖

내정법이란

一. 한밝 내정법(來情法)이란?

찾아온 손님이 어떤 문제로 상담하러 왔다고 말하기 전에 그 사람의 용건과 그에 따른 과거 현재 미래적 상황변화를 미리 파악하는 방법이다. 따라서 찾아온 사람을 깜짝 놀라게 할 수 있으며 깊은 신임과 많은 인기를 얻을 수 있다. 사주원국과 대·세운의 동향을 살펴 그 사람의 길흉 선악 등을 감정 판단하는 것이 정법(正法)이라면 이것은 기법(奇法)이고 편법이다.

한나라의 흥망성쇠를 좌우하는 전쟁에 있어서도 정공법(正政法)이 있고 기공법(奇政法)이 있다. 원칙적으론 정공법이 주가 되지만 때로는 매복기습 게릴라전 등의 기공법이 큰 효과를 거두기도 한다. 내정법은 역점(易占)인 육효와 육임(六壬)에도 있고 사주 명리학에도 있는데 백초귀장술 계의신결, 명반법, 포태법, 일시법 등으로 많이 나와 있다. 하지만 모두가 그저 그런 정도다. 필자가 알기로는 이때까지 사주명리에 따른 내정법을 기차게 써먹은 사람은 자칭 [마야도사]라는 사람이다.

불문(佛門)에 몸담고 있다가 비구니와 눈이 맞아 환속했다고 하며 부산 서면에서 2~3년간 지내다가 홀연히 사라졌다. 필자도 만나 본 적이 있는데 사주명리에 대해선 초보자 정도의 실력밖에 없음을 확인한 바 있다. 그런데도 부산지역의 일반인과 역술인들을 깜짝 놀라게 할 수 있었던 것은 오로지 그만의 비법인 내정법 덕택이었다.

그러나 뿌리 약한 나무는 쉬이 자빠지듯 명리학에 대한 실력 미달 때문에 오래 버티지 못하고 연기처럼 종적을 감추게 된 것으로 생각된다.

그에게 부산지역의 내로라하는 몇몇 역술인들이 그 당시 금액으로 300만원씩 주고 속칭 마야비법을 배운적 있다. 모두 4명이었는데 2개월에 전수하기로 해놓고 한 달 보름만에 종적을 감추었다고 한다. 이런 탓인지 배운 사람 그 누구도 마야처럼 기차게 써먹지 못했다.

지금도 속칭 마야비법이 꽤 비싼 값으로 거래되고 있다. 필자 역시 28여 년 전에 입수하여 오랜 세월동안 연구해봤다. 하지만 적중되지 않았다. 구구단을 외우면 곱셈을 할 수 있어야 되고 학술을 배운다면 써먹을 수 있어야 하는데도 말이다. 필자가 창안한 한밝 내정법은 마야 내정법에 자극받아 이뤄진 것이다.

그러나 그 단초는 젊었을 때 금정산에서 기이한 인연으로 만나게되어 결의형제를 맺은 이원석 형이 제공했다.

어느 날 문득 한 생각이 떠올라 역학 선배이기도 한 이 형에게 물었다.

"형님! 찾아온 사람의 사주를 모르거나 생시(生時) 불명이라면 어떻게 처리합니까?"

"찾아온 그날의 시간으로 그 사람의 생시로 하고 사주를 모를 땐 찾아온 연월일시로 팔자조직을 만들어 보면 된다."

"형님! 그 무슨 이치에 맞지도 않는 얼토당토 않은 말을 합니까."

"동생. 모든 것을 니가 알고 있는 이치에만 맞추려 하지 말아라. 맞는지 안 맞는지는 한 번 해보고 나서 잘 잘못을 따져야 하지 않겠니."

아주 지당한 말씀이었으나 어설픈 안목에다 똑똑한 척 하는 필자의 머리엔 들어오지 않는 말이었다. 그래서 '예. 그렇습니까.' 긍정하는 척 했지만 속으론 코웃음을 쳤다. 몇 년이 지난 후 본인이 운영하는 체육관 사무실에서 경험삼아 사주감정을 하게 되었는데 어느 날 한 여인이 찾아왔다. 필자 앞에 다소곳한 자세로 앉는 그녀에게 '누구를 봐줄까요?'하고 물었다. '저를 좀 봐주세요.' 하는 그녀에게 생년일시를 물었다.

어려서 일찍 모친과 사별하여 정확한 생일을 모른다는 것이었다. 그래서 '사주(四柱) 모르면 어떻게 사주를 봅니까. 딴 데 가세요'하려다가 순간적으로 번쩍하는 생각이 있었다. 원석형의 말이 떠올랐던 것이다. 그래서 찾아온 그날의 사주팔자로 풀어보기로 했다. 1983년 5월 24일 오시에 왔으므로 아래와 같다.

丙 壬 丁 癸
午 子 巳 亥
시 일 월 년

시지 午중 己土가 정관(남편)인데 壬子일과 子午충 되어 있음이 눈에 들어왔다. 그래서 먼저 확인부터 하기로 했다.

"아주머니! 내말이 맞으면 맞다. 하시고 아니면 아니다. 라고 분명히 말해주세요. 그래야 정확하게 말해줄 수 있고 그렇지 않으면 아주머니의 시간과 아까운 돈만 허비되고 맙니다. 알았습니까."

"예. 그리하겠습니다."

"아저씨하고는 불화 이별있는 팔자라 벌써 깨어졌던지 아니면 깰까 말까 할 것이오."

"예. 맞심더. 작년에 그리 되었심더."

어라 이것 봐라! 이젠 년월에 巳亥충되어 있는 것을 가지고 말해봐야겠군.

"아주머니는 인덕이 없어 친구 및 형제동료(癸) 때문에 돈(丁) 날리게 되며 초년 어릴 땐 춥고 배고프게 자랐겠습니다. 그러합니까?"

"예. 어릴 때 고생고생하고 지냈습니더. 그런데 선생님 말씀대로 지금 친구가 돈 빌려 달라하고 있는데 빌려주면 안 되겠군요."

"그렇습니다. 절대 안됩니다. 돈 날리고 사람 잃게 됩니다."

여자는 고맙다고 인사한 후 나갔으나 내 머리속엔 '어라 이럴 수가' 하는 생각이 계속 도사리고 있게 되었다.

이때부터 찾아온 사람의 사주와 그날의 일진과 시간 그리고 특별한 용건과 사항 등을 기재하기 시작했다. 연구의 자료로 삼기 위해서였다.

그렇게 몇 달이 지난 어느 날 밥 먹는 중에 한 생각이 홀연히 떠올랐다. 찾아온 날의 사주팔자가 생년월일시도 모르는 사람의 운명을 나타낸다면 내객이 방문한 그날 그 시간으로 내객의 당면 문제도 알 수 있지 않겠나. 하는 생각이었다. 미흡한 사주감정 실력 때문에 벼라별 생각을 다해보던 때였기에 그런 발상이 떠올랐을 것이다. 그래서 원석형을 찾아갔다. 확인하기 위해서였다.

"형님! 사주모르는 사람을 형님이 가르쳐 준대로 해봤더니 몇 가지는 적중됩니다. 그런데 찾아온 사람의 당면 문제 역시 찾아온 그날 그 시간의 팔자(八字)로 알 수 있지 않겠습니까?"

한동안 내 얼굴만 쳐다보고 있던 원석형이 나의 채근하는 눈빛을 의식한 듯 입을 열었다.

"동생! 자네의 응용력과 상상력은 참으로 뛰어나구나, 오랫동안 역술로 밥 먹고 있는 제법 유명하다고 하는 사람들 역시 그렇게 하고 있단다. 도사 소리 듣고 있는 박 아무개 선생. 영도의 송 아무개, 서면의 허 아무개 역시 그렇게 하고 있단다. 그 사람들은 어디서 배웠는지 모르지만 사주 명리학의 발생지인 중국에서 비롯된 그 법은 비전으로 전수되어오고 있으며 큰돈 안주면 절대 안가르쳐 준단다."

"형님께서도 배웠습니까? 배웠다면 이 아우에게도 좀 가르쳐

주십시오."

"나도 모씨에게 거금(巨金)을 주고 배우긴 했지만 아직까지 남을 가르칠만한 실력은 못된다."

원석형의 말속엔 아무리 결의형제를 맺은 사이이지만 맨입으론 쉽게 말하지 않겠다는 뜻이 들어 있었다. 섭섭했다.

결의형제를 맺었으면 한날 한시에 같이 죽지는 못할망정 그 정도는 해줄 수 있을 것으로 생각했기 때문이다. 벌컥 오기가 치솟았다. 그러나 내뱉은 말은 딴판이었다.

"평생을 먹고 살 수 있으며 제운만 따라준다면 큰돈까지 만들 수 있는 그런 비법을 그 어느 누가 쉽게 가르쳐 주겠습니까. 그리고 그런 것을 아무 대가 없이 공짜로 배워서도 안 되겠지요. 너무 염치없는 짓이니 말입니다. 형님! 돈이 마련되는대로 다시 한 번 찾아오겠습니다. 안녕히 계십시오."

이날 이후로 그와의 인연은 끝이 났다. 그가 은연중에 내비친 수강료는 지금의 돈 가치로 치면 3000만원에 해당되는 금액이었는데 그만큼 큰 돈이 수중에 들어오지도 않았을 뿐 아니라 있다해도 가기 싫은 인간적 배신감을 느꼈기 때문이었다.

지금 생각해보면 원석형의 요구는 그 당시로는 절대 무리한 것이 아니었고 당연한 것이었다. 그때 빚이라도 내어서 배웠더라면 오랫동안 고생 안 했을 것인데 하는 후회도 된다. 어쨌든 그날부터 내 머릿속엔 사주팔자만 들어있어 잠자다가도 벌떡 일어나 공부했으며 꿈속에서까지 사주공부를 했다. 어떤 선생이 나타나 흑판에다 사주를 써놓고 설명해주는 그런 꿈을 자주 꾸게 된 것이다. 이렇게 세월이 감에 따라 당면 문제 즉 내정(來情)을 다루는 안목이 향상되었다.

그런데 어느 날 문제가 발생되었다. 동일 동시에 동년배로 보이는 두 명의 여자가 찾아왔는데 두 명 다 자기 생일을 정확하게 모른다는 것이었다.

그래서 이름 풀이를 대강해주고 끝냈다. 하지만 이럴 땐 어떻게 처리하나? 하는 문제가 내 머릿속에서 자나 깨나 헤엄치게 되었다. 좋은 선생을 모셔보지 못한 아쉬움이 이때처럼 절실한 적이 없었다. 밥을 먹어도 맛을 모르고 먹었고 길을 가다가 사람과 부딪치기도 하여 '여보시오. 정신 똑바로 차려요.' 하는 호통을 듣기도 했다. 이렇게 그 문제에 푹 빠져있던 어느 날 한줄기 섬광이 내 머리 속에서 번쩍했다. 번쩍거린 착상은 두 가지였다. 첫째는 찾아온 사람의 생년을 도입해보면 될 것 아닌가. 하는 것이었다.

둘째는 동시(同時)라도 물어보는 시간의 차이가 있으므로 분(分)을 도입하면 될 것 아닌가 하는 것이었다. 즉 일시진은 120분이므로 10분씩 나누면 12지(支)에 배속 될 수 있다. 즉시 비교통계 검증을 바탕으로 연구에 들어갔고 내객을 대상으로 실습해갔다.

시간이 지날수록 적중률은 높아졌고 세밀해졌다. 따라서 그 당시의 미흡한 사주명리(命理) 실력으로도 '선생께서는 영(靈)으로 보지요.' 하는 소리까지 들을 수 있었으며 많은 사람이 찾아왔다.

25여 년 전의 필자처럼 명리 실력이 미흡하지만 역술업을 해야 하는 사람에겐 꼭 필요한 것이라 생각된다. 필자 역시 여느 사람들처럼 이것을 혼자만의 비법으로 간직하려 했다. 하여 거쳐간 수많은 문하생에게도 가르쳐주지도 않았을 뿐 아니라 아는 척하지도 않았다.

2006년 가을에 서울지역의 역학연구자들에게서 한밝 신사주학 강의 요청을 받았다. 제법 오랫동안 정진 연구한 분들이 대부분이었고 2여년 정도의 경험밖에 없는 초심자 축에 드는 사람도 몇몇 있었다. 한밝 신사주학 강의를 6개월하고 [한밝 신성명학] 강의를 3개월 하기로 했다.

새로운 것을 쉽게 못 받아들이는 초심자 몇 명은 중도에 탈락

했으나 나머지 사람들은 모두 9개월까지 갔다. 종강이 가까워질 무렵 정보 하나를 들었다. 제법 이름께나 알려져 있는 역학계 인사 한 명이 대만에 가서 팔자괘(八字掛)를 거금을 주고 배워 와서 곧 강의를 시작한다는 소식이었다. 팔자괘? 즉시 수소문하여 중국 서책을 구입해 읽어봤다.

그것은 바로 필자가 원석 형님으로부터 귀띔을 받은 바 있는 그런 것이었다. 하지만 '나의 남편운은?' '요번 투자건의 전망은?' 등으로 물음을 받아야만 답을 해줄 수 있는 것이 나의 내정법과 달랐다. 따라서 엄밀히 말한다면 내정법이 아니고 문점사(門占事)에 대한 단시점과 같은 것이었다. 그렇지만 내가 알고 있는 것을 남이 공개한다하니 내가 먼저 공개해야지 하는 호승심이 일어났다.

그래서 책으로 펴낼까 생각하기도 했지만 단돈 몇 푼에 모진 고생 끝에 얻어진 비법을 내놓으려니 아까웠고 자존심도 상했다. 그래서 이왕이면 정이 흠뻑 들어버린 지금의 수강생들에게나 전수하기로 하고 그들의 의중을 떠봤다. 두 말 할 것 없이 모두들 대찬성이었다. 두 달 정도 걸리는 강의였는데 강의 전에 수강생 중의 한 분이 말했다.

"선생님! 간직하고 있는 비법을 공개하시는 이참에 D.V.D로 만들어 놓는 것이 어떻겠습니까. 한번 강의듣고 나서 모든 걸 깨우치는 그런 총기가 없는 지 같은 사람에겐 꼭 필요할 것 같기도 하고…. 또 원하는 사람에게 팔수도 있을 것이니 말입니다."

당연한 얘기 같았지만 한 가지가 맘에 걸렸다.

비법이란 것이 널리 공개되고 그리되면 희소가치가 없어져 싸구려로 변할 것이 아닌가. 하는 점이었다. 필자가 이런 점이 신경 쓰인다고 하자 수강생이 말했다.

"어떤 비법. 어떤 학술이 공개되더라도 그것을 익혀 잘 써먹는 사람이 있고 그렇지 못한 사람도 있지 않습니까. 그리고 선생님의 자존심이 안상할 만큼 조금 비싼 가격으로 팔면 될 것 아닙니까. 지금의 선생님께서 아쉬운 것이 없겠지만 나중에 돈이 필요할 때가 있을 것 같습니다. 그때엔 크게 도움 될 것 같으니 저의 말을 따라주십시오."

제자 역시 오랫동안 역술을 익힌 사람이고 또 어떤 점에 있어서는 스승이라는 필자를 능가하는 예지능력이 있는 분이었다. 하여 강의 내용을 찍기 시작한 것이다. 두달 후 필름을 제일 믿을 수 있는 제자에게 주어 D.V.D로 만들라 했고 수강생 모두에게 제작비만 받고 나눠주었다.

2008년 9월경 필자는 방광암이란 진단을 받고 2009년 4월까지 크고 작은 수술을 6번이나 받았으며 4번이나 입원을 하게 되었다. 2006년도에 시작한 한밝 신사주학 강의에서 필자의 사주를 예를 들어 풀이한 것이 현실로 다가온 것이다.

그때 "戊子년에 나한테는 생명을 위협받는 큰일이 다가오니 즉 잘못하면 여러분의 선생이 골로 가는 때가 될 것이니 정신 바짝 차리고 마지막 강의라 생각하고 공부들 열심히 하시오" 했다.

수강생 중 한명이 물었다.

"선생님께서 잘못되면 안 되는데…. 골로 가신다면 무슨 일로 골로 가시겠습니까?"

"요즘 유행하는 말대로 교통사고 아니면 암이 되겠지요?" 했는데 그대로 된 것이었다. 평소 건강 하나는 자신 있었기에 건강보험 같은 것은 전혀 들어 놓지 않았기에 치료경비가 엄청 들어갔다. 부산에 있는 여 제자가 필자의 어려움을 눈치채고 [한밝 내정법 D.V.D]을 100만원에 판다고 인터넷에 광고를 냈다.

물론 필자의 허락을 받고였다. 한데 '비싸다. 그만한 가치가 있는가?' 등으로 댓글이 무수히 올라왔다. 그 소릴 들은 필자는 즉

시 광고를 지우라고 지시했다. 빚을 내서 쓰면 썼지 그런 사람들에게까지 소중한 것을 주기 싫어서였다.

2008년 11월 중순경에 필자의 한밝 신사주학-정상으로 가는 길이 출판사를 통해 전국 서점에 깔리게 되었다. 이때부터 책 뒷머리에 있는 알림 내용을 보고 많은 구입신청이 있었다. 빚진 돈을 갚고도 남았다. 한밝 내정법은 이렇게 만들어 지게 된 것이다.

개운법

一. 개운법(開運法)

1. 욕망(慾望)을 충족시키고자 노력하는 것이 인간의 삶이다.

보통 욕심(慾心) 욕망(慾望)으로 쓰이고 있는 욕(慾)을 나쁘게 받아 들이는 사람이 많다. 그래서 소위 도(道)를 닦는다는 사람이나 남을 이끌어 주는 일을 한다는 사람들은 "욕심을 버려라. 마음 비워라. 욕심내지마라" 등으로 말한다.

하지만 욕(慾)자는 [곡(谷)+흠(欠)+마음심(心)]의 구조다. 곡(谷)자는 골짜기를 상형한 것으로 알려져 있지만 그것이 아니고 원뜻은 [받아들이다.] […으로 들어가다]이다. 골짜기라는 뜻은 가차(假借)된 것이다. 그러므로 아래와 같은 글자와 말을 이룰 수 있는 것이다.

1) 용(容)자는 흔히 얼굴을 뜻하는 글자로 알고 있으나 [집(宀)+곡(谷)]의 구조로 [집안으로 받아들인다]는 뜻이고 여기서 받아들이다는 뜻으로 쓰이게 되어 허용(許容), 용납(容納), 용서(容恕) 등의 말이 이뤄진다. 그리고 [물(氵)+곡(谷)]의 구조인 浴(욕)은 목욕(沐浴)으로 쓰이고 있는데 물(氵)에 들어간다(谷)는 말을 그려낸 글자인 것이다.

목(沐)은 [물(氵)+나무(木)]의 구조로 물(氵)에서 나오다(木)는 말을 그린글자다. 木의 우리 옛말은 [남]인데 여기서 [남기] [남구] [나무]로 변음 되었다. [남]이란 한국어는 나왔다. 나오다의 완료형이니 가는 것을 [감] 오는 것을 [옴]이라 하는 것과 같은 유형이다. 이런 한자풀이는 [한국인의 조상들이 지금의 한자를 만들었다]는 하나의 논증이다. 의심나는 이는 필자가 쓴 [한자로 풀어본 한국고대신화(정신세계사)]를 참고하기 바란다. 흠(欠)은 모자라다, 없다는 뜻이고 심(心)은 글자 그대로 마음이고 생각이다.

따라서 욕(慾)은 모자라고 없는 것을 받아들여 채우려는 마음이고 생각이다. 그러므로 필요한 모든 것이 다 갖춰지지 않은 인생살이에 있어서 욕심 및 욕망이란 것은 필수적인 삶의 원동력이 될 수 밖에 없다. 그래서 필자는 말한다. 욕심과 욕망을 가져라.

그것이 크면 클수록 좋다. 그러나 반드시 처해있는 시대상황과 자신의 팔자와 부합되어야만 한다. 그런데 대부분의 사람 모두가 자신의 욕망이 이뤄지길 바라고 있으며 그에 따른 행동을 하고 있다. 하지만 금빛 찬란한 행운을 잡은 사람은 극소수에 불과하고 대다수의 사람들은 '아직도 배고프다'고 말하고 있는 것이 현실이다. 그러므로 거의 모든 사람들은 행운의 문을 열어준다는 개운법을 알고자 한다.

2. 주어진 팔자(八字)대로 산다는데…

태어난 사주팔자로 한인간의 운명을 추리하는 추명가의 입장에서 보면 팔자도망 못한다는 말 그대로다. 그래서 사주팔자(四柱八字)만 보고도 그 사람의 과거와 미래를 짐작할 수 있다. 즉 타고난 팔자(八字)대로 살아간다는 말이다. 정말 반드시 이렇다면 절집에 찾아가 부처의 가르침을 듣고 교회를 찾아가 예수를 믿을 필요도 없다. 뿐아니라 남을 도울 필요도 없고 착한 행동을 할 이유도 없다. 그저 착하게 태어났으면 착하게 살 것이고 악하게 잘못 태어났으면 그대로 살아갈 수 밖에 없으니 말이다.

그러나 사주팔자라는 것은 자신이 지니고 나온 기(氣)를 부호화(符號化)한 것이다. 즉 목(木)의 기를 甲, 乙로 화(火)의 기를 丙, 丁으로… 나타낸 것의 배열이 사주팔사라는 것이다.

기(氣)라는 것은 하나의 운동이 되어지게 하는 에너지이기도 하고 하나의 물질이 이뤄지도록 하는 아주 기초적인 것이다. 그러므로 기(氣)를 바꾸면 운동의 변화는 물론이고 물질 역시 변화시킬 수 있다.

그런데 문제는 기(氣)를 어떻게 증강시킬 수 있으며 또 어떻게 바꿀 수 있는가. 하는 점이다. 이것은 기(氣)가 어디서 나오는가 하는 것만 알면 해결될 수 있다.

기공(氣功)을 오랫동안 수련해본 사람들은 "기(氣)는 마음(心)에서 파생된다"고 말한다. 필자 역시 오랫동안 삼합기공(三合氣功)을 수련해왔다. 그러므로 기공선사(氣功先師)들의 말 그대로임을 여러 실험을 통해 확인해봤다.

하얀 눈이 펑펑 쏟아지는 추운 겨울을 상상하며(마음속에 그리며) 발공(發功)을 하면 수공자(收功者)가 싸늘한 냉기를 느끼게 된다. 거꾸로 뜨거운 불길을 마음으로 그리면서 발공을 하면 상대가 따뜻함을 느끼는 등의 실험이었다.

이런 것을 불가(佛家)에선 관법(觀法)이라 하니 부처님이 말씀하신 '일체유심조(一體唯心造 : 모든 것은 마음의 조화다.)'와 일치되는 것이다. 따라서 부처의 가르침을 따르고 예수를 믿게 되면 나빴던 생활이 바뀌는 것은 당연하다. 그리고 착한 마음을 계속 지니게 되면 좋지 못한 삶이 호전될 수도 있음도 분명한 이치이다.

3. 마음(心)의 작용

많은 사람들은 다음과 같이 말한다. "교회에 열심히 다니며 10일조 현금도 꼬박꼬박 내었고 하나님께 절실하게 기도도 해봤소. 그리고 절집에 찾아가 부처님께 빌어도 봤지만 내 간절한 소망은 이뤄지지 않았고 뭐하나 남보다 좋아진 것도 없었소. 따라서 부처와 예수를 믿으면 복 받는다는 말은 종교인들이 자신들의 이속이나 채우려는 헛소리라 생각하오. 내말이 거짓이라면 이 세상 그 어느 민족보다 더 열심히 자신들의 신(神)을 믿었던 유대인들은 왜 600만 명이나 나치 독일에 의해 개, 돼지처럼 도살되었겠소?"

여러 경험적 사실을 증거로 든 주장으로 얼핏 들으면 일리가 있는 것 같기도 하다. 하지만 이 세상엔 크게 두 부류의 인간이 있다. 매사를 긍정적으로 좋게 생각하는 사람들과 모든 것을 부정적으로 삐딱하게 생각하며 토를 다는 사람들이다.

어느 대기업의 소양 교육 중에 초빙된 유명한 강사가 피교육생들에게 물었다. "여러분! 지옥과 천당이 있을까요. 없을까요?" 사람들은 "있다" "없다"로 상반되게 대답했다. 그러자 두 손을 들고 고개를 끄덕이며 소란스런 좌중을 진정시킨 강사가 말했다. "우리들이 죽어서 간다는 천당과 지옥이 있느냐 없느냐 하는 것은 나중으로 미루고 먼저 이렇게 생각해봅시다. 박 아무개라는 사람은 천당과 지옥이 있다고 생각했습니다. 그리하여 그는 매사를 긍정적으로 받아들여 착하게 살려고 노력했습니다. 그러다가 죽어보니 천당도 지옥도 없었습니다. 그리고 김 아무개란 사람은 천당지옥이 어디있냐고 코웃음치며 닥치는대로 삐딱하게 막가파로 살았습니다. 역시 때가 되어 죽었습니다. 그런데 없다고 생각한 천당과 지옥이 있었고 그는 곧바로 지옥행 급행열차에 태워지고 말았습니다. 여러분! 위 두 사람을 세일즈맨으로 치면 어떤 사람이 더 많은 실적을 올렸을까요."

이 얘기처럼 우리들의 마음은 긍정적 생각을 요구하며 자신을 믿어 줄 것을 원한다. 그런데 문제는 매사를 부정적으로 생각하고 행동하던 사람이 하루아침에 긍정적 사고를 한다는 것이 결코 쉬운 일이 아니라는 점이다. 이러므로 마음을 길들이는 여러 방법들이 개운법이란 이름으로 전해지고 있다.

1) 일행선사(一行禪師)의 개운법

어느 시대 사람인지 확실하진 않지만 선사(禪師)라는 칭호로 봐서는 불문(佛門)사람임이 분명하다. 그는 다음과 같이 말했다. "하루에 한 가지씩 착한 일을 해라. 그러면 만 가지 흉함이 풀어지고 복된 삶을 이룰 것이다."

이 말은 우리들이 익히 알고 있는 명심보감의 '착함을 쌓아가면 반드시 좋고 기쁜 일이 생기게 되고 악(惡)을 계속하면 틀림없이 그 응보를 받는다.'는 구절과 같은 뜻이다.

착한 일을 계속 행하고 악함을 멀리하는 이런 행동은 예수교, 불교, 이슬람교 등의 모든 종교가 가르치고 있는 바이다.

2) 남북수야(南北水野)의 개운법

일본의 유명한 관상가였다. 관상으로 인간의 길흉화복을 꿰뚫어 보기위해 이발소에서 손님머리 감겨주는 일을 3년간 했다.

그 후 목욕탕 때밀이 생활을 3년했고 나중엔 시신을 처리하는 화장터에서 3년을 공부한 사람이다.

'한끼 밥을 다 먹지 말고 7할 정도만 먹어라. 나머지 3할은 배고픈 중생들을 위해 덜어준다는 마음으로 남겨라. 이렇게 3~5년만 하면 음덕을 쌓아 반드시 좋은 삶을 만들 수 있다.'

이 사람의 관상책을 읽고 감명을 받은 필자는 그의 개운법을 5년간 해 봤다. 그래서 그런지 이때껏 궁한 삶은 없었다.

위 두 가지 개운법은 제법 오랜 시간을 요하는 것으로 당장 시급히 해결해야할 문제에는 큰 도움이 안된다.

즉 집을 팔아야하는데 잘 안 팔리고 있다던가 장사판을 벌려 놓았는데 손님이 안온다 등의 문제들을 말함이다.

이럴 때 기독교인들은 교회에 나가 하나님에게 간절한 기도를 올려 해결하려 할 것이다. 그리고 불교 및 여타 종교인들 역시 자신이 신봉하는 존재에게 간절히 빌고 또 빌 것이다. 또 어떤 이들은 무당에게 찾아가 굿을 하기도하고 철학관을 찾아가 부적을 쓰기도 할 것이다.

제 나름대로 이렇게 저렇게 하지만 결과는 딱 두 가지다.

하나는 그렇게 했더니 소망사가 해결되더라는 것이고 나머지 하나는 말짱 꽝이더라는 것이다. 모두들 자신들이 믿고 있는 존재가 제일 영험하며 창조의 힘을 지니고 있다고 큰소리치지만 결과는 이런 것이다. 왜 이럴까? 타인에게 의뢰해야 하는 굿과 부적에 대해선 차후로 미루고 여기선 자기 자신이 신(神)에게 올리는 기도 문제부터 살피기로 하자.

3) 기도의 방법

기도라는 것은 신(神)또는 신비스런 힘을 지니고 있다고 믿고 있는 영적존재에게 하는 마음의 소리인 것이다. 그러므로 그 존재가 나의 소리를 들을 수 있는 상황이 만들어져야 할 것이다.

즉, 하나님에게 기도한다면 하나님이 내 마음속의 말을 들을 수 있는 기도가 되어야 한다는 말이다. 바꿔 말하면 하나님이 내 소리를 들을 수 없는 상황일 때는 결코 아무런 응답을 할 수 없다는 것이다. 그렇다면 어떻게 해야 신적(神的)존재와 소통할 수 있을까 하는 것이 문제다.

ㄱ. 뇌파 사이클을 알파상태로 가져가라

우리들이 여러 방송 중에서 M.B.C 방송을 듣고 싶다면 채널을 M.B.C 방송주파수에 맞추면 된다. 마찬가지로 신적(神的)존재와 소통하기 위해선 우리의 마음을 그와 같이하고 의식을 알파 상태로 가져가야한다.

우리들의 생각과 마음엔 여러 가지 파장이 있다. 대화하거나 일상생활을 할 때는 우리들의 뇌파가 20~30 사이클로 뛰고 있다. 하지만 아주 깊은 명상 또는 기공(氣功) 중이거나 기도 중일 때는 8사이클 정도인데 이것을 알파상태라 부른다.

일반인들이 제일 느끼기 쉬운 것으로 말하면 잠이 들락말락할 때 또는 잠이 깰락말락할 때의 몽롱한 의식상태가 바로 알파상태다. 흔히 비몽사몽간(꿈도 아니고 생시도 아닌 그런 상태)이라 말하는 그런 상태이기도 하다.

그래서 전문 수도인(修道人)들은 "뇌파 사이클은 낮추고 염파(念波)는 높일수록 좋다"라고 말한다. 뇌파는 기계로도 측정 할 수 있는데 「바이오 피드백」이라는 장치다. 그러나 염파(念波)에 대해선 과학적으로 깊이 알려진 것이 없고 연구 중이다.

즉 생각의 힘으로 물체에 영향을 줄 수 있나 없나? 또 이 쪽의 생각을 먼 거리에 있는 사람에게 보내면 받아들일 수 있나 없나? 하는 등의 연구인데 무시하지 못할 정도의 수준에 이르렀으나 많은 것들이 비밀에 부쳐지고 있다.

◎ 알파상태로 들어가는 구체적 방법.

첫째, 세상에서 제일 편한 자세로 온몸의 긴장을 빼야한다. 둘째로는 호흡을 100에서 거꾸로 세어라. 즉 숨을 들어 마시고 내쉬고 나서 100하고(마음속으로) 그다음엔 99, 98…로 세는 것이다. 이때의 호흡은 복식호흡이 좋다. 이것이 어려우면 잠이 깰락말락 들락말락하는 그 상태를 이용하면 된다.

ㄴ. 염파(念波)

알파상태에 들어간 다음엔 자신의 소망사를 마음속에 선명하게 반복적으로 오랫동안 그리는 작업이 필요하다. 이 세상에 존재하는 모든 것에는 자기만의 파장이 있다. 상념(想念) 역시 하나의 파장으로 작용하는데 파장이 크면 크게 작용을 하고 적으면 적게 작용을 한다.

그런데 이런 상념(想念)은 지속적으로 선명하게 오랫동안 붙들고 있기가 무척 어렵다. 따라서 염파를 강하게 하여 염력(念力)을 발휘하는 방법들이 개발되어 있는데 그 외형은 서양과 동양이 다르지만 내적 원리는 동일하다.

먼저 동양적 방법을 살펴보기로 한다.

◎ 부주법(符呪法)

이 법은 글자의 뜻 그대로 부적을 그려놓고 주문(呪文)을 외우는 것이다. 변형으로는 손으로 부적을 반복해서 그리며 입으로는 계속 주문을 외우는 것이다. 즉 재수(財數)있게 하는 것이 목적이라면 재수부(符)를 그리면서 구재진언(求財眞言)인 「옴 바아라 바다라 훔바탁」을 외우는 것이다.

적게는 108번 하고 많게는 1,000번을 계속한다. 염력이 강한 사람은 재수부 한 장 그리는데 구재진언을 108번 외우면 되나 약한 사람은 1,000번을 외워야 하고 염력이 더욱 약한 사람은 3~7일 간 손가락으로 부적을 그리는 시늉을 하며 하루에 1,000번씩 구재진언을 외워야 한다. 그리곤 마지막 날 경면주사로 부적을 그리면 된다.

◎ 염력 측정법

염력이 강하냐 약하냐. 강하다면 얼마나 강한가를 측정하는 제일 쉬운 방법을 소개한다. 기공(氣功)하는 사람들이 많이 쓰는 방법인데 「손가락 키우기」이다. 자기가 자신의 손가락을 길게 해 볼 수도 있고 다른 사람의 손가락을 길게 해 줄 수도 있다. 먼저 편안한 자세로 앉아 온몸의 긴장을 푼다.

앉아서 심호흡을 10번 정도 하면서 한번 호흡할 때마다 '내 몸은 편안하다,' '내 몸의 목덜미 쪽과 어깨는 편안해졌다'고 계속하면서 마음속으로 중얼거리면 된다. 다음으론 두 손바닥을 합장하는데 마주 댄 두 손의 손가락들이 똑같은 상태로 되어져 있어야 한다.

즉 한쪽 손의 손가락이 다른 쪽 손가락보다 튀어나와있으면 안 된다. 이런 합장상태에서 엄지 아래쪽 두툼한 곳에 볼펜으로 좌우로 금을 그어 놓는다. 이렇게 그어진 금은 두 손이 나란히 있는지 없는지를 볼 수 있는 기준점이 된다.

확인하기 위해 두 손을 벌렸다가 그어 놓은 선에 맞추어 합장해본다. 이젠 눈을 감고 키우고 싶은 손가락이 있는 쪽의 손을 눈앞에 부채살처럼 펼쳐든다. 나머지 한쪽 손은 무릎 위에 얹고 세 손가락으로 결인(結印)을 한다.

절집에 앉아 있는 부처상의 손가락을 떠올려보면 이해될 것이다. 심호흡을 세 번 한 후 마음속으로 '펼쳐들고 있는 내손은 초록색으로 빛나며 손가락들은 허공으로 길게 뻗쳐 나가고 있다. 손가락들은 더욱 길어지고 커져라. 손끝으로 새파란 빛줄기가 레이저 빔처럼 나가고 있으며 그에 따라 손과 손가락은 계속 무한정으로 길어지고 커지고 있다'고 생각하며 중얼거린다.

딴 생각 말고 계속 이런 생각속에 빠져 손이 커지고 손가락이 길쭉길쭉 길어져 허공으로 뻗쳐나가는 모양만을 상상한다.

이것을 상념이라 하는데 3~5분 정도만 해도 된다. 확인하기 위해 눈을 뜨고 두 손을 먼저 그어 놓은 선에다 엄지 쪽을 대고 두 손을 쭉 펴면서 합장을 해보면 된다.

필자는 염력(念力)이 물체에 영향을 미치고 있다는 하나의 증거로 활용하고 있다. 상상력이 뛰어나고 집중력이 강한 어떤 여인은 손가락 한마디 정도가 길어져 귀신에 홀린듯한 표정을 짓기도 했다. 이렇게 길어진 손가락은 시간이 지나면 본래대로 되니 걱정할 필요는 없다. 염력이 강해지면 타인의 마음을 움직일 수도 있고 여러 가지 조화를 부릴 수 있다.

그러므로 일반적인 생각과 염(念)의 차이를 확실히 알아야한다. 염(念)이라는 글자는 「이제금(今)+마음심(心)」의 구조로 「지금의 마음상태」를 뜻한다. 그러나 이제 금(今)이라는 글자는 두 개가 하나로 되어져 있다, 맞다 등의 말을 그려낸 것이다. 그러므로 념(念)은 통일된 하나(今)의 마음(心)이란 말을 그려낸 것이다.

집념(集念), 염주, 상념(想念), 묵념 등으로 말되는 것도 위와 같은 까닭이기 때문이다. 따라서 염력을 강하게 하려면 집중력을 높이면 된다. 흰 벽에다 검은 점 하나 찍어놓고 계속 쳐다본다던가 한가지 생각만 하면서 염주를 돌리는 것도 염력을 강화시키는 하나의 방법이다.

◎ 서양의 주술(呪術)

염력을 이용한 주술을 서양인들은 마술(魔術)이라 한다. 사람들에게 득이 되도록 좋은 목적으로 사용하는 것을 백마술(白魔術)이라하고 타인에게 나쁜 영향을 미치게 하는 것을 흑마술(黑)이라 한다.

이런 주술은 서양 뿐 아니라 아프리카. 아메리카 등지에서도 오랜 옛날부터 전승되어왔다. 중미(中美) 아이티의 부두교에서 행하는 주술과 그에 따른 의식은 아주 유명하다. 원수진 사람, 라이벌 등을 죽거나 다치게 하는 전문적인 주술사도 여러 나라에 현존하고 있다.

◎ 마음 부리기(用心)

어떤 방면이던지 간에 최고의 위치를 차지하고 있는 사람에게 '무엇이 어떤 것이 오늘의 당신을 있게끔 했느냐?'고 물어보면 대부분의 사람들은 다음과 같이 대답한다. "자기 자신과의 싸움이었습니다." 이 말은 자신의 몸과 마음을 소망하는대로 이끌어 갈 수 있도록 통제할 수 있어야만 원하는 바를 이룰 수 있다는 뜻이다.

거꾸로 말하면 자기의 몸과 마음을 통제하지 못하면 소망하는 바를 이룰 수 없다는 뜻도 된다. 그렇다면 어떻게 하면 자신의 몸과 마음을 통제할 수 있을까? 유명한 불문(佛門) 수도인(修道人)은 짤막하게 말했다. "하고 싶을 때 하지 않고 하기 싫을 때 한다." 오랫동안의 정진에 따른 경험과 연구에서 얻어진 결론으로 이 이상의 방법은 없다. 그러나 전문 수도인이 아닌 보통 인간에겐 지극히 하기 어려운 일이다. 따라서 좀 더 쉽고 간단하며 유용한 방법은 없을까?하고 묻는다면 필자의 대답은 "있다"이다.

◎ 잠재의식 활용법

인간의 의식은 크게 두 가지로 나누고 있다. 첫째는 깨어있는 의식 즉 생각하고 있는 현재의 의식이고 두 번째는 활동하고 있지 않은 것 같지만 분명히 존재하고 있는 의식 상태를 말한다.

비유한다면 북극 바닷속에 떠있는 빙산의 나타나 보이는 부분이 현재의식이고 바닷물 속에 잠겨 있는 엄청난 얼음덩어리를 잠재의식 또는 무의식이라 칭할 수 있다.

이 잠재의식의 힘은 현재의식보다 3~5배 강한 작용을 하는 것으로 알려지고 있다. 그러므로 이것을 활용하기 위한 자기암시가 필요하다. 자기암시는 우리의 뇌파가 알파 사이클일 때 가장 잘 먹혀든다.

그러므로 잠이 들락 말락 할 때에 필요한 암시를 10번 정도 반복한다. 즉 몸 건강이 안 좋은 사람일 경우 "내 몸은 점점 좋아지고 있다"고 마음속으로 중얼거리면 된다. 그런데 여기엔 꼭 필요한 것이 하나있다. 바로 자기 자신 및 자신을 지켜주고 있는 영적 존재와 믿고 있는 신(神)에 대한 믿음(信)이다. 신(信)은 오행적으로 土에 속하며 「약방의 감초」 격으로 꼭 있어야 될 요소이다.

이상으로 제일 쉽고 확실한 효과 있는 개운의 원리와 그 방법을 기술했다.

* 발간된 한밝 신사주학의 주요내용 *

* **상권** : 합신, 표출신, 투출신의 활용법. 형충회합의 발동 응기와 활용. 통변법(상대적, 빼고 더하기, 물상적, 신살 활용 통변)

* **하권** : 《정상으로 가는길》
>   一. 干合에 따른 새로운 고찰 및 활용.
>   二. 十二운과 각종신살 활용법.
>   三. 변격 사주의 통변.

* 한밝 신사주학 《빠르고 바른 길》 저자 이지연. 가르치는 스승의 입장이 아니고 배우는 사람의 입장에서 쓴 것이다.

주요내용 : 박도사의 인연법.
>   한밝선생의 풍월식 통변술.
>   저자의 학습경험과 성과.

= 알 림 =

'한밝 신사주' △초급 4개월 과정, △중급 7개월 과정, △고급 5개월 과정, △최고급 8개월 과정을 동영상 강의록으로 만들었습니다. 빠른 시간에 대가(大家)의 반열에 오르시고 싶은 분은 구입하세요.

한밝 내정법(來情法) D.V.D도 있습니다.

구입문의   010-4119-5482.

051-891-5482.

저자 김 용 길

※ 최고의 통변으로 (上, 下 합본) 출간합니다.

통변의 새 경지를 연

한밝 新四柱學

바꿔보면 보인다

인 쇄 일 : 2021년 9월 25일
발 행 일 : 2021년 9월 25일
저   자 : 김용길
발 행 처 : 뱅크북
신청번호 : 제2014-000072호
주소 : 서울시 금천구 시흥대로104다길2(독산동)
전   화 : (02) 866-9410
팩   스 : (02) 855-9411